U0046352

傅啓學編著

中山思想體系

臺灣商務印書館發行

自序

一、研究三民主義經過

民國十一年秋，作者考入北京大學。是時在北大校內，無政府主義派、國家主義派、馬克思主義派均已開始活動，正是青年思想動盪時期。十二年暑假，作者與同學巫啓聖得讀　中山先生「中國存亡問題」一書，對　先生極爲欽佩。秋季開學後，作者與巫先生縱論近代中國人物，認爲僅有　孫中山先生可以領導中國革命，兩人均決心追隨，自願參加國民黨；但不知往何處接洽。作者憶及譚克敏同學宿舍內，掛有一青天白日旗，謂係國民黨黨旗。作者對巫先生說：他掛有國民黨黨旗，想必是國民黨。我們往訪譚克敏，說明來意。譚同學大喜，熱烈歡迎；並說「先生」派鄒魯、謝持來京，招收青年黨員，兩位入黨，即由他們當介紹人。三天之後，譚同學親送黨證，並說：現在黨部尙未成立，但組織一民治主義同志會，請我們參加，我們遂進入民治主義同志會。鄒、謝兩先生專誠至北京招收黨員，僅得五十七人。據鄒魯回憶錄敍述，謂回廣州後，向　中山先生報告，　先生極爲高興，予以嘉獎，因五十七人中，北大同學將近四十人也。鄒先生亦以此事爲榮，在其回憶錄中，特將五十七人姓名列出，作者與巫先生即名列其中。

十三年一月中國國民黨改組，十三年秋在北大成立區黨部區分部，作者在區分部被選爲宣傳委員，由上級發給小書六本，即民族主義、民權主義、民生主義、孫文學說、民權初步、實業計畫。交由宣傳委員保管，並設法借給同學閱讀。作者得首先閱讀，極感高興。是時，三民主義是新思想，同學爭相借閱。一日，與同鄉同學張定華晤談，他說三民主義很淺薄；大概他已受了馬克思主義派的宣傳。作者問他：你看過三民主義沒有？他說沒有看過。作者說：你沒有看過，如何知道是淺薄？你若想看，我可借給你。一星期後，他來借書。是時，其他五本均已借出，只有實業計畫一本，作者遂借給他。兩天之後，他來還書，他說：實業計畫眞偉大，　孫中山眞偉大，他從此參加國民黨，不再說三民主義淺薄了。

十三年秋，作者任大中公學公民敎員，講課之餘，即向學生宣傳三民主義。大中公學係民治主義同志會創辦。十三年十二月三十一日　中山先生抵達北京，在十四年三月十二日逝世之前，同志的集會，多在大中公學，鄒魯、汪精衞、楊滄白、黃昌穀諸位先生，均常來大中公學開會。

十五年七月九日先總統　蔣公誓師北伐，中共與國民黨的衝突日甚，北京中共領導人李大釗住於俄國大使館，以國民黨北京政治分會委員身分，常召集國民黨同志談話，目的即在吸收國民黨分子參加共黨。十五年秋季開學之前，大中公學總務長兼代校長侯兆麟（外廬），已被李大釗吸收，請作者將高中一年級公民課程讓給他。是時大中公學僅有初一、初二、初三、高一學生各一班。作者敎初中三班，他敎高中一班。他上課時，竟宣傳馬克思主義，學生大譁，與初三學生聯合，準備驅逐侯兆麟。敎員學生對他一致反對，請作者負責領導。侯某不得已離去，由作者繼任總務長兼代校長（校長係蔡元培）。作者任總務長之職，非董事會聘任，實係敎職員學生公推。現在臺灣之國大代表張榮春，曾任省立高中校長退休之周召欽，中央社退休之汪鴻鼎，皆當時初三驅侯之活動分子也。作者負思想領導重責，在思想鬥爭中，對三民主義不能不努力研究，以建立同志之共信。

此後擔任工作，多與主義宣傳有關。十八年春任中央宣傳部指導科主任，二十年春任美國三藩市少年中國晨報主筆，二十四年冬任中央宣傳部秘書，對三民主義均繼續不斷研究。二十六年七七事變，中國奮起對日本抗戰。二十七年奉派任貴州省黨部委員兼貴州晨報社社長。二十八年應貴陽大夏大學王伯羣校長之聘，任政治系專任教授，二十九年春兼任訓導長。此時係抗戰時期，各黨派號稱合作，中共在大夏校內是半公開的活動。二十八年冬大夏曾發生學潮，歐副校長元懷灰心消極，轉任貴州教育廳廳長。王校長堅約作者兼任訓導長，事實上是負擔歐副校長任務。作者二十八年起擔任四種課程，三民主義即其中之一，思想鬥爭的責任，係職責所在。大夏大學課程皆係選修，過去選修三民主義者，爲數甚少。作者擔任此項課程，選修學生有時多至二百餘人，不能不分爲兩班上課。作者擔任訓導長一年後，中共職業學生不能活動，均轉學至昆明西南聯大。

三十九年來臺灣，臺灣大學校長傅斯年聘爲政治系教授兼訓導長，此時大陸已淪陷，三民主義頗受漠視。教育部命令大專學校增設三民主義課程，傅校長請法學院政治系開課，竟被拒絕，請教務處開課，亦被拒絕。以魄力著稱的傅校長，無可如何，與作者研究，擬請訓導處負責，作者爲解除傅校長困難，允諾由訓導處開課，此臺大訓導處開三民主義課程之由來也。

師範大學、臺灣大學先後設立三民主義研究所，均聘作者爲兼任教授，在師大擔任三民主義學術研究課程，在臺大擔任國父全書選讀、三民主義與政治學兩項課程，以至於今。此書之完成，係近年來與兩研究所同學互相研究之成果。

二、已出版三民主義有關著作

出版著作，共有四種：㈠三民主義大綱，四十三年元月由文物供應社出版。㈡國父遺教概要，五十年八月由聯合書店出版。㈢國父孫中山先生傳，五十四年十一月由 國父誕辰百年紀念籌備委員會出版。㈣中山思想本義，六十五年三月由國父遺教研究會出版。所著中山先生傳，曾獲第一屆中山學術獎。三民主義大綱、國父遺教概要兩書，均係對三民主義之介紹。國父遺教概要一書，包括全部遺教，內容簡要，可作參加各種考試之用，銷行較廣，但以學術著作標準衡量，實嫌不夠。中山思想本義一書，係針對誤解遺教者而作，未能包括全部遺教，且未說明思想體系。近十年來，教學相長，頗有進步，詳讀遺教，發現有過去沒有領悟之處。曾將研究所得，發表於師大三民主義學報、臺大中山學術論叢等學術刊物。近一年來，將已發表或未發表論文，重新整理，編成此書，就個人所見，闡明中山思想體系。

三、本書內容一斑

本書共分七篇：第一篇總論，第二篇哲學思想，第三篇民族主義思想，第四篇民權主義思想，第五篇民生主義思想，第六篇馬列主義及辯證法批判，第七篇結論。共分三十章，約有三十三萬字。茲列舉數點，說明本書內容。

㈠說明三民主義是科學的三民主義。我國研究三民主義學者多態度謙和，持論客觀，甚至提出「三民主義學術化」一詞。此詞由語意學觀察，含有不是學術，要使其學術化的意義，似未肯定三民主義的學術價值。 中山先生崇尚科學，所定原則和計畫，都是根據客觀事實，順應世界潮流，決沒有形而上學的空論。

㈡ 先生研究的是人的學問，對於物的學問，則接受科學家公認的見解。 先生的宇宙觀，是天文學家的宇宙觀，就是自然的宇宙觀。他將進化時期，分爲物質、物種、人類三時期。先有地球，次有物種，再次才有人類。人類生存於自然之中，物存在，人存在，這是一個事實。所以歐洲有幾位大哲學家，都是二元論者，研究人與自然的關係，不過解釋各有不同。 先生說：「總括宇宙現象，要不外物質精神二者」，這明是二元論。心物合一論，是說明客觀物質和人類精神的關係。但有學者認爲心物合一論是一元論，可以解釋宇宙間一切現象，這與黑格爾、馬克思法則一致論，似有相同之處。這是對 先生見解的引申，似非 先生的本義，值得我們詳加研究的。

㈢民生史觀一詞，初見於民國十四年北京出版的民生週刊。此刊當時係巫啓聖先生與作者共同負責。巫先生解釋 中山先生的歷史觀爲民生史觀，以駁斥唯物史觀。不料此一名詞，竟流行數十年。作者近年來思考，覺得改用求生存史觀或生存史觀，比較適當。因爲民生史觀主要講的是生活問題。改用生存史觀一詞，可以包括民生史觀的優點，且可包括自衞問題與互助原則。

㈣民族主義說明當時中國是次殖民地。但在 孫中山、 蔣介石兩位先生先後領導之下，中國已解除三種壓迫。民國三十二年一月中國已廢除不平等條約；三十四年五月聯合國成立，中國爲四個常任理事國之一，中國一等強國的地位，已為世界各國公認。講述民族主義，理應補述中國由弱而強的奮鬥歷史。

㈤有學者以為　先生反對間接民權，主張直接民權，甚至將代表人民行使政權的國民大會，認為有直接民權的精神。此種解釋，應當斟酌。建國大綱規定，中央及省行使間接民權，縣則直接民權間接民權並行。因為創制權複決權的意義，是承認議會存在的。行使創制複決權的瑞士、和美國西北各州，都是有議會的，都是直接民權間接民權並行。

㈥有人誤解「民生主義以服務為目的」意義，以為公營事業應當服務，不應當賺錢，此實大錯。私營事業賺錢屬於私人，公營事業賺錢則屬於大衆。在遺敎中，曾多次說明公營事業應當賺錢。因為必須賺錢，公營事業才能維持和發展，才能有更好的服務。若果此種誤解流行，將置公營事業於死地，勢將恢復資本主義的制度。但公營事業應當徹底整頓，決不可官僚化，管理和生產必須科學化企業化，這是人民應當切實監督的。

㈦　先生對馬克思主義有明顯的批判，對列寧批判，則散見於遺敎中。但有人不察，因民族主義中，對列寧有贊許之處，以為　先生信任列寧。不知　先生曾屢次批評列寧，不過未提其名而已。　先生批評俄國革命是焦頭爛額，俄國經濟革命失敗。越飛南下晉謁，　先生不輕信其空言，必須俄國允諾：⑴共產組織及蘇維埃制度不引用於中國，⑵應根據俄國放棄在華一切特權宣言，重訂中俄條約，⑶外蒙古是中國領土；才承認可與俄國合作。這就是對列寧的不信任。本書在列寧主義的批判一章中，特設一節，說明先生對列寧的批判。

㈧我國學者有將辯證邏輯、傳統邏輯等量齊觀者。但傳統邏輯的歸納法演繹法，是科學方法；辯證邏輯的辯證法，則是玄學方法。因此，在全部遺敎內，從未提及辯證法。本書特有一章批判辯證法，說明黑格爾的辯證法是玄學方法，馬克思用爲鬥爭理論，列寧用爲鬥爭策略。因爲辯證法是對敵鬥爭策略，史大林不願被同樣策略打倒，所以他廢棄辯證法，但仍以爲輸出品，作爲對付自由國家的策略。我們對辯證邏輯，似應重新估價。

上述拙見，及書內各章解釋，與時賢著作有相同者，有不盡相同者，甚至有完全相異者，作者不過提出不同見解，以供參考。至於解釋引申，不當或錯誤之處自所難免，敬希讀者不吝指正！

民國七十三年五月四日，傅啓學序於臺灣大學法學院研究室

目錄

第一篇　總論

第一章　科學的三民主義

第一節　導言

近人研究三民主義，有「三民主義學術化」，「學術三民主義化」之說。這兩句話從表面看去，似乎是增高三民主義學術的地位。然從語意上研究，則有相當語病。三民主義學術化一詞，有三民主義不是學術，要將其學術化的意義。學術三民主義化一詞，有將一切學術融化於三民主義的意義。這樣說法，似乎忽略三民主義本身的學術地位。

學術的意義，據「詞彙」解釋，是理論的學問和實用的技術。學就是學說，凡是發表一種理論，而有學理上主張的，都可稱爲學說。　中山先生的三民主義、五權憲法、孫文學說，都是有理論有系統的學說。建國大綱、地方自治開始實行法、民權初步、實業計畫，皆係實行的程序或技術。所以三民主義及其有關著作，就是一種學術。我們研究三民主義，對於有關學術，自應廣爲徵引，比較研究，闡發其正確性。

中山先生在所著中國革命史說：「余之謀中國革命，其所持主義，有因襲吾國固有之思想者，有規撫歐洲之學說與事跡者，有吾所獨見而創獲者。」在演講三民主義之具體辦法說：「三民主義實在是集合中外古今底學說，順應世界底潮流，在政治上所得的一個結晶品。」中山先生根據中國客觀事實，順應世界潮流，參考中外古今學說，融會貫通，加上獨見而創獲的思想，才得政治上的一個結晶品；這個結晶品，就是三民主義。三民主義是有系統有條理的學問，且有獨見而創獲的思想，在政治思想史上，已有了崇高的地位。

第二節　哲學玄學與科學

中山先生最注重研究的，是客觀事實，和解決問題的辦法。他極力提倡科學，很少講到哲學，從未提及空洞的玄學。他講到哲學時，很注重哲學的方法。民權主義第一講說：「近來大科學家考察萬事萬物，不是專靠讀書。他們所出的書，不過是由考察心得，貢獻到人類的紀錄罷了。他們考察的方法有兩種，一種是用觀察，即科學，一種是用判斷，即哲學。人類進化的道理，都是由此兩種學問得來的。」觀察是科學的方法，包括歸納、演繹等方法。判斷是哲學的方法，與德國哲學家康德的見解相同。康德認爲知識就是推理後的判斷。康德的十二範疇（Categories），就是判斷的十二種形式。科學的各種方法，在研究過程中，時常要有判斷；研究結論，即係最後的判斷。所以觀察和判斷，是大科學家考察萬事萬物的方法。先生將哲學方法與科學方法並列，與法國哲學家孔德的實證哲學，大體相似。近代思想受孔德主張的影響，已由哲學進入科學，凡是與科學違背的學理，都自然淘汰，退於玄學的地位。

一、哲學與玄學

哲學（Philosophy）與玄學（metaphysics）都是有系統的思想。玄學的另一譯名是形而上學，與哲學的內容，有時很難分別。現在先研究哲學的意義。

亞里士多德說：哲學是求通則的學問（The Science of Universals），就是研究根本原理的學問。

胡適之在所著中國哲學史說：凡研究人生切要問題，從根本上着想，要尋求一個根本的解決，這種學問叫做哲學。

吳康在近代西洋哲學概論序言說：哲學是一般性的研究，求宇宙及人生問題之最後解決。

李長之在西洋哲學史導論，沒有下哲學的定義，但已說明哲學是經過推理過程，注重系統的學問。

上引哲學定義，不盡相同。哲學的範圍，亞里士多德認爲是求通則的學問，範圍廣大。吳康認爲是研究宇宙及人生問題。胡適之縮小研究範圍，認爲是研究人生切要問題。 中山先生對於宇宙問題，贊成天文學家物理學家的解釋。他研究的都是人類的切要問題。哲學的形式，是有推理過程，注重系統的學問。哲學研究的範圍和形式，與玄學大體相同，如何判斷是哲學或玄學呢？哲學是根據事實，從已知以推未知，即知之爲知之，不知爲不知。玄學是不根據事實，不從已知以推未知，全憑主觀的意識，對事物加以解釋；雖然有推理過程，形成一個系統，仍不是哲學，而是玄學。我們可以拿康德（Immanuel Kant 1724-1804）和黑格爾（G.W.F. Hegel 1770-1831）的思想，說明哲學與玄學的區別。

康德純粹理性批判的第一句話，知識與經驗以俱始，就是說知識由經驗而來。但他所指的經驗，是經驗所循的法則。他認爲只有觀念，如人、地、熱等，不是知識，必須幾個觀念聯結起來，如人是動物，地球環繞太陽自轉，一句話中有主詞和賓詞，成爲一個判斷，才成爲知識。因此，所有知識，必須是判斷。知識能力雖有許多成分，而統一之者，乃是自我（Ego）。被認知的萬物，是經自我改製的。萬物之本然是不可知的，萬物之現象則是我認識的。法則不是原有的，是我所創立的。秩然的宇宙，不過是人類的創作而已。他不否認物之自身、靈魂、和神的存在，但認爲這些不是理智可以證實的，所以他抱持「存而不論」的態度。他有求眞的精神，凡是不能以理智認識的，就不貿然判斷；所以康德的學問是哲學。

康德對於物之自身，存而不論。黑格爾認爲物之自身的共同根源，是一個絕對體（The absolute），又可稱爲存在（Being）。凡是存在中都包含有不存在（Nonbeing），就是包含有矛盾性（Contra-diction）。因爲有了矛盾，就會發生變化（Becoming）。變化是綜合的，包括了存在與不存在。這個綜合，是一個新的存在，又一定發生新的矛盾，新的變化，和新的綜合。凡事物經過一次綜合，就有一次進化，如是再綜合，再矛盾，繼續不斷的變化，至絕對觀念（Absolute Idea）而後止。他認爲矛盾不只是思想的發展律，也是萬物的發展律。但他所謂絕對體，沒有事實的根據，也不是推理的判斷，僅是他的一種假設，一種不能證明的空想。所以他的思想，雖有一貫的系統，仍是一種玄學。（註一）

二、實證哲學與科學

實證哲學的始創者，是英人培根（Francis Bacon 1561-1626）。他認爲哲學的惟一出路，是衝破那些先驗的系統（Apriori System）而接受歸納方法。歸納方法絕不憑極少的例證，就忙着建立普遍的律則；是耐心和仔細的研究事實，而不急於結論。因科學在求眞，若急於得結論，便夠不上客觀，夠不上科學。照他的看法，哲學與科學是休戚相關的，玄學却是廢物。他反對一切對於自然的空論，一切不建於科學之上的玄學。

近代提倡實證哲學，影響力極大的，是法人孔德（Auguste Comte 1798-1857）。他提倡實證哲學的主要目的，在求社會之改造，其方法在求知識的改造。欲改造社會，必先改造政治學社會學以及哲學，以達到實證的知識爲歸宿。實證者何？即注意觀察事實，避免空論玄談，根據科學演變的歷程，以說明歷史進化的定律，以組織一新哲學理論。他分析人類精神演化，有三階段。

㈠神學階段或空想階段，比之於人的童稚時期。天地萬物，由神靈部署治理，其間又分三級：一爲拜物敎，認萬物與人類一樣，有情感意識。二爲多神敎，每一神管理一群事物。三爲一神敎，以衆神融化於上帝（神）之中，認爲上帝乃創造宇宙和治理宇宙的唯一眞神。

㈡玄學階段或抽象階段，比於人之青年時期。以抽象玄想治理世界；宇宙最高主宰，非人格化之上帝，而係基本的原理；以精神代替前期之神靈，以玄想觀念爲實際存在。

㈢科學階段或實證階段，比於人之成年時期。人類智力發展成熟，不復致力求事物之內在本質，而專求一切現象之外在關係。其問題不是「何故」，而是「如何」。以自然法則代替絕對原因，以觀察方法考驗客觀事實，求其不變之關係。

孔德認爲現在的階段，應達到實證階段。各科學之總體即哲學；實證哲學，乃人類知識之綜合大成，衍生於科學。故哲學的方法，亦即諸科學之方法；本諸經驗，以歸納及演繹的方法，達到精確實用之知識

。實證哲學之目的，在使科學哲學化，哲學又科學化。（註二）

孔德的實證哲學，對英美兩國影響甚大，英人穆勒（John Sturat mill 1806-1873 ）的經驗的實證主義，美人詹姆士（William James 1842-1910）的實用主義，杜威（John Dewey 1859-1952）的實驗主義，都受了孔德的影響。

穆勒綜合英國傳統的經驗主義與實證哲學，構成其經驗的實證主義。他認爲一切知識成於經驗。邏輯之演繹，是由大前提而得結論；但大前題乃事實之概括通則，仍由歸納而產生。他確認歸納法爲求知的根本原理。

詹姆士的實用主義（Pragmatism），認爲實用出於經驗，非出於理性的思維。一種理論或一種信仰之爲是爲非，爲利爲害，必須經過試驗，由實踐的結果而定，合於實用者爲是爲利；不合實用者爲非爲害。

杜威繼詹姆士之後，擴充變化，增加內容，不用實用主義名稱，改稱爲實驗主義（Experimentalism）。他認爲知識是由思維工具探討經驗而成。邏輯上的思維是一種工具，其目的在探討一切客觀材料，以求得最後有利的結論。思維進行的程序有五：一、思想起於困難的發生；二、分析困難，求其原因所在；三、提出解決困難之各種假設；四、以判斷選定最有利最可能解決此困難之假設；五、證實選定之假設，確實無誤，則此選定的假設，即變成眞理。所以思維的任務，在於實用，在於解決思想的困難。以判斷選定的假設，確實無誤，就是有用的知識，也就是人類活潑的經驗和創造的智慧。（註三）

十七世紀培根提倡歸納法之後，科學日益昌明。十八世紀的康德，注重推理程序，凡不能用推理證明的，都存而不論，已屏棄玄學的空論。十九世紀的孔德，認爲現在的思想，已到了科學階段；對一切問題的解決，都要用觀察方法，考察客觀的事實，求其不變的關係。他實證哲學的目的，要使科學哲學化，哲學又科學化。科學與哲學研究的對象不同，他這個見解值得考慮；但就研究的方法說，則大體正確。因爲任何科學在研究的程序中，時常需要判斷；而在判斷之前，必須注重事實的觀察。所以培根認爲哲學與科學休戚相關，沒有用的，只是一個空想的玄學。孔德認爲哲學的方法，與科學一樣，要用歸納和演繹的方法。

孔德以後，實證哲學盛行，穆勒的經驗的實證主義，詹姆士的實用主義，杜威的實驗主義，對於思想都注重實用。凡是一個思想或理論之爲是爲非，爲利爲害，都要看實踐的結果而定。現代科學進步，玄學落伍，不僅研究哲學要用科學方法，就是處理一切問題，都要有科學的精神，用科學的方法。所以現在的時代，是科學的時代。

第三節　中山思想與科學及實證哲學

三民主義的思想，第一步在救中國，實行於中國。中國強盛之後，再推行於世界。全部遺敎所講的，都是根據事實，提出原則和計畫，沒有玄學的空論。

一、科學知識是眞知特識

孫文學說第五章說：「世界人類之進化，當分爲三時期。第一，由草昧進文明，爲不知而行時期。第二，由文明再進文明，爲行而後知時期。第三，自科學發明之後，人類乃始能有具以求其知，始能進於知而後行之第三時期之進化也。夫科學者，統系之學也，條理之學也。凡眞知特識，必從科學而來也。捨科學而外之所謂知識者，多非眞知識也。」

民國十二年演講國民要以人格救國說：「今日人類之知識，和古時大不相同。今日人類之知識，多是科學的知識；古時人類的知識，多是宗教的感覺。科學的知識，不服從迷信；對於一件事，須用觀察和實驗的方法，過細去研究，研究屢次不錯，始認定爲知識。宗教的感覺，專是服從古人的經傳；古人所說的話，不管他是對不對，總是服從，所以說是迷信。就宗教和科學比較起來，科學自然較優。」

民族主義第六講說：「我們恢復一切國粹之後，還要去學歐美之所長，然後才可與歐美並駕齊驅……外國的長處是科學，用了兩三百年的工夫去研究發明，才算是十分進步。……我們要學外國，是要迎頭趕上去，不要向後跟着他。譬如學科學，迎頭趕上去，便可減少兩三百年的光陰。」

中山先生確認眞知特識，必從科學而來，捨科學而外之所謂知識，多非眞知識。研究一件事，須用觀察和實驗的方法。中國科學落後，要迎頭趕上歐美的科學。他最重視知識，認爲人類是由動物之有知識能互助者進化而成。眞知特識是最難獲得的，所以他確認知難行易。他所謂知難之知，就是科學的眞知。

二、解決問題要根據事實

民權主義第一講，批評盧梭天賦人權之說，不合事實。「就歷史上進化的道理說，民權不是天生出來，是時勢和潮流所造就出來的。故推到進化的歷史上，幷沒有盧梭所說那種民權事實，這就是盧梭的言論沒有根據。……因爲宇宙間的道理，都是先有事實，然後才發生言論；不是先有言論，才發生事實。……他的言論雖然和歷史進化的道理相衝突，但是當時的政治情形，已經有了那種事實；所以他引錯了的言論，還是被人歡迎。」

民生主義第二講說：「要解決民生問題，應該用甚麼方法呢？這個方法，不是一種玄妙理想，不是一種空洞學問，是一種事實，我們要拿事實做材料，才能定出方法。如果單拿學術來定方法，這個方法是靠不住的。」

民生主義第一講說：「從前講社會主義的，都是烏托邦派，只希望造一個理想的安樂世界，來消滅人類的痛苦；至於怎樣去消滅的具體方法，他們毫沒有想到。……馬克思本人，也以爲單靠社會主義的理想去研究，還是一種玄想，……一定要根據事實，要用科學的方法研究淸楚，才可以做得到。……馬克思研究社會問題，用功幾十年，所知道的都是以往的事實；至於後來的事實，他一點都沒有料到。」

研究問題，一定要根據事實，不能單憑學理；要用科學的方法，對事實仔細去考察，明白事實眞像之後，才能定出辦法。但研究的事實，不僅要研究過去，還要研究過去是否與現在相同，和判斷將來可能發生的事實。馬克思雖然知道研究事實，只知過去，忽略現在，更不能預料未來。所以他的黨徒，實行其解決經濟問題的辦法，完全失敗。民生主義第二講說：「用革命手段解決政治經濟的辦法，俄國革命時候已經採用過了。不過俄國革命六年以來，……用革命手段解決政治問題，在俄國可算是完全成功。但是用革命手段來解決經濟問題，不能說成功，俄國近日改變一種新經濟政策，還是在試驗之中。」

三、提出辦法要能夠實用

民族主義第三講說：「大凡一種思想，不能說他是好不好，只看他是否合我們用不合我們用。如果合我們用，便是好；不合我們用，便是不好。合乎全世界的用途便是好；不合全世界的用途便是不好。」民生主義第二講說：「因爲學理有眞的有假的，要經過試驗，才曉得對與不對。一定要做成事實，能夠實行，才是眞學理。科學上最初發明一種學理，一百種之中，有九十九種不能實行的；能夠實行的學理，不過是百分之一。所以我們解決社會問題，一定要根據事實，不能單憑學理。」

根據事實，提出辦法，還要看這個辦法能否實用；能實用的，就是好的；不能實用的就是壞的。客觀環境複雜，解決事實的需要，可以同時採用兩個辦法，不必堅持一個辦法。孫文學說第二章說：「需要時代，以日中爲市爲金錢也。安適時代，以金錢爲金錢也。繁華時代，以契券爲金錢也。此三時代之交易中準，各於其時皆爲人類造最大之幸福，非用之不可也。然而同時又非絕不可用其他之制度也。如日中爲市盛行之後，自耕而食，自織而衣，亦有行之者。而金錢出世之後，日中而市，亦有相並而行者。……但在今日，則非用契劵，工商事業必不能活動也；而同時兼用金錢，亦無不可，不過不如用契劵之便而利大耳。」先生注重實用，因應客觀環境，同時可採用不同的辦法。金錢出世之後，人民仍可依照習慣，日中而市。契劵時代，兼用金錢亦無不可。所以　先生對於中國實業之開發，國家經營個人企業兩途同時進行；對於人民行使政權，除間接民權之外，兼行直接民權。這都是根據事實，注重實用的主張。

中山先生確認科學知識才是眞知識，對歐美科學研究證實的眞理，與科學的精神和科學的方法，都是全部接受的。他所反對的，是不根據事實的空想，和不合實用的主張。他的全部思想，都是根據事實，提出辦法，能夠實用，決沒有玄學的意味。

第四節　三民主義有科學的基礎

一、先總統　蔣公的解釋

民國二十四年一月，先總統　蔣公演講科學的道理說：「科學精神和科學的辦事方法，可說是革命建國的基本知識；凡是從事革命事業的人，都不可不具備的。……我們處在這種非常的時機，要想死中求生，完成救國復興的非常事業，便不可不明瞭科學的內容，並充分發揚科學的精神，運用科學的方法，來增加工作的效能，儘早奠定國家的基礎。……近代科學，無論是自然科學社會科學，無不極端注重實驗。凡事能夠成為一種眞理或定論的學問，一定要經過無數的實驗，才可成立的。因此，……一定在研究之後，要經過實驗的程序。實驗成功，然後推廣實行。如果不成功，就應該再研究不成功的原因，設法改正。所以這又完全要研究的人，能夠抱定科學的態度（即客觀的態度），虛心的體察客觀的環境，以為斟酌損益，如此方有成功的希望。」

民國四十一年七月演講三民主義的本質，指示民族主義的本質是倫理，民權主義的本質是民主，民生主義的本質是科學，並提出「科學的民生主義」一個名詞。　蔣公說：「為什麼要說民生主義的涵義是科學呢？淺顯點說，因為民生主義，是全用科學的方法和科學的精神，來促進民生主義實行的各種措施。…

：如果離開了科學，而談民生主義，就無從實現。……科學就是民生主義的本質，也可以說民生主義是科學的。因之，我今日要特別提出科學的民生主義這一個名詞來。」

由上述訓示，可知　蔣公注重科學和實證，並提出科學的民生主義一個名詞。三民主義的本質一文所指的科學，是自然科學。在科學的道理一文中，已包括自然科學和社會科學。　蔣公說：「近代科學無論是自然科學和社會科學，無不注重實驗。凡事能夠成爲一種眞理或定論的學問，一定要經過無數的實驗，才可以成立的。」民生主義的實行，須運用自然科學；民族主義和民權主義的實行，則須運用社會科學。所以引伸　蔣公的訓示，民生主義是科學的，民族主義和民權主義都有科學的基礎。

二、胡漢民先生的解釋

胡先生在所著三民主義的連環性、八，說：「我們破壞也好，建設也好，都要死心塌地依照　孫中山先生的主義和計畫去做。……在實行三民主義和其計畫上，我們要認識，實行的出發點，是整個中國民族，不是那一個或那幾個人，更不是那一個團體或那一個階級。民族是超越一切的力量，在政治的觀點上如此，經濟上的觀點亦如此。由實行的力量說到實行的方法，則科學是超越一切的方法，在理論上如此，在事實上尤其如此。……」

「總理手定的實現三民主義的程序與計畫，本身是有科學的穩定的基礎；但只是備具了一種博大的綱領，而其細節是須一般同志們和專門人才的補充，而且要實施之際隨客觀的需要補充。因爲如此，所以三民主義之實現，細節上不能單憑學理的成見，要靠實際的考驗。在這一點上，我們要拿實用主義的精神，來鼓勵全國各種人才爲三民主義之實施努力。要以思想落實際，觀察務眞切，做事求效能三個意義，訓導後起的青年。……」

「人是社會的，生存努力的基礎，總須從博愛做起點，經由三民主義各個和總和的途徑，而底於大同世界。……在朝着世界大同這條大路前進的時候，人類所賴以燭照前途的，不是武力，不是金錢，不是權謀，不是宗敎，不是哲學，而是科學這個惟一的火把。」

由上引述，可知胡先生對科學和實用的重視。他認爲民族是超越一切的力量，科學是超越一切的方法。人類朝着世界大同的大路前進的時候，所賴以燭照前路的，只有科學這個唯一的火把。他確認三民主義的程序與計畫，都有科學的穩定的基礎。

三、任卓宣先生的解釋

任先生五十三年所著三民主義新解第五篇第六章說：「科學所研究的東西，是具體的而非抽象的。因而它的理論亦爲具體事實的說明，非常可靠。……三民主義所由出發的民，和民族、政治、經濟，以及民族問題民權問題民生問題，無一而非客觀的具體的事實，所以三民主義有科學性。……科學的研究，在於闡明必然關係；此必然關係藏在事實裡面，而爲其必然法則。如果科學的研究，僅以實在的客觀的具體的事實爲滿足，那是全要限於表面的現象，不能深入其內在的必然性的。……所以三民主義底科學性，還應該是三民主義是事實底必然性之說明，然後才充分。……凡是科學的道理，都是可實踐的。換句話說，它不是紙上空談，可以做出來給你看。由事實產生的理論，又能產生事實。這種復歸於事實的現象，乃自理論產生事實的證明，即理論是否眞實的證明。所以實踐是判斷眞僞的標準。三民主義是科學的，便應該是實踐的。……總之，三民主義有客觀性、必然性、實踐性，所以是科學的，可稱爲科學的三民主義。」

任先生說明三民主義的理論，有客觀性、必然性、和實踐性，所以三民主義是科學的。科學的三民主義的名詞，任先生業已提出。

第五節　中山思想概略

科學的方法是觀察，哲學的方法是判斷。觀察和判斷這兩種方法，是大科學家考察萬事萬物的方法，人類進化的道理，都是由這兩種學問得來的。　中山先生觀察數百年來世界和中國發生的事實，對人類有關問題都有正確的判斷。

一、人類進化思想

先生研究的進化問題，不是研究物質和物種的進化，而是研究人類的進化。　先生對人類進化的觀點如次。

㈠人是由動物之有知識能互助者進化而成。人之所以異於禽獸，而爲萬物之靈，是在長成人性之後。人類有意識的能互助求知識的時候，就是長成人性的時候。人類長成的人性是善的。遺留的獸性是惡的；所以人類應增加人性，減少獸性。

㈡人類能互助，始能組織團體，通力合作。人類互助的團體漸漸擴大，始形成國家。爲實行互助，遂產生道德；有道德始有國家，有道德始成世界。

㈢人類有知識，始能發明工具，改進人類生活。人類最初是不知而行，行之既久，經過若干挫折，始獲得眞知，所以知難行易。

㈣人類與動物相同，最基本的欲望是求生存。人類要求不間斷的生存，社會才有不停止的進化，所以人類求生存，是社會進化的原因。人類求生存，天天要做的兩件大事，是自衞和覓食；自衞是保障生存，覓食是維持生存。

㈤人類爲自衞與覓食，就要奮鬥。人類奮鬥時所需要的，是精神與物質兩種力量；但精神的力量大，物質的力量小。只有人類才有精神，僅有物質之體，而無精神之用者，決非人類。

㈥人類奮鬥之目的，是要求平等。三民主義之目的，在要求中國國際地位、政治地位和經濟地位的平等，同時承認世界人類的平等。中國盛稱的大同之治，就是一個平等和睦的世界。

㈦實現平等的世界，要本互助的原則，用科學的方法。這個時候若仍有鬥爭，不是民族間的鬥爭，更不是階級間的鬥爭，而是善人同惡人爭，公理同強權爭。

㈧救世必先由救國開始，所以先要求中國之平等，使中國永久適存於世界。中國能夠永久適存，就要推己及人，以中國王道文化，實現人類的平等，促進世界的大同。

二、民族主義思想

中國最先最重要的問題，是自衛問題。中國民族在列強壓迫之下，任何問題都無法徹底解決，所以要先講民族主義。

民族主義第一講第二講，說明中國民族受列強人口、政治、經濟三種壓迫，已淪為次殖民地。第三講第四講說明中國在列強壓迫之下，是受屈的民族，不應空談世界主義，必須實行民族主義。第五講說明實行民族主義的方法，首先要能知，全國同胞都知道國家處境的危險；其次要合群，大家互助團結，結合為一大民族團體，以與侵略的列強對抗。對抗列強消極的辦法，是不合作；積極的辦法，是奮鬥。

第六講說明民族主義恢復，可以救中國危亡，還不能恢復過去頭一等的地位。要恢復中國頭一等的地位，首先須恢復中國固有的道德、知識和能力，其次要迎頭趕上歐美的科學。中國強盛，恢復頭一等的地位，對世界沒有大利，就有大害。我們要根據東方的王道文化，事先決定濟弱扶傾的志願，在強盛之後，為弱小民族打不平，實現各民族之平等，這對世界就有大利，可以促進大同之治。

與民族主義最有關係之遺教，為民國六年專著「中國存亡問題」，及十三年演講「大亞洲主義」。

中國存亡問題專著，主張中國對歐戰中立，並說明中國當時的外交方針，及對各主要國家的政策。中國外交方針，應本獨立不撓之精神，不可以利誘，不可以勢劫，而後可以自存於世界。中國當時應採外交政策，是反英、防俄、聯美日。英國近兩百年來，常出賣朋友，買好敵人，決不可以為友。俄國有侵略野心，侵略中國最兇，待遇中國人最酷，應預防其侵略。美日兩國均可為中國之友，「必使兩國能相調和，中國始蒙其福，兩國亦賴其安。」美雖可為友，但不可恃。

大亞洲主義，說明東方的文化是王道文化，西方的文化是霸道文化。王道文化是講仁義道德，用正義公理來感化人；不像霸道文化專講功利強權，用洋槍大砲來壓迫人。大亞洲主義想解決的問題，就是爲被壓迫民族打不平的問題。

三、民權主義思想

中國對外抵抗侵略，實行國家自衞；對內解決經濟問題，保障人民生活，必須有一個㫖好的政府，才能負擔這兩種工作。這個㫖好的政府，必須是民主的和有能的。民權主義的思想，就是要建立民主的和有能的政府。

第一講說明現在世界的潮流，已到了民權時代。無論是怎樣挫折，怎樣失敗，民權制度在世界上，總是可以維持長久的。要中國能夠永久適存於世界，便非提倡民權不可。

第二講說明中國革命的目標，不是先爭個人自由，要先爭國家自由。因爲國家能夠自由，個人自由才有保障。個人的自由，應以不侵犯他人的自由爲範圍，就是在法律下的自由。

第三講說明平等的意義。中國要爭的平等，是國際地位、政治地位和經濟地位的平等，不是天賦才能的平等。在天賦才能方面，是立足點的平等，不是平頭齊的平等。有聰明才力的人，應發揚服務的道德心，促進全體人民政治和經濟地位的平等。

第四講說明歐美人民爭民權，但民權不能充分發達，僅獲得一個選舉權，原因何在呢？第一是因爲法國革命時，沒有實行民權的經驗，變成暴民專制，使一般主張民權的人，不願提倡充分的民權。第二是德國俾士麥政府實行國家社會主義，解決人民要爭的經濟問題，一般人因民生問題解決，反忽略了民權問題。第三是美國一七八九年行憲，選舉華盛頓爲總統，正是法國暴民專制的時候，主張充分民權的人，遂遭遇了失敗。

第五講說明歐洲由專制進入共和，人民因過去受到專制政府的壓迫，不願政府權力太大，危害人民的自由，所以不信任政府，事事對政府干涉。這種情形，變成權能不分，政府無能的狀態。歐美學者已有人主張，人民對政府的態度要改變，但沒有提出改變的具體辦法。　中山先生特提出權能分開的理論，改善人民與政府的關係。

第六講說明權能分開的政治制度。人民要有充分的民權，可以組織政府和控制政府；除選舉權之外，應有罷免權創制權和複決權。政府要有充分的能力，爲人民服務，就要實行五權憲法，將政府權分爲行政、立法、司法、考試、監察五權。人民對於政府的關係，好像工程師對機器的關係一樣。權能分開的意義，是人民有權組織政府控制政府。但人民組織政府決定政策之後，應讓政府自由執行；在執行期間，不應加以牽制和干涉，只問其辦事的結果。若政府做得不好，可以改組政府。

與民權主義最有關係的遺教，是五權憲法、建國大綱、地方自治開始實行法、和民權初步。

㈠五權憲法。　中山先生常以三民主義五權憲法相提並論，因爲三民主義是一種思想，必須建立五權憲法的政府，才能實行三民主義。三民主義是建國的原則，五權憲法是建國的制度。

㈡建國大綱。規定建國程序爲軍政訓政憲政三個時期，軍政時期掃除革命的障礙，訓政時期輔導人民實行地方自治。一完全自治之縣，得遴選國民代表一員，參預中央政治。全國過半數之省，已實行地方自治，應即召集國民大會，代表全國人民行使政權，制定五權憲法，實行憲法之治。

㈢地方自治開始實行法。規定地方自治的基本工作，及工作實行的步驟。地方自治團體是政治組織，同時是經濟組織。地方自治是國家的礎石，礎不堅，則國不固。人民能否獲得幸福，須視地方自治的成果。人民應享權利，同時應盡義務。

㈣民權初步。民權初步是會議的規則。「有團體有組織的衆人，就叫做民。」人民在團體或組織中，要表現公共意志，必須開會決定。人民實行民權，必先了解開會規則，所以民權初步，就是實行民權的第一步。

四、民生主義思想

民生主義第一講，批評馬克思主張的各種錯誤，綜合批評說：「馬克思研究社會問題所有的心得，只見得社會進化的毛病，沒有看到社會進化的原理。」「馬克思研究社會問題，用功幾十年，所知道的都是以往的事實，至於後來的事實，他一點都沒有料到。……由此可見,知是很難的,行是很容易的。」上面所引的話，是批評馬克思沒有眞知特識，不了解社會進化的原理。

第二講提出平均地權、節制資本，以解決中國經濟問題。近年歐美的經濟潮流，一天一天的侵進來了，各種制度都在變動，所受的頭一個最大的影響，就是土地問題。……對於中國這種地價的影響，思患預防，所以提出平均地權的辦法，土地問題能解決，民生問題便可以解決一半了。民生問題其他一半，就是資本問題。「因爲外國富，中國貧；外國生產過剩，中國生產不足，所以中國不單是節制私人資本，還要發達國家資本。」

第三講是全民吃飯問題。民生主義第一個問題，便是吃飯問題。要增加糧食生產，首先要保障農民的權利，要耕者有其田。其次有七個增加生產的方法要研究。第三要注意分配的問題，分配要有公平的辦法。

第四講是全民穿衣問題。穿衣是人類的一種生活需要。穿衣是由文明進化而來，文明愈進步，穿衣問題愈複雜。人類生活的程度，在文明進化之中，可以分作三級，第一級是需要，第二級是安適，第三級是奢侈。現在解決穿衣問題，只要解決需要問題，使全國人民都可以得到衣食的需要。

與民生主義最有關係的遺敎，是民國元年演講「社會主義之派別及批評」，及「實業計畫」。

「社會主義之派別及批評」，可作爲民生主義的緒論，民生主義的基本主張，已見於此演講。

先生主張集產主義（國家社會主義），確認共產主義不能實行。「嘗考社會主義之派別，……儘可區爲二派：一、集產社會主義；二、共產社會主義。蓋以國家社會主義本屬於集產社會主義之中，而無政府社會主義又屬於共產社會主義者也。夫所謂集產云者，凡生利各事業，若土地、鐵路、郵政、電器、礦產、森林，皆爲國有。共產云者，即人在社會之中，各盡所能，各取所需，如父子昆弟同處一家，各盡其生利之能，各取其衣食所需，不相妨害，不相競爭，郅治之極，政府遂處於無爲之地位，而歸於消滅之一途。……然今日一般國民道德之程度未能趨於極端，盡其所能以求所需者，尙屬少數；任取所需而未嘗稍盡所能者，隨在皆是。……狡猾誠實之不同，其勤惰苦樂亦因之而不同，其與眞正之社會主義反相牴觸。……我人處今日之社會，即應改良今日社會之組織，則主張集產社會主義，實爲今日惟一之要圖。」由上文引述，可知　先生所講的共產主義，是無政府共產主義，決不是馬克思主義。

平均地權，及發達國家資本的辦法，均在此文明示。國家有國營事業之收入，及人民地租地稅之完納，國家經費充裕，除供國家開支之外，可作普及教育及人民醫病養老之用，以謀社會種種之幸福。

實業計畫，是國家經營實業的大方針，是使中國變為現代國家的大計畫。由這個計畫，可知　先生偉大的抱負，和卓越的見解。

五、綜合說明

中山先生研究的，不是物質和物種的進化，而是人類的進化。人類由動物之有知識能互助者進化而成。人類根本的欲望是求生存；所以人類求生存，是社會進化的原因。人類求生存天天要做的兩件大事，是自衞和覓食。人類要根本解決生存問題，就要擴大互助的精神，發展科學的知識。

我們是中國人，先要解決中國的生存問題；中國問題解決，然後有地位去解決世界問題。中國過去受列強壓迫，生存發生危險，所以先提倡民族主義。因為中國不能自衞，在列強壓迫之下，民權民生問題都不能徹底解決。民權主義第二講，說明中國革命不能先爭個人自由，要先爭國家自由。民生主義第四講，說明中國要解決經濟問題，先要解決政治問題。中國解除壓迫，獨立自主，中國可以生存，還不能夠適存；必須同時解決民權民生兩問題，實現人民的政治平等經濟平等，中國始可適存於世界。中國能夠適存，就可變成頭一等的國家，恢復過去光榮的地位。這個時候，中國應本固有的王道文化，以和平的精神，互助的原則，聯合各國成一世界國，促進世界大同之治。

三民主義對國家和政府的態度，與無政府主義、馬克思主義完全不同。無政府主義認為國家代表權力，權力就是罪惡，國家應當廢棄；代表國家的政府，自然更無必要。馬克思主義認為國家是階級壓迫階級的工具，階級消滅後，國家自然萎謝，而由有計畫的自覺的組織代替；他們繞了一個階級鬥爭的大圈子，仍然回復到空想的無政府主義。三民主義認爲國家是互助之體，國家之目的，在設立良好政府，爲人民謀幸福。由近代政治潮流觀察，國家是互助之體，已在事實上證明。康德主張的和平聯盟，威爾遜提倡的國際聯盟，皆以國家爲單位，由國家聯合，以維持世界之和平。

先生確認良好政府的職務，對外要能抵抗侵略（自衞），對內要能解決人民生活（覓食）。民族主義是爲自衞，保障中國的生存，民生主義是爲覓食，維護人民的生活。而擔負這兩大任務的，就是政府。民權主義就是要建立一個民主的有能的政府，來負擔這兩大任務。

爲實現民主的有能的政府，在中央應實行五權憲法，在地方應實行地方自治。地方自治是民主政治的基礎。法國革命後，因無地方自治基礎，經過八十年，民主政治才趨穩定。美國革命後，因有地方自治基礎，民主政治即已確立。所以　先生制定地方自治開始實行法；建國大綱的訓政時期，即在協助人民實行地方自治。

無論中央政府或地方政府，在政治方面的設施，要有科學的精神，用科學的方法。在經濟方面的設施，生產要用科學方法，分配要有公平辦法。一切建設，要由科學專家之調查設計，科學之實驗審查，然後可以實行。一切問題，要知而後行，思患預防；決不可盲目妄動，造成災害。三民主義的計畫和辦法，都有穩定的科學基礎，所以是科學的三民主義。

附　註

註一：參閱李長之編著：西洋哲學史第二篇第五章康德，第六章黑格爾。正中書局三十六年六月滬六版。

註二：參閱吳康著：近代西洋哲學要論第四篇第七章第三節、孔德之實證主義。華國出版社五十九年增訂三版。

註三：參閱梯利著、陳正謨譯：西洋哲學史第十編第二章實驗主義。商務印書館六十九年六月臺五版。

第二章　三民主義的創立

第一節　選擇的採納中西文化

中山先生在中國革命史說：「余之謀中國革命，其所持主義，有因襲吾國固有思想者，有規撫歐洲之學說與事跡者，有吾所獨見而創獲者。」研究三民主義的學者，有特別注意中國固有思想者，有特別注意歐洲之學說與事跡者，而對先生獨見而創獲的思想，則少有闡揚的著作。

戴季陶先生說：「　中山先生的思想，完全是中國的正統思想，就是接近堯舜以至孔孟而中絕的仁義道德的思想。在這一點，我們可以承認：　中山先生是二千年以來中絕的道德文化的復活。……　先生的國民革命，是立脚在中國文化的復興上面，是中國國民創製力的復活，是要把中國文化之世界的價值，高調起來，爲世界大同的基礎。」(註一)戴先生的影響力極大，使許多人高談復興中國文化，甚至以爲中國的傳統文化，就是　中山先生的思想。

與戴先生見解完全相反的，則是吳稚暉先生。吳先生說：「他（梁啓超）受了胡適之中國哲學史大綱的影響，忽發整理國故的興會；先做什麼清代學術概論，什麼中國歷史研究法，都還要得。後來許多學術演講，大半是妖言惑衆。……他們的謬語，乃是完全擺出『西學古微』的面孔，什麼都是我們古代有的，什麼我們還要好過別人的。一若進化學理都是狗屁，惟有二千年前天地生才，精華爲之殫絕。無論億萬斯年，只要把什麼都交給周秦間幾個死鬼，請他們永遠包辦，便萬無一失了。……這個國故的臭東西，他本同小老婆、吸鴉片，相依爲命。小老婆、吸鴉片，又與升官發財相依爲命。國學大盛，政治無不腐敗。因爲孔孟老墨便是春秋戰國亂世的產物，非再把他丟在茅厠裡三十年，現今鼓吹一個乾燥無味的物質文明。人家用機關槍打來，我也用機關鎗對打；中國站住了，再整理什麼國故，毫不嫌遲。」（註二）

吳先生極力鼓吹物質文明，甚至主張將中國線裝書丟在茅厠裡三十年；他是全盤西化論的急先鋒，見解實過於偏激。他嘆息中國被侵略，物質文明落後，主張效法西方的物質文明，使中國有抵抗侵略的力量。他的影響力，同戴先生的一樣大。

中山先生對於中西文化，是選擇的接受；對中西文化的選擇，是實證主義者的態度。他對西方文化的態度，非常客觀，認爲管理物的方法，可以學歐美；管理人的方法，不能完全學歐美。

先生偉大的創作，是三民主義和五權憲法，三民主義是立國的原則，五權憲法是政治的制度。這兩種創作，其內容有因襲中國固有思想者，有規撫歐美學說與事跡者，有獨見而創獲者。 先生集合中外古今學說，順應世界潮流，創造了三民主義和五權憲法。 先生參考的範圍極廣，此處僅述全部採納的中西文化，並就個人所見，說明 先生獨見而創獲的思想。

第二節　全部採納的中國文化

一、中國的道統

民國十年十二月二十三日，第三國際代表馬林至廣西桂林晉謁，在談話中，馬林問曰：「　先生革命之基礎爲何？」　先生曰：「中國有一道統，堯、舜、禹、湯、文、武、周公、孔子相繼不絕。余之思想基礎，即承此道統，而發揚光大耳。」由此，可知他的革命思想的基礎，是繼承中國的道統；他的三民主義，是發揚光大中國的道統。

先生對道統的意義，沒有說明。許多人解釋，認爲是「允執厥中」之道。朱子在中庸章句序說：「中庸何爲而作也？子思子憂道學之失傳而作也。……其見於經，則允執厥中者，堯之所以授舜也。人心惟危，道心惟微，惟精惟一，允執厥中者，舜之所以授禹也。」允執厥中四字，爲堯、舜、禹以來，一貫的心傳，孔子釋爲中庸之道。程子解釋中庸的意義說：「不偏之謂中，不易之謂庸，中者，天下之正道，庸者，天下之定理。」朱子解釋說：「中庸者，不偏不倚，無過不及，而平常之理，乃天命之所當然，精微之極致也。」根據朱子程子的解釋，中庸之道，就是不偏不倚，無過不及的正道和定理。允執厥中的中，不是左右之中，也不是前後之中，而是「適當」。

解釋道統爲允執厥中，不能說不對；但這是做人處世的態度，沒有提到理想和方法，似應以　先生說過的話，解釋中國的道統。孫文學說第四章說：「人類進化之目的爲何？即孔子所謂大道之行也，天下爲公。」民族主義第六講曾提及「大同之治」。民生主義第二講曾說：「這個民有民治民享的意思……這就是孔子所希望的大同世界。」所以禮記大同篇的內容，是中國道統的理想。民族主義第六講說：「大學中所說的格物、致知、誠意、正心、修身、齊家、治國、平天下那一段話，把一個人從內發揚到外，由一個人的內部做起，推到平天下止。像這樣精微開展的理論，無論外國甚麼政治哲學家都沒有見到，都沒有說出。這就是我們政治哲學中所獨有的寶貝，是應該要保存的。」大同的理想，是天下爲公，也就是天下平。如何能使天下平呢？大學已提供上述的程序。所以大學格、致、誠、正、修、齊、治、平的道理，是實現中國道統的方法。

二、民族思想、固有道德、中國文字

道統是中國文化的綱領，其他全部採納的，是中國民族思想、中國固有道德、和中國文字。

㈠中國民族思想。中國革命史說：「觀中國歷史之所指示，則知中國之民族，有獨立之性格與能力。……蓋民族思想，實吾先民所遺留，初無待於外鑠者也。余之民族主義，特就先民所遺留者，發揚而光大之。」民國十三年爲九七國恥紀念宣言說：「中國自有歷史以來，以和平爲民族之特性；有時不幸遇着他民族的侵略，方不得已而抵抗。……我們根據歷史，可以確確實實的說，如果別人不欺負中國，中國決不欺侮別人的。」孔子主張大同，但絕不容忍華夏之被侵略，對保衞華夏，尊王攘夷之管仲，大加贊揚。孔子對民族的區分，不以種族爲標準，而以文化爲標準。孔子作春秋，夷狄而中國者中國之，中國而夷狄者夷狄之。此種以文化判斷夷夏之標準，實爲漢族能同化其他民族，而形成中華民族的原因。　先生以和平爲民族主義的眞精神，反對列強壓迫中國；但中國強盛之後，決不壓迫弱小民族，應以濟弱扶傾政策，實現世界各民族之平等。所以先生的民族主義，不僅是繼承先民的民族思想，且發揚光大固有的民族思想。

㈡中國固有道德。民族主義第六講說：「中國從前能夠達到強盛的地位，不是一個原因造成的。……有了很好的道德，國家才能長治久安。……所以窮本極源，我們現在要恢復民族的地位，……要把固有的道德恢復起來。」民國二年二月演講學生須以革命精神努力學問說：「今日進於社會主義，注重人道，故不重相爭而重相助。有道德始有國家，有道德始成世界。」

道德是人類行爲的標準，人類長成人性後，不重相爭而重相助，始發生了道德。人民有了道德，始不會自私自利，違法亂紀，國家始可長治久安。若果沒有道德，爭權奪利，互相殘害，國家將不能安定，世界必日趨混亂。凡是不願爲人民服務，不願爲國家犧牲的人，就是沒有道德的人。至於不願服務犧牲，自私自利的人，在國必然不忠，在家必然不孝，對人類必然沒有仁愛，對朋友必然沒有信義，處世必然沒有和平；甚至可以爲貪官汚吏，國賊漢奸。國者人之積，人民沒有道德，國家如何能夠強盛？所以中國要恢復過去光榮的地位，必先恢復固有的道德。

㈢中國文字。孫文學說第三章說：「夫自庖羲畫卦，以迄於今，文字遞進，逾五千年。今日中國人口四萬萬衆，其間雖不能盡讀書，而率受中國文字直接間接之陶冶。外至日本、高麗、安南、交趾之族，亦皆號曰同文。以文字適用久遠言，則遠勝於巴比倫、埃及、希臘、羅馬之死語。以文字傳布流用言，則雖以今日之英語，號稱流布最廣，而用之者不過二萬萬人，曾未及用中國文字之半也。蓋一民族之進化能有文字，良非易事。而其文字之勢力，能旁及鄰國……則文字之功爲偉矣。雖今日新學之士，間有倡廢中國文字之議，而以作者觀之，則中國文字決不當廢也。……夫文字爲思想傳播之中介，與錢幣爲貨物交換之之中介，其用正相類。必廢去中國文字，又何由得古代思想而硏究之？抑自人類有史以來，能紀四五千年之事，翔實無間斷者，亦惟中國文字所獨有。則在學者，正當寶貴此資料，思所以利用之。……彼歐美學者於埃及、巴比倫之文字，國亡種滅，久不適用者，猶不憚蒐求破碎，復其舊觀；亦以古人之思想，足資今人學問故耳。而我中國文字，詎反可廢棄乎！」

此外，中國文化如考試制度監察制度， 先生係接納此兩種制度的精神，主張以考試制度拔取眞才；以監察制度糾彈官邪，不主張採用過去的辦法。

第三節　全部採納的西方文化

一、科學與物質文明

孫文學說第五章說：「夫科學者，統系之學也，條理之學也。凡眞知特識，必從科學而來也。捨科學而外之所謂知識者，多非眞知識也。」民族主義第四講說：「歐洲之所以駕乎我們中國之上的，不是政治哲學，完全是物質文明，……都是由於科學發明而來的。那種科學，就是十七八世紀以後，培根、紐頓那些大學問家，所主張觀察和實驗，硏究萬事萬物的學問。……我們現在要學歐洲，是要學中國沒有的東西，中國沒有的東西是科學，不是政治哲學。」民權主義第五講說：「物體有形的機器，是本於物理而成的；政治無形的機器，是本於心理而成的。物理那門科學，近數百年已經發明得很多。心理這門科學，近二三十年來始起首有進步，至今還沒有大發明。……所以管理物的方法，可以學歐美；管理人的方法，還不能完全學歐美。……歐美的物質文明，我們可以完全倣效，可以盲從，搬進中國來，也可以行得通。」

二、集會規則與民主原則

歐美人民實行民權的方法，第一是投票，第二是集會。投票是定期行使，一年一次或數年一次。一年之中投票最多時，也不過數次。至於集會，則是經常行使，從中央國會到地方團體，是時常集會的。集會時一定要有議事規則，秩序才不會混亂，才容易產生決議。我國在滿淸之世，禁止集會，國人沒有集會經驗。先生特譯著「民權初步」，敎國人開會的方法。民權初步自序說：「民權何由而發達？則從團結人心，糾合群力始。欲團結人心，糾合群力，又非集會不爲功。是集會者，實爲民權發達之第一步。然中國人受集會之厲禁，數百年於茲，合群之天性殆失。是以集會之原則，集會之條理，集會之習慣，集會之經驗，皆闕然無有。以一盤散沙之民衆，忽而登彼於民國主人之地位，宜乎其手足無措，不知所從；所謂集會，則烏合而已。是中國之國民，今日實未能行民權之第一步也。……民權初步一書之所由作，而以敎國民行民權之第一步也。」

集會之原則，即民主政治的原則。先生對歐美民主制度，認爲只能借鑑，不能完全倣效。因爲英國憲法不能學，美國憲法不必學，故僅借鑑於歐美，創立五權憲法的新制度。但對民主政治的原則，在民權初步中，完全採用。如會議時由多數決定，但須尊重少數。會議的進行，均應遵守規則，即以法爲治。主席處理問題，會衆提案或討論，均不得違反規則，即權力須受法律的限制。附屬動議中的修正動議、付委動議，即係協調不同意見，提供大衆皆可接受的辦法，即所謂協調政治。所以民權初步是集會規則，同時是民主政治的原則。

先生全部採納的，是歐美的科學與物質文明，及集會規則與民主原則。對美國林肯總統民主的解釋，則用以說明三民主義的意義。達爾文生存競爭的進化論，認為是物種進化的原則；克魯泡特金的互助論，則認為是人類進化的原則。盧梭的契約說，對民主的推進有大功勞，但不合歷史進化的事實。孟德斯鳩的法意，是十八世紀最新的學說，但在二十世紀已不能完全適用。俾士麥在德國實行的國家社會主義，有顯著的貢獻，但德國民權反因之受到阻礙。他贊成亨利喬治的土地公有說，但不採用土地單一稅法。贊成馬克思的資本公有說，但反對階級鬥爭沒收財產的辦法。對威廉的社會史觀，認為與他的主張不謀而合。

第四節　獨見而創獲的思想

中山先生選擇的採納中西文化，他之所以偉大，是能融會貫通中西文化，有獨見而創獲的見解。現就作者了解，略述於次：

㈠分期進化論。宇宙萬物由何而成，如何進化，這是哲學上的一個根本問題，　先生將進化時期，分為物質、物種、和人類三個時期，對宇宙萬物由何而成，如何進化，由科學的觀點，認為三個時期進化原則不同。物質進化是自然的進化，物種進化以競爭為原則，人類進化則以互助為原則。

㈡長成人性論。中外學者對於人性，常有不同的見解。我國孟子認為性善，荀子認為性惡，揚雄、王充認為善惡混。歐洲霍布士認為人性惡，盧梭認為人性善。中外學者對於人性為甚麼有善有惡，多未深入研究。孫文學說第四章就人類進化觀察，認爲人類初生之時，與禽獸無異，經幾許萬年之進化，始長成人性。人性長成之後，人類才開始進入文明。人類遺留的獸性是惡的，長成的人性是善的，所以人類要迅速進化，須增加人性，減少獸性。（註三）

㈢求生存史觀。先生的歷史觀，學者多解釋爲民生史觀。但民生主義第一講，指示人類求生存，是社會進化的原因。民權主義第一講，指示人類求生存，天天要做的兩件大事，是保和養。民生一詞，似乎不能包涵保的問題。用生存一詞，可以包涵保養兩個問題。因此，似應將民生史觀，改名爲生存史觀。

㈣心物合一論。唯心論者以心釋物，唯物論者以物釋心，中立一元論者以爲宇宙一切事業，是非心非物亦心亦物的中立體。先生將進化分爲三個時期，先有物質，次有物種，再次才有人類。物存在，人存在，所以先生在軍人精神教育說：「總括宇宙現象，要不外精神物質二者」，這明明是二元論。歐洲大哲學家如希臘的柏拉圖、亞里士多德，法國的笛卡兒，英國的洛克，德國的康德，都是二元論，不過對心物二者的關係，解釋不同而已。先生不將人與物混爲一談，確認只有人類才有精神。人的身體（物）是體，精神是用，二者本合爲一，相輔不可分離，且確認精神的力量大，物質的力量小，這是心理學和生理學的常識，同時是明白確實的眞理。

㈤知難行易論。民國元年創建共和之後，不能實行三民主義五權憲法，先生考究原因，在一般人相信知之非艱行之惟艱的傳統思想。孫文學說第一章說：「中國事向來之不振者，非坐於不能行也，實坐於不能知也。及其既知之而又不行者，則誤於以知爲易，以行爲難也。倘能證明知非易而行非難也，使中國無所畏而樂於行，則中國之事大有可爲矣。」先生特著孫文學說，闡明知難行易的眞理。

㈥一次革命論。　先生主張政治革命社會革命，畢其功於一役。就是主張一次革命，一勞永逸，在成立革命政府之後，即實行平均地權節制資本，同時解決社會問題。民國十年演講三民主義是造成新世界的工具說：「革命是不得已而爲之事。革命是破壞的事業，……不是今年革命，明年又來革命，要用徹底的方法，才可以永享幸福。……所以要解決民族問題，同時不能不解決民權問題；要解決民權問題，同時不能不解決民生問題。……這三個問題同時解決了，我們才可以永久享福。」

㈦權能分開論。實行民主政治，人民與政府的關係應當怎樣呢？　先生確認民主政治，就是主權在民，人民應有控制政府的權力，同時政府要有爲人民辦事的能力。爲解決這個問題，特創立權能分開的辦法。　先生引證工廠股東與總辦的關係，工程師與機器的關係等，說明人民與政府的關係。人民好像工廠的股東或工程師，政府則好像工廠的總辦或機器。股東有權控制總辦，工程師有權控制機器；但總辦應有能管理工廠，機器應有能生產貨品。權能分開的意義，就是人民有權管理政府，政府有能爲人民服務。政府由人民組織，受人民控制；但人民只決定做甚麼，至於怎樣做，則應由政府負責去做。

㈧平均地權。　先生民生主義的主張，是鑒於歐洲資本主義的弊害，但中國當時沒有資本家，爲杜絕資本主義的弊害，所以主張平均地權，使大地主不能變爲資本家，資本家也不能兼爲大地主。平均地權的辦法，不是恢復中國古代的井田制度，也不採用北魏時代的均田制度。他解決土地問題的辦法，與英國約翰穆勒的辦法不同。他贊成美國亨利喬治土地公有的主張，但不贊成僅收土地單一稅的辦法。平均地權的主張，確是他創獲的見解。

㈨實業計畫。先生爲發展國家資本，特著實業計畫一書。此書爲中國發展實業之大方針，爲國家經濟之大政策。此書係中國空前之著作，是中國現代化必由的途徑。

㈩錢幣革命。民國元年俄國奪我外蒙，羣情憤怒，主張出兵外蒙；惟以財政困難，多所顧慮。先生主張錢幣革命解決中國財政問題；即以國家法令所制定之紙票爲錢幣，而悉貶金銀爲貨物。先生此項主張，當時聞者譁然，以爲決不可行。但英國在第一次世界大戰時，業已實行。美國一九三三年羅斯福總統爲解決經濟不景氣，廢止金幣，專用紙幣。一九三五年我國廢止銀幣，專用法幣。現代文明國家都用紙幣，金銀已貶爲貨物。所以錢幣革命論，是　先生首先發現的眞理。

第五節　中國近代創立主義的，僅有先生一人

先生集合中外古今學說，順應世界潮流，選擇的採納中西文化，加上獨見而創獲的見解，創造了三民主義。自中英鴉片戰爭以來，中國有許多傑出人物，但爲中國創造立國主義的，只有　先生一人。

在　先生之前的是洪秀全和曾國藩。洪秀全在廣西起義，以驅逐韃虜號召，創立太平天國。他的軍隊沿途焚燒文廟武廟，廢棄了中國文化。他對西方文化也沒有了解。第一、沒有民主觀念，還是帝王思想。第二、號稱基督徒，但基督敎認耶穌是上帝的獨生子；他認爲上帝有兩個兒子，大兒是耶穌，小兒就是他，所以稱天父天兄。因此，他的主張不能號召知識分子，最後支撐危局的李秀成、陳玉成，都是廣西起義時的幹部。所以雖以民族革命號召，結果仍是失敗。

曾國藩以維護中國文化號召，消滅太平天國，使清廷延長五十年的壽命。他對滿清確有大功，對中國

則無功勞。他不能改革清廷的政治，他為籌集軍費，徵收貨物稅，名曰釐金，後來成為病商殃民之虐政。直至民國十七年後，國民政府始廢除釐金。

與　先生同時的人物是康有為、梁啓超。康有為主張維新變法，得光緒皇帝信任，有一八九八年的百日維新。戊戌政變，維新失敗，他逃亡海外，組織保皇黨。他始終主張君主立憲，民國六年張勳擁宣統復辟，他是幕後一個重要人物。所以胡適之當時批評說：康有為三十年前是新人物，而今已變成老古董。

梁啓超著作等身，文筆流暢，對中學西學造詣甚深，對西方文化的介紹，確有相當功績。但他的政治主張不堅定，民國成立後贊助民國，他的老師康有為曾批評他善變。他自己也說：我常以今日之我與昨日之我宣戰，無異自認思想不堅定。民國七年擁護段祺瑞，但選舉國會議員時，他的派系僅得二十餘席，從此不再過問政治。

與　先生同時或稍後的傑出人物，是吳稚暉、李石曾、陳獨秀、胡適之、曾琦等。吳稚暉、李石曾相信無政府主義，陳獨秀相信馬克思主義，胡適之提倡實驗主義，曾琦提倡國家主義，他們相信或提倡的，都是外國思想。但他們對於　先生非常欽佩。李石曾、吳稚暉參加了國民黨，常追隨　先生努力革命。陳獨秀曾經參加國民黨，胡適之與國民黨經常合作，曾琦領導的青年黨，至今仍與國民黨合作。　先生逝世後，他們都著文悼念，現節錄梁啓超、陳獨秀、曾琦三人悼念文於次。

梁啓超悼文說：「孫君是一位歷史上大人物，這是無論何人不能不公認的事實。我對於他最佩服的：第一、是意志力堅強，經歷多少風波，始終未嘗挫折。第二、是臨事機警，長於應變；尤其對民衆心理，最善觀察，最善利用。第三、是操守廉潔，他自己本身不肯胡亂弄錢，便弄錢也不為個人目的。」

陳獨秀悼文說：「全國的民衆呵！我們沒有了爲國家爲民族刻苦奮鬥四十年如一日的　孫中山先生了！我們失了偉大的革命領袖，是我們極大的損失。……我們的心情雖然悲痛，我們的意志却不絲毫沮喪。全國的革命分子，應該因　中山先生之死，而加速的集合在　孫中山先生創造的國民黨，團結成偉大的集合體，來繼續　中山先生革命事業。」

曾琦悼文說：「　中山先生爲手創民國之元勳，吾人苟非復辟黨徒，自不能忘此艱難創業之先輩。中山先生非徒爲一黨之領袖，實係全國之導師。蓋其晚年主張取消不平等條約，收回已失權利，深合吾人外抗強權之宗旨，抑亦天下之公言也。　中山先生屢次興師北伐，聲討北洋軍閥，實符吾人內除國賊之宗旨。」（註四）

當時梁啓超是研究系的領袖，陳獨秀是共產黨的領袖，曾琦是國家主義派的領袖，他們對　中山先生均極推崇，歌頌　先生創造民國的功勳，承認　先生是偉大的革命導師。

先生以一個平民，赤手空拳，提倡革命。沒有錢財，沒有權勢，能夠鼓動風潮，造成時勢，除了意志堅強，操守廉潔之外，最重要的，是有堅定不移的主張。他的堅定不移的主張，就是他創立的三民主義。因爲有了三民主義，才能號召全國志士仁人，參加國民革命。他創立的國民黨，才能由小而大，由弱而強。革命雖時有挫敗，他的信徒始終堅強不屈，屢敗屢戰。今天中國還沒有統一，但三民主義的光輝，已照臨於全中國。

附　註

註一：戴季陶著：孫文主義之哲學的基礎。帕米爾書店印行。

註二：引自吳稚暉著：箴洋八股化之理學。載於吳稚暉先生選集上册，五十三年二月黨史史料編纂委員會出版。

註三：邱有珍編著：國父思想，又名國父創獲的思想，闡述分期進化論、長成人性論，爲國父創獲的思想。此書五十五年八月由海國書局出版，曾獲教育部三民主義學術獎，內容正確，可以參閱。

註四：梁啓超、陳獨秀、曾琦追悼文，引自傅啓學著：國父孫中山先生傳第四十一章、輿論之批評。國父百年誕辰籌備委員會五十四年十一月十二日出版。

第二篇　哲學思想

胡適之先生下哲學的定義說：「凡研究人生切要的問題，從根本上著想，要尋出一個根本解決；這種學問，就叫做哲學。」（註一）這個定義，甚爲適當。因爲哲學是人的思想，所研究的問題，當然與人生有關。人要了解萬事萬物的原理，才有哲學產生。

人生切要的問題不止一個，所以哲學的部門也有多種。一、研究天地萬物怎樣來的？（宇宙論）二、研究物之自身是些什麼？（本體論）三、研究知識的作用及方法。（知識論）四、研究人生在世應該如何行爲？（人生哲學）五、研究人類歷史演變，有些甚麼原則？（歷史哲學）六、研究國家社會應該如何組織如何管理？（政治哲學）七、研究人生究竟有何歸宿。（宗教哲學）

本篇共分四章，第一章人與自然，研究宇宙論和本體論。第二章人與歷史，研究歷史哲學。第三章人與知識，研究知識論。第四章人性論，研究一部分人生哲學。

第一章　人與自然

中山先生崇尚科學，對宇宙觀的見解，不採用過去哲學家的說法，都是根據天文學家、物理學家的見解。對人類的來源，人與自然的關係，都是根據生物學家的見解。這些科學家的見解，爲學術界公認的，才加以引用。所以崔垂言先生說：「遍撿　國父全書，找不到一絲形上思維，甚至設定推理的痕跡。」（註二）

第一節　地球和人類的來源

一、地球的形成是自然現象

宇宙的意義，是包括無限大的空間，無限久的時間而言。廣義的宇宙，包括整個太空的星球；狹義的宇宙，是我們生存的地球。地球從何而來呢？民權主義第一講說：「近來地質學家由石層研究起來，考查得有人類遺跡憑據的石頭，不過是兩百萬年。在兩百萬年以前的石頭，便沒有人類的遺跡。……推到地球沒有形成石頭之先，便無可稽考了。普通人都說，沒有結成石頭之先，是一種流質；更在流質之先，是一種氣體。所以照進化哲學的道理講，地球本來是氣體，和太陽本是一體的。始初，太陽和氣體都是在空中，成一團星氣。到太陽收縮的時候，分開許多氣體，日久凝結成液體，再由液體結成石頭，最老的石頭有幾千萬年。現在地質學者考究得有憑據的石頭，是二千多萬年。所以他們推定：地球當初由氣體變成液體，要幾千萬年；由液體變成石頭的固體，又要幾千萬年。由最古之石頭至於今日，至少有二千萬年。這二千萬年的時代，因爲沒有文字的歷史，我們便以爲很久遠，但地質學家還以爲很新鮮。」他對於地球的形成，是根據法國天文學家拉巴剌（Laplace 1749-1821）一七九六年發表的星雲說。

地球如何形成呢？孫文學說第四章說：「進化之時期有三，其一爲物質進化時期，……元始之時，太極（此以譯西名伊太也）動而生電子，電子凝而爲元素，元素合而成物質，物質聚而成地球，此世界進化之第一時期也。今太空諸天體多尙在此期進化之中，而物質之進化，以成地球爲目的。吾人之地球，其進化幾何年代而始成，不可得而知也。地球成後以至於今，按科學家據地層之變動而推算，已有二千萬年矣。」地球的形成，是一種自然現象。「物質聚而成地球」，地球的本體自然是物質。

地球是太陽的一個行星，繞太陽而自轉；爲甚麼地球有經常的軌道，不會變化呢？因爲有「萬有引力」。民權主義第六講說：「英國從前有一個大科學家……叫做紐頓。……他在物理學中，有很多超前絕後的發明，最著名的是萬有引力。紐頓推出來的萬有引力，是世界頭一次的發明，是至今科學家的基本原理。」

先生講地球的來源，地球的形成，和地球的現象，都根據近代天文學家地質學家物理學家研究的成果，而且是學術界公認的成果。歐洲哲學家對無法解釋的現象，都推之於神。甚至物理學家紐頓，對於天體的現象，也以為是神的安排。他敍述地球的來源和形成，明白的說明是自然現象，並沒有提到神的觀念。所以他的宇宙觀，是自然的宇宙觀。

他用太極一詞，明白說明是譯西名伊太（Ether）。六十年前的物理學，都以伊太為一切物質的媒介體，所以他說「太極動而生電子」。但因太極一詞，出自易經，有些學者引用易經的話，闡述宇宙的現象，更有將太極解釋為神者。這些說法，是將他的思想引入玄學和神學範圍，似乎不是他思想的本義。

二、太空諸天體尚在進化之中

人類對於大自然，只知道地球的現象，對於太空諸天體，尚未能了解，所以 中山先生說：「今太空諸天體多尚在此期進化之中。」據天文學家說，太空中有若干太陽系；但我們太陽系的其他行星，其現象如何，還不能完全知道，對太空其他太陽系的情形，知道更少，天文學家正在觀察之中。

地球的衞星月球，人類對她多有美好的頌詞。但人登上月球後，才知道月球是一個無空氣無水無生物的荒涼星球。

金星是在地球與水星之間，是比地球接近太陽的行星。在希臘羅馬的神話中，是可愛和美麗的女神。但據美國加州大學天文研究所報告，金星表面的溫度，是攝氏四百五十四度，是一個最可怕的地獄（A Classical version of Hell）。（註三）

火星是距地球近，距太陽遠的行星。人類的太空船曾到達火星和木星上空觀察，火星表面很冷，是攝氏零下四十八度。木星是在火星之外，表面更冷，是華氏零下二百一十度。

土星已有太空船飛過，它的情況還不很清楚。美國太空船旅行家二號，是一九七七年八月二十日離開地球，一九七九年七月九日經過木星上空，再經過兩年旅行之後，於一九八一年八月二十五日經過土星一個衞星的上空，在距離目標三十英哩的地方通過。旅行家二號在太空旅行十二億英哩，始由地球至土星的上空。它的無線電訊號需要八十五分鐘，才能達到美國加州科學家的天線；上述無線電訊號，是以光速行進。它發回一萬多張照片，照片顯示在明亮和冰凍的表面上，有火山口河谷和平原的存在。旅行家二號飛離土星後，將開始一個五年的旅行，飛向天王星，預計到一九八六年一月到達天王星；在到達之前，將不會遭遇其他的世界。抵達天王星上空之後，將飛向海王星，預計一九八九年到達。美國天文學家看到若干土星照片，對土星的實際情形，還沒有充分了解。（註四）

太陽系九大行星的情況,我們在地球上的人,對金星火星木星比較了解。金星太熱，沒有生物是可斷言的。火星木星太冷，有沒有生物，現在還難判斷。土星已有太空船飛過，表面比木星更冷,是可以推知的。天王星海王星預計太空船可以經過；但對冥王星，尚無探測的計畫。我們生存的太陽系，現在還沒有弄清楚；至於太空的其他太陽系，更是茫然無知。

最近美國天文學家觀察遙遠的太空，發現有一非常大的空洞。這個空洞的直徑有三萬萬光年的距離（300m, light years in Diameter）。光速是一秒鐘十八萬六千英哩，三萬萬光年的距離，眞是遠得驚人。是不是眞有這樣巨大的空洞，美國天文學家正在繼續觀察之中。（註五）

這樣無限大的天空，眞是令人驚奇，但可斷言是自然的現象。歐洲的許多哲學家，對宇宙的來源並不清楚，想以一個法則，說明他們不知道的宇宙，只可說是一種玄想。若對不能理解的事物，都歸之於神的創造，這等於沒有解答。

三、人類的來源

孫文學說第四章說：「進化之時期有三：其一爲物質進化時期，其二爲物種進化時期，其三爲人類進化時期。……由生元之始生而至於成人，則爲第二期之進化。物種由微而顯，由簡而繁，本物競天擇之原則，經幾許優勝劣敗，生存淘汰，新陳代謝，千百萬年，而人類乃成。人類初出之時，亦與禽獸無異，再經幾許萬年之進化，而始長成人性，而人類之進化，於是乎起源。此期之進化原則，則與物種之進化原則不同。物種以競爭爲原則，人類以互助爲原則。……此原則行之於人類，當已數十萬年矣。然而人類今日猶未能盡守此原則者，則以人類本從物種而來，進入於第三期之進化，爲時尚淺，而一切物種遺傳之性，尚未能悉行化除也。」

民國九年爲大光報年刊題詞說：「人類由動物之有知識能互助者進化而成。……能互助，故能合弱以禦強；有知識，故能趨利而避害也。」

民國十二年演講國民以人格救國說：「就人類的來源講，基督教說，世界人類是上帝六日造成的。近來科學中的進化論家說，人類是由極簡單的動物，慢慢變成複雜的動物，以至於猩猩，更進化而成人。由動物變到人類，至今還不甚久。所以人類的本源便是動物，所賦的天性，便有多少動物性質。換句話說，就是人本身是獸，所以帶有若干獸性，人性很少。我們要人類進步，是在造就高尚人格。要人類有高尚人格，就在減少獸性，增多人性。」……

民權主義第一講說：「因爲講地球的來源，便由此可推究到人類的來源。地質學所考究得人類初生在二百萬年以內。人類初生以後，到距今二十萬年，才發生文化。二十萬年以前，人和禽獸沒有甚麼大分別。所以哲學家說：人是由動物進化而成，不是偶然造成的。人類庶物由二十萬年以來，逐漸進化，才成今日的世界。」

由上引四段遺敎，可知人類是由動物進化而成，已說得很明白。　中山先生採納達爾文的進化論，但認爲競爭的原則，僅能適用於物種，不能適用於人類，人類是以互助爲原則。人類之進化，是由長成人性之時間始。人類開始有知識能互助的時候，就是長成人性的時候。人類長成人性，所以異於禽獸，而爲萬物之靈。人類有知識，故能由野蠻進入文明；人類能互助，故能由小團體進化爲大團體。人類知識不斷進化，團體不斷擴大，所以能造成今天文明的世界。

第二節　精神與物質的關係

一、人類戰勝了野獸和自然

人類生存在大自然中，在初出現之時，仍與動物無異，最基本的欲望是求生存。民權主義第一講說：「人類要能夠生存，就須有兩件最大的事，第一件是保，第二件是養。保和養兩件大事，是人類天天要做的。……但是人類要維持生存，他項動物也要維持生存。……所以人類的保養和動物的保養相衝突，便發生競爭。人類要在競爭中求生存，便要奮鬥。」

在洪荒時代，人同獸爭，如何能戰勝呢？第一，因爲人類有知識，能使用工具。最初使用的工具，是石頭和木棍。人類知識進步，能將石頭和木棍，製成大錘或石斧，可以給那些野獸一個致命的打擊。其次發明了弓箭，可以在較遠的距離，射死或射傷野獸。石器時代，人類在無意中發明了火；敲石取火，或鑽木取火，變成一種技術。第二因爲人類能互助，「他們獵取巨獸的方法，常是多數的男子和兒童，合力從事；有的用石頭猛擲，有的持著有石尖或角尖的長矛，也許有時將巨獸趕入地坑或陷阱中。此種工作是極艱難的，每每一隻虎或一隻象殺死以後，同時也有一兩個躺在地下的死人或垂死的人。」（註六）人類在漁獵時代爭取生存，眞是艱苦困難。因爲人類有知識能互助，終於戰勝了野獸。

人類如何戰勝自然呢？民權主義第一講說：「後來毒蛇猛獸差不多被人殺完了，人類所處的環境較好，所住的地方適於人類的生存，人群就住在一處，把馴伏的野獸養起來，供人類的使用，……便成畜牧時代，就是人類文化初生的時代。……到了那個時代，人類生活的情形，便發生一個大變動。……人類同甚麼東西去奮鬥呢？是同天然物力去奮鬥。……因爲要避風雨，就要造房屋；因爲要禦寒冷，就要做衣服。……但是天災是不一定的，也不容易防備。……水、火、風、雷的災害，古人實在莫名其妙。……當時地廣人稀，覓食很容易，他們單獨的問題，只有天災。……極聰明的人，便提倡神道設教，用祈禱的方法去避禍求福。他們所用祈禱的工夫，在當時或是有效或無效，是不可得知。但是既同天爭，在無法之中，就不得不用神權，擁護一個聰明的人去做首領。」

人類在神權時代以後，知識漸漸進步，由不知而行，到行而後知，現在已進步到知而後行的科學時代。政治方面，由神權時代進化到君權時代；再由君權時代，進化到現在的民權時代。經濟方面，由畜牧時代進化至農業時代，再由農業時代，進化至現在的工商時代。人類不斷的進步，不僅能適應自然，且已戰勝了自然。

二、僅有人類才有精神

人類能戰勝野獸和自然，是靠人類的奮鬥精神。我們生存的宇宙，是先有地球，次有物種，再次才有人類。在人類產生之前，地球早已存在。大自然先於人類存在，這是確實明顯的事實。人之所以異於禽獸，就是禽獸僅有本能；人類除本能之外，還有精神。

軍人精神教育第一課說：「總括宇宙現象，要不外物質精神二者。精神雖爲物質之對，然實相輔爲用。考從前科學未發達時代，往往以精神物質絕對分離，而不知二者本合爲一。在中國學者，亦恒言有體有用。何謂體，即物質；何謂用，即精神。譬如人之一身，五官百骸皆爲體，屬於物質；其能言語動作者，即爲用，由人之精神爲之。二者相輔，不可分離。若猝然喪失精神，官骸雖具，不能言語，不能動作；用既失，體亦即成死物矣。由此觀之，世界僅有物質之體，而無精神之用者，必非人類。人類而喪失精神，則必非完全獨立之人。現今科學進步，或亦有製造之人，毫髮無異者。然人之精神不能創造，終不得謂之爲人。人者，有精神之用，非專特物質之體也。」由上述遺教，可知下列意義。

甲、「總括宇宙現象，要不外物質精神二者。」是確認物存在，心存在，是二元論。有人認爲二元論不澈底，殊不知大哲學家柏拉圖、亞里士多德、笛卡兒、洛克、康德，都是二元論者，因爲這是事實，無法否認的事實。

乙、「僅有物質之體，而無精神之用者，絕非人類，……人之精神不能創造……人者，有精神之用，非專特物質之體也。」　先生所講的精神，是人的精神，僅有人類才有精神，已講得非常明白，不待解釋。人類除本能之外，還有精神，其他動物，只有本能而無精神。在同一演講以童子引牛比喻說：「童子有精神，牛無精神，故童子力雖不如牛，而能以精神馭之。」牛是高等動物，尚沒有精神，其他低等動物，更無所謂精神。至於無生命之物質，只是人類可以使用的材料而已。

丙、心物合一的原則，僅適用於人類，不能適用於物種，更不能適用於物質。因爲物種和物質，在中山先生的見解，是無所謂精神的。既然沒有精神的，自然講不到心物合一。我們不應像黑格耳、叔本華、馬克思一樣，將一個法則來解釋一切，陷入玄學的陷阱。

丁、因爲人有精神，所以能戰勝野獸與自然，人類一部歷史，是爲求生存，在大自然中奮鬥的歷史。

三、精神的定義

在同一演講，　先生下精神的定義說：「第知凡非物質者，即爲精神可矣。」有些學者根據這個定義，以爲現代原子學說，質與能是可互變的；質是物質，能非物質，就是精神。所以人類是心物合一，宇宙萬物也是心物合一。此種說法，是對心物合一論的引申，但對　先生的本義，似乎不盡符合。　先生的心物合一論，很明顯的是說明人類的現象，我們閱讀「軍人精神教育」全文，即可確知。現在引證同一演講，補充說明精神的定義。

軍人精神教育第五課說：「軍人生在今日，有改造國家的責任；……負此責任，全在吾人之決心。決心於何見之？在夫精神。精神者，革命成功之證券及擔保也。軍人之精神，……第一之要素爲智，……第二之要素爲仁，……第三之要素爲勇。……此三者爲軍人精神之要素，欲使之發揚光大，非有決心，不能實現。」人類有智，故能別是非，明利害，識時勢，知彼己。人類有仁，故能互助，救同類，救國家，救世界。人類有勇，故不怕艱難，不怕危險，勇往邁進。智仁勇三者，是精神的要素，要發揚光大，則須有決心。由此，可知精神的定義：人類辦一件事，有決心去做，就是人的精神。有智有仁有勇的決心，更是人類偉大的精神。

物質可以變成能力，是正確的；但將物質變成能力，是人類造成，供人類使用的；它是被動的，不是能動的。它的本身沒有目的，更沒有決心。如何能將物質的能力，與人類的精神相提並論呢！物質物種和人類進化的原則不同，物質是受因果律的支配，物種以競爭爲原則，人類以互助爲原則。我們將人類進化的原則，應用於物質，是錯誤的；將物種進化的原則，應用於人類，更是錯誤的。

四、精神勝於物質

軍人精神教育第一課說：「精神與物質相輔爲用，……故全無物質則不能表現精神，但專恃物質則不可也。……武器爲物質，能使用此武器者，全恃人之精神。兩相比較，精神能力實居其九，物質能力僅得其一。何以知其然也？試以武昌革命爲例。……　余以爲打破武昌者，革命黨人之精神爲之。兵法云：先聲奪人。所謂先聲，即精神也。準是以觀，物質之力量小，精神之力量大。」

孫文學說第六章說：「當科學未發明之前，固全屬不知而行，及行之而猶有不知者。故凡事無不委之於天數氣運，而不敢以人力爲之轉移也。迨人類漸起覺悟，始有由行而後知者；乃甫有欲盡人事者矣，然亦不能不聽之於天也。至今科學昌明，故知人事可以勝天，凡所謂天數氣運者，皆心理之作用也。」

人之一身，五官百骸皆爲物質，人之所以異於禽獸，就是有聰明的頭腦，可以利用物質，征服自然。人類知識進步，可以征服自然，就是「人事可以勝天」。這種人定勝天的決心，就是人的精神。因爲人類有精神，不爲環境困擾，不受物質束縛，故能突破種種困難。在軍事方面，少可以勝衆，弱可以勝強。古今中外的志士仁人，都在極困難的處境中，艱苦奮鬥，卒能改變環境，造成時勢。精神勝於物質，人類戰勝自然，這不是一個理論，而是一個事實。

第三節　由中山思想看西方思想

一、二元論

人類生活在大自然中，物存在，人存在，這是一個事實。　中山先生和大哲學家柏拉圖、亞里士多德、笛卡兒、洛克、康德，都承認這個事實，但各人的看法不同。

柏拉圖（Plato 427-347 B.C.）認爲理念世界，是永存的完整的實體；人們用感覺知道的自然之物，不過是理念的副本而已。最高的理念就是神。他承認人存在，物存在；人可以知覺物，但僅可得副本。他認爲靈魂是人的中心，肉體僅是影子；靈魂與肉體可以分離，肉體雖死，而靈魂不死。

亞里士多德（Aristotle 384-322 B.C.）不贊成柏拉圖的看法，認爲理念不在事物之外，而在事物之中。理念爲事物之形式，不能離事物而存在。實在由理念與物質結合而成。最高的實在是純粹形式，沒有質料的，就是神。他認爲人有靈魂的，身體與靈魂的關係，就如質料與形式的關係。無論什麼靈魂，皆不能無肉體。靈魂之於身體，猶如砍劈之於斧頭。沒有斧頭就不能砍劈，沒有身體，靈魂的作用也不能施行。他反對柏拉圖靈魂可與身體分體之說，認爲任何靈魂都不能無肉體。

笛卡兒（Rene Descartes 1596-1650）由我思想推出我在，思維就是心靈，可以直接認識己身之存在。心靈以外諸物體，構成外在世界；其存在不繫於我之思維，而係獨立存在。他這種看法是不錯的，但在心物兩個本體之上，加上一個神，爲最高的本體。他認爲神的存在，使心與物在每一行動中，都配合得很好。

洛克（John Locke 1632-1704）認爲沒有生來即知的眞理，經驗是我們一切觀念之源，也是我們一切知識之本。人類所有的知識和觀念，都是後天的，都是由感官來幫助，才能獲得的；所以感官是物質和心靈的媒介。他認爲實物有兩種：一是物質的，是無認識力的；一是精神的，是有認識力的。但他認爲神是萬物之根源。

康德（I. Kant 1724-1804）尊重自我，認爲知識雖有許多成分，統一之者則在自我。知識就是一種判斷，只靠經驗是不夠的，必須建立於理性之上；所以我們要得知識，須根據於觀察，同時要根據於理性。感官供給判斷的資料，理性將這些資料連結起來；任何科學知識，必須有這兩種成分。他在純粹理性批判中，對於物之自身、神、靈魂等觀念，因不能以推理證明，存而不論。在實踐理性批判中，則認爲人的意志自由，可以推出神之存在和靈魂不滅。

上述五位哲學家，都承認物存在，心存在，似乎心物是同時存在，沒有先後之分。 中山先生分進化時期爲三，先有物質，次有物種，再次才有人類，確認物先人而存在。其次，他們都承認神之存在， 先生對於神的觀念，則存而不論。

中山思想與上述思想有相同之處的，是亞里士多德和康德的思想。亞里士多德認爲靈魂之於身體，就如砍劈之於斧頭，這與 中山先生身體是體精神是用的觀念，大體相同。康德尊崇自我，認爲一切法則都是自我創造的。他承認經驗與理性二者，是科學知識必備的成分；但他尊崇自我，視理性更重要。這與 先生精神勝於物質的思想，相當接近。

二、唯心論

中山先生確認先有物，後有心，當然與唯心論不同。柏克萊（George Berkeley 1683-1753 ）認爲存在即被知覺，殊不知人類生存於大自然之中，不知覺的事物非常之多。古時人類爲求生存，都是不知而行。現在進入科學時代，不知之事物還是很多；如何能說不知覺的事物，就不存在呢？他也知道有未知覺的事物，於是提出神的解釋，以爲人不知覺的，神都知覺，所以也是存在。這種解釋，理由似欠充分。

康德對於物之自身，存而不論。黑格爾（W. F. Hegel 1770-1831 ）認爲是絕對體（理性），叔本華（Arther Senopenhaver 1789-1860 ）認爲是意志。黑格爾認爲理性在無生物中即已具有，繼而達於有生物，最後化身於人類之中。理性本身就有矛盾，因有矛盾，就生衝突，發生變化，綜合爲新的事物。新的事物一樣有矛盾，又必衝突變化，再綜合爲另一新的事物。如此不斷的綜合、矛盾、變化，要綜合到絕對觀念而後止。這就是他的矛盾律，也就是他邏輯的法則，普通稱爲辯證法。他自己說：他的邏輯與形而上學同爲一物，所以他的矛盾律，是一種形而上學，不是科學的法則。因此， 中山先生遺教中，根本沒有提到辯證法。

叔本華認爲圖生存的意志，是生活的基本原理，這是不錯的。他反對黑格爾的矛盾律，但還是陷入法則一致論的錯誤。他認爲物體都具有意志；在低等動物中意志是盲目的衝動；人類意志始成爲有意識的行爲。他們的思想，有見解，有系統，但只是不合事實的玄想。他們還是以神爲保鏢，所以黑格爾的絕對觀念，就是神；叔本華的根本意志，也是神。

三、唯物論

霍布斯（Thomas Hobbes 1588-1679）認爲一切都是物質，否認精神的價值。 中山先生確認精神的價值，精神勝於物質。霍布斯認爲人之本性和自然界一樣，弱肉強食，人與人的關係如豺狼。 中山先生確認弱肉強食的原則，僅能適用於物種，不能適用於人類。

費而巴哈（L. Feuerbach 1804-1879）物在先、人在後的觀點，是和 中山先生相同的。但有兩點不同：一、他說：人吃甚麼，就是甚麼，認爲人就是物質。 中山先生認爲人有物質之體，且有精神之用。二、他反對宗教，只要國家政治，不要宗教信仰。 中山先生則肯定宗教的價值，和信仰的自由。

馬克思（Karl Marx 1818-1883）認爲觀念只是物質在人類腦中的反應，物質是歷史重心，人類行爲，都是由物質的境遇所決定。 先生認爲他的思想，不合歷史事實，物質不是歷史的重心，人類求生存才是歷史的重心。人之所以異於禽獸，而爲萬物之靈，就是因爲有精神之用。民族主義第一講說：「凡人類對於一件事，研究當中的道理，最先發生思想。」主義就是一種思想，也是一種觀念。　先生努力宣傳三民主義，就是要以他的觀念，喚起人民的覺悟，變成共同的觀念，以促進人爲的進化。人類爲一個觀念或爲一件事，有奮鬥的決心，就是人類的精神。人類有奮鬥的決心，就可突破一切困難；所以精神勝於物質。馬克思也知道這個道理，他發表共產黨宣言，著作資本論，就是想以他的觀念，改變資本主義的社會；但又要一般人相信唯物史觀。他眞是自命爲超人，而視一般人爲庸人了。馬克思視人爲物，是可以暴力劫持的物。　先生則視人爲人，是有精神有自由的人。

四、中立一元論

康德對於物之自身，存而不論。懷海德（A. N. Whitehead 1864-1947）解釋爲一連串的事素，羅素（B. T. Russel 1872-1970）解釋爲非心非物的中立體。他們見解大體相同，懷海德所謂一連串的事素，大槪就是羅素所說的中立體。　中山先生的心物合一論，與中立一元論，有顯著的不同。

甲、羅素認爲心物同源，宇宙的本體，不是心，不是物；而是由某種單純根本的東西建設起來的。依照這種說法，這種單純根本的東西，似乎是自然現象，可以造成物，也可以造成心。　先生認爲物是自然現象，先有物，後有人，有人才有心；將物與心的界限，劃分得很淸楚，心物決非同源。

乙、羅素認爲心物同源，但人類未出現以前，地球的歷史已有幾萬萬年，爲甚麼這個中立體，只產生物，不會產生心呢？爲甚麼在人類出現以後，才會產生心呢？這些問題，他都沒有解答。　先生進化三時期的觀念，即可充分解答這兩個問題。

丙、羅素想打破物理與心理的界線，他說：心靈最顯著的一個特點，就是有主觀性。他以攝影爲喻；一個物體在不同地點攝影，可以攝得不同之形象，認爲物體也有主觀性。殊不知攝成形像不同的物體，不是自然的現象，而是人爲的現象，決不能說物體有主觀性。他這種比喻，很難打破物理與心理的界限。心物合一論，是講人的現象，是根據生理學和心理學的原理。心物合一論與中立一元論的根據不同，見解不同，不能混爲一談。（註七）

第四節　心物合一論

西方哲學家的思想，有許多確是眞理，有許多類似神話，有許多則是玄想。但他們所研究的，是一個共同問題，就是自然與人類的關係。唯心論者以心釋物，但對於物之存在，並未否定。柏克萊認爲存在就是被知覺，黑格爾認爲存在就是絕對體，叔本華認爲存在就是意志。唯物論者以物釋心，但對於人之思想（觀念、意識、理性），也未否定。霍布斯認爲觀念是物質實體在腦中的反映，費而巴哈認爲意識的最後依據是物質，馬克思也認爲精神是物質在腦中的反映。中立一元論者則承認心物同源，心物同時存在。物存在，心存在，是不能否認的事實，所以許多大哲學家都是二元論者。現簡述中山思想於次。

甲、　中山先生將進化時期，分爲物質、物種、人類三時期。先有物質，次有物種，再次才進化爲人類。物質是在人類出現以前，早已存在的。

乙、人類由動物之有知識能互助者進化而成。人類初生時，仍與動物無異，經數十萬年的進化，始長成人性。人類長成人性，有了精神，成爲萬物之靈，才能戰勝野獸和自然，由野蠻進入文明。

丙、總括宇宙現象，要不外物質與精神二者；但僅有人類才有精神。因爲「世界僅有物質之體，而無精神之用者，必非人類。……人之精神不能創造。……人者，有精神之用，非專恃物質之體也。」

丁、物質爲體，精神爲用，二者相輔，不可分離。希臘的亞里士多德，我們南北朝時代的范縝，都有相似的觀念。亞里士多德說：靈魂之於身體，像砍劈之於斧頭。沒有斧頭，就不能砍劈；沒有身體，靈魂的作用也不能施行。范縝說：形存則神存，形謝則神謝；神之於形，猶利之於刃；未聞刃沒而利存，豈容形亡而神在？

戊、人之所以異於禽獸，而爲萬物之靈，就是有了精神之用。日本生理學家衫・靖三郎關於心與身的關係，有相同的見解。他說：「何謂心靈？何謂肉體？這是自古就一直在討論的問題。……人不是只有心，或單只有身，就可以存在。實際上，人是合心和身爲一體而成。……人和禽獸不同的地方，是在於人類有心；此心是人類能分別是非善惡的根源。……離開了身體，即無心可言；沒有心，身體就墮落和禽獸的肉體一樣。如果肉體敗壞的話，精神（大腦之作用）也就衰敗；絕對沒有離開肉體的精神。」（註八）

己、人類生存於自然之中，能戰勝野獸，利用自然，全靠精神之用，所以精神勝於物質。人類能互助，故能主持正義，反抗邪惡，少可以勝衆，弱可以勝強。人類有知識，故能適應環境，趨利避害，不僅能利用物質，且能創造物質。精神勝於物質，是人類艱苦得來的經驗，是一個無法否認的事實。

附註

註一：胡適著：中國古代哲學史第一頁。商務印書館七十年九月臺十一版。

註二：崔垂言著：國父遺教體系的研究。民國七十年在臺北中山學術會議發表論文。

註三：臺北英文中國郵報七十年八月二十六日登載新聞。

註四：臺北中央日報七十年八月二十六日二十七日連載新聞。

註五：臺北英文中國郵報七十年十月二日第三版新聞。

註六：海思、穆恩、威廉合著，胡邁譯：世界通史上冊第十頁。臺灣東方書店印行。

註七：本章曾發表於師範大學三民主義學報第六期，篇名爲宇宙論和本體論的研究，內容分上下兩篇，上篇：西方哲學家的宇宙論和本體論，下篇： 中山先生的宇宙論和本體論。本文删去上篇，將下篇修改而成。讀者欲多知所引西方哲學家的思想，請查閱三民主義學報第六期。再，上篇參考下列書籍：一、范錡著：哲學概論，商務印書館六十七年十五版。二、李長之編著：西洋哲學史，正中書局三十六年滬六版。三、鄔昆如編著：西洋哲學史，正中書局六十年印行。四、梯利著，陳正謨譯：西洋哲學史，商務印書館六十九年臺五版。五、吳康著：近代西洋哲學要論，華國出版社五十九年增訂三版。

關於羅素中立一元論，請參閱下列書籍。一、戴孚高著，傅佩榮譯：二十世紀之哲學，問學出版社六十八年初版。二、羅素著，胡冬野譯：二十世紀之哲學，華國出版社譯今世名著菁華第二種。三、吳康著：近代西洋哲學要論．羅素，二八三～二八八頁。

註八：衫、靖三郎著，陳敬輝譯：現代生活與健康，第二篇身與心的健康。協志工業叢書，六十一年二月初版。

第二章　人與歷史

歷史是人類活動的記載；人類活動的整個故事，就是歷史。研究人類盛衰存敗因果關係，以一種見解說明人類進化根本原因的，則是歷史哲學。中山先生的歷史哲學，過去多認爲是民生史觀。但民生史觀一詞，偏重於「養」的問題，不能包括「衞」的問題，作者建議改名爲生存史觀，或求生史觀。

第一節　人類求生存是社會進化的原因

中山先生的歷史哲學，是研究人類的進化。研究人類進化，對於人類的來源，和人類生存的地球，理應有所說明。所以他將進化時期，分爲物質進化、物種進化、人類進化三個時期。他認爲每一時期進化的原則不同；物質進化是自然的進化，物種以競爭爲原則，人類則以互助爲原則。

他對於地球的觀念，採用天文學家公認的見解。英人威爾斯（H. G. Wells 1866-1946　）所著的世界史綱，亦係由地球形成開始敍述。他確認物質進化，形成地球，是一種自然的進化，所以說「物質聚而成地球。」地球形成之後，因爲有日光、水、和空氣，適宜於生物之生長。孫文學說第四章說：「物種由微而顯，由簡而繁，本物競天擇之原則，經幾許優勝劣敗，生存淘汰，新陳代謝，千百萬年而人類形成。」物種進化的原則，是根據達爾文的進化論。

物質和物種的進化，是根據科學家公認的見解，他研究的則是人類的進化。人類進化以互助為原則；人類求生存，則是社會進化的原因。民生主義第一講說：「古今一切人類之所以要努力，就是因為要求生存。人類因為要有不間斷的生存，所以社會才有不停止的進化。所以社會進化的定律，是人類求生存。」凡是生物，第一個最重要的欲望，就是求生存，人類當然不能例外。人類在大自然中生存，能夠戰勝野獸，適應自然，是因為人類能互助之外，還有知識，所以天天在進步之中。

人類知識的進步，是漸漸發展的，最初是迫於需要，不知而行，其次是行而後知，現在科學進步，始達於知而後行的時代。

人類互助的範圍，是漸漸擴大的。民國元年五月演講「五族協力以謀全世界人類之利益」說：「自有人類，即有團體。隨世運的變遷，小團體併而為大團體。蒙昧之世，小國林立，以千萬計。今則世界強國，大國僅六七耳。由此更進，安知此六七大國，不更進而成一世界大國？此即大同之世也。」

人類有知識能互助，所以人類在求生存的奮鬥中，能適應環境，突破困難。人類知識程度不斷進步，互助範圍不斷擴大，社會才有不停止的進化。所以人類求生存，是社會進化的原因。

第二節　人類求生存天天要做的兩件大事

人類為求生存天天要做的兩件大事，就是保和養。民權主義第一講說：「人類要能夠生存，就須有兩件最大的事，第一件是保，第二件是養。保和養兩件大事，是人類天天要做的。保就是自衞，無論個人或團體或國家，要有自衞的能力，才能夠生存。養就是覓食。這自衞和覓食，便是人類維持生存的兩件大事。但是人類要維持生存，他項動物也要維持生存，……所以人類的保養和動物的保養相衝突，便發生競爭。人類要在競爭中求生存，便要奮鬥。……人類自初生以至於現在，天天都在奮鬥之中。」所以人類的歷史，就是爲求生存而奮鬥的歷史。

保就是有自衞的能力，保障人類的生存；養就是有足夠的物資，維持人類的生活。保和養兩個問題，是人類天天要解決的。若果有一個問題不能解決，必然要衰弱，甚至於滅亡。個人或國家的生命沒有威脅的時候，最重要的當然是生活問題；但遭受威脅，生命發生危險時，則保比養更重要；因爲先要能夠生存，然後才能繼續生活。以個人說，生活發生問題，甚至不能取得食物時，一日不食則飢，三日不食則疾，七日不食則死，生命還可支持一短暫時期。若果發生意外，突然死亡，雖有家財萬貫，也無法繼續享受。以國家說，糧食發生恐慌，經濟發生紊亂，人民生活困難時，國家縱然大亂，尚不至馬上毀滅。若果遭遇外患，不能自衞，國家必被滅亡；縱有豐富物資，不過供給敵人享受而已。以歐洲歷史說，西元一五一年迦太基（Cathage）被羅馬滅亡，不是不能生活，而是不能自衞。四七六年西羅馬帝國被日耳曼人滅亡，一四五三年東羅馬帝國被土耳其滅亡，都不是不能生活，而是由於不能自衞。以中國歷史說，一一二七年金人入侵宋朝，徽欽二帝被擄，宋室被迫南遷；一二七六年蒙古軍侵佔臨安，南宋滅亡；都不是不能生活，而是由於不能自衞。所以人類爲求生存，應注意養的問題，更要注意衞的問題。

現在競爭的時代，任何國家都要注意這兩大問題。以美國說，物資充足，生產富裕，人民有社會安全法案的保障，需要的生活已沒有問題。但遭受蘇俄威脅，雷根總統於一九八一年就任後，極力擴張軍備，以策美國安全，這就是注意衞的問題。將來世界進步，和平相處，建立一世界國，進入大同之世，衞的問題還是要注意的。因爲世界國建立之後，沒有人禍，還有天災。無論火山、地震、水災、旱災、風災，都足以危及人類的生存。人類對於天災，必須預防，阻止災害的發生；萬一不能阻止，如何使災害減輕，保障人類的生存，這是必須研究的問題，這就是對於天災的自衞。至於養的問題，決不能忽略的，因爲凡是生物，都需要營養。人類除食的問題外，還有衣住行三個問題。如何使人類有「不虞匱乏的自由」，均能享受安適的生活，這是將來世界政府應當計畫實行的問題。所以無論現在或將來，自衞和覓食，都是人類維持生存天天要做的兩件大事。

第三節　先生歷史哲學與近代歐洲歷史哲學

黑格爾以觀念（理性）的發展爲進化的原因，孔德以理智的演進爲進化的原因，都屬於唯心史觀。馬克思以生產力（物質）的改變爲進化的原因，屬於唯物史觀。他們都發現一部分進化的道理，但沒有發現人類進化的根本原因。　中山先生確認人類求生存，是社會進化的原因。求生存的內容，實在包括心與物二者。人類生存於大自然中，一切生活的物資，皆取之於自然；而人類之所以異於禽獸，就是有精神之用，所謂理性、理智，都和精神的意義相近。因爲人類有精神之用，故能利用物質，改善環境，使人類能夠生存發展，日趨文明。　中山先生對於歷史的解釋，可稱爲求生史觀。

黑格爾以爲觀念的發展，是依辯證法正反合歷程發展的，要發展至絕對觀念，才不會再發生變化。這是形而上學的見解，不是科學的見解。中山先生重視科學和科學方法，所以在全部遺教中沒有提到辯證法。黑格爾以辯證法研究國家的發展，他尊崇國家，是有相當理由的；但認爲君主立憲的普魯士，已達到國家的絕對觀念，實在是一種偏見。中山先生確認國家是互助之體，在國家之內必須實行民主，政府由人民組織，受人民控制，始能達到互助的境界。國家不是最高最善的互助之體，將來必擴展爲一世界國，謀世界人類之共存。中山先生的理想，確比黑格爾的理想，更崇高偉大。

孔德主張實證，比黑格爾的空想進步。他將理智的演進，分爲神學玄學實證三時期，與 中山先生的不知而行、行而後知、知而後行三時期，大體相當。他提倡科學，提倡實證，確是人類的進步思想。他主張公共事務由專家管理，這是對的，但他反對公民代表制，這是對民主政治沒有信心。至於如何使專家能夠管理公共事務，他沒有設計一個制度。中山先生主張專家管理政治，同時堅持實施民主；權能分開的理論，五權憲法的制度，就在建立民主有能的政府。所以 中山先生的主張較孔德的主張更完善合理。

民生主義第一講，對馬克思已有詳明的批評。馬克思認爲人類歷史是階級鬥爭的歷史，階級鬥爭是社會進化的原因。中山先生認爲人類歷史是求生存而奮鬥的歷史。人類求生存是社會進化的原因。馬克思認爲理念是物質在人類腦中的反映，社會的生存決定人類的意識。中山先生認爲宇宙現象要不外物質與精神二者，只有人類才有精神，精神勝於物質。馬克思只知道十九世紀資本主義的弊害，後來發生的事實，都沒有料到；只知道物質關係的重要，忽略人類求生存的根本問題。所以 中山先生批評說：馬克思只是一個病理學家，而不是一個生理學家。

宇宙先有地球，後有人類；所以物在先，人在後，這是一個無法否認的事實。地球上的生物，僅有人類才有精神。人類生存於大自然之中，與動物一樣，最根本的問題，就是求生存。人類能夠征服野獸與自然，就是因爲人類除有本能之外，還有精神。人類因爲有精神之用，所以知識程度日益進步，互助範圍日益擴大。物質與精神二者，實爲人類求生必備之條件。唯心史觀偏重於精神，唯物史觀偏重於物質，都忽略了人類最根本的問題。（註一）

第四節　先生歷史哲學與威廉社會史觀

一、崔書琴的敍述

威廉（Maurice William）所著社會史觀（The Social Interpretation of History）係在一九二一年出版。此書出版後，並未引起普遍的注意，在美國也不算流行的著作。在世人知道　中山先生引用後，始受人注意。威廉感覺得榮幸，他用了四五年工夫，研究三民主義與社會史觀兩者的關係，一九三二年出版孫逸仙與共產主義（Sun Yat-Sen Versus Communism）一書。他認爲他對　中山先生曾有十分重大的影響。　中山先生演講民族主義民權主義時的語調，完全是馬克思的；　中山先生讀了他的社會史觀之後，演講民生主義時，改變了贊成馬克思的立場。崔先生當時正在美國，寫信告知威廉：　孫先生在演講民族主義第一講的前六天，就將社會史觀一書，介紹於第一次全國代表大會。威廉因此，不再說中山先生因讀了社會史觀而變更立場。

崔書琴在結論說：「威廉氏所說，　中山先生因讀了社會史觀而變更立場，中國因他變更立場，而拒絕了馬克思主義，完全是無稽之談。至於他所說曾利用它爲演講民生主義的資料，雖係事實，但其重要性也不像他所說的那樣大。　中山先生早有民生史觀的概念，所以他說：威廉氏的學說，恰與本黨的主義若合符節。」（註二）

二、威廉社會史觀重要內容

社會史觀一書，係對馬克思主義的駁斥，並提出對歷史進化的觀點。全書除序言外，共有十八章，現將有關歷史哲學部分，節錄於次。

私閱版序言：「我首先研究馬克思是否已經發現社會進化的定律？他底原則是否合於這些定律？他是否將社會主義放在社會科學的基礎上？……歷史證明，馬克思主義不但不是科學的，也不是社會的；反而是烏托邦的和反社會的。」

第八章社會史觀：「如果必須否認馬克思底社會進化定律，眞正社會進化定律究竟是怎樣呢？研究歷史顯著的現象，就可以曉得社會改變後面的原動力，是求解決生存問題。人因怕死亡底痛苦，不得不盡全力以求生。所有已往的歷史，不過是人努力求生存的試驗與失敗的記載。求生意志才是普遍的經濟問題。有組織的社會發生，乃是人類經驗的結果。這種經驗敎訓了我們人類的共同問題，並使我們認識這個共同的解決，非藉一種有共同目的的合作不可。一切社會的進化，並不是生產上利益衝突的結果，而是適應大多數社會分子共同利益的結果。社會進化的定律，總是適應這一條定律。一切社會進步的目的和宗旨，都在於解決生存問題。階級鬥爭是一個結果，不是一個原因；這是因爲生存方法上發生了不安。消滅這一個結果，是爲社會全體的利益。這個結果能消滅不能消滅，全以社會解決生存問題的努力程度爲比例。社會解決生存問題的方法愈進步，鬥爭才消滅的愈快。」

第十八章結論：「馬克思以階級鬥爭理論爲中心的經濟史觀，根本上是一個反社會的歷史觀。……他所見到的是結果，不是原因，但誤以結果爲原因。我們現在知道，一切社會進化的原動力，是人類解決生存問題的要求。歷史中所有的社會變化，都是順應大多數的利益而起。這大多數恆由有能力的及有用分子之總合，摒去過去時代中殘留的及現在社會中無用的分子而成。這就是社會的歷史。」（註三）

社會史觀一書的內容，多在批評馬克思主義的不合理，對於社會史觀的正題，未有較詳的闡述。第八章章名爲社會史觀，僅有四頁，僅是提出一個見解，沒有形成一個思想體系。但他「社會改變後面的原動力，是求解決生存問題」的見解，是正確的， 中山先生認爲和他的見解相同，遂予以贊揚，並樂於引用。

三、中山思想較威廉思想廣博

民國元年八月演講社會主義之派別及批評說：「社會主義者，人道主義也。人道主義主張博愛、平等、自由，……爲人類謀幸福。……然爲人類謀幸福，其著手之方法將何自乎？自不能不溯及人類致苦之原因。人類之在社會，有疾苦幸福之不同，生計實爲其主動力。……生計完備，始可以生存；生計斷絕，終歸於淘汰。社會主義欲謀人類之幸福，當先謀人類之生存。既欲謀人類之生存，當先研究社會之經濟。……社會主義係從經濟方面著想，欲從經濟學之根本解決，以補救社會上之疾苦耳。」

先生三民主義手改本說：「人類的歸宿，沒有別的問題，就是生活問題。生活問題之中，物質自然佔了很大部分；但人類不是單靠物質生活的。……人類除了物質之外，要有無上的要求。這種要求，就是高尚道德。有了物質，又有高尚道德，才能夠是全人類的生存。」（註四）

「世界無形中支配歷史的東西，不是物質，是人類的生存。如果人類不能圓滿的生存，就連歷史都沒有了。故生存才是世界的原動力，是歷史中的重心點。這個道理，就是用科學也可以證明。有一位生物學家說：（ Self Preservation is First Law of Nature ）。這句話譯成中文的意思，就是世界中第一個原則，是保護自己的生存。可見生存的道理，便是社會活動的背景。」（註五）

生物中的第一個原則，是保護自己的生存，這是生物學家一致的觀點。達爾文的進化論，就是說明生存競爭的道理。物種的進化，以競爭為原則；而人類的進化，與物種不同，而以互助為原則。人類為實現互助，遂有道德的產生，規範人類的行為。人類求生存，固然要靠物質，但若缺乏道德，只知競爭，將形成強凌弱、智欺愚的社會，造成種種不平等的現象。所以「有了物質，又有高尚道德，才能夠是全人類的生存。」上述觀點，是威廉沒有強調的。

威廉沒有研究進化的歷史，　中山先生將進化分為物質、物種、人類三時期，各期進化有不同的原則。

威廉沒有研究人類的來源，　中山先生認為人類由動物之有知識能互助者進化而成。人類知識的進化，分為不知而行、行而後知、知而後行三個時期。人類互助的擴大，分為洪荒時代、神權時代、君權時代、民權時代四個時期。

威廉最注意消費問題，就是生活問題；　中山先生認為人類求生存，天天要做的兩件大事，是保和養，不僅注重生活問題，更注重生存問題；因爲「世界中第一個原則，是保護自己的生存。」

由上述的比較，可知　中山先生的思想，實比威廉的思想精深博大。

第五節　歷史哲學命名的商榷

一、民生史觀一詞有修正必要

解釋　中山先生歷史哲學爲民生史觀，是有根據的。民生主義第一講說：「歷史的重心是民生，不是物質。……消費是甚麼問題？就是解決衆人生存問題，也就是民生問題。民生就是政治的中心，就是經濟的中心，和種種活動的中心。」所以解釋爲民生史觀，就民生主義說，並沒有錯誤，但就整個三民主義說，似乎偏而不全。因爲人類進化的原則是互助，人類求生存要做的兩件大事，是保和養。用民生史觀一詞，偏重於養的問題，不易包括互助問題，更不易包括衞的問題。

作者認爲民生史觀一詞，似應改爲「求生史觀」，始可充分說明　中山先生的歷史哲學。（註六）

民族主義第一講說：「三民主義是…使中國永久適存於世界。」第三講說：「民族主義這個東西，是國家圖發達，民族圖生存的寶貝。」第五講說：「我們現在所處的地位，是生死關頭。在這個生死關頭，須要避禍求福，避死求生。」

民權主義第一講說：「人類要能夠生存，就須有兩件最大的事，第一件是保，第二件是養。保和養兩件大事，是人類天天要做的。」

民生主義第一講說：「古今一切人類之所以要努力，就是因爲要求生存。」第四講說：「當從前中國用手工和外國用機器競爭的時代，中國工業歸於失敗，那還是純粹經濟問題。到了歐戰以後，中國所開紗廠布廠，也學外國用機器去和他們競爭，弄到結果還是中國失敗，這便不是經濟問題，而是政治問題了。……要民生問題能夠解決得通，便要先從政治上來著手，打破一切不平等條約。」

看了上引遺敎，可知對於自衞問題的重視。提倡民族主義，在使中國避禍求福，避死求生。民權主義第二講說明國家不能自由時，應犧牲個人自由，爭取國家自由。民生主義第四講，說明要振興中國工業，須先廢除不平等條約。關於自衞問題，以民生史觀解釋，不易說明；縱可說明，亦屬牽強。用求生史觀一詞，則可充分解釋。

建國大綱第二條說：「建國之首要在民生」，這是絕對正確的；因爲國家能夠自衞，獨立生存的時候，才講得到建國；建國之首要工作，自然在民生。在民生主義中，人類求生存的問題，是民生問題。在民族主義中，人類求生存的問題，是自衞問題。在民權主義中，人類求生存的問題，則是互助問題。用民生史觀一詞，實在忽略了自衞和互助問題。

我們知道，「民生史觀」一詞，不是　中山先生所講的，是我們後人解釋的。解釋既有偏差，自然應當修正。孔子爲政，首在正名，因爲名不正則言不順，言不順則事不成。求生一詞，可以包括民生的意義；民生一詞，不易包括求生的意義。修正民生史觀爲求生史觀，不僅名正言順，在今天我們生存遭受威脅時，更係理直氣壯。

二、胡漢民先生「生的史觀」

胡漢民先生民國十六年闡揚三民主義，解釋　中山先生的歷史哲學，是生的史觀。

胡先生在「三民主義的認識」一文說：「本黨總理　孫中山先生……從古今中外的歷史事實，看出兩個要點：一、世界歷史是依進化的定律而演進的，進化又是以爭生存爲中心的。二、由爭生存這個中心，分衍出各種的進化現象和事實。……這兩個要點，站在進化定律的立場看，是一貫的，這是　先生的歷史觀。所以依　先生所說，人類在進化中爭生存，第一個時期是人同獸爭，第二個時期是人同天爭，第三個時期是人同人爭。世界自有歷史以來，都是人同人爭，一定要到大同，才能解決。」

胡先生在「三民主義的心物觀」一文說：「人類最根本的問題，只有一個，便是求生。……三民主義的革命論，以人類的求生存爲其理論的基點。人類爲求生存，所以社會才有進化。在社會的進化中，却不幸發生了種種弊病。這種弊病使社會的進化，不能趨向到人類求生存的方面去，於是便要革命。甚麼是革命？簡單說，革命是在掃除人類生存的障礙，使人類能共同向樂生的生路而走。所以三民主義的中國革命，起始是中華民族的生存，最後是全人類的共存。這個生的意義，實在包括心和物。」在此文附圖中，曾提出「生的史觀」一詞。（註七）

胡先生著作指出：「進化以爭生存爲重心。」「人類最根本的問題，只有一個，便是求生。」「三民主義的基點，是以民族爲單位的生存。」可知胡先生解釋　中山先生的歷史哲學，是求生史觀，他提出生的史觀一詞，實與求生史觀同義。

三、先總統　蔣公思想的解釋

先總統　蔣公繼承　國父中山先生遺志，領導國民革命，使中國進爲世界一等強國。他一生的思想，都在闡揚　中山先生的思想。

民國二十八年五月演講三民主義之體系及其實行程序說：「總理研究社會進化的定律，認定人類求生存的意志和努力，足以推動社會的進化。而中外古今所有革命的事業，唯有依於人類求生存的天性而出發，才能解決當前的問題，增進人類幸福，促進世界大同。總理革命的動機是不僅救國，還要救世界人類。他是要根本除去妨礙人類生存的一切不良勢力和現象，要剷除社會的不平，要建設民有民治民享的國家，進而建立和平共存的大同世界。中外哲學史中，有兩個最重要最有力的學派，其一是唯心史觀，其二是唯物史觀。……這兩種學說，都可說是一偏之見，不能概括人類全部歷史的眞實的意義；因爲人類全部歷史，即是人類爲生存而活動的記載。……唯有精神與物質並存，才能說明人生的全部，與歷史的眞實意義。總理的民生哲學，就是認定人類求生存爲社會進化的根源。」（註八）

民國二十三年演講禦侮圖存要訣說：「古今中外無論那個被侵略的國家被侵略的民族，雖然在武力方面物質方面趕不上侵略的強敵，但是他們能夠自立自強，起而自衞，一定可以抵抗侵略的國家，而獲得最後的勝利。這是什麼道理，簡單答一句話，就是精神勝於物質的道理。……所以我說：只有不戰而亡之民族，決沒有爲自衞奮鬥，而不能生存的國家。」（註九）

民國二十四年演講「總理遺教六講」，在第六講說：「回憶前次對大家講國家的生命力，說明現代國家是一個最發達的有機體。這個有機體的生命力，就是由教育、經濟、武力三大要素或者說三種力量結合而成。……我們要實行　總理遺敎，必須竭力發展教育經濟和武力。教育所以建設國家精神的基礎，經濟所以建設國家物質的基礎，武力所以發揚國家永久的生命。新生活運動，是建設國家精神基礎的初步工作，國民經濟建設運動，是建設國家物質基礎的初步工作，而勞動服務、徵工制度、與國防建設，又是培養武力，保障國家生存的初步工作。」（註十）

先總統　蔣公在國家內憂外患嚴重的時候，負擔領導重任。此時國家在危險時期，生存問題比生活問題更重要；所以　蔣公說：「所有中外古今革命的事業，唯有依於人類求生存的天性而出發，才能解決當前問題。」「國家的生命力，……就是由教育、經濟、武力三大要素或者說三種力量結合而成。」「只有不戰而亡之民族，絕沒有爲自衞奮鬥，而不能生存的國家。」看了上述遺訓，可知以求生史觀，解釋先總統　蔣公思想，實在是名正言順，順理成章。以民生史觀解釋，則不僅牽強，且不易闡明。因爲用求生史觀一詞，可以包括教育經濟和武力三種要素；用民生史觀一詞，係偏重經濟，不易將教育武力包涵於內。因此，民生史觀一詞，理應修正爲求生史觀。

附註

註一：本章曾發表於臺灣大學出版中山學術論叢第三期，原文較長，對黑格爾、孔德、馬克思的歷史哲學，有較詳敍述。現均刪去，僅保留批評部分。本章文字，將原文刪去約五分之二。

註二：崔書琴著：三民主義新論第三十章、民生主義與威廉的影響。商務印書館臺修正二版。

註三：威廉著、陳世保譯：社會史觀。帕米爾書店四十七年四月初版。

註四：三民主義辭典：民生史觀條，一二〇頁。中華叢書委員會四十五年十一月初版，臺灣書店經售。
註五：前引辭典：一二三頁，民生問題條。
註六：參閱傅啓學著：中山思想本義第三章歷史觀。國父遺教研究會六十五年三月初版。
註七：胡漢民選集，吳曼君選：帕米爾書店四十八年初版。
註八：總裁言論選集㈠黨務，六至十頁。革命實踐研究院編輯，中央文物供應社四十一年九月初版。
註九：總裁言論選集㈣軍事，三三一至三三二頁。
註十：總裁言論選集㈡黨務，一八八至一八九頁。

第三章　人與知識

中山先生九月一日在大光年刊題詞說：「人類由動物之有知識能互助者進化而成。」十二月一日演講知難行易說：「世界的文明，要有知識才能進步；有了知識，進步才很快。」人類有知識，才由野蠻進入文明。　先生重視知識，認爲人類知識之獲得，是很困難的；所以著孫文學說，闡明知難行易的眞理。

研究知識的來源、對象、範圍和價值的，叫做知識論（Theory of Knowledge），哲學上稱爲認識論（Epistemology）。研究求知的方法，普通稱爲方法論，即理則學上的方法。本章簡述　先生的知識論和方法論。

第一節　知識論

一、知識的來源

1. 歐洲哲學家的見解

歐洲哲學家對知識來源，有三種不同的見解。

㈠理性論（Rationalism）：認爲人類的知識，乃由先天的理性而來，其代表人物，爲法國的笛卡兒。他認爲人是有天賦觀念的（Innate Ideas），一切認識，皆以此天賦觀念爲依據。他區分觀念爲三種：一爲天賦的，二爲外來的，三爲設想的；三者之中，惟天賦觀念最爲確實。此天賦觀念與生俱來，存在於人的理性中。感覺所得的知識不可靠，惟數學的知識最可靠。因爲數學的知識，出於理性的思維，係以天賦觀念爲根據。

㈡經驗論（Empiricism）；認爲人所有的知識，都來自後天的經驗；其代表人物，爲英國的洛克。他認爲一切知識，起源於經驗，非來自天賦；人生初生有如白板，沒有塗過甚麼東西。觀念的來源有二：一爲感覺（Sensation），由諸感官接觸外界事物而生的感覺，如冷與熱，軟與硬，苦與甜等。二爲反省（Reflection），如懷疑、記憶、推理等。觀念有由感覺與反省聯合而生者，有係由反省而生者。如記憶與推理，係由於反省而生；快樂與痛苦，則由感覺與反省聯合而生。知識的來源，由於後天的經驗，絕沒有天賦觀念，及生而知之的知識。

㈢批判論（Criticism）；認爲知識的來源，與先天的理性後天的經驗，都有關係；其代表人物，爲德國的康德。他認爲知識的構成，有兩種因素：一爲先天的理性，二爲後天的經驗。獲得知識，有兩種因素，一爲悟性，二爲感性。感性與經驗有關，悟性與理性有關。感性供給悟性的資料，悟性則整理此項資料，以完成知識。悟性無感性則空，感性無悟性則盲，二者缺一，不足以獲得知識。康德的批判論，可以說是理性論和經驗論的調和。

2. 中山先生的見解

軍人精神教育第二課，對智的來源說：「智何由生？約言之，厥有三種：一、由於天生者；二、由於力學者；三、由於經驗者。中國古時學者，亦有生而知之，學而知之，困而知之之說，與此略同。凡人之聰明，惟因其得天之厚薄不同，稍生差別。得多者爲大聰明，得少者爲小聰明，其爲智則一，此由於天生也。若由學問上致力，則爲集合多數人之聰明以爲聰明，不特取法現代，抑且尙友古人，有時較天生之智爲勝。例如甲乙二人，甲聰明而不好學，乙聰明雖不如甲，而好學過之；其結果，乙之所得，必多於甲，此則由於力學也。此外，亦有不由天生不由力學，而由經驗得來者。諺云：不經一事，不長一智。故所歷之事既多，知識遂亦增長。所謂增益其所不能者，此由於經驗也。要而言之，智之來源，不外此三者而已。」

上李鴻章書說：「夫人不能生而知，必待學而後知。人不皆好學，必待教而後學。」

先生認爲知識來源，係由於天生、力學、經驗三者。但所稱之天生，係人之聰明，即對客觀事物了解的能力，決不是天生的理性觀念，可以爲一切認識的根據。所以他說：「人不能生而知，必待學而後知。」知識的獲得，多由於力學。不過人之聰明，天賦不同，有大聰明，有小聰明，所以有先知先覺後知後覺的分別。天生的大聰明，並不就是知識，僅是研究學問時，易於了解，易於進步，比較一般人能夠先知先覺而已。

先生知識來源的見解，不是理性論，也不同於經驗論，而與批判論略同。天生的聰明就是悟性，後天的經驗就是感性，力學則同時注意悟性和感性。力學不懈，聰明的人就可以有重大的成就。哥伯尼的天體運行論，經過三十年的觀察；達爾文的進化論，經過二十年的研究，都是力學所得的知識。

人的知識不是天生的，所以人類初期，全是不知而行。不知而行既久，聰明的人，才行而後知。古代人類對知識的獲得，非常困難，「或費千百年之時期以行之，而後乃能知之；或費千百人之苦心孤詣，經歷試驗而後知之。」（孫文學說第五章）到近代科學昌明，才進步到知而後行的時期。

從知難行易的觀點，可知沒有天生的知識。孔子在論語述而第七說：「我非生而知之者，好古敏以求之者也。」孫文學說第八章說：「倫敦脫險後，則暫留歐洲。……所見所聞，殊多心得。始知徒致國家富強，民權發達，如歐洲列強者，猶未能登斯民於極樂之鄉也，是以歐洲志士猶有社會革命之運動也。」孔子與　中山先生都是中國的先知先覺，都不是生而知之，而是學而知之。可知知識的來源，是由於力學和經驗。

二、知識的對象

1.歐洲哲學家的見解

㈠觀念論（Idealism）；唯心論者都站在觀念論的立場。他們以為認識對象，為人內在的主觀觀念；凡是一切客觀事物的存在和性質，都在人的主觀知覺之內。他們說：存在即被知覺（To be is to be perceived），主觀觀念之外，沒有客觀事物的存在。山川草木之所以都存在，因為都被我們所知覺，不被我們所知覺的，即不存在。唯心論大師黑格爾，認為理性（絕對體）是宇宙的實體，也是宇宙發展的法則。理性按照其邏輯的規律，向前發展，先發展為自然（物質），最後發展至人類（精神）；宇宙發生的一切，不過是理性的表現而已。

㈡實在論（Realism）；唯物論者都站在實在論的立場。他們以為認識對象，為外界事物的本身。

這事物的本身，是客觀的存在，是自然的現象，是脫離我們的主觀觀念而獨立的。吾人知覺的，固然存在；不知覺的，還是存在。沒有外界客觀事物，就無內心主觀觀念；內在的主觀觀念，不過是外界客觀的反映。費爾巴赫（Feuerbach 1804-1872）認爲：物質世界是客觀的存在，是唯一的實在世界。人類自身是物質的一部分，物質不是精神的產物，精神才是物質的產物。馬克思接受他的見解，認爲不是人的意識，決定人的生活；而是人的生活，決定人的意識。

㈢中立一元論（Neutral monism）：此說創始於英人懷黑德（Alfred North Whitehead 1861-1947），英國的羅素、美國的杜威，都同意這種見解。他們認爲能知之心（精神），與所知之物（自然），無法嚴格區分。人類生活在自然中，自然乃充滿生命的自然，生命亦無脫離自然的生命。以人的呼吸說，空氣屬於自然，人爲維持生命，必須呼吸。在此一呼一吸中，生命加入於自然，自然加入於生命；生命與自然，已溶化爲一。生命（心）與自然（物），並無嚴格畫分的界線，宇宙最後的材料，不是心，不是物，而是非心非物的中立體。這個中立體，造成一連串的現象或事素（Events），是心理現象和物理現象的共同材料，心物同源，並非異體。知識的對象，就是研究中立體造成的種種現象或事素。

2. 中山先生的見解

中山先生確認進化時期有三，他不像黑格爾和馬克思，以一個原則解釋三個時期的進化。物質進化時期的研究，是天文學家、地球物理學家、和地質學家的任務。物種進化時期的研究，是生物學家、動物學家、和植物學家的任務。他對物質進化時期，贊同哥伯尼的天體運行論、拉巴剌的星雲說、牛頓的萬有引力說。對物種進化時期，贊同達爾文的進化論。他最注重研究的，則是人類進化時期的現象。

人類在求生奮鬥的時候，需要自然的物質，以維持生存。至於如何取得物質，全靠人的努力，也就是要靠人的精神。所以精神雖為物質之對，然實相輔為用，不可分離。物質與精神的關係，以人類說，是體用關係。所以他說：「僅有物質之體，而無精神之用者，必非人類。」

唯心論者，以為我們知覺的，才算存在；不被知覺的，即不存在。不知物質世界是自然現象，在沒有人類以前，早已存在。人類知識是漸漸發展的，到今天科學時代，不知覺的事物還是很多，如何能說我們不知覺的，就不存在呢？

唯物論者，以為人類內在的主觀觀念，不過是外界客觀的反映，這是否定人類的精神。所以馬克思說：不是意識決定生活，而是生活決定意識。若果他的話正確，他生長在資本主義的社會，資本主義社會的生活，就應當決定他的意識。但他發表共產黨宣言，著作資本論，就是想用他的意識，改變資本主義社會的生活。所以他的思想，是互相矛盾的。

中立一元論者，打破心物的界線，以為宇宙的實在，是心物綜合的中立體。由這個中立體，產生宇宙一連串的現象（事素）。但這個中立體，為甚麼會產生一連串複雜的現象呢？為甚麼在人類未出現前，僅產生物不能產生心呢？中立一元論者都沒有具體的說明。

中山先生的心物合一論，拋棄玄學的觀點，以科學的立場，解釋人類的一切行為，都是在求生存。為求生存，就不能不奮鬥。人類在奮鬥時，不能不利用物質，但物質的力量小，精神的力量大。以人類說，人身是體，精神是用，有體然後有用，二者相輔，不可分離。以戰爭說，「武器為物質，能使用此武器者，全恃人之精神。」中山先生的心物合一論，是以人類為對象，物質（人身）為體，精神為用，所以僅有物質之體，而無精神之用者，必非人類。他的主張，說明人類進化時期一切現象的原因，說明心與物的關係，比較中立一元論的說法，更合理明白。

知識的對象，不僅是研究心，不僅是研究物。人的精神（心）是能知的，自然現象（物）是被知的。人類爲求生存，應注意心與物兩者的建設。心的建設，要研究關於人的科學；物的建設，要研究關於物的科學。所以知識的對象，是研究與人有關的一切現象。

三、知識的範圍

軍人精神教育第二課說：「智之範圍甚廣，宇宙之範圍，皆爲智之範圍。故能知過去未來者，亦謂之智。吾人之於世界，其智識要隨事物之增加，而同時進步。否則漸即於老朽頹唐，靈明日錮。是以智之反面，則爲蠢爲愚。」

㈠宇宙之範圍，皆爲智之範圍。宇宙間的學問，包括物的學問和人的學問。研究物的學問屬於自然科學，如天文學、氣象學、地球物理學、地質學、地理學、數學、物理學、化學、生物學、動物學、植物學、礦物學等。研究人的學問，屬於社會科學和人文科學，如考古人類學、歷史學、哲學、文學、教育學、政治學、經濟學、社會學、心理學、生理學、理則學等。此外應用科學，如醫學、農學、工學、商學等，皆屬於智的範圍。

㈡能知過去未來者，亦謂之智。知道人類過去，須研究考古人類學、歷史學、地理學等。但知道人類過去，亦屬不易，對歷史的解釋亦有不同；如唯神史觀、英雄史觀、唯心史觀、唯物史觀等。　中山先生對過去歷史的解釋，則爲求生史觀。知道未來，更屬困難；必須知識豐富，見解卓越，由已知推未知，始能有正確的判斷。所以要有大聰明大學問的人，才能預測未來。

㈢人類智識須隨事物之增加而進步。人類初生時，與獸類無異，全靠本能生存。經若干萬年的進步，長成人性，能互助，有知識，始與禽獸有別，而爲萬物之靈。人類知識是漸漸進步的。最初的人類，是不知而行，經過千百年的進化，始行而後知。到現代科學昌明，始到知而後行的時期。人類知識漸漸增加，故能由草昧進入文明，再由文明進入科學。現在雖已到科學時代，人類不知的事物，還是很多。所以孫文學說第七章說：「然而科學雖明，人類之事，尚不能悉先知之，而後行之也。且人類之進步，皆發軔於不知而行也。此自然之理則，不以科學之發明，爲之變易者也。」人類對過去事物，未能全知；對未來事物，還在不知而行。故人類應努力學問，不斷求知，人類知識始能由事物之增加，日益進步，以達造福人類的目的。

㈣智的反面爲蠢爲愚。智慧高的人，知道學問廣博，個人所知有限，常虛心研究，以求眞知。但愚蠢的人，常好自用，強不知以爲知，小之誤其個人，大之誤盡天下。好學近乎智，不好學的人，靈明日錮，將陷入愚蠢的境地。

四、知識的價值

人類有知識，始能由野蠻進入文明，中西哲人對知識的價值，均有最高的估價。希臘哲人蘇格拉底（Socrates 469-399 B.C.）說：知識就是道德，沒有人有智而會犯過的（No man sins wittingly）

，惟有智識，能使人合於道德。他是將當時神就是道德的觀念改變，由神本位變爲人本位。西方人重視知識，創始於蘇格拉底。英國哲人培根（Francis Bacon 1561-1626）說：知識就是權力（Knowledge is power）；他認爲人類能用科學的發現和發明，就可控制自然力。

中山先生說：「當科學未發明以前，固全屬不知而行，及行之而猶有未知者，故凡事無不委之天數氣運，而不敢以人力爲之轉移也。迨人類漸起覺悟，始有行而後知者，乃甫有欲盡人事者矣，然亦不能不聽之於天也。至今科學昌明，始知人事可以勝天，凡所謂天數氣運者，皆心理之作用也。」（孫文學說第七章）「天下事特患於不能知耳！倘能由科學之理則，以求得其眞知，則行之決無所難。」（孫文學說第五章）人定可以勝天，能知必能行，在孫文學說中，證明知難行易的眞理，已充分說明知識的崇高價值。

書經載伊尹對成湯之言曰：「兼弱攻昧，取亂侮亡」。昧就是愚蠢，一個國家若是愚昧的人主持，就可以攻取的。所以知識的程度如何，不僅可以判斷一個國家的文化，且可以決定一個國家的存亡。

第二節 方法論

一、求知的方法——觀察與判斷

中山先生確認人類有知識，是文明進步的原因。知識的來源，不是天生，是由力學而得；所以人類最初是不知而行。知識的對象，不是心，不是物，也不是心物綜合的中立體，而是研究與人類求生存有關的一切現象。因此，知識的範圍，是研究人的科學和物的科學。

人類眞知的獲得，非常困難；要用甚麼方法，始能獲得眞知呢？民權主義第一講說：「近來大科學家考察萬事萬物，不是單靠讀書。他們所出的書，不過是由考察的心得，貢獻到人類的紀錄罷了。他們考察的方法有兩種：一種是用觀察，即科學；一種是用判斷，即哲學。人類進化的道理，都是由此兩種方法得來的。」孫文學說第五章說：「自科學發達之後，人類乃能有具（方法）以求其知，故始能進於知而後行之第三時期之進化也。……故天下事，惟患於不能知耳！倘能由科學之理則，以求得其眞知，則行之決無所難。」

求知的方法，是用觀察的科學方法，和用判斷的哲學方法。用判斷的哲學方法，中西的思想家都同樣運用，但用觀察的科學方法，中國則較缺乏。孫文學說第三章說：「中國自古以來，無文法文理之學。……文理爲何？即西人之邏輯也。……凡稍涉獵乎邏輯者，莫不知此爲諸學諸事之規則，爲思想云爲之門徑也。……中國今日尚未有其名，吾以爲當譯之爲理則者也。……中國向來無理則學之書，……必得外人輸來，而乃始知吾文學向來之缺憾。」

求知最重要的科學理則，中國過去缺乏研究，　中山先生特採用歐美理則學的方法，爲其思想宣傳和實行的門徑。他對理則學沒有專著，但他的著述，多採用歐美理則學公認的演繹法、歸納法和實證法；同時採用社會科學的歷史法和比較法。他用科學方法觀察中國問題，用哲學方法加以判斷，故能集合中外古今學說，順應世界潮流，創立三民主義五權憲法的體系。

中山先生著述中，曾用演繹法、歸納法、實證法、歷史法、和比較法，從未提及辨證法。因爲辨證法不是科學方法，也不是哲學方法，而是一種玄學方法。

二、理則學公認的方法

英文的邏輯（Logic）， 中山先生譯為理則學。理則學公認的方法，是演繹法、歸納法、和實證法。茲分別說明於次：

1.演繹法

甲、演繹法的意義

演繹法是一種推理的方法，由已知以推出未知。在推理的時候，要用正確的判斷，可以說同時要用哲學方法。西方創立演繹法的，是希臘的亞里士多德。他的演繹法，普通稱為三段論法。第一段是大前題，是已知的眞理。第二段是小前題，是要研究的問題。第三段是結論，是推論的結果。譬如說：凡人皆有死（大前題），孔子是人（小前題），所以孔子亦有死（結論）。三段論法的推理，要看大前題是否正確。大前題正確，推論的結果亦必正確。大前題錯誤，推論的結果亦必錯誤。

法國的笛卡兒，是近代哲學家運用演繹法的代表。他是數學家，認為一切知識，無不可疑，須重新徹底檢討。凡一切事物，明白清楚可以覺知者，始為眞實而非妄。眞理是為解決懷疑而來；懷疑是一種思維活動，思維時對懷疑事物,加以反省和批判,即可得到明白清楚的眞理。得到明白清楚的眞理，始可根據以進行演繹。數學的定義、定理和公理，是明白清楚的，根據這些定義、定理和公理，數學始成為一有系統的科學。他認為應當懷疑的，就是根據演繹的大前題，必須大前題確是眞理，演繹始不會謬誤。演繹法是推理最重要的方法，由數學的進步和發展，即可知演繹法的價值。

乙、演繹法的規律

演繹法是思維和推理的原則，普通稱爲思想原則。思想原則可分爲同異原則，和充足理由原則兩種。同異原則（Principle of Identity and Difference）有三個定律。

㈠同一律（Law of Identity），說明兩物相等的原則，可分爲絕對同一和部分同一。絕對同一，可用「甲是甲」公式表明之，即一物同於其自身，例如孔子是孔子。部分同一，可用「甲是乙」公式表明之，例如馬是動物。同一律的重要，在於確定概念，區別事物。數學上的定律，多是用同一律，例如兩物與第三物相等，則兩物相等。

㈡差別律（Law of Contradiction or Difference）是說明兩物差異的原則，可用「甲不是非甲」表明之。例如孔子不是非孔子，就是說孔子不是老子或墨子。此項原則可以辨別甲與非甲的差別，不許其混同，以確定各概念的內容。此律有譯爲矛盾律者，但與辨證法的矛盾律，命名相同，易生混亂，故稱爲差別律。

㈢拒中律（Law of Excluded middle）是說明然與不然，二者必居其一，不容中立於其間；可用「甲是甲，否則是非甲」表明之。例如馬是動物，或非動物，二者必居其一，決不能說馬是動物，又是非動物。假如一個問題，要求你是與否的答時，只能答是，或答否，決不能答又是又否。又如問：你去不去開會，只能答去或不去，決不能答去與不去。

以上三律，同一律是基本原則，差別律是由同一律演變而來；因爲兩物不相同，就有差別。拒中律又從差別律而來；因爲物有了差別，不是甲，就是乙，不能說是甲又是乙。三律皆爲同異原則，其作用在辨別兩個概念的同異。

充足理由原則（Principle of Sufficient Reason）。凡是概念或眞理的成立，必有其充足的理由；以此充足理由爲基礎，始能獲得其他的概念，而形成一系列的思想。例如數學：兩點最近的距離是一條直線，就是以充足的理由爲根據。思想根據的大前題，笛卡兒以爲必須明白淸楚可以覺知，始是眞實而非妄。換句話說，思想的大前題，必須明白淸楚，有充足的理由。他說：「我思故我在」，因爲我懷疑，是我在思想，所以「我思」是明白淸楚，不可懷疑，我思，則我之存在，亦不能懷疑。所以我思故我在這個命題，是明白淸楚，有充足的理由。凡不能明白認知的，決不能以爲眞。同異原則有充足理由原則相輔進行，演繹法更確實可靠。充足理由原則認爲：凡是一切存在的，都有其存在的理由。同一的事物，有其同一的理由；差別的事物，有其差別的理由；拒中的事物，有其拒中的理由。所以充足理由原則，又是同異三律必備的條件。

2. 歸納法

甲、歸納法的意義

歸納法注重事實的觀察，是發現眞理的方法；普通所稱的科學方法，就是歸納法。意大利人伽利略（Galileo 1564-1642）是近代提倡科學方法的第一人。一六一〇年他公開承認哥伯尼的太陽中心說。他有兩句名言：一、科學除自身外不依賴任何權威；二、一切推論必須從觀察和實驗得來。由前一句話，可知科學乃是求眞的，是以眞理爲依歸的；教會不能作爲權威，聖經也不能作爲權威。由第二句話，可知科學方法實包括歸納演繹二者，缺一不可。因爲：倘若只用歸納法，天地間的一事一物，都要一一觀察實驗，才能得到某種眞理，這是不可能的；倘若只用演繹法，則必不能有新的發現。

與伽利略同一時代，倡導歸納法的，是英人培根。培根認爲演繹法的三段論法，大前題是否正確，值得懷疑。若果將過去的觀念，不論是否正確，即根據以作推論，不能幫助人探求眞理。要用歸納法得到的眞理，始可作爲演繹的根據。歸納法在消極方面，是打破一切成見和幻想，在積極方面是研究事實和經驗，以求得眞理。所以歸納法是由特殊到普遍，由多種事實中，發現普遍的道理。

乙、歸納法的方法

歸納的方法，綜合言之是觀察，分析言之，是考察、試驗、分析、綜合、和假設。

㈠考察。觀察事物，要實地去考察，仔細去研究。考察時要憑感覺，但感官有時不足用，會有錯覺。爲補救感官不足，可以利用工具補助；如望遠鏡、顯微鏡、溫度表、照相機等工具。伽利略自製望遠鏡，才發現木星的衞星。達爾文實地考察動物植物的情形，才完成他的進化論。

㈡試驗。對自然的考察，常不能看見要考察的現象；有時看到一次，也不易明白事物的眞象；所以進一步要用試驗的方法。試驗是人爲情形下的考察，不必等待現象的發生，而用人力造成相同的現象，以便考察其變化和結果。關於物的學問，如物理學化學等，均可用試驗的方法。一次試驗失敗，可試驗第二次第三次，甚至幾十次幾百次，直到試驗成功而後止。物的科學可用試驗的方法，求得正確的知識，所以近代歐美的物質文明，有突飛的進展。但自然科學如天文學、氣象學等，無法用試驗的方法，只能用考察的方法。至於人的科學，更無法用試驗的方法。所以歐美物的科學進步很快，人的科學進步很慢。

㈢分析。考察和試驗的結果，須加以分析。因爲欲知全體，須先知其部分。分析是化整爲零，化全爲分，化簡單爲複雜，化籠統爲精細，可明瞭事實的性質、構成、和變化等。試驗與分析，是歸納法的特徵。

㈣綜合。是集合部分，而觀察其全體；因爲有分析而無綜合，必失之支離破碎，而不能了解整體。綜合是化零爲整，化分爲全，化複雜爲簡單，化精細爲系統。例如醫生診病，須先考察病象，探求其病因，這就是分析。考察病象病因之後，判斷爲某種病症，然後下藥，這就是綜合。分析是由簡而繁，綜合是由繁而簡；分析是考察的程序，綜合是判斷的結果。

㈤假設。考察試驗，得到眞確的事實；分析綜合，得到事實的因果。將考察試驗分析綜合的情形，聯繫起來，形成一個概念。這個概念是否眞理，還不可知，所以稱爲假設。若果這個假設的概念，證明是正確無誤，那就是眞理。

用歸納法得到的眞理，就可作爲演繹法的大前題，可以由已知以推未知。所以歸納法與演繹法，是相輔爲用的科學方法。

3.實證法

提倡實證法的，可以美國杜威（ John Dewey 1859-1952 ）爲代表。他是教育家、哲學家、和實證主義者，所著思維術（ How We Think ）一書，敍述思想的歷程和方法。他認爲思維所得的結論，一定要經過實證，可以實用，才算是眞理。他的實證法，對於人生遭遇的問題，提出如何思想如何解決的辦法；對人類思想的訓練，是有幫助的。但對物質科學的研究，還是不夠用。因爲實證法在思維進行時，沒有用試驗的方法。實證法對於思想歷程，分爲五個步驟。

㈠思維起於疑難。人類對於遭遇的問題，發生了疑問或困難，習慣的動作行不通，原有的見解講不通，這種疑難問題，將如何解決呢？想解決疑難問題，便是思維的開始。

㈡尋出問題所在。疑難的事件，是甚麼問題呢？在開始思維的時候，先要用分析方法，找出疑難問題之所在。要確知疑難的問題，才可以研究解決的辦法。

㈢提出解決疑難的幾種假設。尋出疑難問題之後，應如何解決呢？解決的辦法，可能有幾種，就是可能有幾種假設。每一種可能的假設，先用推理的方法，加以分析。分析之後，加以比較，看那一個假設，比較合理。

㈣大膽的假設。對每一個可能的假設，思維分析之後，應選定最有利、最可能的假設，以解決此疑難問題。因爲不想出解決辦法，疑難問題還是存在。選定的假設是否正確，尙不可知；但爲解決問題，不能遲疑不決，應大膽的選定假設。

㈤小心的求證。選定假設後，應力求實證。證明選定的假設，沒有錯誤，可以實行，就可作爲解決的辦法。若是實證的結果，發現錯誤，就是選定的假設不對，應另行選定其他假設。要選定的假設正確無誤，可以實行，才算是思維的終結。

胡適之先生是杜威的學生，常宣傳實證法，認爲做學問的方法，應大膽的假設，小心的求證。這個方法提出思維的程序，對研究人文科學社會科學的問題，有適當的價値。

三、　中山先生研究的方法

中山先生研究學問的方法，是用理則學的歸納法、演繹法、和實證法；同時並用研究社會科學的歷史法和比較法。

1. 歸納法

先生證明其主張確是眞理，常用歸納法，引用事實，說明理由。民權主義第一講說：「宇宙間的道理，都是先有事實，然後才發生言論；並不是先有言論，才發生事實。比方陸軍的戰術學，現在已經成了有系統的學問；研究這門學問的成立，是先有學理呢？或是先有事實呢？……就中國歷史來研究，二千多年前的兵書，有「孫子」十三篇。那十三篇兵書，便是解釋當時的戰理。由於那十三篇兵書，便成立中國的軍事哲學。所以照那十三篇兵書講，是先有歷史上戰鬥的事實，然後才成那本兵書。」所以孫子兵法十三篇，是由中國歷史上戰鬥的事實，歸納出來的軍事哲學。

民生主義第二講說：「要解決民生問題，應該用甚麼方法呢？這個方法，不是一個玄妙理想，不是一個空洞學問，是一種事實。……我們要用事實做材料，才能夠定出方法。」根據事實來定辦法，當然要用歸納法。

先生的主張，多是歸納事實所得的眞理。例如：一、他主張知難行易，在孫文學說內，引證飲食、用錢、作文、建屋、造船、築城、開河、電學、化學、進化等十個事實，歸納起來，說明知之難行之易。二、他判斷當時的中國是次殖民地，在民族主義第二講，列舉當時對中國所受政治壓迫和經濟壓迫的事實，和列強當時只享權利，不盡義務的情形，說明當時中國地位，比殖民地都不如，實在是次殖民地。三、他主張權能分開，在民權主義第五講第六講中，引證劉後主與諸葛亮的關係，上海租界財主與印度巡捕的關係，工廠股東與總辦的關係，車主與車夫的關係，工程師與機器的關係等，來說明人民與政府的關係，必須權能分開，才可以造成民主的萬能政府。

2.演繹法

先生演繹根據的眞理，有下列二種。

㈠確有充足理由的原則。例如：⑴民族主義是世界主義的基礎；受屈的民族不能講世界主義。⑵自由是法律下的自由，平等是立足點的平等。⑶人類求生存，是社會進化的原因。這許多原則，都有充足的理由，都是顚撲不破的眞理，好像數學的定理公理一樣。根據這些原則演繹，結果當然正確。

㈡歸納所得的眞理。例如：⑴用歸納法證明知難行易，再根據去演繹。民族主義第五講說：「我們所處的地位是生死關頭，……要怎樣才能避禍求福，避死求生呢？須先要知道淸楚了，那便自然要去行。」民權主義第三講說：「天下的事情，的確是行易知難。當時歐洲的民衆，都相信帝王是天生，都是受了天賦的特權的。……所以少數有知識的學者，無論用甚麼方法和力量，總是推不倒他們。到了後來，相信天生的人類都是平等的，爭自由平等是人人應當有的事；然後歐洲的帝王，便一個一個不推自倒了。」⑵民權主義第五講，用歸納法證明權能分開的道理，第六講根據去演繹，建立權能分開的政府制度。

3.實證法

中山先生注重理論，同時注重實行。他認爲一切學說都是理論，有些理論僅是空想，不能實行。要這個理論合於事實，可以實行有效，才可以提倡。他注重實行的效果，就是用實證的方法。

民族主義第三講說：「英、俄兩國現在提出一個新思想……是反對民族主義的思想。這種思想說，民族主義是狹隘的，不是寬大的；簡直的說，就是世界主義。……照理論上講，不能說他是不好。……大凡一種思想，不能說他是好不好，只看他是合我們用不合我們用。如果合我們用便是好，不合我們用便是不好。」

民生主義第二講說：「我們要拿事實做材料，才能定出辦法。若果單拿學理來定方法，這個方法是靠不住的。這個理由，就是因爲學理有眞的有假的；要經過試驗，才曉得對與不對。好像科學上發明一種學理，究竟對與不對，一定要做成事實，能夠實行，才可以說是眞學理。科學上最初發明一種學理，一百種之中，有九十九種是不能實行的；能夠實行的學理，不過是百分之一。如果通通照學理去定辦法，一定是不行的，所以我們解決社會問題，一定要根據事實，不能單憑學理。」

根據事實來定辦法，是用歸納法。歸納所定的辦法，就是選定的假設。這個選定的假設是否正確，要看能否實行，能否合用。能夠實行合用的假設，才能稱爲眞理。

4.歷史法和比較法

先生除用理則學的方法外，常用研究社會科學的歷史研究法和比較研究法。歷史法是考察一個問題的由來，比較法是考察一個問題的同異。　先生有時用歷史法，有時用比較法，有時兩個方法並用。

㈠用歷史法。他將進化分爲三個時期，即物質進化時期、物種進化時期、人類進化時期。將民權發展歷史分爲四個時代，即洪荒時代、神權時代、君權時代、民權時代。將人類知識發展的歷史，分爲三個時期，即不知而行時期、行而後知時期、知而後行時期。他研究一個問題，都先研究這個問題的由來。

㈡用比較法。他確認地方自治是民主政治的基礎，在孫文學說第六章，比較美法兩國民權革命情形，說明美國革命後，因有地方自治基礎，民主政治即趨鞏固。法國革命後，因無地方自治基礎，經八十年的變亂，民主政治始能鞏固。民生主義第一講，批判馬克思階級鬥爭是社會進化原因的錯誤。他以歐美社會進化的各種事實比較，說明沒有階級鬥爭，社會已有很大的進步，所以階級鬥爭不是社會進化的原因，而是社會進化時發生的病症。

㈢歷史法比較法並用。民國十年演講五權憲法說：「中國和外國的政治，古今是不同的。中國的政治，是從自由入於專制；外國的政治，是由專制入於自由。……外國古代專制太過，人民不堪其痛苦，於是大家便提倡自由，故外國有句話說：不自由，毋寧死。……中國歷代皇帝，他們的目的，專是要保守自己的皇位。……只要人民完糧納稅，不侵犯皇位……不論人民做甚麼事，都不去理會……所以人民沒有受過極大專制的痛苦。外國人不明白這個原故，常批評中國人不曉得自由。……殊不知中國人民，老早有了很大的自由，不需要去爭的。……歐洲人從前受不自由的痛苦，所以要爭自由。中國人向來很自由，所以不知自由之寶貴，這就是中國政治和歐洲政治大不相同的歷史。」先生這個說明，可以說是並用歷史法和比較法。

附註

註一：第一節參考書籍如次：一、吳康著：近代西洋哲學要論。二、梯利著，陳正模譯：西洋哲學史。三、李長之著：西洋哲學史。四、范錡著：哲學概論。關於培根、笛卡兒、康德，及所引哲學家的見解，參考上列各書有關部分。

註二：第二節參考下列各書有關部分。

一、任卓宣著：思想方法論第七章第八章第九章，臺北帕米爾書店出版。
二、任卓宣著：國父科學思想第四章思維科學，臺北幼獅書店出版。
三、周世輔著：三民主義的哲學體系第五章方法論，三民主義函授學校叢書之六。
四、牟宗三編著：理則學第一部傳統邏輯，第三部方法論，臺北正中書局出版。
五、Irving M. Copi著，張身華譯：邏輯概論第二編演繹法，第三編歸納法。

第四章　人與人性

第一節　中國先哲對人性的觀察

人性是善或是惡，為先哲爭論的問題。孔子沒有說性的善惡，他說：「性相近也，習相遠也；惟上知與下愚不移。」（論語，陽貨第十七）人性是相近的，因後天環境不同，遂有善惡的分別。一般人習於善則善，習於惡則惡；惟有上知或下愚的人，不易受環境的影響，而改變其本性。他認為後天的教育，有極大的影響，所以提倡一貫的忠恕之道，發展人類之善性。

墨子認為人性是惡的，是自私自利的。他說：「古者民始生未有刑政之時，……內者父子兄弟相怨惡，離散不能相和合。天下之百姓，皆以水火毒藥相虧害；致有餘力，不能以相勞；腐朽餘財，不以相分；隱匿良道，不以相教。天下之亂，若禽獸然。」（墨子尚同上）墨子認為欲救天下之亂，應有政治組織，負擔賞善懲惡之責，所以主張尚同、尚賢。由於人之自私而不相愛，所以主張兼愛、非攻。他顧慮有人反對他的主張，認為尚同、尚賢、兼愛、非攻，都是天志。又恐怕惡人無所忌憚，在明鬼一篇，說明確有鬼神可以報復，使人不敢作惡。

先哲主張性善的，首推孟子。他說：「人皆有不忍人之心。……人乍見孺子將入於井，皆有怵惕惻隱之心，非所以內交於孺子之父母也，非所以要譽於鄉黨朋友也，非惡其身而然也。由是觀之，無惻隱之心，非人也。無羞惡之心，非人也。無辭讓之心，非人也。無是非之心，非人也。惻隱之心，仁之端也；羞惡之心，義之端也；辭讓之心，禮之端也；是非之心，智之端也。人之有四端也，猶其有四體也。」（孟子公孫丑上）孟子認爲仁義禮智四端，爲人性所固有，所以說人性善。但爲甚麼人會作惡呢？是因爲受環境的影響。他說：「人性之善也，猶水之就下也。人無有不善，水無有不下。今夫水，搏而躍之，可使過顙；激而行之，可使在山；是豈水之性哉！其勢則然也。人之可使爲不善，其性亦猶是也。……富歲子弟多賴（善），凶歲子弟多暴，非天之降才爾殊也，其所以陷溺其心則然也。」（孟子告子上）孟子道性善，所以說人皆可以爲堯舜。其所以不善，皆環境使然，非人之本性。聖賢之所以異於常人，在能發展本性之善，以不忍人之心，行不忍人之政，小之可治一國，大之可治天下。

儒家主張性惡的，則爲荀子。荀子說：「人之性惡，其善者僞也。今人之性，生而好利焉，順是，故爭奪生而辭讓亡焉。生而有疾惡焉，順是，故殘賊生而忠信亡焉。生而有耳目之欲，有好聲色焉，順是，故淫亂生而禮義亡焉。然則從人之性，順人之情，必出於爭奪，合於犯分亂理，而歸於暴。故必將有師法之化，禮義之道，然後出於辭讓，合於文理，而歸於治。用此觀之，然則人性惡，明矣，其善者僞也。……問者曰：人之性惡，則禮義惡生？應之曰：凡禮義者，生於聖人之僞，非故生於人之性也。……故工人斲木而成器，然則器生於工人之僞，非故生於木之性也。聖人積思慮，習僞故，以生禮義而起法度。然則禮義法度者，是生於聖人之僞，非故生於人之性也。」（荀子：性惡篇）荀子文內之「僞」字，是「人爲」之善，其義甚明。宋儒將僞字解釋爲虛僞之意，實係誤會。荀子認爲人性惡，係就人類之弱點觀察，其解釋亦有獨到之處。但人性應當改正，所以聖人深思熟慮，用人爲的力量，生禮義而起法度，須有師法之化，禮義之道，然後可以改變人性，而歸於治。

荀子主張以政治權力改變人性。他說：「夫民易一以道，而不可以共故。故明君臨之以勢，道之以道，中之以命，章之以論，禁之以刑，故其民之化道也如神。……今聖王沒，天下亂，姦言起，君子無勢以臨之，無刑以禁之，故辨說也。」（正名篇）「勢」的意義，可以解釋爲權力。因爲人性惡，要有權力的憑藉，臨之以勢，禁之以刑，小人才有所畏懼，不敢不服從。荀子講勢，他的學生韓非，進一步講力，以爲「力多者役人，力少者役於人。」

韓非子秉承性惡之說，認爲人是自私自利的。他說：「父母之於子也，產男則相賀，產女則殺之，此俱出於父母之懷衽；然男子受賀，女子殺之者，慮其後便，計其長利也。故父母之於子也，猶有計算之心以相待也，而況無父子之澤乎！」（韓非子：六反篇）「利君死者衆，則人主危。……輿人成輿，欲人之富貴；匠人成棺，則欲人之夭死也。非輿人仁而匠人賊也。人不貴則輿不售，人不死則棺不買，情非憎人也，利在人之死也。故后妃夫人太子之黨成，而欲君之死也。君不死則勢不重，情非憎君也，利在君之死也。故人主不可以不加心於利己死者。」（備內篇）他認爲人的利己心屬於先天性，人君欲由亂反治，禁暴止亂，於人臣要用術，於人民要用法。他反對儒家的德治，而主張嚴形重罰的法治。他說：「夫聖人之治國，不恃人之爲善也，而用其不得爲非也。恃人之爲善也，境內不什數；用人不得爲非，一國可使齊。爲治者用衆而捨寡，故不務德而務法。夫必恃自直之箭，百世無矢，恃自圓之木，千世無輪矣。……不恃賞罰，而恃自善之民，明主弗貴也。何則？國法不可失，而所治非一人也。故有術之君，不隨適然之善，而行必然之道。」（顯學篇）他主張人主治國，要用嚴刑重罰，威嚇一般人民，使不敢犯法。

西漢末年之揚雄，東漢初年之王充，融合性善性惡兩說，而言善惡混。揚雄、法言修身篇說：「人之性也，善惡混。修其善則爲善人，修其惡則爲惡人。」王充、論衡本性篇說：「人性有善有惡，舉人之善性養而致之，則善長；惡性養而致之，則惡長。」

我國一般對於人性的見解，是三字經所說的觀念。三字經說：「人之初，性本善。性相近，習相遠。苟不敎，性乃遷。……養不敎，父之過。敎不嚴，師之惰。」這是融合孔孟學說的結果。人之善性，必賴敎育。沒有敎育，人的善性就易變遷。父母生育子女之後，必須使其接受敎育，而敎育的重責，則應由敎師負擔。墨子荀子韓非子主張性惡，揚雄、王充主張善惡混，均主張後天的敎化，以增長善性，減少惡性。所以注重後天的敎育，各家都是相同的。

第二節　中山先生的長成人性論

中外學者對於人性，常有不同見解。我國孟子認爲性善，墨子、荀子認爲性惡，揚雄、王充認爲善惡混。歐洲霍布士認爲人性惡，盧梭認爲人性善。中外學者常就人的行爲觀察，但對於人性爲甚麼有善有惡，多未深入研究。　中山先生在孫文學說第四章就人類進化觀察，認爲人類初生之時，與禽獸無異，經幾許萬年之進化，始長成人性。人性長成之後，人類才開始有進化。人類遺留之獸性是惡的，長成的人性則是善的。

民國十二年演講「國民以人格救國」，闡述人性說：「由動物變到人類，至今還不甚久。人的本源便是動物，所賦的天性，便有許多動物性質。換一句話說，就是人本來是獸，所以帶有多少獸性，人性很少。我們要人類進步，是在造就高尚人格。要人類有高尚人格，就要減少獸性，增多人性。……依進化的道理推測起來，人是由動物進化而成。既成人形，當從人形進化而入於神聖。是故欲造成人格，必當消滅獸性，發生神性。那麼，才算是人類進步到極點。」

過去中外學者對於人性的觀察，知其然而不知其所以然。先生根據進化的道理，指出其所以然，說明惡為獸性之遺留，善為人性之長成。人類進化的過程，就是減少獸性，增多人性。人性發展到人格高尚的境界，便接近於神性。

人性是怎樣長成呢？民國九年大光報年刋題詞說：「光明之為人類所愛也，實為有生俱來之本能之發動，不待教導而能者也。推其所肇，蓋以人類由動物之有知識、能互助者進化而成。當其蒙昧，力不如獅虎牛馬，走不如犬兎，飛不如諸禽，而猶得自保者；能互助，故能合弱以禦強；有知識，故能趨利而避害也。夫趨避之事，以能知為前提。而人類之所恃以知者，第一為光明。惟有光明，故於猛獸之來襲，可以力禦之，可以智避之也。……惟有光明，故人與人可以相識相親，而後互助之實可舉也。故光明者，智識之泉源，互助行為之先決條件也。」人類由動物進化而成，其所以能戰勝獸類，而為萬物之靈，就因為有知識，能互助。

人類能互助，起源於母子之愛。在母系社會，嬰兒初生之時，不能行走，不能覓食，必賴母親懷抱哺乳，始能生存長大。母子之愛，出於天性。母子之間，與同居男子之間，為共謀生存，不能不互助，以共同防衛，共同覓食。所以人類最初互助的團體，開始於家庭。後來由母系社會，轉變為父系社會，互助團體逐漸擴大，由家族而氏族，由氏族而部落，以至組成國家。

人類力不如獅虎牛馬，而能打擊獅虎，役使牛馬，除能互助，發揮羣力之外，還有利用工具的知識。民權主義第一講說：「洪荒時代，是人和獸鬥爭的時代。在那個時候，人類要圖生存，獸類也要圖生存。……人食獸，獸亦食人，彼此相競爭，遍地都是毒蛇猛獸，人類的四周都是禍害。所以人類要圖生存，便要奮鬥。但是那時的奮鬥，不能結合成大團體，所謂各自為戰。……在那個時候，只有同類相助，……決沒有和不同類的動物集合，共同來食人的，來殘害同類的。……人同獸爭的時代，因為不知道何時有毒蛇猛獸來犯，所以人類時時刻刻不知生死，所有的自衞力只有雙手雙足。不過在那個時候，人要比獸聰明些，……還曉得用木棍石頭。故鬥爭的最後結果，是人類戰勝。」人類能同類相助，就是能夠互助；能利用木棍石頭，就是有利用物質的知識。人類能夠同類相助，又能利用物質的時候，就是人性長成的時候。

人類長成人性之後，互助範圍漸漸擴大，知識程度漸漸增加，故能由野蠻進入文明，由文明進入科學。人類長成的人性是善的，遺留的獸性是惡的。人類的歷史，是求生存的奮鬥史，也是善惡鬥爭的總紀錄。歷史上常有惡人橫行，專制獨裁的黑暗時代。但人性總是善的，是期望光明，反對黑暗的。這種趨勢，是人性自然發展，莫之為而為，莫之致而致的。將來人性增加，獸性減少，人人有知識，能互助，才可以發展人性，漸漸進入大同的世界。

第三節　欲望與人性

人類行爲的原動力，是人類的欲望。要了解人性，須先了解人的欲望。荀子禮論說：「人生而有欲，欲而不得，則不能無求，求而無度量分界，則不能不爭。爭則亂，亂則窮。」人生而有欲，聖人與常人都是一樣的。人類最基本的欲望，是生存欲望和生殖欲望。人類發生人性之後，始有合群欲望和求知欲望。

㈠生存欲望。人類和動物一樣，最基本的欲望，就是求生存。人類爲求生存，天天要做兩件大事：第一件是自衞，第二件是覓食。要能夠自衞，才能保障生存；要能夠覓食，才能維持生存。隨著生存欲望發生的，就是自衞欲望和生活欲望。

㈡生殖欲望。古人說：「食色，性也。」又說：「男女飮食，人之大欲存焉。」俗語說：「男大當婚，女大當嫁。」人在生殖能力成熟後，無論男女，都有性愛欲望。這是人之本能和大欲，是永遠不變的天性。因爲有了這種欲望，所以能延續人類的生命。人類對其生育的子女，都有愛護的天性；隨著這個天性發生的，就是撫育欲望，這就是家庭形成的重要原因。

上述兩種欲望，是人人都有的。欲而不得，則不能無求，求而無度量分界，則不能不爭。歷史上的喜劇、鬧劇、悲劇、慘劇，多是爲這兩種欲望發生的。人類最初出現時，不識不知，僅倚恃本能，以滿足欲望。到人性長成時，才進一步有合群欲望和求知欲望。

㈢合群欲望。荀子王制篇說：「人有氣有生有知，而且有義，故最爲天下貴也。力不若牛，走不若馬，而牛馬爲用，何也？人能群，彼不能群也。」人能群，就是有合群欲望。達爾文在其人類由來一書中，常提到合群生活，是人類在生存競爭中勝利的一大原因。蜜蜂螞蟻善於合群，但是本能的，不是自覺的。惟有人類的合群，才是自覺的。人類何以會自覺的合群呢？因爲人類幼兒時期較長，非父母保護撫養，不能生存。父母有撫育欲望，父母子女之間，自然形成一個小團體，就是家庭。這一個家庭的團體，爲求生存，共同自衞，共同覓食。後來團體逐漸擴大，遂形成社會國家。所以人類能群，形成團體之時，就長成了人性，互助原則自然發生。

㈣求知欲望。人類由獸性進化爲人性，第一是能自覺的合群，第二是有應付環境的知識。人類初生時，穴居野處，茹毛飲血，與禽獸無異。後來漸有知識，爲防禦風雨，發明房屋；爲防禦寒冷，發明衣服。發明取火之後，不僅可以熟食，且可以禦寒，渡過嚴寒的冰河時代。人類逐漸發明各種工具，對自衞和覓食，都有極大進步。人類已發明的知識，互相傳授，父以教子，師以教弟。人類超越本能，發生文化，就是知識發展的結果。中國素來尊重知識的傳授，大家庭堂屋的中央，均設有「天地君親師位」的牌位；師與天地君親並列，是尊師重道，也是尊重知識的傳授。人類有求知欲望，才能由不識不知，進入文明社會。

第四節　人性的弱點

人類遺留的獸性，尚未完全消除；人類相處的道德，尚未造成高尚人格。現階段的人性，尚未充分長成，仍有若干弱點。

一、多數人普通的弱點

㈠自私自利。墨子尚同上說：「古者民始生未有刑政之時，天下之百姓，皆以水火毒藥相虧害。……

天下之亂，若禽獸然。」荀子性惡篇說：「人之性，生而好利焉，順是，爭奪生而辭讓亡焉。」歐洲最先主張契約說的霍布士（Thomas Hobbes 1588-1679）說：人類唯一的本能，就是維持自己生命的最大安全。換句話說，人類都是完全自私自利的。人類在沒有組成國家以前，是生活在自然狀態中，人人都在奪取更多的物品，更大的權力。這時人人互相爭殺，是每一個人對於每一個人的戰爭。（註一）主張自由經濟的鼻祖亞當斯密（Adam Smith 1723-1790），他的學說是以利己心爲基礎，他認爲人人的利己心，自會領導社會的資本，作適當的分配，使其與社會全體的利益相符合。（註二）

墨子、荀子、霍布士都認爲未有社會國家以前，人人都是自私自利，但都認爲是壞的現象，應當設法改正的。亞當斯密則認爲利己心是好的現象，與社會全體利益相符合。他的主張流行，結果造成資本主義的弊害。因爲自私自利，必然損人利己，這是與道德觀念違背的。若人人自私自利，「有餘力不能以相勞，腐朽餘財不以相分，隱匿良道不以相敎」，這與禽獸已無多大區別。現在仍有人視自私自利爲當然，甚至說：「人不自私，天誅地滅。」假使這種錯誤觀念，不予糾正，必使正義消滅，公理淪亡，小之危害他人，大之危害國家。

㈡好易畏難。冒險犯難，不畏困難，只可期望意志堅決，勇往邁進的人物。一般人多是好易畏難。孫文學說第五章說：「若夫陽明知行合一之說，即所以勉人爲善者也。推其意，彼亦以爲知之非艱，行之唯艱也。惟以人之上進，必當努力實行，雖難有所不畏；既知之則當行之，故勉人以爲其難。遂倡爲知行合一之說，曰：即知即行，知而不行，是謂不知。其勉人爲善之心，誠爲良苦。無如其說與眞理背馳，以難爲易，以易爲難。勉人以難，實與人性相反。是前之能行之而不著焉，習矣而不察焉，終身由之而不知其道者，反爲此說所誤，而頓生畏難之心，而不敢行矣。此陽明之說，雖爲學者傳頌一時，而究無補於世道人心也。」

㈢欺善怕惡。人類欺善怕惡的弱點，韓非子最明白，所以他主張嚴刑重罰，使人民不敢不服從。韓非子六反篇說：「母之愛子也倍父，父令之行於子也十母。吏之於民無愛，令之行於民也萬父母。父母積愛而令窮，吏用威嚴而民聽從，嚴愛之筴亦可決矣。」姦劫弒臣篇說：「夫嚴刑者，民之所畏也。重罰者，民之所惡也。故聖人陳其所畏，以禁其衺，設其所惡，以防其姦，是以國安而暴亂不起。吾是以明德惠之不足用，而嚴刑重罰之可以治國也。」

意大利的馬基維利（Niccolo Machiavelli 1469-1527），其見解與韓非子相同。他在所著國王論中，認爲統治者使人民畏懼，比使人民愛戴更重要。他說：「人類比較不大顧忌干犯他們所愛戴的人，而不敢干犯他們所畏懼的人。因爲人類都是自私的；若這種因愛戴而生的關係，與他們的自私心相衝突時；這種愛戴的關係，立刻就會破裂。而畏懼是被懲罰的恐怖所維持的，這是絕對不會失敗的。」所以他以爲國王必須模仿狐狸與獅子，以詭詐與暴力並用；具有這兩種野獸的能力，才是最成功的國王。（註三）

現代蘇俄和其他共黨國家的統治，表面上是標榜馬克思主義，實際上是用馬基維利的辦法。他們利用人性的弱點，模仿狐狸與獅子，一面欺騙人民，一面使人民恐懼。

㈣偏於保守。人類大多數都是不知不覺，所有行爲，常是墨守舊時觀念，遵行舊時習慣。對於新的事物，新的制度，不易接受。譬如哥白尼發現地球是環繞太陽運行的，這本是眞理，但與亞里士多德以來地球中心的理論，完全衝突，他恐怕教會和人民反對，一直到將死之年，才敢於發表。他的學說被列爲禁書，達二百年之久。又如二十世紀初葉直接民權在美國實行，主張的多是維新派，反對的多是保守派。保守派以為人民容易激動，走向極端。殊不知實行結果，許多改革案在人民投票時，都沒有通過，人民比議會更保守。我國哲人孔子墨子都主張改革，但均託古改制，不自稱為創新，這就是人民偏於保守的影響。所以中山先生提倡革命，最注重宣傳，要使多數人贊成革命，才可促進革命的成功。

二、統治人員易有的弱點

㈠濫用權力。自國家發生後，產生統治人物。歷史上各國統治人物，注重道德，為民服務的，為數不多。而握有權力的人，無論中央與地方，無論其掌握權力的大小，常有濫用權力，自私自利的趨勢。所以孟德斯鳩為限制權力的濫用，主張分權與制衡，以保障人民的自由。濫用職權的少數官吏，常有營私舞弊，索取賄賂的情形。不願賄賂官吏的人，有時有理變成無理，合法變為非法，常發生冤獄和許多不平事件。所以自由主義者主張限制政府權力，　中山先生主張建立監察制度，都是為糾正這種濫用權力的弊病。

㈡愚昧誇大。不知不覺的人，多數是愚昧的保守的，要在造成時勢之後，才能順應潮流。一般人愚昧誇大，不過是自身受害，對社會影響不大。統治人物因地位不同，若果是愚昧誇大，不僅自身受害，且危及社會國家。中庸第二十八章說：「子曰：愚而好自用，賤而好自專，生乎今之世，反古之道，如此者，災及其身者也。」愚昧是多數人的通病，有時大科學家也有愚昧行為。民權主義第六講曾提及大科學家紐頓為大貓小貓開洞的故事。「照普通的常識講，開一個大洞，大貓可以出入，小貓也當然可以出入了。那麼開一個大洞就夠了，又何必要枉費工夫，多開一個小孔呢？……科學家做事，是不是件件都是聰明呢？由此便可以說明,科學家不是對於件件事,都是很聰明的;科學家有了一藝的專長,未必就有種種學問的兼長。」愚昧的弱點，大科學家有時也不能避免，統治人物自然更難免了。例如三國時代的馬謖，號稱才俊之士；但言過其實，諸葛亮誤用他獨當一面，結果有街亭之敗，使諸葛亮北伐挫折。又如列寧在一九一八年在俄國實行軍事共產主義，毛澤東在一九五八年在大陸實行人民公社，發生了大災難之後，迫不得已才改變辦法。所以誇大的毛病，更甚於愚昧。事實上誇大的人，多是一知半解，可以說是愚而好自用的人。有識的統治人物，是應當引為鑑戒的。

第五節　如何增加人性，減少獸性？

人類應當互助合作，和平相處；但人類遺留的獸性，還沒有消滅，許多人還是自私自利，殘酷鬥爭。孔子、孟子主張用教育方法，改善人類社會。墨子、荀子、韓非子更主張用政治方法，以賞善罰惡。中山先生認為民權時代，是好人同惡人爭，公理同強權爭，主張兼用教育方法和政治方法，增加人性，減少獸性。但　先生所用的方法，是民主時代的方法，與墨子、荀子、韓非子專制時代的方法不同。

一、以立黨結合志士仁人

人類多是自私自利，偏於守舊的。所以改造國家，必須結合志士仁人，在同一主義之下，共同奮鬥。民國十二年　中山先生所著「中國革命史」說：「余之從事革命，建主義以為標的，定方略以為歷程，積畢生之力以赴之，百折而不撓。求天下之仁人志士，同趨於一主義之下，以同致力，於是有立黨。求舉國之人民，共喻此主義，以身體而力行之，於是有宣傳。」

一般人多是不知不覺的，而有知識的人，意見不能齊一，步驟不能相同，必須結合意見相同的志士仁人，始能厚植羣力，共圖改革。所以現代的民主國家，都有政黨的組織，作爲改革的原動力。中國以主義號召，組織政黨的，首推　中山先生。一八九四年十一月廿四日組織興中會於檀香山，一九〇五年八月二十日組織同盟會於日本東京。因同盟會會員共同努力，推翻滿清，建立民國。民國元年八月廿五日同盟會改組爲國民黨，當時黨員意見紛歧，不能團結，民國二年二次革命失敗，國民黨瀕於瓦解。民國三年七月八日　先生組織中華革命黨，重新建立有紀律的革命黨。民國八年五四運動發生，　先生爲結合五四運動的有志青年，十月十日將中華革命黨改組爲中國國民黨。十三年一月召開第一次全國代表大會，將總理制改爲委員制，以革命重責付之於全黨同志。

先生一生目標，在建立志士仁人集中的革命黨，實行三民主義，復興中華民族。民國十三年一月二十日在中國國民黨第一次全國代表大會，致開會詞說：「我們知道要改造國家，非有很大力量的政黨，是做不成功的。非有正確共同的目標，不能改造得好的。我們從前見得中國太紛亂、民智太幼稚、國民沒有正確的政治思想，所以便主張以黨治國。但是到今天想想，我覺得這句話還是太早。此刻的國家還是太亂，社會還是退步，所以現在革命黨的任務，要先建國，尚未到治國。……還不能像英國美國以黨治國。今日民國的國基，還沒有鞏固，我們還要做一番功夫，把國家再造一次，然後民國的國基才能鞏固。這個要國基鞏固的事，便是我們今天的任務。……要用政黨的力量，去改造國家。」

先生一生革命，在結合羣力，共同奮鬥，從不計個人的地位與利害。一八九五年第一次廣州起義之前，楊衢雲爭爲總統，　先生慨然退讓。民國元年任臨時總統，因同志意見紛歧，誤信袁世凱忠於民國，可以合作，　先生自動請辭總統職務，促進全國和平。民國二年二次革命失敗，一般同志灰心消極；　先生迫不得已，始單獨負擔革命重責。十三年第一次全國代表大會，　先生提議將總理制改爲委員制，將革命重責付之於全黨同志，並勗勉同志，不要因　先生個人的存在與否，而有所興廢。　先生光明磊落，只計革命之成敗，不顧個人之利害，所以在革命之初，就組織興中會，結合全國志士仁人，漸漸發展黨的組織。到民國十三年時，已組成一個爲民服務，力量強大的中國國民黨。

二、以宣傳開化全國人心

人類多數是偏於保守，要使其贊助革命，必須注重宣傳。宣傳是短期的教育，教育則是長期的宣傳。　先生所稱的宣傳，不是煽動，而與教育的意義相同。我們看民國十二年演講：「國民黨奮鬥之法，宜兼注意宣傳，不宜專注重軍事」，便可知　先生對於宣傳的觀點。

「爲什麼奮鬥的方法，要注重宣傳，不要注重軍事呢？……是宣傳奮鬥的效力大，軍事奮鬥的效力小。譬如就武昌起義說，表面上雖然是軍事奮鬥的成功。但當時武昌的軍隊，是清朝訓練的，不是本黨訓練的。因爲沒有起義之先，他們受過了我們的宣傳，明白了我們的主義，才爲主義去革命。所以這種成功，完全是宣傳奮鬥的效果。……像這樣用敵人的軍隊，來做我們的事業，所收的效果，該是何等大呢！自清朝推倒了以後，我們便以爲軍隊得勝，不必注重宣傳，甚至有把宣傳看做是無關緊要的事。所以弄到全國沒有是非，引出軍閥的專橫，這是我們不能不負責任的。……」

「我們由已往的歷史證明起來，世界上的文明進步，多半是由於宣傳。譬如中國的文化，自何而來呢？完全是由於宣傳。大家都知道中國最有名的人物是孔子。他周遊列國，是做甚麼事呢？是注重宣傳堯、舜、禹、湯、文、武、周公之道。他刪詩書，作春秋，是爲甚麼事呢？是注重後世宣傳堯舜禹湯文武周公之道。所以傳播全國，以至於現在，便有文化。今日中國的舊文化，能夠和歐美的新文化，並駕齊驅的原因，那是由於孔子在二千年以前，所做的宣傳。再像佛敎，自印度流行到亞洲全部，信仰的人數，比那一種敎都要多些，都是由於釋迦牟尼善於宣傳的效果。再像耶穌敎，從前自歐洲傳到美洲，近代傳到亞洲，流行於中國，世界上到處都有他們的敎堂。這樣普遍的道理，這也是由於耶穌敎徒善於宣傳。宗敎之所以能夠感化人的道理，便是在他們有一種主義，令人信仰。普通人如果信仰了主義，便深入刻骨，便能夠爲主義去死。……宗敎徒宣傳空虛的道理，尙可收到無量的效果。我們政黨宣傳有可憑據的道理，還怕不能成功嗎？」

「要政治上切實的道理，實行出來，總共有兩種方法。一種是用武力，壓迫羣衆，強迫去行。中國古時政治變更，大多數是用這種方法。一種是靠宣傳，使人心悅誠服，情願奉令去行。這種方法在中國歷史上不多見。……只有湯武革命，他們始初用七十里和百里的地盤做根本，造成良政府，讓全國人都佩服。所以後來用兵，一經發動，便東面而征西夷怨，南面而征北狄怨，全國人都是很歡迎的；不專用兵力，便統一了中國。他們當初要造成良政府，讓人佩服的事業，便是注重宣傳。後來全國人民歡迎，不和他們反抗，便因爲是受過了宣傳。……後人都說他們的革命，是順乎天，應乎人。」

「到了現在，人類的政治思想極發達，民權學說極普遍，更不可專用兵力；必要人人心悅誠服，都歡迎我們的主義，那才容易成功。革命成功極快的方法，宣傳要用九成，武力只可用一成。……要人人心悅誠服，不是一朝一夕，一言一動，能夠收效果的。必要把我們的主義，潛移默化，深入人心，那才算是有效果。……」

孔子注重當時和後世的宣傳，造成了中國的文化。佛教、耶穌教都注重宣傳，使佛教流行於亞洲，耶穌教普遍於世界。 先生對於宣傳的解釋，就是教育，也就是感化，必須深入人心，使人心悅誠服。所以「革命成功最快的方法，宣傳要用九成，武力只可用一成。」宣傳的方法有二：一是主義的宣傳，一是事實的宣傳。辛亥革命，武昌新軍起義，是民族主義宣傳的成功。湯武革命，先造成良政府，讓人佩服，是事實宣傳的成功。因此，宣傳要有效果，應雙管齊下，一面注重主義的宣傳，一面注重事實的宣傳。建國大綱第六條說：「在軍政時期，一切制度悉隸於軍政之下；政府一面用武力以掃除國內之障礙，一面宣傳主義以開化全國之人心，而促進國家之統一。」在革命初期，應注重主義的宣傳。在革命政府統治區域，應造成良政府，同時注重事實的宣傳和主義的宣傳。

三、以宣誓團結全國人心

人類互助的行爲，就是道德的行爲。一個國家盛衰存亡的主要原因，在人民是否有道德。有道德的人，消極方面是不自私自利，積極方面是自願奮鬥犧牲。但實踐道德，必須正心誠意，決不能有欺騙的行爲。大學說：「所謂誠其意者，勿自欺也。……所謂修身在正其心者，身（心）有所忿懥，則不得其正；有所恐懼，則不得其正；有所好惡，則不得其正；有所憂患，則不得其正。心不在焉，視而不見，聽而不聞，食而不知其味。」誠意就是不自欺，正心就是意志堅決，不受忿懥、恐懼、好惡、憂患的影響。正心誠意最簡單的意義，就是決心。表示決心的辦法，就是宣誓。

宣誓是正心誠意的表示，現在文明的國家，都注重宣誓。譬如美國，從總統就職，至入籍的公民，都要宣誓。入美國國籍的公民，誓詞內容有四點：一、不是無政府主義者；二、願意遵守美國憲法及法律；三、願效忠於美國，不再效忠於任何國家、團體或個人；四、願與美國國外或國內的敵人作戰。入美國國籍的公民，必須宣誓後，才能取得公民資格。所以美國人種最複雜，而能形成一強大的美國民族，就是大家正心誠意，實踐宣誓的諾言。

民國建立之初，　先生主張凡贊成民國的人民，必先宣誓，效忠民國。當時許多同志認為係不急之務，格而不行。孫文學說第六章說：「常人有言，中國四萬萬人，實等於一片散沙。今欲聚此四萬萬散沙，而成為一機體結合之法治國家，其道為何？則必從宣誓，以發正心誠意之端，而後修齊治平之望可幾也。今世界文明法治之國，莫不以宣誓為法治之根本手續也。故其對於入籍歸化之民，則必要其宣誓，表示誠心，尊崇其國體，恪守其憲章，竭力於義務，而後乃得認為國民。否則終身居其國，仍以外人相視，而不得同享國民之權利。其對於本國之官吏議員，亦必先行宣誓，乃得就職，……此近世文明法治之通例也。……」

「當建元之始，予首為宣誓，而就總統之職。乃令從此凡文武官吏軍士人民，當一律宣誓，表示歸順民國，而盡其忠勤。而吾黨同志悉以此為不急之務，期期不可，極端反對。予亦莫可若何，姑作罷論。迨袁世凱繼予總統任，予於此點特爲注意，而同人則多漠視。予以爲有我之先例在，決不能稍事遷就；而袁氏亦以此爲無關緊要之事也，故姑惟予命是聽。於是乃有宣誓服膺共和，永絕帝制之表示也。其後不幸，袁氏果有背叛稱帝之舉，而以有此一立誓之故，俾吾人有極大之理由以討伐之。而友邦亦直我而曲彼，於是乃有勸告取消之舉。……列強之所以勸告者，以民黨之抵抗袁氏，有極充分之理由也。而理由之具體，而可執以爲憑，表示於中外者，即袁氏之背誓也。……由是觀之，信誓豈不重哉！……夫吾人於結黨之時，已遵行宣誓之儀矣。乃於開國之初，與民更始之日，則罷此法治根本之宣誓典禮，此建設失敗之一大原因也。……夫國者人之積也，人者心之器也，國家政治者，一人羣心理之現象也。是以建國之基，當發端於心理。故由清朝臣民而歸順於民國者，當先表示正心誠意，此宣誓大典之所以爲必要也。……國民國民！當急起直追，萬衆一心，先奠國基於方寸之地，爲去舊更新之路，以成良心上之建設也。」

宣誓是表示決心，是正心誠意的表現。一經宣誓，必應遵守誓詞，決不改變，這是中外相同的。美國法庭召集證人作證，在發言作證之前，必手按聖經宣誓，誓言所說均係眞實。若證明所說不眞實，就犯了嚴重的僞證罪（Perjury）。國人對於宣誓，當初有人認爲不急之務，現在有人認爲係例行之事，這眞是嚴重的錯誤。宣誓是表示正心誠意的決心，若違背誓言，就是不信無義。所以宣誓效忠民國，是團結全國人心必由之道。

四、政治與教育應同時進行

改革社會，發揚人性，必賴教育之推行；但教育的發展，由政府負責輔導，始可易有功效。所以革命的目的，在建立良好政府，擔負保、養、敎三種工作。如何建立良好政府呢？首先要立黨，結合志士仁人，共同爲理想奮鬥。在立黨之後，即應宣傳主義，爭取人民之幫助；所以革命工作，宣傳要用九成，武力只用一成。人民幫助革命，建立政府之時，全國人民及文武官吏，爲表示効忠民國之決心，應一律舉行宣誓。政府有領導中心，人民與政府合作，上下一致効忠國家，必可建立良好政府。

宣傳與宣誓，即有教育的意義。政府建立之後，更應推展教育工作，發揚人性光輝。此外，許多人有愚昧誇大的弱點，所以要用考試制度，拔取全國眞才，擔任公務人員。許多握有權力的人，常有濫用權力的傾向，所以要用監察制度，彈劾違法失職人員，維護政治清明。

民權時代，是好人同惡人爭，公理同強權爭。所有志士仁人，均應堅決奮鬥，樹立社會正義，以期增加人性，減少獸性。要善人戰勝惡人，公理戰勝強權，國家始可長治久安，人民始得永享幸福。

附註

註一：國立編譯館編著：西洋政治思想史，第十五章霍布斯。正中書局四十二年臺一版。

註二：金天錫編著：經濟思想發展史第一篇第二章第二節亞當斯密。正中書局三十六年滬四版。

註三：註一前引書第十四章馬開外里。

第三篇　民族主義思想

第一章　中華民族的由來和特質

第一節　中華民族的由來

一、民族西來説的臆測

歷史是記載人類過去的活動，和研究民族生存發展的一種學問。世界最古的國家，是埃及、巴比倫、和中國。今天的埃及，已非古時的埃及，乃阿剌伯人的埃及。今天的伊拉克，不是巴比倫的延續，也係阿剌伯人的伊拉克。埃及、巴比倫的歷史業已中斷，只有中國歷史悠久，並無間斷。據可靠的歷史，中華民族生存發展於東亞，已將近五千年。

中華民族從何而來呢？一八九四年以後，中國和日本一部分學者，都相信法人拉克伯里的西來說。丁謙所著「中國人種考」說：「中國史書皆始於盤古，而三皇繼，並無言他處遷來之事。自光緒二十年（一八九四年）法人拉克伯里（Laconperei）著支那太古文明西元論，引據亞洲西方古史，證中西事物法制之多同，而彼間亦適有民族東遷之事。於是中東學者，翕然贊同，初無異詞。……如劉光漢之華夏篇、思故國篇，黃節之立國篇，章太炎之種性篇，蔣觀雲之中國人種考；及日本人所著之興國史譚等，雖各有主張，要不無以人種西來之說為可信。」民族西來說，在十九世紀之末，二十世紀之初，章太炎、黃節、蔣觀雲等，均表贊同，曾一度流行。 中山先生曾引述此說，民族主義第三講說：「講到中國民族的來源，有人說，百姓民族是由西方來的，過葱嶺到天山，經新疆以至黃河流域。……外國人說，西方古時有一種百姓民族，後來移到中國，把中國原來的苗子民族或消滅或同化，才有中國今日的民族。」 先生曾引述此說，是「有人說」「外國人說」，並未贊同此說。錢穆所著中國通史也反對此說，謂係歐西學者之臆測。（註一）

中國民族若是由西方移來，用不着諱言，譬如今日之美國人，最初由英國移來，這是事實，決不能改變的。但中國民族生存發展於亞東，是確實的歷史，西來之說，僅是外人的臆測，所以著中國通史的學者，多未述及西來之說，對此種臆測已予否定。

二、中華民族生存發展於東亞

中華民族非由外而來，是生存發展於東亞，由下述事實，可以確實證明。

㈠孔子刪詩書，斷自唐虞，尙書敍述中國歷史，是從堯帝（西元前二三五七年）開始。司馬遷所著史記，由黃帝（前二六九七年）開始。博學的孔子、司馬遷，從無華夏西來之說。春秋戰國時代的哲人，如老子、墨子、孟子、莊子、荀子、韓非子，敍述中國歷史，多由堯舜開始。孟子講到神農，莊子講到容成氏、…伏羲氏、神農氏，均無民族西來之說。中華民族是愼終追遠的民族，對於祖先的來源，不能說無人記憶。因爲華夏民族不是外來民族，而是繁衍發展於東亞，決不是先哲的數典忘祖。

㈡法國人拉克伯里說：中國人稱人民爲百姓，西方古時有一種百姓民族，由西方東來，過葱嶺，到天山，從新疆以至黃河流域，把中國原來的苗子民族，或消滅或同化，才成爲今日中國的民族。若果此種說法正確，百姓民族應當是統治民族。但尚書說：「平章百姓」。論語說：「百姓足，君孰與不足；百姓不足，君孰與足。」百姓是被統治的人民，而不是統治者。百姓民族遠道而來，征服苗子民族之說，眞是海外奇談。以地理形勢說，從天山經新疆，至山西陝西，大致有四千華里。假使古代新疆氣候良好，水草豐富，這個百姓民族，可能留居新疆。假使新疆地形同現在相同，這一大段路程就不易通過，如何能達到黃河兩岸呢？

㈢民國十八年十二月二十八日，中國地質調查所在一個特別集會中，正式宣佈「北京人」的發現。北京人是五十萬年前的人類，由丁文江先生領導的一個國際組織，在北京西南四十公里房山縣周口店龍骨山，發掘出來的。發掘出來的是一個完整的頭骨，是活在五十萬年前人類的頭骨。同這個頭骨同時出土的，有大量的獸骨、木炭的遺燼和木炭，也有植物的種子和核果，還有石器和骨器。外國考古學家的研究，北京人屬於眞正的人類，因爲是用兩條腿走路的。中國考古學家李濟研究，北京人似乎又能運用投遠的武器，洞裡的木炭、火燼、和燒過的獸骨，可以證明北京人，已經會烤肉吃了。北京人已會用火，火是否北京人發明的，還缺乏證據。如果中國有燧人氏的話，那一定在北京人之前。據學術界推斷，北京人有語言，會打獵，能用火，能造工具，這是中國最古老的祖先。在這漫長的五十萬年，漸漸的發展和進化，到了黃帝時期，才有文字記載的歷史。從北京人發現之後，已說明民族西來之說，確是歐西學者的臆測。（註一）

第二節　中華民族的特質

人類幾千年來的歷史，許多國家和民族曾經興起，但或已滅亡，或爲異族同化。只有中華民族生存五千年，雖經若干挫折，仍巍然存在，前途光明。因爲我先民所遺留的民族精神，有適於生存的特質。

中山先生在民國前六年演講「三民主義與中國之前途」說：「地球上人數不過一千幾百兆，我們漢人有四百兆，佔了四分之一，算得地球上最大的民族，且是地球上最老最文明的民族。」

孫文學說第五章說：「以我四萬萬優秀文明之民族，據有四百二十七萬方咪之土地（較之日本，前有土地不過十四萬餘方咪，今有土地亦不過二十六萬方咪耳），爲世界獨一廣大之富源，正所謂以有爲之人，據有爲之地，而遇有爲之時者也。」

民國八年手著本三民主義說：「中華民族者，世界最古之民族，世界最大之民族，亦世界最文明而最強大同化力之民族也。」

民族主義第二講說：「我們中國的民族，……從有稽考以來的歷史講，已經有了四千多年。……當中受過許多天然力的影響，遺傳到今天，……和世界的民族比較，我們還是最多最大的。……自有歷史四千多年以來，只見民族進步，不見民族衰微。代代相傳，到了今天，還是世界最優秀的民族。」

中華民族是最大最古的民族，是不待說明的。中華民族何以是優秀民族呢？因爲中華民族是和平、文明、進步、和勤儉的民族，善於適應環境。

一、中華民族是和平民族

民族主義第六講說：「中國有一種極好的道德，是愛和平。……中國人幾千年來酷愛和平，都是出於天性。論到個人便重謙讓，論到政治便說不嗜殺人者能一之。」　先生解釋和平為中國歷史特性說：「中國自有歷史以來，以和平為歷史的特性。有時不幸遇他民族侵略，方不得已而抵抗。……我們根據歷史，可以確確實實的說，如果別人不欺負中國，中國決不欺侮別人的。……中國民族是和平的，不是空言，是可以將歷史事實來說明的。」（註三）

中華民族愛好和平，但要求的是光榮和平，決不屈服，甘受其他民族的侵略。孔子、墨子都主張和平，同時都主張自衞。在論語一書中，孔子批評管仲器小、不知禮，但盛稱其為仁；因為管仲能尊王攘夷，保衞華夏。墨子「非攻」，是反對侵略，決不反對自衞。楚國將攻宋國時，墨子命其弟子三百人協助宋國防禦，親往楚國，阻止楚國攻宋。

秦、漢、唐三朝是中國強盛時期，秦始皇、漢武帝、唐太宗都武功卓著，他們是否有侵略的行為呢？據作者觀察，他們都是保衞華夏，沒有滅亡異族的行為。

秦始皇統一六國，造成大一統的中國，是華夏民族內戰的結果，不是對異族的征服。戰國時代七雄：秦、韓、趙、魏、燕、齊、楚，據司馬遷史記所載，都是炎黃子孫，都是書同文行同倫的華夏民族。當時各國人士，自由往還，並無國家界限。荀子是趙人，可以為齊國的老師，楚國的蘭陵令。呂不韋是趙人，李斯是楚人，均可以為秦國的丞相。史記秦始皇本紀，對秦始皇的敍述，相當公允，甚少惡評。秦始皇的罪惡，是晚年的焚書坑儒。他在位三十七年，二十六年統一中國，分華夏為三十六郡。三十四年焚書，三十五年坑儒，三十七年逝世。逝世三年，秦即滅亡。秦之促亡，焚書坑儒暴政，實為一主要原因。三十三年平南越，置四郡，係傳檄而定，並未用兵。對與中國為敵之匈奴，則採用防禦政策，他完成的萬里長城，即係偉大的防禦工程。長城以外，一任匈奴自生自滅，毫不過問。後人常譏其窮兵黷武，實非持平之論。

漢代自漢高祖起，至漢景帝止，六十年間對匈奴採用和親政策，但匈奴仍不斷入侵。漢武帝即位，始改變屈辱的和親政策，決心抵抗侵略。當時漢人為保衞中國，出征的戰士都是「荷戈北上，義無反顧」；領導的將領，認為「匈奴未滅，何以家為。」經四次大決戰，才使匈奴不能繼續侵略。因為漢代有光榮的自衞歷史，多數中國人以稱漢人為榮。漢武帝對投降的匈奴人，優予待遇；將逝世時，命霍光、金日磾共輔幼主。金日磾是休屠王之子，可知漢代對匈奴人並無歧視。

唐代之突厥，較漢代之匈奴，侵略中國更甚。隋唐之際，突厥曾在中國製造傀儡組織；唐高祖起義時，曾向突厥稱臣。唐代統一中國後，突厥曾大舉入侵，危及京城長安，唐高祖及太子建成均擬南遷，以避侵略，僅李世民反對南遷。李世民即位，始決心抵抗侵略。當時防衞匈奴的將領，是最有名的大將李靖、李勣。經兩位大將的策劃，生擒頡利可汗，時為貞觀四年。貞觀五年原屬突厥的各部落，一致尊稱唐太宗為天可汗。唐太宗豁達大度，對中國夷狄，一視同仁，和平共處，造成唐代的盛世。

秦、漢、唐三代，都是中國強盛時期。秦始皇對於北胡，修築萬里長城，採用防禦政策。漢武帝、唐太宗均在被侵略之後，奮起自衞。「如果別人不欺負中國，中國決不欺侮別人的！」，這確是中國和平的精神。（註四）

二、中華民族是文明民族

中華文化是東方的王道文化，就是仁義道德的文化。中華民族的標準，不以血統分別，而以文化分別。錢穆說：「所謂諸夏與夷狄，其實只是文化上的一種界限，乃耕稼城郭諸邦與遊牧部落之不同。……故曰：諸夏用夷禮則夷之，夷狄用諸夏禮則諸夏之。」(註五)論語、衞靈公十五說：「子曰：言忠信，行篤敬，雖蠻貊之邦，行矣。言不忠信，行不篤敬，雖州里，行乎哉！」子路第十三說：「樊遲問仁。子曰：居處恭，執事敬，與人忠，雖之夷狄，不可棄也。」中華民族的界限，不以血統分別，而以文化分別。各種族道德觀念相同，互相交往，有共同的行爲標準，所以能融合同化，形成偉大的中華民族。中國人處世待人之標準，古代稱爲禮，後來稱爲倫理或道德。對人要恕，就是己所不欲，勿施於人；對國家要盡忠，對父母要盡孝，對朋友要信義，處世要和平。這是中國固有的道德，是處世做人的標準。能實行這種道德的，爲人人所欽敬；違反這種道德的，爲人人所厭惡。「宋史」是蒙古統治的元代撰寫的，對精忠報國的岳飛，極力贊揚歌頌；對通敵誤國的秦檜，則列入姦臣傳。「明史」是滿清統治的清代撰寫的，對忠勇被寃殺的熊廷弼、袁崇煥，及死難殉國的史可法，都大加贊揚。中國的俠義小說，都是稱頌忠義之士，譴責奸惡小人的。這種善惡標準，是人同此心，心同此理，不分夷狄華夏的。中國有這種文化傳統，所以雖遭受重大挫敗，而人心不死，民族不亡，不僅能光復國土，且能同化異族。

世界的文字約分兩類，一類是歐美的拼音文字，一類是中國的象形文字。中國文字從伏羲氏畫八卦，黃帝命倉頡造字以來，初爲大篆，到秦始皇時，李斯將大篆簡化，改作小篆；程邈更將小篆簡化，改作隸書。隸書字形，已與今日楷書相近。中國文字在現世界，使用之人最多，在十萬萬人以上。用中國文字寫作的書籍，明成祖時代蒐集，編爲永樂大典。清乾隆時代擴大蒐集，編爲四庫全書（一七七三年開始編纂，十年完成）。四庫全書書目，分爲經、史、子、集四大類。經、六九四部、一〇二六〇卷。史、五六三部、二一九四一卷。子、九〇七部、一七八九六卷。集、一二七七部、二九二五四卷。字數共有七萬萬餘字。（註六）截至十八世紀爲止，各國文字所著之書，以中文爲最多。

一個國家的文、物、制度，就是這個國家的文化。中國除有豐富的書籍外，古物方面，我們只要參觀故宮博物館陳列的古物，即可知我國過去燦爛的文化。秦代修築的萬里長城，隋代修建的運河，更可代表中國的偉大建築。萬里長城是保衞中國的防線，運河是便利南北的交通，與埃及爲帝王墳墓的金字塔相比，其價值不可同日而語。制度方面，秦漢以來的監察制度，隋唐以來的考試制度，都可以了解中國過去的文化。

我國學者常將文化、文明兩名詞視爲同義。但文化是譯英文的Culture，文明是譯英文的Civiliza-tion。文化是過去的，屬於精神方面的；文明是現代的，屬於物質方面的。文化是一個國家過去的文物制度，文明是一個國家現在的生活方式。中國的王道文化，已爲中國人生活行爲的標準。我們對於過去人物，凡是精忠報國的，無不稱許歌頌，決沒有贊成通敵賣國的。對於政府廉潔公正的官吏，都是衷心欽佩，決沒有贊成貪汚偏私的。子女應當孝順父母，對朋友應當信義，決沒有主張子女可以不孝父母，朋友可以不講信義的。中國人的生活已融化於中國的王道文化。所以國家有時滅亡，而民族絕對不亡。

文明生活的方式，是食、衣、住、行四種。二十世紀以來，中國的衣住行三項生活，多已西方化。但食的生活，中國仍保持領先地位。中國餐館在美國流行，甚至以飲食著名的法意兩國，在巴黎、羅馬中國餐館均能立足。以「衣」說，中國人穿衣的時間比較長，原來人類的天衣（毛），沒有作用的多已脫落。民生主義第四講說：「原人時代的人類，身上也生長得有許多毛，那些毛便是人類的天衣。後來人類的文明進化，……生長的毛漸漸失去功用，便逐漸脫落。……所以文明愈進步的人類，身上的毛便是很少；野蠻人和進化不久的人，身上的毛才是很多。」中華民族是文明民族，在中國人身體上也有確實的證明。

三、中華民族是進步民族

中華民族生存發展於東亞，不斷進步，由野蠻進入文明。燧人氏發明火；伏義氏畫八卦，首創文字符號；神農氏教民稼穡，進入農業社會；軒轅黃帝製作衣裳，命倉頡造字，開始建國，樹立中華民族的始基。夏、商時代，政治上是部落制度，帝王爲各部落擁戴的共主。周代建立封建制度，已有鞏固的中央政府。秦代建立郡縣制度，已變爲中央集權制度。因爲有廣大權力的中央政府，所以有力量修建長城，且有力量抵禦外侮，造成大一統的中國。

無論東方與西方國家，在古代都是神權政治。中國古代人民，由於生存需要，都是不知而行，因爲對自然力量無法克服，只有聽天由命。到了春秋時代，人民知識進步，已知盡人事而聽天命，孔子知其不可而爲之，可以說是當時的代表人物。孔子以後，漸變爲人定勝天的思想。墨子非命篇說：「古者，桀之所亂，湯受而治之；紂之所亂，武王受而治之。此世未易，民未渝，在於桀紂則天下亂，在於湯武則天下治，豈可謂有命哉！……義人在上，天下必治。」荀子、天論篇說：「天行有常，不爲堯存，不爲桀亡；應之以治則吉，應之以亂則凶。彊本而節用，則天不能貧。養備而動時，則天不能病。修道而不貳，則天不能禍。……天不為人之惡寒也輟冬，地不為人之惡遠也輟廣，君子不為小人匈匈也輟行。……大天而思之，孰與物畜而制之。從天而頌之，孰與制天命而用之。……故錯人而思天，則失萬物之情。」春秋末葉至戰國時代，因有人定勝天的思想，從各國政府到社會人士，都注重人的努力，所以這個時代是中國的黃金時代。

秦漢以來，墨子之道衰微，荀子之道不行，而知易行難的觀念，漸入於人心，中國進步的速度趨於緩慢，但仍不斷進步。

以政治制度說，秦漢時代中央政府是丞相制度，唐代演變為三省制度，明代演變為六部制度；中央政府的組織，由集權進步為分權。漢代官吏的來源，是鄉舉里選，用的是推薦辦法。魏晉改為九品中正，用的是評選辦法。隋唐採用考試制度，開科取士。這個考試制度，由參加者公平競爭，有錢有勢者不能投機取巧，實是取士用人最好的辦法，不僅相沿至今，十九世紀以來，且為英、美、法、德、日本各國相繼採用。

以科學技術說，東漢和帝元年（西曆一〇五年）蔡倫發明造紙，這是對人類最大的貢獻。唐咸通九年（八六八年）所刻印之金剛經，為世界最早之印書。五代時之馮道、畢昇，對印刷術均有貢獻。到了宋代，刻版印書業已流行。指南針在北宋時，即在十一世紀十二世紀之交，中國業已發明。火藥的發明是在第三世紀，唐末五代時期用於煙火，南宋時宋金采石之戰，宋人已用作爆炸性的武器。造紙、印刷術、指南針、火藥，都是中國首先發明。（註七）英國人李約瑟編著「中國科學與文化史」七大卷，特別說到中國人發明紙張、火藥、火箭、地震學、鑄鐵；最早的扇形圓拱、印刷和磁器；甚至還最初使用植物病毒之生物學控制法——用一種昆蟲殺另一種昆蟲。（註八）中國人的各種發明，多是無名英雄發明的，其姓名多難查考。北宋以後，士大夫多注意誠意正心，少注意格物致知，使中國在科學方面，不能突飛猛進。但由於這些影響世界的發明，可證明中國人有創造的能力。民族主義第六講指示：指南針、印刷術、火藥、茶葉、蠶絲、拱門、吊橋，都是中國人首先發明的，所以恢復中國固有地位，要恢復中國固有能力。

中國除不斷進步外，一向樂於接受外來的文化。趙武靈王胡服騎射，是一個例子；漢武帝效法匈奴，用騎兵作戰，深入匈奴，大獲全勝，也是一個例子。從東漢起，接受印度的佛教，唐代以後，建立中國的佛教。吃的東西，如葡萄、胡豆、胡瓜、胡椒，樂器如胡琴，都是外來的東西。可惜過去在中國四面的國家，文化都不如中國，可以接受的很少。太平天國失敗以後，清廷號稱中興，士大夫多主張中學爲體，西學爲用；這已承認中國的科學不及外國，要採用歐西的科學。康有爲在清末主張變法，除採納外國科學外，還要改革中國的政治，建立君主立憲制度。　中山先生爲改造中國，集合中外古今學說，順應世界潮流，創立三民主義五權憲法。中華民族決不固步自封，抱殘守闕，數千年來都在不斷進步之中。

四、中華民族是勤儉民族

中華民族自有歷史以來，以廣大的自由農民做基礎。自由農民生長在大自然之中，生活簡單而有規律，經驗豐富，個性誠樸，身體結實，工作勤儉，重視道德秩序與傳統文化。家庭教育與社會習慣，都是鼓勵勤儉的。流傳甚廣的朱子治家格言說：「一粥一飯，當思來處不易；半絲半縷，恒念物力維艱。……自奉必須儉約，……居身務期儉樸。」青年守則說：「勤儉爲服務之本。」

中國早已發現同姓結婚其生不繁的優生法則，體質上有高度的氣候適應力。中國人在熱帶，工作能力很高，不害氣候病，而能健康的工作。中國人不僅適應於熱帶氣候，且能適應寒帶氣候。俄國人本來以耐寒著名，但在東部西伯利亞工作的中國人，其耐寒能力，還比俄國人堅強。（註九）

英人葛量洪做過三任香港總督。他退休後訪問美國，紐約工商界的企業家歡迎他演講，他開始便說：「十九世紀屬於我們英國人，二十世紀屬於你們美國人，二十一世紀將屬於他們中國人。」二十一世紀何以屬於中國人呢？他的第一個理由說：「當二十一世紀到來的時候，這一個世界上將有十萬萬個中國人。這十萬萬個中國人的刻苦耐勞，努力奮鬥的精神，遠勝過英國人和美國人。他以海外移民爲例，說明中國移民的偉大。他說世界上的華僑，在清朝和民國初年，從未獲得政府的保護，出國的時候連護照都沒有。他們既沒有移民的計畫，也沒有足夠的川資，隻身到海外去謀生，克勤克儉，在若干年以後，便能掌握當地的經濟權。他以東南亞爲例，說從印尼、馬來西亞、星加坡、泰國、越南、菲律賓，全是如此。他說英美的僑民在政府保護之下，有移民的制度，有最惠的條約，有軍事的支援；但是成效並不如華僑的優異，更不能取得當地人民的合作與信仰。……」他這一篇演講，曾載入美國國會的紀錄。（註一〇）

葛量洪所說的是南洋華僑情形，美國華僑的情形，亦大體相同，不過因人數較少，不能掌握當地經濟權而已。作者曾在美國三年，一九三一年春至美國，任三藩市少年中國晨報主筆，一九三四年春回國。因與華僑相處三年，頗知華僑社會情形。這個時候，正是美國經濟不景氣時期，失業人數衆多，社會秩序不甚良好。但華僑社會並無不安情勢；因爲華僑對來訪親友，常招待吃飯，不能住旅館者，多任其打一地舖，睡於地板上。華僑有這種互助精神，在經濟不景氣之中，極少作奸犯科的紀錄。華僑辛勤工作，自奉甚儉，常將儲蓄款項，滙寄回國。華僑的互助組織，第一是宗親會，如黃氏宗親會，陳氏宗親會等。人數較少之姓，則聯絡數姓爲一宗親會，如劉關張趙四姓，譚談許謝四姓，均聯合爲一宗親會。第二是幫會，美國華僑有六大幫會，如致公堂、秉公堂等。幫會之間，過去常有衝突，發生械鬥；但械鬥結果，雙方常有死傷，且受美國警察之罰款和拘留。於是各幫會協議，組織和平總會，凡有衝突事件，均提請和平總會解決。作者在美三年，未聞有幫會衝突之事。美國華僑勤儉耐勞，互助合作，在加州當時歧視華人之下，仍能生存發展。

中國人勤奮工作，在兩項對外條約中，也可證明。一八六〇年中英北京條約第五款：「清廷准許華民到外洋各地做工，不得禁阻。」同年中法北京條約第九款：「准許華工到法國做工。」一八六〇年以前，清廷用閉關政策，不准國人出國。出國者多係偷渡出境，或被販賣出境；但中國人工作能力，有卓越表現，所以在中英、中法北京條約中，均壓迫清廷，不得禁止華人出國作工。換句話說，就是英法兩國都歡迎華人工作。今天的南洋各地，華僑人數衆多，多是這兩項條約的影響。（註一一）

附註

註一：參閱錢穆著：中國通史上冊第一編第一章。商務印書館印行。

註二：參閱下列書籍：一、柳詒徵著：中國文化史上冊第一編第一章中國人種之起源。正中書局印行。二、李方晨著：中國通史上冊第二章。作者自印。三、傅啓學編著：中國古代外交史料彙編上冊第一編第一章。國立編譯館中華叢書，六十九年九月印行。

註三：見民國十三年九月七日中國國民黨爲九七國恥紀念宣言。

註四：參閱傅啓學編著：中國古代外交史料彙編上冊第四編第二章秦代萬里長城，第五編上篇西漢對匈奴關係，第十一篇第一章唐代對突厥關係。

註五：錢穆著：中國通史上冊三七～三八頁。

註六：柳詒徵：中國文化史上冊緒論。

註七：參閱宋晞論文：中國文化對西方的影響。

註八：參閱胡秋原論文：中國文化對西方的貢獻。

註九：參閱沙學浚論文：中國之永恒價值，三、中華民族之永恒價值，載於中央月刊革新版第一期。

註一〇：參閱何浩若論文：未來的世局與中華民族前途。

註一一：參閱傅啓學編著：中國外交史上冊第四章第四節換約戰爭與北京條約。商務印書館六十八年改訂三版。

第二章　中華民族近代遭受壓迫

明朝末葉政治混亂，內有流寇擾亂，外有滿清侵略。一六四四年流寇李自成攻陷北京，滿清乘機入關。滿清侵佔北方，隨即南下。一六八三年明朝最後根據地——臺灣，被清軍佔領後，明朝滅亡，滿清佔據中國。滿清自乾隆以後，國勢中衰，從一八四〇年起，英、法、俄各國相繼侵略，滿清割地賠款，締結了不平等條約。一八九四年中日甲午之戰，中國失敗，一八九五年締結中日馬關條約，中國國際地位降爲三等弱國。各國見日本以一小國，竟能擊敗中國，於是瓜分中國之說，遂成爲當時的國際問題。此時中國有亡國滅種之憂，所以　中山先生於一八九四年起，爲救中國，開始發動救亡圖存的革命運動。

第一節　外受列強壓迫

一、中國閉關主義被列强打破

十六世紀葡人首先東來，一五五七年正式租借澳門。一五八一年意大利傳教士利瑪竇來中國，此後傳教士相繼東來，中西文化已有溝通可能。一六八九年中俄締結尼布楚條約，係傳教士和荷蘭人居間調停。但一七一七年（康熙五十六年）康熙帝禁止傳教；一七二三年（雍正元年）雍正帝驅逐傳教士出境；一七五七年（乾隆二十三年）乾隆帝實行閉關政策，僅准廣東一口通商。從此，中外隔絕，滿清對歐美此後的進步，毫無所知。

一七五七年以前，中國政治、軍事、文化均不弱於歐美。但歐美之進步，即在中外隔絕後之十八世紀。英國產業革命，開始於一七六九年，美國獨立在一七七六年，法國革命在一七八九年。一八〇七年美人傅爾敦（Robert Fulton）發明輪船，一八一九年輪船第一次橫渡大西洋，一八三八年英美之間開始有輪船定期航行。自輪船為海上交通工具之後，世界形勢大變，英國已成為海上霸主。

一八四〇年鴉片戰爭開始之時，清廷對英國實力，並不明瞭，仍視為一七五七年以前的外夷。戰爭失敗，一八四二年九月七日訂立中英南京條約，割讓香港，賠款二千一百萬元，並開上海、寧波、福州、厦門、廣州五口通商。此時，中國閉關主義開始打破。但中國開放的，僅係長江以南的海口，長江以北海口及長江並未開放。英法聯軍之役，一八五八年清廷被迫簽訂中英、中法、中美、中俄四國天津條約，一八六〇年英法聯軍攻陷北京，清廷被迫簽訂中英、中法、中俄三國北京條約。根據天津條約北京條約，中國北方開天津、牛莊、登州為商埠，長江內陸開鎮江、九江、漢口為商埠，南方海岸增開臺灣、潮州、瓊州為商埠，由五口通商變為十四口通商，中國的閉關主義始澈底打破。

英法聯軍之役，英法各國除獲得不平等條約利益外，英法兩國僅各得賠款八百萬兩，而俄國藉此機會，逼迫中國於一八五八年簽訂中俄瑷琿條約，一八六〇年簽訂中俄北京條約，改變一六八九年中俄尼布楚條約的邊界，以黑龍江及烏蘇里江為兩國邊界；外興安嶺以南、綽爾古納河以東、黑龍江以北、烏蘇里江以東的廣大土地，即較我東北九省還大的土地，竟割讓給俄國。俄國不出一兵，不損一卒，其所侵佔中國之利益，竟比英法兩國所得更大。

二、締結了不平等條約

從一八四二年訂立中英南京條約，到一八六〇年訂立英、法、俄三國北京條約，清廷除割地賠款外，還締結危害中國的不平等條約，中國遭受列強的政治壓迫和經濟壓迫。

第一是協定關稅權。一八四三年中英五口通商章程，對於進出口各貨稅款，規定徵收百分之五。一八五八年中英天津條約，規定進出口稅額，每價百兩徵收五兩，子口稅每百兩征銀二兩五錢；繳納子口稅後的英貨，可以通行全國，其他稅關不得再征稅。清廷與美、法各國訂約，均照英國商定稅額，中國非經各國同意，不得自由增加關稅。這種規定，就是中國關稅不能自主，不能實行保護貿易，一任列強的經濟侵略。

第二是領事裁判權。一八四三年中英五口通商章程規定：英商華民爭訟不息，由雙方官吏會審，各依本國法律治罪。一八四四年中法黃浦條約規定：凡有關佛蘭西人與中國人爭訟事件，佛蘭西人由領事官設法拘拿，迅速訊明，照佛蘭西例治罪。一八五八年中英天津條約規定：英國屬民相涉案件，不論人產，皆歸英官查辦。領事裁判權濫用的結果，不僅在中國的外國人，不受中國法律的管轄；中國人與外國人衝突，也須向外國領事控告，聽任外國領事的裁判。外人在中國的一切不法行爲，可以橫行無忌，中國政府不能加以制裁。這不僅損害中國主權，而且壓迫中國人民。

第三是沿海及內河航行權。一八四三年中英五口通商章程規定：五口各准停泊英國軍艦一隻。一八五八年中英天津條約規定：長江一帶各口，英屬船隻均可通商；又規定：英國軍艦別無他意，或因捕盜駛入中國，無論何口，一切買取食物和淡水，修理船隻，地方官妥為照料。照此規定，英國軍艦商船均可在沿海及有商埠之內河，自由航行或停泊，不受中國之干涉。

第四是利益均沾權。一八四三年中英虎門條約規定：設有新恩施及各國，應許英人一律均沾。一八四四年中美望厦條約規定：如有利益及於各國，合衆國人民應一律均沾，用昭平允。根據這項規定，中國給予任何一國一項利益，各有條約國家，都可同樣享受。

截至一八六〇年為止，除上述不平等條約外，還有海關管理權，是清廷自動送給英國的。民族主義第二講說：「中國在那個時候（註：鴉片戰爭之後），沒有許多現錢來做賠款，就把海關押到英國，讓他們去收稅。當初滿清政府計算，以為要有長久的時間，才可以還清。不料英國人得了海關，自己收稅，不到數年，便把要求的賠款還清了。滿清皇帝才知道清朝的官吏很腐敗，從前徵收關稅，有中飽的毛病；所以就把全國海關，都交給英國人管理，總稅務司也盡派英國人去充當。後來各國因為都有商務的權利，英國人退讓，依各國商務之大小，為用人之比例。所以弄到現在，全國海關都在外人手裡。」

清廷和外國締結的各種不平等條約，不是一次締結，而是逐漸增加。外人可在商埠劃定租界，是在一八七六年的中英烟台條約；外人可在商埠設立工廠，是在一八九五年的中日馬關條約；外人在北京至山海關之間有駐兵權，並規定中國從天津到大沽口不得設防，是在一九〇一年的辛丑條約。

第五是租界。租界名稱，首見於一八七六年的中英烟台條約。太平天國時，戰亂延及上海，滿清官吏逃亡，英美法各國商民居住區域，自行維持秩序，事實上取得當地的行政權和自衛權。戰後清廷不知收回，形成由外人管理的特殊區域。中英烟台條約第十一款規定：「新舊各口岸，除已定有各國租界，應勿庸議。其租界未定各處，應由英國領事官，會同各國領事官，與地方官會商，將洋人居住處所，劃定租界。」過去所謂租界，是事實上形成，並無條約根據。此約簽訂後，各國在通商口岸，均可劃定租界，租界內的主權，中國完全喪失，外國人在中國的勢力，大爲擴張；外國人在中國作奸犯科，有了許多根據地。

第六是在通商口岸設立工廠權。過去與各國所訂條約，各國只能將製好貨物，運入中國銷售，不能在商埠設立工廠。一八九五年中日馬關條約第七條規定：「日本臣民可在中國通商口岸城邑，設立工廠，任便從事各種工藝製造；又得將各種機器，任便裝置進口，只交所定進口稅。」此項條約簽訂後，英美各國根據利益均沾規定，均可在通商口岸設立工廠。凡工廠生產的貨物，與外國輸入的貨物相同，只要繳納百分之五的關稅，和百分之二點五子口稅後，即可銷行全國，不再徵稅。從此，中國工業無法與外貨競爭，不能生存發展，這是最嚴重的經濟壓迫。

中日甲午戰爭，日本以一新興小國，居然擊敗中國，獲得割地賠款。以割地說，係取得臺灣一省和遼東半島。以賠款二萬萬兩說，係中國自一八四二年至一八九四年各種賠款總額之四倍以上。後來俄法德三國干涉還遼，中國以三千萬兩贖回遼東半島。從此中國弱點暴露，降爲三等弱國，各國有瓜分中國的企圖。一八九八年列強租借港灣，畫分勢力範圍，即係作瓜分之準備。各國對中國的壓迫，激起中華人民之反抗，義和團排外運動興起，一九〇〇年有八國聯軍之役，逼迫中國簽訂辛丑條約。

第七是北京至大沽口中國不得設防,各國自北京至山海關之間,各國有駐兵權。辛丑條約規定：一、擴展各國使館界，內設使團管理，並得自行防守，各國得駐兵保護。二、將大沽口炮台及北京至海岸炮台，一律削平，中國不得設防。三、准許各國在豐台、黃村、廊房、揚村、天津、軍糧城、塘沽、唐山、灤州、昌黎、秦皇島、山海關十二處駐兵。照此規定，北京在外人威脅壓迫之下，中國無力可以反抗。這就是中華民國開國時，　中山先生主張遷都南京的一個重大理由。

第八是壓迫中國爲次殖民地。八國聯軍之役，各國鑒於中國軍隊和義和團犧牲奮鬥之精神，知道中國不易統治，當時不敢瓜分中國；遂利用滿清政府，作爲統治中國的工具。辛丑條約第十條規定：「一、永禁或設或入與諸國仇敵之會，違者皆斬。二、各國人民遇害被虐各城，停止文武考試五年。三、各省大吏及有司各官在所屬境內，如再有傷害諸國人民之事，必須立時彈壓懲辦；否則該管之員即行革職，永不敍用。」從此，各國公使團變成滿清政府的太上政府，滿清政府及各地官吏均須保護外人，爲外國人壓制中國人民；中國不僅受種種不平等條約的壓迫，還變成「次殖民地」。

上述不平等條約，領事裁判權、沿海及內河航行權、利益均沾權、租界、駐兵權，是列強對中國的政治壓迫。協定關稅權、商埠設立工廠權，是列強對中國經濟壓迫。此外，外國可在中國設立銀行，發行紙幣，操縱滙兌；外國輪船公司的輪船，在沿海及內河航行，操縱中國水上交通，可以自由規定運費，都屬於經濟壓迫。更嚴重的，是控制滿清政府，壓迫中國人民，不准有仇外的任何行動，一任外人在中國享受種種特權。（註一）

第二節　內受滿清壓迫

明代末葉的邊界，東北只有今之遼寧省，北部以長城爲界，西北則關閉玉門關，事實上放棄今之新疆省。一六四四年滿清入關，經康、雍、乾三朝不斷用兵，外蒙、新疆均入版圖；東北與帝俄訂立中俄尼布楚條約，以外興安嶺綽爾古納河爲界。滿清開國後的努力，使中國版圖擴大，對中國說，是有相當貢獻的。但滿清不以平等對待漢人，甚至變更漢人之髮型與衣冠。漢人在壓迫之下，不斷發生反抗，滿清統治中國二百六十八年，終於在反抗壓迫之怒潮下，被漢人推翻；由滿人統治漢蒙回藏各族的局面，變爲各族一律平等的中華民國。

一、滿清對漢人極不平等

南北朝時，北魏等皆辮髮，故當時南人皆以北人爲「索虜」。滿清入關，乃以薙髮編辮，爲征服漢人之條件；即厲行薙髮令，凡不薙髮者，殺勿赦。滿清征服江南，竟有「留髮不留頭，留頭不留髮」的上諭。滿清這種行動，逼迫漢人均爲「索虜」，引起極大反抗。一六八三年臺灣被征服後，漢人不得已而屈服，但仍是「男降女不降，生降死不降。」即女人仍服明代衣服，男人死葬時仍穿明代衣冠。（註二）

滿清政策，係以滿人統治漢人，有「漢人強，滿洲亡」的觀念，必使漢人柔弱，不能反抗。第一，向漢人灌輸「好漢不當兵」的觀念，但滿人則全部當兵，凡男子成年，即有糧餉。第二，對漢人女子纏足，不加禁阻，而滿人女子則係天足。此種強滿人、弱漢人的政策，一直實行至滿清末年。

爲抑制漢人反滿思想，康雍乾三朝大興文字獄；乾隆時編纂四庫全書，凡有民族思想書籍，均被銷燬。滿漢待遇極不平等，「朝廷大吏參用滿漢，漢人則任重而品低，滿人則位尊而權重，……首相必用滿人，……軍機大臣亦如此。……外官、巡撫以下間用漢人，總督則不多覯也。武官、將軍、都統、副都統以下旗營將官，皆用滿人；提督、總兵以下綠營將官，始參用漢人也。故有清一代，民政財政軍政大權，皆在滿大員手，漢大員僅聽指揮，供奔走之役。……嘉慶平定川、湖、陝教匪之役，戰時鄉勇居前，綠營漢兵次之，旗兵殿後。戰勝，則旗兵受上賞，綠營兵次之，鄉勇不得與。戰死，則旗兵必當具奏，蒙優恤；綠營兵亦須咨部，鄉勇則募人另補，不必上聞。平時餉糈，旗兵最優，綠營兵次之，鄉勇最下。賞罰不公如此，而欲漢人心悅誠服，何可得也。」（註三）

滿清奴役中國，漢人時起反抗，最大一役，爲太平天國一八五〇年的起義。太平天國布告天下檄說：「夫天下者，中國之天下，非滿洲之天下也。……子女玉帛者，中國之子女玉帛，非滿洲之子女玉帛也。慨自明季凌夷，滿奴肆逆，乘釁竊入中國，盜竊神器，……迄今二百餘年，濁亂中國，鉗制兵民，刑禁法維，無所不至，一切英雄豪傑，莫不爲之制，而甘爲之用，是則令人思之痛心，恨之刺骨者矣。……夫滿洲之籠絡漢人，首以官職。爾等試思，凡有美缺要任，皆係滿人補授，而衝繁疲難者，則以漢人當之。……若夫陞遷調除，滿人則通關保薦，各踞顯要；一屬漢人，不遭批駁，即受阻隔，縱使功績赫夷，終亦非賄不行。至兵，則滿兵雙糧，漢兵單餉；一遇戰陣，則漢兵前驅，滿兵殿後。……至於頒賞犒賜，則又滿兵多得，而漢兵無與焉。……爾等何猶昧於事機，而不早自振拔乎！果能棄暗投明，反戈殺賊，愼勿以曾爲滿官，自懷疑懼，及早回首，速出迷津。」（註四）

太平天國一八五〇年起義，一八六四年滅亡。太平天國廢棄髮辮，頭上全部蓄髮，恢復明代衣冠，初起時聲勢甚盛。其滅亡原因有三：第一、洪秀全仍是帝王思想，而所崇奉之天父天兄，旣與耶穌教教義違反，又違反中國傳統思想。第二、定都南京後不久，即發生內亂，天王洪秀全命北王韋昌輝殺東王楊秀清，旋又殺韋昌輝，翼王石達開被排斥出走，太平天國從此不能進展。第三是曾國藩、胡林翼、左宗棠、李鴻章等漢人，協助清廷，與太平天國為敵。

曾、胡、左、李等人，協助清廷，滅亡太平天國，清廷號稱中興。漢人地位已較提高，能任地方之總督巡撫，但清廷滿人統治漢人政策，並未完全改變，所注意者僅在維持滿清之政權，置中國利益於不顧。一八七九年為伊犂問題，左宗棠主戰，李鴻章主和，滿清政府初本主戰，但英將戈登建言，謂與俄國作戰，清廷可能退位，清廷遂召回征服新疆之左宗棠，一意主和。一八九四年中日在朝鮮衝突，李鴻章主和，清廷主戰；但一經戰敗，恐日人進攻天津北京，即一意主和，派李鴻章至日本簽訂喪權辱國的中日馬關條約。

二、一八九五年維新派與革命黨同時興起

一八九五年中日簽訂馬關條約後，滿清腐敗業已暴露，　孫中山領導之革命運動，康有為領導之維新運動，均於是年開始。康有為、梁啓超、譚嗣同等提倡變法維新，本擬擁護滿清。但一八九八年光緒帝用康有為等之建議，改革朝政，僅有百日，慈禧太后及守舊大臣發動政變，拘囚光緒，殺戮譚嗣同等六君子，康有為梁啓超不能不逃亡，雖欲擁護滿清而不可得。曾、胡、左、李等對滿清有大功，而不能改革滿清政治。康、梁、譚等擁護清廷變法，而仍被排斥殺戮。

清廷最荒謬的，是一九〇〇年義和團之役，竟相信義和團刀槍不入，加以利用，殺洋人，焚教堂，圍

攻使館區，事實上與有條約各國一律宣戰。結果，引起八國聯軍之役，一九〇一年締結喪權辱國之辛丑條約，使中國變爲次殖民地。從此，清廷之暴虐無道，已爲多數有識人士所洞悉，深知欲救中國，必先推翻滿清政府。此時，清廷仍視漢人爲奴隸，有「寧贈朋友，勿予家奴」之謬言，這無異侮辱漢人，激起公憤。一九〇二年以後，清廷亦知維新必要，派遣公費學生至海外留學；然參加革命，推翻滿清的主力，多是清廷派遣出國的學生。

辛丑條約以後，多數有識人士始知清廷不可救藥，漸漸參加革命運動。孫文學說第八章有志竟成說：「庚子之役（惠州鄭士良起義），爲予第二次之失敗也。經此失敗而後，回顧中國之人心，已覺與前有別矣。當初次之失敗也（一八九五年廣州第一次起義），舉國輿論莫不目予輩爲亂臣賊子，大逆不道。……惟庚子失敗之後，則鮮聞一般人之惡聲相加，而有識之士且多爲吾人扼腕嘆惜，恨其事之不成矣。……加以八國聯軍之破北京，清帝后之出走，議和之賠款九萬萬兩而後，則清廷之威信已掃地無餘，而人民之生計日蹙，國勢危急，岌岌不可終日，有志之士多起救國之思，而革命風潮自此萌芽矣。」

第三節　解除內外壓迫、中國必須革命

一、中山先生創立革命團體

爲解除內外壓迫，振興中華民族，　中山先生赤手空拳，發動中國革命。一八九四年十一月興中會宣

言說：「中國積弱，非一日矣。上則因循苟且，粉飾虛張；下則蒙昧無知，鮮能遠慮。近之辱國喪師，強藩壓境。堂堂華夏，不齒於鄰邦；文明冠裳，見輕於異族；有志之士，能無撫膺。夫以四百兆蒼生之衆，數萬里土地之饒，固可發憤爲雄，無敵於天下。乃以庸奴誤國，荼毒蒼生，一蹶不興，如斯之極。方今強鄰環列，虎視鷹瞵，……瓜分豆剖，實堪慮於目前。有心人不禁大聲疾呼，亟拯斯民於水火，切扶大厦之將傾。用特集會衆以興中，協賢豪而共濟。……」

「固可發憤爲雄，無敵於天下」的中華民族，竟有被瓜分豆剖的危險，有志之士不能不大聲疾呼，以救中國之危亡。所以　中山先生首舉義旗，組織興中會，「集會衆以興中，協賢豪而共濟。」

一九〇六年中國同盟會軍政府宣言說：「今者國民軍起立軍政府，滌二百六十年之羶腥，復四千年之祖國，謀四萬萬人之福祉，此不獨軍政府責無旁貸，凡我國民皆當引爲己責者也。維我中國開國以來，以中國人治中國，雖間有異族篡據，我祖我宗常能驅逐光復，以貽後人。今漢人倡率義師，殄除胡虜，此爲上繼先人遺烈，大義所在，凡我漢人，當無不曉然。惟前代革命，如有明及太平天國，只以驅逐光復自任，此外無所轉移。在我等今日，與前代殊，於驅逐韃虜，恢復中華之外，國體民生，尚當變更。……故前代爲英雄革命，今日爲國民革命。所謂國民革命者，一國之人皆有自由、平等、博愛之精神，即皆負革命之責任，本軍政府特爲其機樞而已。……」

二、鄒容、陳天華兩烈士大聲疾呼

一九〇五年中國同盟會成立後，革命運動一日千里。當時最有力的宣傳品，爲鄒容先烈所著之「革命軍」，陳天華先烈所著之「警世鐘」「猛回頭」和「獅子吼」。兩位先烈之著作，慷慨激昂，有血有淚，說明救中國必先倒滿清的道理。凡得讀其著作者，無不悲憤振作，以推翻清廷爲快。

鄒容先烈所著革命軍第二章說：「……吾讀揚州十日記，嘉定三屠記，吾未盡，吾幾不知流涕之自出也。……主人之轉賣其奴也，尙問其願與不願。今以我之土地送人，並不問之，而私相授受。……若臺灣，若香港，……於未割讓之先，於旣割讓之後，從未聞有一紙公文，布告天下。我同胞其自認爲奴乎？吾不得而知之。此滿洲人大忠臣榮祿，所以有『與其授家奴，不如贈朋友』之言也。……我同胞處今之世，立今之日，內受滿洲之壓制，外受列國之驅迫，內憂外患，兩相刺激，十年滅國，百年滅種，其信然夫！然達人有言曰：欲禦外侮，先淸內患。……忍令上國衣冠淪於夷狄，相率中原豪傑還我河山。我同胞其有是志也夫！」（註五）

陳天華先烈警世鐘說：「噯呀！噯呀！來了！來了！甚麼來了？洋人來了！洋人來了！大家……從今以後，都在那洋人畜圈裡的牛羊，鍋子裡的魚肉。……大好江山，變做了犬羊的世界；神明貴種，淪落爲最下的奴才。……恨呀！恨呀！恨呀！恨的是滿洲政府，不早變法！你看洋人這麼樣強，這麼樣富，難道是生來是這麼樣嗎？他們都是從二百年來做出來的。……可恨滿洲政府，抱定一個漢人強滿洲亡的宗旨，死死不肯變法。到了戊戌年，才有新機；又把新政推翻，把那些維新的志士，殺的殺，逐的逐，只要保全他滿人的勢力，不管漢人的死活。……到了今日，中國的病，遂成了不治之症。我漢人本有做世界主人翁的勢力，活活被滿洲殘害，弄到這步田地，亡國滅種，就在眼前，你道可恨不可恨呢？……恨的是頑固黨遇事阻撓，以私害公，我不曉得頑固黨是何居心？明明足以利國利民的政事，他偏偏要出來阻撓。我以爲他不講洋務，一定是很恨洋人的。那裏曉得他見了洋人，猶如鼠子見了貓一般，骨都軟了；洋人說一句，他就依一句。平日口口聲聲說，製造不要設，輪船鐵路不要修；洋人所造的洋貨，他倒喜歡用；洋人所修的輪船火車，他偏偏要坐。到了於今，他寧可把理財權、練兵權、教育權，拱手讓把洋人。……怎奈他拿定寧以天下送之朋友，不以天下送之奴隸的主見，任你口說出血來，他總是不理。……須知國家是人人有份的，萬不可絲毫不管。……古來的陋儒，不說忠國，只說忠君；那做皇帝的，也就把國度據爲他一己的私產，逼那人民忠他一人。……因爲這國家，斷斷是公共的產業。有人侵佔我的國家，即是侵佔我的產業；有人盜賣我的國家，即是盜賣我的產業。人來侵佔我的產業，盜賣我的產業，大家都不出來拼命，這也不算是一個人了。」（註六）

鄒容烈士、陳天華烈士都指出滿清政府「漢人強滿洲亡」的觀念，在列強侵略中國的時候，仍不願與漢人合作，共同禦侮，甚至謂「與其授家奴，不如贈朋友」，仍視漢人爲奴隸。所以要抵禦列強侵略，非先推翻滿清政府不可。

滿清政府推翻之後，漢人與滿人應平等合作，決不仇視滿人。　中山先生一九〇六年演講三民主義與中國民族之前途說：「……民族主義，並非是遇著不同種的人，便要排斥他；而是不許那不同族的人，來奪我民族的政權。……兄弟曾聽見人說：民族革命，是要盡滅滿洲民族，這話大錯。民族革命的原故，是不甘心滿洲人滅我們的國，主我們的政，定要撲滅他的政府，光復我們民族的國家。……他們當初滅漢族的時候，城攻破了，還要大殺十日，才肯封刀。這不是人類所爲，我們決不如此。……」

附註

註一：本節資料，參閱傅啓學編著：中國外交史上册有關各項條約。

註二：參閱開國五十年文獻第一編第一册第一章，3、薙髮與抗清。中華民國五十年文獻編纂委員會五十二年出版。

註三：前引第一册第四章，㈣、滿漢待遇之不平，五四八～五五一頁。

註四：前引書第一編第二册第五章，㈢、太平天國，五五六～五五八頁。

註五：鄒容著：革命軍，第二章革命之原因。載於革命先烈先進詩文選集第一册，中華民國各界紀念　國父百年誕辰紀念委員會五十四年十一月出版。

註六：前引書第一册，陳天華著：警世鐘，二五頁～三八頁。

第三章　民族主義的意義和步驟

第一節　民族主義的意義

民族是由血統、語言、文字、生活、宗教、風俗習慣相同的人羣造成的；換句話說，民族是由自然力造成的。但有了民族，不一定就有民族主義。民族主義的產生，是在一個民族遭遇外患的時候，爲保衛生存，不能不互助團結，外禦強敵。一個民族在團結禦侮的時候，有甘苦共嘗，生死與共的意識。這種團結禦侮的情緒，同甘共苦的意識，遂產生民族主義。

中國爲甚麼要提倡民族主義呢？民族主義第一講說：「我們鑒於古今民族生存的道理，要救中國，想中華民族永遠存在，必要提倡民族主義。……我們這種民族，處於現在世界上，是甚麼地位呢？用世界上各民族的人數比較起來，我們人數最多，民族最大，文明教化有四千多年，也應該和歐美各國並駕齊驅。但是中國人，只有家族和宗族的團體，沒有民族的精神；所以雖有四萬萬人結合成一中國，實在是一片散沙，……處國際中最低下的地位。……如果再不留心提倡民族主義，結合四萬萬人成一堅固的民族，中國便有亡國滅種之憂。我們要挽救這種危亡，便要提倡民族主義，用民族精神來救國。」

我們要用民族精神來救國，甚麼是民族精神呢？就是爲保衞民族而犧牲奮鬥的精神。中國被滿淸統治後，壓迫中國民族思想，使中國有最大民族而無民族主義。民族主義第一講敍述當時的情形說：「一般人民只有家族主義和宗族主義，沒有國族主義。中國人對家族和宗族的團結力，非常強大，往往為保護宗族起見，寧肯犧牲身家性命。……至於說到對於國家，從沒有一次具強大的精神去犧牲的。所以中國人的團結力，只能及於宗族而止，還沒有擴張到國家。」　先生主張擴張宗族主義為國族主義，就是將中國人為宗族犧牲奮鬥的精神，轉變而為國家犧牲奮鬥。

中國除漢族外，尚有滿、蒙、回、藏等少數民族，如何團結國內各民族，成為一中華民族呢？民國八年手撰本三民主義說：「民族主義之範圍，有以血統宗教為歸者，有以歷史習尚為歸者，語言文字為歸者。……然而最文明高尚之民族主義範圍，則以意志為歸者也。如瑞士之民族，則合日耳曼、義大利、法蘭西三國之人士而成者也。……此民族之意志，為共圖直接民權之發展，是有以異其本來之日、義、法三民族也。又美利堅之民族，乃合歐洲之各種族，而鎔冶為一爐者也。自放黑奴之後，則吸收數百萬非洲之黑種而同化之，成為世界一最進步最偉大最富強之民族。……夫漢族光復，滿清傾覆，不過只達民族主義之一消極目的而已。從此當努力猛進，以達民族主義之積極目的也。此積極目的為何？即漢族當犧牲其血統、歷史、與夫自尊自大之名稱，而與滿蒙回藏之人民相見以誠，合為一爐而冶之，以造成一中華民族之新主義，如美利堅之合黑白數十種之人民，而冶成一世界之冠之美利堅民族主義，斯為積極之目的也。」

民族主義之積極目的，在團結國內各民族，造成一中華民族。如何使國內各民族一致團結呢？　先生所撰中國革命史說：「蓋民族思想，實為吾先民所遺留，初無待於外鑠者也。余之民族主義，特就先民所遺留者，發揚而光大之，且改良其缺點，對於滿洲，不以復仇為事，而務與之平等共處於中國之內，此為以民族主義對國內諸民族也。對於世界諸民族，務保持吾民族之獨立地位，發揚吾固有之文化，且吸世界之文化而光大之，以期與諸民族並驅於世界，以馴致於大同，此爲以民族主義對世界之諸民族也。」又說：「國民黨之民族主義有兩方面之意義，一則中華民族自求解放，二則中國境內各民族一律平等。」（註一）中國境內人數最多之漢族，不自居於優越之地位，與國內各民族一律平等，即可鎔冶各民族，造成一偉大的中華民族。

由上引遺敎，可知民族主義的意義有三：一、發揚民族精神，實現中國國際地位的平等。二、國內各民族一律平等，鎔冶爲一中華民族。三、世界各民族一律平等，中華民族願與各民族「並驅」於世界。概括言之，民族主義是實現民族平等的主義。

第二節　民族主義的步驟

過去盛行的見解，以爲三民主義是以博愛爲起點，救國爲過程，救世爲終點。（註二）這種見解，是注重救世，與民族主義的步驟，不盡符合。　中山先生明白指示，三民主義是救國主義。　先生的大同思想，是在救世；但同時明確指示，須在中國恢復頭一等地位之後，才能有救世的力量。所以民族主義的起點是救國，終點是救世。至於救國救世的動機，都由於博愛，是決無疑義的。

一、第一步先要救國

先生一生的奮鬥，就是在救國。中國近百年來，受列強人口、政治和經濟的壓迫。民族主義第二講說：「我們是同時受這三種力的壓迫，如果再沒有辦法，無論中國領土是怎樣大，人口是怎樣多，百年之後，一定要亡國滅種的。」中國在被壓迫的情形下，只能提倡民族主義，不能提倡世界主義。換句話說，先要救國，不必空言救世。民族主義第三講說：「英、俄兩國發生出了一個新思想，……是反對民族主義的思想。這種思想說民族主義是狹隘的，不是寬大的。……世界上的國家，拿帝國主義把人征服了，要想保全他們特殊的地位，做全世界的主人翁，便要提倡世界主義，要全世界都服從。」民族主義第四講說：「這種道理，不是受屈民族所應該講的。我們是受屈民族，必先要把我們民族自由平等的地位恢復起來之後，才配去講世界主義。……至於歐洲人現在所講的世界主義，其實就是有強權無公理的主義。英國話所說的武力就是公理，就是以打得勝的爲有道理。中國人的心理，向來不以打勝爲然，以講打的就是野蠻。這種不講打的好道德，就是世界主義的眞精神。我們要保守這種精神，擴充這種精神，是用甚麼做基礎呢？是用民族主義做基礎。……所謂欲平天下者先治其國，然後再去講世界主義，乃有實際。」

先生並不反對世界主義，是反對英俄兩國借世界主義之名，行侵略主義之實。他們所講的世界主義，是有強權無公理的主義，受屈民族絕對不能接受的。受屈民族必先提倡民族主義，實現國際地位平等，才有資格去講世界主義。

中國恢復民族主義，中國可以生存，還沒有力量去救世。中國還要恢復固有道德、知識和能力，並迎頭趕上外國科學，才能恢復過去頭一等的地位。這個時候，救國工作完成，才可以進一步去救世。

二、第二步始在救世

「海斯（C.F.H. Hayes）教授在其族國主義論叢中云：族國主義，本身是帝國主義之破壞者，却又成為新起龐大帝國主義之孕育者與鼓勵者。海斯此一判斷，確為專心研究族國主義和帝國主義者共同承認。」（註三）歐洲的族國主義常演變為帝國主義， 中山先生的民族主義，是不是也有這種流弊呢？絕對沒有這種流弊；因為民族主義淵源於中國的恕道，決不將曾經受過的痛苦，加諸於其他民族。民族主義第六講說：「我們不但要恢復民族的地位，還要對世界負一個大責任。如果中國不能夠擔負這個責任，那麼中國強盛了，對於世界沒有大利，便有大害。中國對於世界要負甚麼責任呢？現在列強所走的路是滅人國家的。如果中國強盛起來，也要去滅人國家，……便是蹈他們的覆轍。所以我們要先決定一種政策，要濟弱扶傾，才是盡我們民族的天職。……如果全國人民都立定這個志願，中國民族才可以發達；若不立定這個志願，中國民族就沒有希望。」中國民族在沒有發達之先，就要立定濟弱扶傾的志願。中國民族地位恢復之後，實行濟弱扶傾政策，「用四萬萬人的力量，為世界人類去打不平。」所以民族主義對於世界就有大利，決不會有歐洲族國主義的流弊。

中國民族為世界人類去打不平，不是用武力來壓迫人，而是用公理來感化人。 先生在大亞洲主義說：「東方的文化是王道，西方的文化是霸道。講王道是主張仁義道德，講霸道是用功利強權。講仁義道德，是用正義公理來感化人；講功利強權，是用洋槍大炮來壓迫人。……我們的大亞洲主義，應該用甚麼做基礎呢？就應該用我們固有的文化為基礎。」民族主義以中國固有的王道文化為基礎，更不會蹈歐洲族國主義的覆轍。

中山先生救世的途徑，第一步實現世界各民族的平等，第二步由各民族平等的聯合，組成一世界國。民國元年演講五族協力以謀全世界全人類之利益說：「原夫國之所由成，成於團體。自有人類，即有團體。隨世運之轉變，小團體併而爲大團體。蒙昧之世，小國林立，以千萬計。今則世界強國，大國僅六七耳。由此更進，安知此六七大國，不更進而爲世界大國！此即大同之世也。欲泯除國界，而進於大同，其道非易；必使人人尚道德，明公理，庶可致之。」

　先生對於國家觀念，不像無政府主義者的見解，認爲國家代表權力，權力就是罪惡，應當廢棄；更不像馬克思主義者的見解，認爲國家是階級壓迫階級的工具，階級消滅之後，會自然萎謝。　先生認爲國家是互助之體。由歷史的事實觀察，國家是漸漸擴大的，將來人類道德進步，必可建立一世界國，以謀人類的幸福。世界國的建立，不是用武力強迫的方法，而是用和平聯合的方法。過去國家的擴大，多是用武力征服。近代文明進步，已有用和平聯合方法，擴大國家的事實。美國是五十邦聯合，造成強大的美國；瑞士是二十二邦聯合，造成文明的瑞士。所以用和平聯合的方法，建立一世界國，在不遠的將來，一定有成功的希望。這是中華民族地位恢復以後，對於世界應當負擔的大責任。所以　先生救世的志願，不僅是偉大崇高的理想，而且有切實可行的辦法。

附註

註一：民國十三年第一次全國代表大會宣言；二、國民黨之主義。

註二：戴季陶先生所著孫文主義之哲學的基礎，解釋三民主義，係以博愛爲起點，救國爲過程，以救世爲終點。胡漢民先生所著三民主義的連環性，有同樣見解。

註三：浦薛鳳編著：現代西洋政治思潮第三章、族國主義與帝國主義，一六五～一六六頁。正中書局六十五年十一月臺六版。

第四章　中國已解除壓迫，進爲一等強國

清代的歷史，是締結不平等條約的歷史；民國的歷史，是廢除不平等條約的歷史。　孫中山先生、蔣介石先生先後領導革命，中國所受的三種壓迫，不僅完全解除，且已恢復中華民族的地位。

第一節　民國建立、瓜分中國之論平息

中日甲午戰爭，中國敗於新興小國日本，屈辱的割地賠款，淪爲三等弱國。列強見於中國衰弱，遂有瓜分中國之說；如何瓜分中國，成爲當時外人討論的問題。一八九八年列強租借港灣，畫分勢力範圍，係作瓜分中國之準備。一九〇〇年義和團之役，八國聯軍佔領北京，滿清帝后逃亡，列強似可瓜分中國。但中國軍隊和義和團奮戰精神，使列強知中國不可侮，因此不敢瓜分中國，利用滿清政府統治中國，使中國淪爲次殖民地。

一九〇一年以後，保皇黨在海外與革命黨鬥爭，康有爲、梁啓超等以「革命召瓜分」爲理由，主張保皇，反對革命。　中山先生、胡漢民等予以駁斥，確認要避免瓜分，只有革命。一九一一年十月十日武昌起義，各省紛紛響應。一九一二年一月一日中華民國建立，不僅推翻佔據中國二百六十八年的滿清政府，且

推翻中國三千年來的專制制度。列強鑒於中國民族思想興起，瓜分中國之論，始完全平息。

第二節　愛國禦侮思想流行

推翻滿清之後，中國民族思想盛行，不甘受列強的壓迫，愛國禦侮思想，普及於全中國。截至民國十四年爲止，有三次熱烈的愛國運動。

第一次是民國四年的五九國恥運動，反對日本壓迫中國。民國三年日本對德宣戰，侵佔膠州灣及膠濟鐵路後，提出二十一條要求，壓迫中國承認。民國四年五月七日向中國提出最後通牒，五月九日袁世凱政府屈服。消息傳播，全國憤怒，各地學生一致奮起，遊行示威，抵制日貨，並定五月九日爲國恥日。每年各地均開會紀念，誓雪國恥；直至民國二十六年對日抗戰後，才不再紀念此國恥日。

第二次是民國八年的五四運動。民國六年中國對德宣戰，七年十一月十一日德國投降。八年初開巴黎和會，討論對德和約。照理，德國在中國侵佔之膠州灣及膠濟鐵路，應當歸還中國。但巴黎和會決定，不交還中國，而送給日本。消息傳來，人心大憤，北京大學學生於五月四日集會，反對日本侵佔中國領土，攻擊巴黎和會毫無正義。口號是內除國賊，外抗強權。全國各界聞風響應，造成轟轟烈烈的五四運動。結果，中國拒簽巴黎和約。民國十年華盛頓會議，中國能收回膠州灣及膠濟鐵路。

第三次是民國十四年的五卅運動。根據中日馬關條約，日本得在中國商埠設立工廠。十四年五月日本上海紗廠打死中國工人一人，卅日上海學生在公共租界抗議示威，英國巡捕開槍，打死中國學生數人。卅一日北京大學學生首先聲援，召集全體學生大會，決議罷課抗議。北京各校學生羣起響應，六月三日示威遊行，有三萬餘人參加；是日適逢大雨，男女學生無一人退縮，在大雨中憤怒呼號，場面極爲感人，口號是廢除不平等條約，打倒英國帝國主義。全國各界一致奮起，抵制英貨。此次運動的結果，是英國允諾懲凶賠償。當時侵略中國的主力是英國，中國抵制英貨，首先對中國讓步的，也是英國。十五年至十六年，英國交還漢口、九江、鎭江英租界；十七年承認中國關稅自主，十八年交還威海衞，並將未付之庚子賠款交還中國。英國對中國不斷讓步，排英運動始漸平息。此次運動後，廢除不平等條約運動，普遍於全國。先總統　蔣公民國十五年北伐，十七年統一中國，即因此次運動有了社會的基礎。

第三節　民國十七年中國地位提高

中國朝野在禦侮愛國潮流之下，均主張廢除不平等條約，以求中國之自由平等。民國十年簽訂中德條約，係中國締結的第一個平等條約。民國十三年簽訂中俄協定，係中國簽訂的第二個平等條約。民國十四年簽訂中奧通商條約，是中國簽訂的第三個平等條約。是時，德奧兩國係戰敗國，蘇俄曾向德國投降，國勢衰弱；所以在締結新約時，中國能將過去不平等條約取消，重新訂立平等條約。查庚子賠款，俄國得百分之二十九，德國得百分之二十，訂立新約以前，中國已將未付之德、俄庚子賠款一筆勾消，減少了中國的經濟壓迫。

民國十五年七月九日先總統　蔣公誓師北伐，十七年十二月統一中國。阻撓中國北伐的日本首相田中義一，鑒於中國革命潮流之不可抗，不敢有侵略行動；十八年七月宣布下野，由民政黨組閣，改變田中的侵略政策，實行對華親善的幣原外交。十七年七月廿五日美國放棄協定關稅之權利，與中國簽訂關稅條約，承認中國關稅自主。英法各國相繼與我國簽訂關稅條約，唯一採用拖延政策的，僅有田中主持下的日本。田中下臺後，民國十九年日本承認中國關稅自主。從一八四二年起束縛中國的協定關稅，於一九二八年廢除，中國的國際地位，已顯著提高。

不平等條約最危害中國的，是協定關稅和領事裁判權。協定關稅取消後，我國與各國進行廢除領事裁判權的交涉，各國均表示贊同。但十八年三月以後，李宗仁、馮玉祥等相繼叛變，中國發生內亂，各國遂採拖延政策，談判未獲具體結果。我國以各國存心拖延，於二十年初宣布自行廢除領事裁判權，於二十一年起開始實行。但二十年九月十八日，日本侵佔我國東北，我國忙於應付日本侵略，不能不宣布延期實行。

第四節　民國三十二年中國進爲一等強國

日本軍閥昧於世界大勢，不明中國情形，二十年「九一八」後，繼續不斷對中國侵略。二十六年七七事變，中國忍無可忍，奮起抵抗，開始了八年的中日血戰。戰爭初起時，日本以爲三個月內，即可征服中國。英美兩國駐華公使均以戰爭於中國不利，勸告中國避免戰爭；並謂不幸戰爭發生，英美均將宣布中立，這無異表示英美不能援助中國。但中國民情激昂，一致主戰，在先總統　蔣公領導之下，決定長期抗戰，準備十年作戰計畫，雖知戰爭開始期間，中國一定失敗；但決定「以空間換時間」，使日本陷入中國泥淖，並決定在戰爭期間決不與日本講和。中國抗戰不屈，前線將士寧可殉國，決不投降，這不僅使日本驚懼，且出於英美人士意料之外。中國繼續戰爭，將士艱苦奮鬥，歐美人士均欽佩中國將士的英勇，中國國際地位無形提高。

二十九年歐洲戰場，德國大勝，法國投降，德國即將侵入英國。英國首相邱吉爾上台，鼓勵英人作戰，提出效法中國（Follow China）的口號。三十年六月二十二日德國進攻蘇俄，十月包圍莫斯科，史大林為鼓勵俄人作戰，也提出效法中國的口號。（註一）由此，可知中國英勇抗戰的精神，對世界有極大影響。

三十年德國進攻蘇俄後，日本欲擺脫中國戰場，表示願與中國締結光榮和平條約。英、美、俄三國均恐中國與日本講和，極力鼓勵中國作戰，稱譽中華民族為「英勇抗戰的民族」「不屈不撓的民族」。英美並與中國換文，戰後取消一切不平等條約。

三十年十二月八日，日本偷襲珍珠港，英美與日本宣戰，日本在三個月內攻下香港、新加坡、馬來西亞、印尼、菲律賓、和緬甸。英美在亞洲失敗之後，始知中國戰爭的艱苦和中國軍隊之英勇。三十一年雙十節表示對中國友好，願即放棄一切不平等條約。三十二年一月十一日簽訂中英新約、中美新約。束縛中國一百年的不平等條約，終於在抗戰期間完全廢除。查可阻礙中國廢除不平等條約的國家，是英、美、日、俄、德、法六國。德國在民國十年，蘇俄在民國十三年，均與中國締結平等條約。三十年十二月九日我國對日本宣戰，已將中日間一切條約廢除。三十二年一月十一日中英、中美新約，廢止過去享受特權，簽訂平等新約。法國是時向德國投降，廢除自無問題。所以三十二年一月十一日，是中國廢除不平等條約的光榮紀念日。

三十二年中國國際地位已與英、美、俄三國平等。是年十月中英美蘇四強莫斯科宣言，十一月中、英、美三強開羅宣言，是中國晉為一等強國的證明。（註二）中國此時不僅廢除了不平等條約，且進為世界一等強國。三十四年五月聯合國在美國舊金山開第一次大會，中國與英、美、蘇三國同為常任理事國，中國一等強國的地位，已為世界各國公認。

中國晉為一等強國，尚有兩種文獻可以證明。第一，美國一九四九年發表對華白皮書，在第一章末段，說明美國在一九四三年，兩度承認中國是世界一等強國。（註三）第二，日本外相重光葵在所著昭和之動亂一書內稱，中國在一九四三年，已入於世界一等強國之林。（註四）中國晉入一等強國之後六年，大陸才淪陷的。中國廢除不平等條約，晉為世界一等強國，是　孫中山先生、　蔣介石先生先後領導革命，全國軍民苦鬥的成果；與中國共產黨毫無關係，這是我們要明白認識的。

關於人口問題，根據聯合國經社理事會，研究世界人口的正式報告，一八六〇年全球人口，大約是十二億五千萬。是時，中國人口已有四億，佔全球人口三分之一弱。一九二四年　中山先生演講民族主義時，全球人口增為十六億，中國人口仍是四億，或少於四億，僅佔全球人口四分之一。若照此比例，各國人口增加，中國人口不增加，中國人口將變為少數，百年之後，將有人口壓迫的危機。聯合國總部一九六四年八月發表一九六三年世界人口調查，謂地球上五個人中，至少有一個是中國人。一九六三年中國人口，僅佔全球人口五分之一，可知中國人口增加，不如各國人口增加之快。（註五）

中國人口近四十年來，有顯著的增加。一九五〇年臺灣人口是六百萬，一九八三年已增為一千八百萬。同一期間，海外華僑由一千二百萬，增為二千四百萬；大陸人口由四億五千萬，增為九億。中國人口現在約有十億，佔全球人口五分之一強。五十年前中國人口壽命，因幼兒死亡率高，平均只有三十歲；現在平均壽命，大體已在六十五歲以上。中國六十年前，有人口壓迫的危險，現在業已完全解除。現在中國應注意的，不是量的增加，而是質的提高；對於兒童的生育、養育、教育，均應特別注意，務使下一代的中國人民，更優秀，更健康。

六十年前　中山先生演講民族主義時，中國所受的人口、政治、經濟三種壓迫，現在不僅均已解除，且已進爲一等強國。但中國對於科學，仍不及歐美的發達；中國應即時努力，恢復固有道德、知識和能力，迎頭趕上外國科學，才能確實的恢復中國過去的光榮地位。

附　註

註一：邱吉爾、史大林先後提出效法中國的口號，是時作者任貴陽大夏大學教授兼訓導長，在朝會演講時，曾再三引述，鼓舞士氣。查閱當時重慶中央日報、貴陽中央日報或美國紐約時報，均可查出。

註二：傅啓學編著：中國外交史下冊第十五章第三節。商務印書館六十一年四月改訂一版。

註三：美國一九四九年對華白皮書，我國外交部中文譯本，見譯本三～十頁。

註四：重光葵曾任日本駐華代理公使，戰後任日本外相，所著昭和之動亂一書，臺北香港均有中譯本，但僅譯與中國有關部分。

註五：參閱楊希震輯：國父思想第二編第二章、三、中國的人口問題。中央文物供應社經銷。

第五章　民族主義的外交政策

民族主義是中國立國方針，是中國外交原則。中國的外交政策，必須根據民族主義的原則。民族主義的步驟，分爲救國和救世兩時期；這兩個時期的外交政策，有相同的，也有不相同的。現根據有關遺敎，說明這兩個時期相同的外交政策，和不相同的外交政策。

第一節　一般外交政策

一、應有獨立不撓的精神

中山先生在中國存亡問題第十章說：「一國……存在之根據，無不在其國家及其國民獨立不撓之精神；其國不可以利誘，不可以勢刼，而後可以自存於世界。即令摧敗，旋可復立。不然者，雖號獨立，其亡可指日而待也。……須知國家之受損害，有時而可以回復。若國家之行動爲人所迫害，不謀抵抗，則其立國之精神旣失矣，雖得大利，亦何以爲。……夫戰不可必其勝，守不可必其完。然於不勝不完之餘，使彼勝於兵而工略地者，不能奪其志，則人亦將逆知其志之不可奪，而不以無理淩之。故不勝於戰而兵不折，不堅於守而地不奪。中國將欲於此危疑之交，免滅亡之患，亦惟有自存其獨立不撓之精神而已。」

獨立不撓精神，是爲國家永久生存打算，不能因利誘勢刼，喪失國家的意志。亦不可依賴友邦，俯仰由人。　先生在中國存亡問題一書中，指示美國可爲中國之友，但同時以高麗之滅亡爲例，說明美可爲友，但不可恃。一個獨立國家，不應貪圖近利，爲利所誘；不應畏懼暴力，爲威所脅；更不應依賴友邦，任人支配。這種獨立不撓的精神，是堅持正義立場，使國家永久適存於世界。救國時期應堅持此種立場，救世時期，更應堅持此種立場。

二、應與利害相關國家合作

先生民國二年在日本東京演講學生須以革命精神努力學問說：「大凡立國，必須與利害相關之國，携手進行，方能進步。利害不相關之國，縱彼欲與我相親，我亦不能與之親近的。」中國存亡問題第九章說：「凡論一國之事，當就其利害之端不可移易者，以爲基礎，而爲之想像其所取之策，孰爲最宜。因之可以決本國之趨勢，不能徒聽諸感情。」

在競爭之世，國際間關係，多是講利害，很少講道義的。利害不同的國家，一遇事變發生，常爲其利害打算，不能繼續合作；縱講親善，也是貌和神離。利害衝突國家，更無法可以合作。惟有利害相同的國家，在道義上可以互相合作，在利害上可以互相支援。所以一個國家在競爭之世，必須認淸敵友。利害相同的國家，始可爲友。誤認敵爲友，或誤認友爲敵，均屬大錯。

三、擇不損人而利己之道行之

中國存亡問題第一章說：「兩國之相遇，猶二人之相處。其間之行動，固有損己始能益人者，亦有不必損人而益己者。擇其不損人而益己之道行之，則外交手段，可以畢其事。若必損人以求益己，自然陷入戰爭。然而戰爭勝時所得，尚恐不償所失；戰爭而敗，則尤不堪矣。」

兩國交涉，雙方共利，國交自可增進。若必損人利己，被損的國家必心懷怨恨，企圖報復，衝突自難避免。所以立國之道，不能只顧一時利益，招致將來禍害。損己於國不利，損人增加仇恨，兩者均非常道。不損人而利己，雙方不僅避免衝突，且可增加友誼。至於如何做到不損人而利己，則有賴於外交家的智慧權謀。

四、應有公正的態度

民國十一年八月九日對幕僚談話說：「英國外交則專重利害，惟其主張平正不偏，又能識別是非，主持公理。故其對外態度，皆不失其大國之風。吾國建設，當以英國公正之態度模範，以樹吾國千百年永久之計。」

國家在外交上，不能不權衡利害得失；但不能專講利害，而失去公正立場。若僅顧一時利害，損人利己，將增加國際間的糾紛，造成本國將來的隱患。爲處理國際問題，維護世界和平，必力持公正態度。公正態度就是主持正義，濟弱扶傾，決不走帝國主義的道路。中國在救國時期，雖無力量解決國際糾紛，應力持公正立場，聲援被侵略民族。在救世時期，中國已恢復頭一等的地位，已有力量影響國際問題，更應明辨是非，主持公理，爲被壓迫民族打不平。中國力持公正態度，樹立千百年永久之計，才可促進世界國之成立，共謀人類之幸福。

第二節　救國時期外交政策

一、廢除不平等條約

民族主義第一目標，在求中國國際地位的平等。要求國際地位平等，必先廢除束縛中國的不平等條約。中國自一八四二年與英國締結中英南京條約，一八六〇年締中英、中法、中俄北京條約後，外國在中國享受的特權，有領事裁判權、協定關稅權、沿海及內河航行權、和利益均沾權。一八七六年中英烟台條約，外國在中國商埠有設立租界權。一八九五年中日馬關條約，外國在中國商埠有設立工廠權。一八九八年德國強租膠州灣，俄國強租旅順、大連灣，英國強租威海衞，法國強租廣州灣。一九〇一年北京辛丑條約，外國享有自北京至山海關十二處的駐兵權。中國在這種種不平等條約束縛之下，已淪爲次殖民地。爲謀中國的獨立自由，必先廢除不平等條約。　中山先生在遺囑昭示，中國須於最短期間廢除不平等條約。民國十三年中國國民黨第一次全國代表大會宣言第一條說：「一切不平等條約，如外人租借地、領事裁判權、外人管理關稅權，以及外人在中國境內行使一切政治的權力，侵害中國主權者，皆當取消，重訂雙方平等互尊主權之條約。」

廢除不平等條約，是中國全國一致的要求。民國十年中德條約，是德國戰敗後與中國訂立的條約，是第一個平等條約。民國十三年中俄協定，是俄國衰弱時與中國訂立的條約，是第二個平等條約。民國十七年中國統一，與美、英、法各國締結關稅條約，取消協定關稅，承認中國關稅自主。民國三十二年一月中美、中英締結新約，英美兩國放棄在華一切特權。束縛中國一百年的不平等條約，已於民國三十二年廢止。

二、聯合以平等待我民族

中國為爭取獨立自由，必須分清敵友。何種國家是中國之友呢？不在中國要求特權，以平等待我之國家，才是中國可以聯合的朋友。中國國民黨第一次全國代表大會宣言對外政策第二條說：「凡自願放棄一切特權之國家，及廢止破壞中國主權之條約者，中國將認為最惠國。」所以偽示友好，不願放棄在中國特權者，自然不是中國之友。表面親善，暗中企圖侵害中國者，更不是中國之友。

第三節　救世時期外交政策

一、實行濟弱扶傾

民族主義第六講指示，在中國還未強盛時候，先要立定濟弱扶傾的志願。因為中國未強盛前，若講濟弱扶傾，不過等於空談；必待中國強盛之後，才有力量實行。　先生說：「我們今日在沒有發達之先，立定濟弱扶傾的志願。將來到了強盛的時候，想到今日身受過了列強政治經濟壓迫的痛苦；將來弱小民族如果也受這種痛苦，我們便要把那些帝國主義都來消滅，那才算是治國平天下。」

中國恢復頭一等的地位，力量將十倍於當時的日本，這時中國對於世界，沒有大利，便有大害。要對世界有大利，就不能蹈帝國主義者的覆轍，一定要濟弱扶傾。我們不將受過的痛苦，加諸於其他弱小民族，這就是孔子的恕道，己所不欲，勿施於人。濟弱扶傾政策，就是扶助弱小民族，不受帝國主義者的壓迫。

二、實現民族平等

十九世紀以來，白種民族自視爲優秀民族，視有色人種爲劣等民族；甚至認爲統治亞非兩洲，是白種人的負擔。一九一九年巴黎和會時，日本曾提出種族平等案，但係要挾英美法各國承認其在山東的特權。日本達到要挾條件，即不再堅持，自動撤回。民族主義不僅確認民族平等，且願以中國強盛後的力量，實現民族平等。濟弱扶傾是扶助弱小民族，使得到平等的地位。對於歐美各國過去的壓迫，決不報復，願與「並駕齊驅」，和平相處。世界上沒有壓迫民族和被壓迫民族，實現民族平等，才可確保世界和平。

三、實行王道文化

十三年在日本神戶演講大亞洲主義說：「歐美近百年是甚麼文化呢？是科學的文化，是注重功利的文化，……是霸道的文化。但是我們東洋……還有一種文化，好過霸道的文化。這種文化的本資，是仁義道德。用這種道德仁義的文化，是感化人，不是壓迫人；是要人懷德，不是要人畏威。這種要人懷德的文化，……就是王道的文化。」

王道文化是使人懷德，不是使人畏威，所以中國強盛之後，決不以武力壓迫人。辛亥革命推翻滿清政府，但不仇視滿人，與滿人一律平等。一九四五年八月十四日本無條件投降，先總統　蔣公當晚廣播，不仇視日人；宣布以德報怨。這些事實，就是中國王道文化的表現。我們縱然有強大武力，決不以武力壓迫人。我們的方法，是大家在平等地位上，和平的聯合。大家承認互助的原則，平等的合作，才能組成一世界國，維持世界和平與秩序。

第四篇　民權主義思想

民族主義是解決中國自衞問題，民生主義是解決中國生活問題；解決此兩大問題，都要由政治着手，就是要由政府負責，才能徹底解決。解決政治問題，就屬於民權主義的範圍。　中山先生最注重政治問題，確認民主政治是解決一切問題的根本。在民國十年演講五權憲法說：「人民必要能夠治，才能夠享；不能夠治，便不能夠享。如其不能夠享，就是空說民有，也都是假的。」民治是民享的先決條件，實現民治，才能保障民享；要能夠民享，才可說是眞正的民有。所以　先生對於民治的遺敎，最爲完備；除民權主義六講外，對於建國程序，有建國大綱；對於中央政府組織，有五權憲法；對於地方組織，有地方自治開始實行法；對於實行民主的方法，有民權初步。

第一章　中國實行民權應先確認的觀念

第一節　人類進化已到民權時代

人類生長於大自然中，為求生存，便要奮鬥，第一個時期是人同獸爭，第二個時期是人同天爭，第三個時期是人同人爭，國同國爭；現在進化到民權時代，是善人同惡人爭，公理和強權爭。

民權主義第一講說：「民權之萌芽，雖在二千年以前的希臘羅馬時代，但是確立不搖，只有一百五十年，前此仍是君權時代。君權之前便是神權時代，而神權之前，便是洪荒時代，是人類和獸類相鬥爭的時代。在那個時候，人類要圖生存，獸類也要圖生存。人類要保全生存的方法，一方面是覓食，一方面是自衞。在太古時代，人食獸，獸亦食人，彼此相競爭，遍地都是毒蛇猛獸，人類的四周都是禍害，所以人類要圖生存，便要去奮鬥。但是那時的奮鬥，不能結合成大團體，所謂各自為政。……」

「後來毒蛇猛獸差不多都被人殺完了，人類所處的環境較好，所處的地方極適於人類的生存，人羣就住在一處，把馴服的野獸養起來，供人類的使用，……便成畜牧時代，也就是文化初生的時代。……這個時代可以叫做太古時代，到了那個時代，人又同甚麼東西去奮鬥呢？是同天然物力去奮鬥。……因為要避免風雨，就要做房屋；因為要禦寒冷，就要做衣服。……但是天災是不一定的，也不容易防備。……當時地廣人稀，覓食很容易，他們單獨的問題，只有天災，所以要和天爭。但是和天爭不比和獸爭，可以專用氣力的，於是發生神權。極聰明的人，便提倡神道設教，用祈禱的方法去避禍求福。……」

「自有歷史到現在，經過神權之後，便發生君權，有力的武人和大政治家把教皇的權力剝奪了，或者自立為教主，或者自稱為皇帝，於是由人同天爭的時代，變成人同人爭。到了人同人相爭，便覺得單靠宗教的信仰力，不能維持人類社會，不能夠和人競爭；必須政治修明，武力強盛，才可以和別人競爭。……到了法王路易十四，便是君權極盛時代。……」

「君主專制一天利害一天，弄到人民不能忍受。到了這個時代，科學也一天發達一天，人類的聰明也一天進步一天；於是生出了一種大覺悟，知道君主總攬大權，把國家和人民做他一個人的私產，……人民應該要反抗，反抗就是革命。所以百餘年來，革命的思想便非常發達，便發生民權的革命。……」

「所以推求民權的來源，我們可以用時代來分析。……第一個時期是人同獸爭，不是用權，是用氣力。第二個時期是人同天爭，是用神權。第三個時期是人同人爭，國與國爭，這個民族與那個民族爭，是用君權。到了現在的第四個時期，國內相爭，人民同君主爭，……可以說是善人同惡人爭，公理同強權爭。到這個時代，民權漸漸發達，所以叫民權時代。」

「這個時代是很新的。……從前人類的智識未開，賴有聖君賢相去引導，在那個時候，君權是很有用的。君權沒有發生以前，聖人以神道設教，去維持社會，在那個時候，神權也是有用的。現在神權君權都是過去的陳迹，到了民權時代。……無論是君權和民權，都是用來管理政治，不過政治上各時代的情形不同，所用的方法各有不同罷了。」

人類是由野蠻進入文明，是漸漸進化的，洪荒時代人同獸爭，有幾十萬年。神權時代人同天爭，有二十萬年。君權時代人同人爭，也有幾千年。近代文明進步，人類智識發達，發生了大覺悟，人民不願受君主的專制壓迫，才進化到民權時代。不過民權時代是很新的，至今不過二百餘年，民權制度還沒有完備。

第二節　民權制度可以永遠成功

先生提倡中國革命，第一決定是民主，推翻滿淸專制政府，建立中華民國。但民權制度無論在歐美，在中國，都遭受若干挫折。

民權主義第一講說：「到底中國用民權是適宜不適宜呢？有人說中國人民的程度太低，不適宜於行民權。美國本是民權的國家，但是在袁世凱做皇帝的時候，也有一位大學教授叫做古德諾（Frank J. Goodnow 1859-1939）到中國來主張君權。……袁世凱便利用這種言論，推翻民國，自己當皇帝。……中國自有歷史以來，沒有實行過民權。就是民國十三年來，也沒有實行過民權。但是我們的歷史，經過了四千多年，其中有治有亂，都是用君權。到底君權對於中國是有利或有害呢？中國所受君權的影響，可以說是利害參半。但是根據中國人的聰明才智來講，如果此時應用民權，比較上還是適宜得多。所以兩千多年前的孔子孟子，便主張民權。孔子說：大道之行也，天下爲公，便是主張民權的大同世界。……孟子說：民爲貴，社稷次之，君爲輕。又說：天視自我民視，天聽自我民聽。又說：聞誅一夫紂矣，未聞弑君也。他在那個時代，已經知道君主不必是一定要的，……所以便判定那些爲民造福的人，就稱爲聖君；

那些暴虐無道的人，就稱爲獨夫，大家應該去反抗他。由此，可見中國人對於民權的見解，在二千多年以前，已經老早想到了。不過在那個時候，還以爲不能做到，好像外國人說烏托邦，是理想上的事。……」

中國實行民權受了挫折，歐美實行民權也曾受挫折。民權主義第四講，特指出歐美民權受挫折的原因。

第一、是美國獨立時，聯邦派限制民權獲得勝利的影響。美國獨立宣言聲稱：平等和自由是天賦權利，無論甚麼人都不能奪去人人的自由平等。但戰爭勝利後，人民不能得充分民權，僅得到有限制的民權。因爲勝利後，對於民權實施問題，發生了兩派不同的意見。一派是當時的國務部長遮化臣（Thomas Jefferson 1743-1826），主張地方分權，他相信民權是天賦的，人性是善的，如果人民有充分的民權，由人民自由使用，大家負起責任來，國家便可長治久安。另一派是財政部長哈美爾頓（Alexander Hamilton 1757-1804），主張中央集權，他以爲人性不完全是善的，如果人人都有充分民權，把平等自由走到極端，便成無政府。從前的君權要限制，現在的民權也應該限制，人民只能夠得有限度的民權。兩派爭辯甚久，因當時美國需要一個有權力的政府，結果，主張中央集權的聯邦派勝利，人民僅得到有限制的選舉權。

第二、是法國革命時暴民專制的影響。「法國革命以後，就實行民權。……因爲法國人民，當時拿充分民權去做頭一次的試驗，全國人民都不敢說民衆沒有知識，沒有能力。如果有人敢說那些話，大家便說他是反革命，馬上就要上斷頭台。所以在那個時候，便成暴民專制，弄到無政府，社會上極爲恐慌，人命朝不保夕。就是眞革命黨，也有時因爲一言不愼，和大家的意見不對，便要受死刑。……像丹頓（George Danton 1759-1794）那一流人物一樣，因爲一言不合，被人民殺了的也是很不少。……於是從前贊成革命的人，反變成心灰意冷，來反對民權，擁護拿破崙做皇帝。因此生出民權極大障礙。」

第三、是德國對付民權所用手段的影響。「德國的民權思想，發達本早，但在歐戰以前，所得民權的結果，還不及法國英國。這個理由，是因為德國對付民權所用的手段。……從前德國對付民權是用甚麼手段呢？德國是誰阻止民權的發達呢？……因為當時德國發生社會主義的時候，正是俾士麥當權的時候。在別人一定是用政治力量去壓迫社會主義，但是他不用這種手段，以為德國的民智很開通，工人的團體很鞏固，如果用政治力量去壓迫，便是徒勞無功。……他實行一種國家社會主義，來防範馬克思那般人所主張的社會主義。……把全國鐵路都收歸國有，把那些基本實業，由國家經營。對於工人方面，又定了工作的時間，工人的養老費和保險金都一一規定。這些事業，本來都是社會黨的主張，要拿出來實行的。但是俾士麥的眼光很遠大，先用國家的力量去做了，……令全國工人都是心滿意足。……他是用事先防止的方法，不是用當衝打銷的方法，……無形中消滅人民所要爭的問題。到了人民無問題可爭，社會自然不發生革命，所以這是俾士麥反對民權的很大手段。」他用這種手段，滿足工人的生活問題，使工人忽略了民權運動，所以到歐戰以前，德國所得的民權，還不及法國英國。

「民權思想雖然經過了三個障礙，還是不期然而然的自然發展，非人力所能阻止，也非人力所能助長。民權到了今日，便成世界的大問題。」民權主義第一講說：「就種種方面來觀察，世界一天進步一天，我們知道現在的潮流，已經到了民權時代。……世界潮流的趨勢，好比長江黃河的流水一樣；水流的方向，或者是有許多曲折，有向北流或有向南流的；但是流到最後，一定是向東的，無論是怎麼樣，都阻止不住的。所以世界的潮流，由神權流到君權，由君權流到民權。現在流到了民權，便沒有方法可以反抗。……我們順着潮流做去，縱然一時失敗，將來一定成功，並且可以永遠的成功。」

第三節　中國實行民權必由之道

民權主義第一講說：「甚麼是民？大凡有團體有組織的衆人，便叫做民。甚麼是權呢？權就是力量，就是威勢；……有行使命令的力量，有制服羣倫的力量，就叫做權。合攏起來說，民權就是人民的政治力量。……政治兩字的意思，淺而言之，政就是衆人之事，治就是管理，管理衆人之事，便是政治。有管理衆人之事的力量，便是政權。今以人民管理政事，便叫做民權。」

上引民權定義，是民權時代的觀念，就是民主政治的觀念。「民」不是指單獨的個人，是有團體有組織的衆人。所以人數雖多，假使沒有團體沒有組織，便是一盤散沙，也不能稱爲民，更無法行使民權。民是有團體有組織的衆人，要行使民權，先要懂得集會的常識，所以先生稱集會的議事規則爲「民權初步」。有團體有組織的衆人，用集會的方式，形成共同意見，團體人數少的可以影響政治，團體人數多的可以管理政治，所以民權就是人民的政治力量。

甚麼叫政治呢？「政就是衆人之事，治就是管理，管理衆人之事，便是政治。」這是民主時代對政治的解釋。在專制時代，政治是管人的，十九世紀的無政府主義者和馬克思主義者，都承襲專制時代的觀念，以爲政治是人管理人，人剝削人。二十世紀進步到民主政治，政府由人民選擧，受人民控制，不是政府管人，而是人管政府。政府的職務已不是管人，而是管理衆人之事。

甚麼叫政權呢？「有管理衆人之事的力量，便是政權。」一個有團體有組織的衆人，組織一個大團體，譬如一個政黨，用民主的程序，取得管理一個地方的地位，或取得管理國家的地位，就是取得了政權。甚麼叫民權呢？「今以人民管理政事，便叫做民權。」無論地方或中央的政事，都由人民管理；人民有管理衆人之事的力量，便叫做民權。

中國當時教育不發達，人民知識程度不高，如何始能實行民主，管理衆人之事呢？先生在所著建國大綱中，特設一過渡時期，即訓政時期，扶助人民實行地方自治。孫文學說第六章說明訓政時期的重要性說：「夫以中國數千年專制退化，而被征服亡國之民族，一旦革命光復，而欲成立一共和憲治之國家，舍訓政一道，斷無由速達也。……我中國人民，久處於專制之下，不有一度之訓政時期，以洗除其舊染之汚，奚能享民國主人之權利？此袁氏帝制時而勸進者之所以多也。夫中華民國者，人民之國也。君政時代則大權獨攬於一人，今則主權屬於國民之全體。……而中國四萬萬之人民，由遠祖初生以來，素爲專制君主之奴隸，向來多有不識爲主人，不敢爲主人，不能爲主人者，而今皆當爲主人矣。其忽而躋於此地位者，誰爲爲之？孰令致之？是革命成功而破壞專制之結果也。此爲我國有史以來未有之變局，吾民破天荒之創舉也。是故民國之主人者，實等於初生之嬰兒耳。革命黨者，即產此嬰兒之母也。旣產之矣，則當保養之，敎育之，方盡革命之責也。此革命方略之所以有訓政時期者，爲保養敎育此主人，成年而後還之政也。在昔專制之世，就有伊尹、周公者，於其國主太甲、成王不能爲政之時，已有訓政之事。專制時代之臣僕尙且如此，況爲開中國未有之基之革命黨，不尤當負伊尹、周公之責，使民國之主人長成，國基鞏固耶……。」

民權時代是世界的潮流，爲順應世界潮流，中國必須建立民國。但中國人民久在專制政體之下，「多有不識爲主人，不敢爲主人，不能爲主人者。」爲實現眞正之民權，不能不有一過渡之時期。訓政時期的工作，在協助人民實行地方自治，輔導人民組織團體，訓練人民集會常識，使人民能爲主人，敢爲主人。所以民國九年　先生頒布地方自治開始實行法。民國十一年著中華民國建設之基礎說：「實行民治必由之道，……則莫先於分縣自治。蓋無分縣自治，則所謂全民政治必無由實現。無全民政治，則雖有五權分立，國民大會，亦末由舉主權在民之實也。」

民國十三年建國大綱宣言說：「積十三年痛苦之經驗，當知所謂人民權利與人民幸福，當務其實，不當徒襲其名。倘能依建國大綱以行，軍政時代已能肅清反叛，訓政時代已能扶植民治，雖無憲政之名，而人民所得權利與幸福，已非藉憲法而行專政者所可同日而語。且由此以至憲政，所歷者皆爲坦途，無顚蹶之虞。爲民國計，爲國民計，莫善於此。」

第四節　民權與自由

㈠歐美人民爭自由的結果，才得到民權。民權主義第二講說：「民權這個名詞，外國學者每把他和自由並稱。……歐美兩三百年來，人民所奮鬥的，所競爭的，沒有別的東西，就是爲自由，所以民權便由此發達。法國革命的時候，他們革命的口號，是自由、平等、博愛三個名詞。好比中國革命，用民族、民權、民生三個主義一樣。由此可說自由、平等、博愛是根據於民權；民權又是由於這三個名詞然後才發達。……歐美兩三百年來的戰爭，差不多都是爲爭自由，所以歐美學者對於自由看得很重要，一般人民對於自由的意義也很有心得。……現在世界是民權時代，歐美發生民權，已經有了一百多年，推到民權的來歷，由於爭自由之後才有的，……爭自由的結果，才得到民權。……」

㈡中國人民過去不爭自由，外國人民熱心爭自由的原因。民權主義第二講說：「中國古代封建制度破壞之後，專制淫威，不能達到普通人民。由秦以後，歷代皇帝專制的目的，第一是要保守他們自己的皇位。……如果人民不侵犯皇位，無論他們做甚麼事，皇帝便不理會。……人民對於皇帝只有一種關係，就是納糧……政府只要人民納糧，其餘的都是讓人民自生自滅。由此可見中國人民沒有直接受過很大的專制痛苦。……但是歐洲的專制便和中國不同了。歐洲由羅馬亡後到兩三百年以前，君主的專制是很進步的，所以人民所受的痛苦，也是很厲害的。當時人民受那種痛苦，不自由的地方很多，最大的是思想不自由，言論不自由，行動不自由。……此外還有人民的營業、工作、和信仰種種，都是不自由。譬如信仰不自由說，人民在一個甚麼地方住，便強迫要信仰一種什麼宗教，不管人民是情願不情願，由此人民都很難忍受。……所以一聽到說有人提倡爭自由，大家便極歡迎，便去附和，這就是歐洲革命思潮的起源。……」

㈢要提出人民有切膚之痛的目標，人民才會熱心來附和。民權主義第二講說：「爲什麼說一般新青年提倡自由是不對呢？爲什麼歐洲當時講自由是對呢？……因爲提出一個目標，要大家去奮鬥，一定要和人民有切膚之痛，人民才會熱心去附和。歐洲人民因爲從前所受專制的痛苦太深，所以一經提倡自由，便萬衆一心去贊成。假若現在中國來提倡自由，人民向來沒有受過這種痛苦，當然不理會。如果在中國提倡發財，人民一定是歡迎的。我們的三民主義，便是很像發財主義。……我們爲什麼不直接講發財呢？因爲發財不能包括三民主義，三民主義才可以包括發財。……」

㈣自由應以不侵犯他人自由爲範圍。民權主義第二講說：「從前歐洲在民權初萌芽時代，便主張爭自由；到了目的已達，各人都擴充自己的自由，於是由於自由太過，便發生許多流弊。所以英國有一個學者叫做穆勒氏的（John S. Mill 1806-1873），便說：一個人的自由，以不侵犯他人的自由爲範圍，才是眞自由。如果侵犯他人的範圍，便不是自由。歐美人講自由，從前沒有範圍，到英國穆勒氏才立了自由範圍；有了範圍，便減少很多自由了。由此，可知彼中學者已漸知自由不是一個神聖不可侵犯之物，所以要定一個範圍來限制他了。……」

㈤中國革命目的和外國不同，外國從前革命是爭個人自由，中國革命是爭國家自由。民權主義第二講說：「外國人說中國是一片散沙，我們是承認的，但是說中國人不懂自由，政治思想薄弱，我們便不能承認。……中國革命的目的與外國不同，所用的方法也不能相同。……歐洲從前因爲太沒有自由，所以革命要去爭自由。我們是因爲自由太多，沒有團體，沒有抵抗力，成一片散沙，……所以受帝國主義者的侵略。……要將來能夠抵抗外國的壓迫，就要打破各人的自由，結成很堅固的團體。……」

「外國革命是由爭自由而起，奮鬥了兩三百年，生出了大風潮，才得到自由，才發生民權。從前法國革命的口號，是用自由平等博愛。我們革命的口號，是用民族民權民生。……我們的民族，可以說和他們的自由一樣；因爲實行民族主義，是爲國家爭自由。……到了國家能夠行動自由，中國便是強盛的國家。要這樣做去，便要大家犧牲自由。當學生的能夠犧牲自由，就可以天天用功，在學問上做工夫，學問成了，智識發達，能力豐富，便可以替國家做事。當軍人的能夠犧牲自由，就能夠服從命令，忠心報國，使國家有自由。如果學生軍人要講自由，便像中國自由的對待名詞，成爲放任放蕩，在學校內便沒有校規，在軍中便沒有軍紀。在學校內不講校規，在軍隊中不講軍紀，還能夠成為學校，號稱軍隊嗎？」外國爭自由的結果，是得到民權，而民權是受法律保障的，所以各國憲法都明文規定人民的自由權利。這是對自由權利的保障，同時是對自由權利的限制。自由以不侵犯他人的自由為範圍，就是不能有法律規定以外的行為；所以文明國家的自由，都是法律下的自由。

中國自秦代以後，政府除要求人民納糧外，一任人民自生自滅，所以人民有充分自由，形成一片散沙，不能抵抗帝國主義的侵略。要國家自由，才能保障人民的自由，所以中國當時最急要問題，在爭取國家自由。為爭取國家自由，人民應當犧牲放蕩不羈的自由，組織堅固的大團體。先生主張的自由，是法律下的自由。因為校規是學校的法律，軍紀是軍隊的法律，在不違反校規軍紀之下，學生軍人都有自由的。所以應當犧牲的自由，是放任放蕩的自由，而不是法律下的自由。

第五節　民權與平等

㈠平等比自由更重要。民權主義第三講說：「平等這個名詞，通常和自由那個名詞，都是相提並論的。歐洲各國從前革命，人民為爭平等和爭自由，都是一樣的出力，一樣的犧牲，他們把平等和自由都是看得一樣的重大。更有許多人以為要能夠自由，必要先得到平等。如果先得不到平等，便無從實現自由，用平等和自由比較，把平等看得更是重大的。」

㈡我們應當打破的，是人為的不平等。「歐美的革命學說，都講平等是天賦到人類的。譬如美國在革命時候的獨立宣言，法國在革命時候的人權宣言，都是大書特書，說平等自由是天賦到人類的特權，是他人所不能侵奪的。天生人類究竟是否賦有平等的特權呢？……自人類初生幾百萬年以前，推到近來民權萌芽時代，從沒有見過天賦有平等的道理。……天生人類本來也是不平等的，到了人類專制發達以後，專制帝王尤其變本加厲，弄到結果，比較天生的更不平等了，這是由帝王造成的不平等，是人爲的不平等。……因此，贊成革命的學者，便不得不創天賦人權的平等自由這一說，以打破君主的專制。學者創造這一說，原來就是想打破人爲的不平等的。但是天下的事情，的確是行易知難。當時歐洲的民衆，都相信帝王是天生的，都是受了天賦之特權的，多數無知識的人總是去擁護他們。所以少數有知識的學者，無論用甚麼方法和力量，總是推不倒他們。到了後來，相信天生都是平等自由的，爭平等自由是人人應該有的事，然後歐洲的帝王，便一個一個不推自倒了。」

㈢天生的聰明才力，是無法平等的；立足點的平等，是眞平等，平頭的平等是假平等。「不過專制帝王推倒以後，民衆又深信人人天生平等的這一說。……殊不知這種事情是不可能的。到了近來，科學昌明，人類大覺悟了，才知道沒有天賦平等的道理。假若照民衆相信的那一說去做，縱使不顧眞理，勉強做成功，也是一種假平等。……必定要把位置高的壓下去，成了平頭的平等，至於立足點還是彎曲線，還是不能平等。這種平等，不是眞平等，是假平等。……因爲各人的聰明才力有天賦的不同，所以造就的結果，當然不同，自然不能有平等。像這樣講來，才是眞正平等的道理。如果不管各人天賦的聰明才力，……一律要平等，世界便沒有進步，人類便要退化。所以我們講民權平等，又要世界有進步，是要人民在政治上的地位平等。因爲平等是人爲的，不是天生的；人造的平等，只要做到政治上的地位平等。」

㈣沒有民權，平等自由不過是一種空名詞。「歐洲在一兩百年以來，本是爭自由平等；但是爭得的結果，實在是民權。因爲有了民權，平等自由才能夠存在；如果沒有民權，平等自由不過是一種空名詞。講到民權的來歷，……希臘羅馬便老早有了這種思想。……希臘羅馬的國家名義，雖然是共和，但是由於奴隸制度，還不能夠達到平等自由的目的。到六十年前的美國解放黑奴，打破奴隸制度，實行人類的平等以後，在現在的共和國家以內，才漸漸有眞平等自由的希望。但是眞平等自由是在甚麼地方立足呢？……是在民權上立足的，要附屬於民權之上；民權發達了，平等自由才可以長存。如果沒有民權，甚麼平等自由都保守不住。……歐美爭得平等以後，爲甚麼要發生流弊呢？就是由於民權沒有充分發達，……所以歐美人民至今還是要爲民權去奮鬥。因爲要奮鬥，自然要結團體。……所以由於奮鬥的結果，便得集會結社的自由，便生出許多團體，在政治上有政黨，在工人中有工會。」

㈤人類天賦才能是不平等的，但人人以服務爲目的，必可使之成爲平等。「世界人類得之天賦的才能，約可分爲三種：一是先知先覺的，二是後知後覺的，三是不知不覺的。先知先覺的是發明家，後知後覺的是宣傳家，不知不覺的是實行家。這三種人互相爲用，協力進行，然後人類的文明進步，才能夠一日千里。天之生人，雖然有此聰明才力的三種不平等，但是人心必欲使之平等；這是道德上的最高目的，人類應該要努力進行的。……要調和這三種人，使之平等，則人人應該以服務爲目的，不當以奪取爲目的。聰明才力愈大的人，當盡其能力以服千萬人之務，造千萬人之福。聰明才力略小的人，應當盡其能力，而服千百人之務，造千百人之福。……全無聰明才力的人，也應該盡一己之能力，以服一人之務，造一人之福。照這樣做去，雖天生人之聰明才力，有三種不平等，而人類由於服務的道德心發達，必可使之成爲平等。」

人類天賦的聰明才力，是不平等的。但在專制政體之下，更造成許多人爲的不平等。人爲的不平等，如政治地位和經濟地位的不平等，是應當消除的。所以革命的目的，是在「打不平」，將不平等打成平等。

但天生的聰明才力，應讓其自然發展。若使聰明才力高的人，和沒有聰明才力的人，一律平等，這是平頭的平等，立足點還是彎曲線，這是假平等。要大家立足點相同，憑各人的聰明才力發展；這種立足點的平等，才是眞平等。要在這種眞平等的基礎上，人類社會才有進步，人類文明才能發展。

人類雖有天生的不平等，但是人心必欲使之平等。所以人人應當以服務爲目的，不應以奪取爲目的。聰明才力愈大的人，應當袪除利己害人的行爲，盡其能力以謀衆人之幸福。這是道德上的最高目的，人類應該要努力進行的。

第二章　民權初步與民主原則

民權主義未提民主政治原則；但在民權初步一書內，所示開會規則，均係採用歐美民主政治公認的原則。本章係說明民權初步的意義，並根據民權初步，敍述民主原則。

第一節　民權初步的意義

一、民權初步就是開會規則

民權初步自序說：「中華民族，世界之至大者也，亦世界之至優者也。中華土地，世界之至廣者也，亦世界之至富者也。然而以此至大至優之民族，據此至廣至富之土地，會此世運進化之時，人文發達之際，猶未能先我東鄰而改造一富強之國家者，其故何也？民心渙散，民力不凝結也。……」「今民國之名已定矣。名正則言順，言順則事成。……此後顧名思義，循名核實，以完成革命志士之志，而造成一純粹民國者，則國民之責也。……民權何由而發達？則從團結人心，糾合羣力始。而欲團結人心，糾合羣力，又非集會不爲功。是集會者，實爲民權發達之第一步。然中國人受集會之厲禁，數百年於玆，合羣之天性殆失。是以集會之原則，集會之條理，集會之習慣，集會之經驗，皆闕然無有。以一盤散沙之民衆，忽而登彼於民國主人之位，宜乎其手足無措，不知所從；所謂集會，則烏合而已。是中國之國民，今日實未能行民權之第一步也。……此『民權初步』一書之所由作，而以教國民實行民權之第一步也。」

「自西學之東來也，玄妙如宗教哲學，奧衍如天算理化，資治如政治經濟，實用如農工商兵，博雅如歷史文藝，無不各有專書。而獨於淺近需要之議學，則尚闕如，誠爲吾國人羣社會之一大缺憾也。夫議事之學，西人童而習之，至中學程度，則已成爲第二之天性矣。所以西人合羣團體之力，常超吾人之上也。」「西國議學之書，不知其幾千百家也，而其流行常見者，亦不下百數十種。……此書所取材者，不過數種，而尤以沙德氏之書爲最多，以其淺顯易明，便於初學，而適於吾國人也。此書條分縷析，應有盡有，已全括議學之妙用矣。自合議制度始於英國，而流布於歐美各國，以至於今；數百年來之經驗，可於此書一朝而得之矣。……凡欲團結吾國之人心，糾合吾國之民力者，不可不熟讀此書。」

集會是團結人心，糾合羣力，爲實行民權之第一步。但國人對於集會規則，素不注意。開會時額數（法定人數）應如何規定？如何提案？如何提修正案？如何運用附屬動議？如何表決？如何當主席？都不甚明白。所以開會時，常不能照開會慣例進行，常「會而不議，議而不決，決而不行」。沒有會議規則的集會，不僅浪費到會者的時間，且不易集中大多數人的意見。我國過去民主政治不上軌道，多數人不懂會議規則，實爲一大原因。

自西學東來，各種學術都有學者介紹，「獨於淺近需要之議學，則尚闕如」。介紹開會規則到中國的，中山先生確是第一人。

二、民權初步與會議規範

戴季陶先生孫文主義之哲學的基礎一文說：「在民國紀元前六年，　國父便有著此書的意思，曾經和廖仲愷、胡漢民諸位，說過幾次。因爲他努力於實際革命運動，沒有工夫著作。直到袁世凱死去，　國父在上海的時候，才能夠完成此一工作。」

蔣夢麟先生曾談關於本書的一段經過，他說：「大約在武昌起義前不久，　總理正在美國舊金山作革命活動，那時我也在舊金山。一日，　總理和我及劉成禺同志三人會在一起，　總理忽然對我兩人說：有一件事，關係今後我國革命建設的成功，甚爲重大；這是西洋文明進步的一個重要因素，也是近代民主政治的基礎。我們必須把握着這一套學問，我們革命建國才能成功。　總理一面說，一面在衣袋中取出一本書，交給我，要我和劉成禺同志把他譯成中文，以便印發推行。我接過來一看，原來是羅伯特（Robert）所寫的議事之法則與程序（Parliamentary Rules and Order）一書。當時　總理的表情，十分重視此書。……其後因爲事情的牽累，終未能把這書譯成中文。……」

「大約在民國五年左右，我在上海晉謁　總理，他忽然又把這件事問我。他說：我請你翻譯那本議學的書，已經譯好了沒有？我對他說：因爲沒有時間，至今尚未着手。　總理說：我已經譯好一本在此。他一面說，一面順手從書桌的抽屜內，取出一本繕就的稿本，這便是他手著的民權初步。此書出版之後，總理還給了我一本。」（註一）

書中所說的沙德氏，據曹文彥先生考證，係Harrcette Lucy Shattuck，她是美國人，其著作是「

婦女議事手册」（The Woman's Manual of Parliamentary Law），在一八九一年出版。此書對象爲婦女，「淺顯易明，便於初學」。（註二）

民權初步自序說：「此書譬之兵家之操典，化學之公式，非流覽誦讀之書，乃習練演試之書。若以流覽誦讀而治此書，則必味如嚼蠟，終無所得。若以習練演試而治此書，則將如噉蔗，漸入佳境，一旦貫通，則會議之妙用，可全然領略矣。」民權初步係習練演試之書，惟條文較多，初步學習，不易運用。黃季陸先生任內政部長時，遂約集專家，詳加研討，根據民權初步要旨，參酌歐美議事規章，擬定「會議規範草案」，於四十二年七月印行，供各種集會演習實驗之用。此後屢有改進，完成草案的最後修正本，於四十三年五月十九日由內政部正式公布施行。公布後試行，結果甚佳，因內容分十三章一百條，較原著簡短，易於學習。內政部公布後，爲求實行便利，組織會議規範研修委員會，參酌各方面提供意見，逐條研究修正，於五十四年七月二十日，由內政部再度公布施行。

會議規範有具體條文，規定明確，集會者易於了解，便於應用。若有疑義，自可參照民權初步原著，或外國議事規則，詳加研究。民權初步有一特點，即將歐美民主政治的原則，包括於各種規則之內。所以特根據民權初步的內容，說明歐美民主國家的民主原則。

第二節　民權行使的原則

民主國家政治制度各有特點，不能完全相同。民主國家政治原則，則所有民主國家大體相同。若果違反民主政治原則，必然是一個獨裁國家，至少是一個冒牌的民主國家。中山先生對民主國家的政治制度，認爲僅可參酌；但對民主政治原則完全贊同。民權初步各項規則，就是遵行民主政治原則。現分別加以說明。

一、多數決定

近代主張主權在民，由多數決定的，是英國的洛克。在其政府論二篇中，認爲政府是受全體人民的委託，以謀大家的公共利益；國家最後和最高的主權，屬於人民全體。統治者產生最理想的方法，是社會全體一致的擁護。但全體一致的決議，通常並不易得，只好由多數來決定了。因爲事實上的必需，不能不承認多數的權利；所以多數的統治，是民主政治的要義。英國一六八八年光榮革命後，英國國會都是採用多數決定；凡在下議院獲得多數議席的政黨，就可組織內閣，處理國家大事。

美國一七八三年獨立成功，組織邦聯（Confederation），在國會中採用全體一致的決定，徵兵徵稅都要得十三州一致同意，每州對於國會決定，都有否決權。結果，邦聯政府陷於無能，有瓦解趨勢。一七八七年美國在費城制憲，討論改革辦法，到會的各州代表，廢棄一致同意辦法，採用多數決定原則，以組織較有力量的聯邦（Federation）政府。所以在美國憲法中，無論是總統的選舉，國會的議決，都規定由多數決定。就是修改憲法，只要兩院三分之二的通過，各州四分之三的批准。此後民主國家，都沿用英美兩國制度，採用多數決定的原則。

中山先生主張民主，同時主張多數決定的原則。民權初步第九章表決第七十六節說：「尋常通例，贊成或反對之表決，皆定於大多數；此除少數特別事件之外，莫不皆然也。……在改章程、修憲法、及罷免會員等事，常需三分二之數。……其他之事件，由僅僅大多數通過，而致大不便者，須立以需更大多數之例，以防範之，庶爲萬全也。」

二、尊重少數

會議由多數決定，主張失敗的人，自然是少數。少數的人有發表意見的自由，其主張雖未通過，仍受多數的尊重，決不受任何歧視或壓迫。民主國家尊重少數，就是承認反對意見可以自由發表，反對黨可以合法存在。反對黨的主張自然與執政黨不同，但對執政黨批評督責，可使執政黨不致腐化。開明的執政黨，常接納反對黨合理的主張，使政治日愈進步。反對黨只要用和平方法，爭取人民支持，不用暴力推翻政府，都可以合法的生存發展。譬如英國的工黨，在一九〇〇年成立時，是一個少數黨，而且是一個反對黨。但在一九二一年以後，已變爲一個大黨，取代自由黨的地位，與保守黨同爲兩大政黨之一。

民權初步所列的附屬動議，有付委動議，即大會將比較複雜或有爭論之問題，先組織一委員會審查；經委員會討論之後，將討論結果，向大會提出報告。第八章一百四十二節說：「當委員會之事務告竣，其主座或其他受命者，當準備一報告，將審查之各點，並委員之判斷詳錄之。倘委員中有少數不同意者，亦可分作一報告，謂之少數之報告。……」同章一百四十五節說：「少數之報告，此爲不同意者之報告，讀於正式報告之後，會衆可以不理者也。但若其確有見地，則可以之代多數之報告耳。」由上引規定，可知多數應尊重少數，使少數之意見，有發表的機會。至於是否採用，則由大會決定。

三、法律至上

君主專制時期，君主的意志就是法律，人民必須服從。這個時期，是政治支配法律，君主掌握立法、司法、和行政的大權。近代打破君主專制，開始建立法律至上觀念的，是一二一五年英國的大憲章。一六八八年英國光榮革命後，頒布權利法典（Bill of Rights），法律至上的觀念，業已確立。美國一七八七年制憲，一七八九年憲法公布之後，法律至上，已爲民主人士所公認。民主人士爲排斥專制，使政治不能支配法律，乃強調法律的獨立性。凡國家機關的組織和職務，人民的自由權利，皆以憲法規定。國家的統治者和一般人民，都須遵守憲法和法律。政府機關非根據法律，不得限制人民的自由權利。這種意義，就是確認法律至上，是法律支配政治。

中山先生創建中華民國，就是要建立一個法治的國家。中國革命史說：「余之民權主義，第一決定者爲民主，而第二之決定，則以爲民主專制必不可行，必立憲而後可以圖治。」立憲就是制定國家根本大法之憲法，必須人人遵守憲法，國家始可圖治。　先生民國七年辭大元帥職，臨行通電說：「民主政治賴以維繫不弊者，其根本在於法律。」

民權初步的規則，無論主席處理問題，會員發言、提案、討論、或表決，均須遵守規則。若主席或會員有不遵規則者，會衆可以提出「秩序問題」，糾正其不當。所以民權初步的目的，一方面在團結人心，糾合羣力，一方面在訓練人民守法精神，培養法律至上的觀念。

四、人民法律下的自由

歐美人士兩百多年來爭取自由平等，結果是爭得民權。民權都是由憲法或法律規定，由憲法或法律保障。一六七九年英國頒布人身保護律（Habeas Corpus），人身自由才開始有保障。一七九一年美國通過憲法修正補充條文第一條至第八條，人民的基本自由才開始有保障。此後民主國家的憲法，都規定了人民的自由權利。所以人民的自由，是受法律保障，同時受法律限制，是法律下的自由。

民權初步就是會議規則，開會時會員的發言，一定要先得主席許可，取得地位之後，才可以發言；決不能兩人或三人同時發言，使會場秩序紊亂。提案、討論、表決等均須遵照規則進行。所以集會時會員的自由，是規則下的自由。假使不守規則，秩序必然大亂，開會必無結果。民權初步的實行，在養成人人守法的習慣；在不違反規則之下，人人都有發言的自由。

五、政府權力的限制

專制政府與民主政府的分別，即在政府權力有無限制。專制政府的執政者，掌握行政、立法、司法的大權，權力毫無限制，可以爲所欲爲。歐美民主政府三權分立，行政部門的職權，不能過問司法案件，一切政策與法案，均須得立法部門的通過，始能執行。所以政府權力的限制，是民主政治的一個重要原則。

近代政府權力的限制，開始於一二一五年英國的大憲章。大憲章規定：人身自由、財產權受法律之保護；財產徵稅，須先得大會議之承認；選舉男爵二十五人，維持治安，保障人民權利；這些規定就是限制君主的權力。一六八九年英國權利法典規定：國王不得停止法律效力；徵兵納稅皆須得國會同意；人民有請願權；犯罪的人，必須以公正的陪審制度，加以審判。從此，英王退處無權，由內閣負責。內閣總理由國會產生，對國會負責；內閣的去留，全視國會是否信任。內閣權力的行使，直接受國會的限制。一七八七年美國制定憲法，採用孟德斯鳩三權分立、互相制衡的原則。限制政府權力，已形成民主國家的制度。

中山先生主張萬能政府，但限制政府權力的原則，是完全同意的。根據權能分開的理論，中央政府的組織，一方面有行使政權的國民大會，一方面有行使治權的五權憲法政府。國民大會有選舉、罷免、創制、複決四權以控制政府，政府則對國民大會負責。凡違法失職的重要官吏，國民大會可予以罷免，法律之創廢，最後決定權操之於國民大會。所以政府的權力，是受國民大會的限制。

民權初步規定，開會時主席係領導會議，維持秩序；但其權力受會議規則的限制，如分開動議，停止討論等，主席雖可建議，但必須徵求會衆同意。開會預定時間已過，延長會議時間，亦必須得會衆的同意。所以在民主的集會中，大至國民大會，小至一般團體，都要先通過議事規則，人人都要受議事規則的限制。

六、協調政治

民主政治與獨裁政治不同：獨裁政治由一個人專斷，可以任意而行，不需要協調的；民主是多數決定，但多數人的意見不能完全相同，有時意見分歧，不能不互相讓步，協商一妥協辦法。民主與革命不同：民主是多數決定，革命則少數可以推翻多數；民主是用和平方法，革命則可使用暴力。民主政治係用和平方法，謀求多數人的贊同。若果意見不同，不能不互相讓步，尋求大衆可以接受的辦法。所以民主政治是協調政治，不僅是時勢需要，且是理所當然。但有堅持所見確是眞理，決不妥協的人，亦可任其自由，但決不能反抗多數的決定。譬如第二次世界大戰前，英國首相張伯倫，主張與德國希特勒妥協，簽定慕尼黑協定；邱吉爾時任內閣部長，反對無效，自甘隱退，讓張伯倫執行其政策。後來二次大戰發生，張伯倫失敗，保守黨邀請邱吉爾出任戰時內閣總理。所以在任何會議中，若自認確是眞理，也可以不妥協，寧可表決失敗，讓多數人照決議進行，這就是所謂民主風度。

協調（Compromise）不是壞事，是實施民主，團結力量必由之路。從民主政治發展的歷史，可以說明這一觀點。羅馬時代初期，貴族與平民利害衝突，平民有脫離羅馬，另建政府企圖。後來貴族讓步，尊重平民利益，貴族與平民界線逐漸打破，形成一個鞏固的力量，羅馬才能由一個城市國家，發展爲羅馬帝國。英國一二一五年的大憲章，一六二八年的權利請願書，一六七九年的人身保護律，一六八九年的權利法案，都是英國君主與貴族妥協的結果。因爲英王讓步和妥協，所以英國皇帝到今天還能存在。

美國一七八七年制憲時，意見分歧，爭論激烈。有中央集權和地方分權的爭論；後來雙方讓步，採用均權制度；將中央權力明定於憲法，凡未賦予中央的權力，均由地方保留。又有大州與小州代表權的爭論；大州主張按人口比例，產生出席的國會議員；小州則主張一律平等，產生同數的國會議員。經雙方協商，決定國會採兩院制；參議院議員，各州不分大小，一律選舉議員二人；衆議院則按人口比例，產生不同數的議員。同時規定參議院各州的平等權，憲法不能予以修改；並將條約批准權、重要官吏的同意權，由參議院單獨行使。美國開國元勛華盛頓、傅蘭克林等，深謀遠慮，力促大州小州協調，建立了世界第一個共和國。

民權初步的附屬動議，有修正動議及付委動議。開會時會員的提案，反對者可提打消案，將此提案否決。若打消案被否決，會員認原案應修正者，可以提修正案。若問題複雜，意見分歧，可以提付委案，將原案交付一委員會審查，協商一個大衆可以接受的建議，然後再提大會討論。修正動議及付委動議，就有協調不同意見的意義。

七、結語

民主政治就是主權在民。主權在民的民主國家，公認的民主原則，是多數決定，尊重少數，法律至上，人民在法律下的自由，政府權力的限制，和協調的政治。在這六個原則中，最重要的是尊重少數，和人民在法律下的自由兩點。由這兩點觀察，可以知道民主和獨裁的區別。凡是少數黨可以生存發展，人民可以享受法律下自由的，就是民主國家。凡是少數黨無法生存，反對意見不能發表，人民沒有基本自由的，就是獨裁國家。

附註

註一：引自黃季陸著：會議規範草訂之遠因及經過。載於中國內政第七卷第六期。

註二：引自汪祖華著：民權初步的應用，第一章二六頁。中興山莊五十七年二月出版。

第三章　權能分開與權能平衡

第一節　政治制度不能完全做效歐美

民權主義第五講說：「從那次義和團失敗後，中國一般有思想的人，……不但是物質科學要學外國，就是一切政治社會上的事，都要學外國。……這是中國政治思想上的一個大變動。……中國從前是守舊，在守舊的時候，總是反對外國，極端的信仰中國要比外國好。後來失敗，便不守舊，要去維新，反過來極端的崇拜外國，信仰外國要比中國好。……就物質一方面的科學講，外國駕乎中國，那是不可諱言的。但是外國……政治哲學的進步，遠不及科學。……外國在物質文明上的進步，眞是日新月異，一天比一天的不同。至於在政治上，外國比較中國，又是進步了多少呢？……像二千多年以前，在希臘有一位大政治哲學家，叫做柏拉圖，他所著的共和政體那本書，至今還有學者去研究，……還是很有用處。所以外國政治哲學的進步，不及物質科學的進步這樣快。……如果我們倣效外國的政治，也是像倣效物質科學一樣，那便是大錯。……」

「中國幾千年以來，社會上的民情風土習慣，和歐美的大不相同。中國的社會既然和歐美的不同，所以管理社會的政治，自然也是和歐美不同，不能完全倣效歐美。……物體有形的機器，是本於物理而成的；政治無形的機器，是本於心理而成的。物理那門科學，近數百年來已經是發明得很多。心理這門科學，近二三十年始起首進步，至今還沒有大發明，許多問題至今還沒有解決。所以管理物的方法，可以學歐美；管理人的方法，還不能完全學歐美。……歐美的物質文明，我們可以完全做效，可以盲從，搬進中國來，也可以行得通。至於歐美的政治道理，至今還沒有想通，一切辦法在根本上還沒有解決。所以中國今日要實行民權，改革政治，便不能完全倣效歐美，便要重新想出一個方法。如果一味的盲從附和，對於國計民生，是很有大害的。……」

「我們……雖然不能完全倣效歐美，但是要借鑑於歐美。要把歐美以往的民權經驗，研究到清清楚楚。因爲歐美的民權，雖然沒有充分發達，根本解決。但是已經有了很多的學者，對於民權天天去研究，常常有新學理的發明。而且在實行上也有一百多年，所得的經驗也是很多的。那些經驗和學理，根本上都是應該拿來參考的。如果不參考歐美以往的經驗學理，便要費許多寃枉工夫，或者要蹈歐美的覆轍。」

第二節　歐美學者對民權改進意見

民權主義第五講說：「歐美的民權政治，至今還是沒有辦法；民權的眞理，還是沒有發明。不過近兩三百年以來，民權思想逐漸膨脹，在人事上想不通的問題，大家便聽其自然，隨着潮流去做罷了。所以近來民權的發達，不是學者從學理上發明出來的，是一般人民順其自然做出來的。因爲總是順其自然去做，預先沒有根本辦法，前後沒有想通，所以歐美實行民權，在中途便遭了許多挫折，遇了許多阻礙。……」

「現在各國學者，研究以往民權事實，得到了許多新學理。……最近有一位美國學者說：現在講民權的國家，最怕的是得到了一個萬能政府，大家沒有方法去節制他；最好的是要得一個萬能政府，完全歸人民使用，爲人民謀幸福。這一說，是最新發明的民權學理；但是所怕所欲，都是在一個萬能政府。……在民權發達的國家，多數的政府都是弄到無能的；民權不發達的國家，政府多是有能的。……近幾十年來，歐美最有能的政府，就是德國丕士麥當權的政府。……那個政府本是不主張民權的，本來是要反對民權的；但是他的政府，還是成了萬能政府。其他各國主張民權的政府，沒有那一個可以叫做萬能政府。」

「又有一位瑞士學者說：各國自實行了民權以後，政府的能力便自行退化。這個理由，就是人民怕政府有了能力，人民不能管理；所以人民總是防範政府，不許政府有能力，不許政府是萬能。所以實行民權的國家，對於這個問題，便應該想方法去解決。想解決這個問題，人民對於政府的態度應該要改變。從前人民對於政府，總是有反抗態度的緣故，是由於經過了民權革命以後，人民所爭得的自由平等，過於發達；一般人把自由平等，用到太沒有限制；把自由平等的事，做到過於充分，政府毫不能夠做事。到了政府不能做事，國家雖然有政府，便和無政府一樣。這位瑞士學者看出了這個流弊，要想挽救，便主張要改變對政府的態度。……」這一個美國學者，據顧翊羣、費海璣兩位先生分別考證，是美國政治學者白壁德（Babbitt）。另一個瑞士學者，尚未查出。（註一）

這一位美國學者認爲人民所怕所欲，都是一個萬能政府；但如何使萬能政府能爲人民控制，爲人民謀幸福呢？他並沒有提出解決的辦法。這一位瑞士學者主張人民應當改變對政府的態度；但如何能使人民改變反抗政府的態度呢？他也沒有提出具體的辦法。 中山先生研究出權能分開的辦法。人民有權可以控制政府，就可改變反抗政府的態度；政府有能爲人民服務，就可變爲人民所欲的萬能政府。

近數十年來民主國家的新制度，都是隨着潮流去做，自然發展的，並不是學者的發明和倡導。譬如美國流行的市經理制度，是順着潮流，不知不覺的走到權能分開的道路。又如第一次第二次英美兩國戰時的授權法案，也是應事實需要，走到權能分開的道路。

第三節　權能分開的意義

權就是力量；有行使命令的力量，有制服羣倫的力量，就叫做權。能就是有本領，在受命之下，能夠完滿的達成任務，就叫做能。權與能二者，有時是合一的，有時是分開的。以個人說，譬如你有一輛汽車，又自己能開車，你對這一輛車，有權處理，有能開車，這就是權能合一。假使你有車而不能開車，要雇一司機聽你的命令開車，這就是權能分開，車主有權，而司機有能。以國家說，中國皇帝如堯舜禹湯文武，是有權又有能的，這是權與能合一。春秋戰國時代是競爭之世，諸侯爲圖強稱霸，不能不聘請有能之士主持國政，如齊桓公用管仲，秦孝公用商鞅，就是權能分開，齊桓公秦孝公有權，而管仲商鞅有能。

近代歐美民權發展，主權在民；但對政府不信任，隨時加以干涉，就是以權害能，所以瑞士學者主張人民應改變對政府的態度。如何改變才能信任政府呢？　中山先生主張人民有權，可以控制政府，好像齊桓公秦孝公一樣，就不怕政府濫用職權，而能爲人民服務。

民權主義第五講說：「歐美現在實行民權，人民所持的態度，總是反抗政府。根本原因，是由於權和能沒有分開。……歐美人民對於政府，不知道分別權與能的界線，所以他們的民權問題，發生了兩三百年，至今還不能解決。……我們現在要分開權與能，再拿古時和現在的事實，比較的來說一說。……現在有錢的那些人，組織公司開辦工廠，一定要請一位有本領的人，來做總辦去管理工廠。這種總辦是專門家，就是有能的人，股東就是有權的人。工廠內的事，只有總辦能講話，股東不過是監督總辦罷了。現在民國的人民，便是股東，民國的總統，便是總辦。我們人民對政府的態度，應該把他們當作專門家看。如果有了這種態度，股東便能夠用總辦，整頓工廠，用很少的成本，出很多的貨物，可以令那個公司發大財。現在歐美民權發達的國家，人民對於政府都沒有這種態度，所以不能利用有本領的人去管理政府，……弄到在政府中的人物都是無能，……民主國家的進步都是很慢，反不如專制國家的進步，像日本和德國那一樣的迅速。……」

民權主義第六講說：「用機器來做比喻。甚麼是有能力的東西呢？機器的本體，就是有能力的東西。……甚麼是有權的人呢？管理機器的工程師，就其有權的人。無論機器是有多少馬力，只要工程師一動手，要機器開動，便立刻開動，要機器停止，便立刻停止。工程師管理機器，想要怎麼樣，便可以怎麼樣。……」

「此刻實行革命，當然是要中國駕乎歐美之上，改造成最新型最進步的國家。……不過歐美現在的民權政府，還是不能完全倣效。他們的政府，已經成了舊機器。我們要另外造出一架新機器，才可以達到我們的目的，……不過要先定一個根本辦法。……分開權與能，便是這一種的根本辦法。……要怎樣才可以分別清楚呢？根本上還是要從政治的意義來研究。政是衆人之事，集合衆人之事的大力量，便叫做政權，政權可以說是民權。治是管理衆人之事，集合管理衆人之事的大力量，便叫做治權，治權就可以說是政府權。所以政治之中，包含有兩個力量，一個是政權，一個是治權。這兩個力量，一個是管理政府的力量，一個是政府自身的力量。……像這樣分開，就是把政府當作機器，把人民當作工程師，人民對於政府的態度，就好比工程師對於機器一樣。……」

由上引述，可知權是人民權，能是政府權，以人民的四個政權，管理政府的五個治權，好像公司股東管理總辦，工程師管理機器一樣。人民有了充分的民權，就可以管理政府，使其爲人民謀幸福。 先生將美國國會的立法權監察權，劃爲政府權；代表人民行使政權的國民大會，則行使統治權。這樣，可以使權能分別清楚，不致有權能不分的弊病。

由股東和總辦的關係看，由工程師和機器的關係看，可知權能分開的意義，就是有權的人民，在組織政府之後，應決定做甚麼；至於怎樣做，交由政府去執行。在政府執行當中，人民不予干涉或牽制，只問辦事結果。若果做得好，可以請他們繼續去做；若果做得不好，就可換人去做。

第四節　權能分開的闡明

專制時代君主掌握大權，但有能的很少；有權的君主，不能不聘請有能之士，以爲輔佐；春秋以來中國形成的丞相制度，即有權能分開的實際。齊國的管仲、秦國的商鞅、蜀漢的諸葛亮，得君主的信任，執政時不被干涉及牽制，都有顯著的建樹。民主時代主權在民，但時常不信任政府，不讓政府權力過大，致民主國家多陷於無能。近百年來，多數政治學者都主張政府辦事要有效率，換句話說，就是要有能。現列舉理論和事實，闡明權能分開的理論。

一、格特爾指出政治思想趨勢

美國加州大學格特爾（Raymond G. Gettell）教授在所著政治思想史結論說：「就普通的一般說，政治思想是需要調和的。最基本的問題，就是政府由誰管理，和政府的職務如何。在平民政治與貴族政治、個人主義與社會主義，這種極端的傾向中，是必須調和的。但是近代政治思想對於這兩個問題，又有其相反的傾向。一方面民主政治要求普通選舉、官吏民選、創制權、與複決權。而在他方面各國政府復努力增進效率，及使政治專門化；如登用專家、文官考試、行政責任之集中、短票制度（Short Ballot）、市經理制、委員及官吏之任命等。近代政治之普遍調和的趨勢，就是以人民為最後的支配者，而兼顧及行政的效率。」（註二）

格特爾已指出政治上權能分立的趨勢；政府要有行政的效率，就是政府要有能；人民為最後的支配者，就是人民要有支配政府的權。他指出人民的政治要求，不僅要求選舉權，且要求創制權和複決權，就是要求人民權力的擴大。政府方面努力增進效率；短票制度是改良過去的長票制度，過去州的選舉不僅選舉州長，且選舉州長以下重要官吏，候選人很多，選票自然很長。短票制度僅選舉州長，其他官吏改由州長任命。競選州長者，不過二三人，選票自然很短，這就是行政責任之集中。委員及官吏不由選舉產生，改由州長任命。美國地方政府的趨勢，一方面要人民權力增加，一方面要政府增進效能，已有權能分開的傾向。

二、格納指出政府權力擴大理由

美國意利諾大學教授格納（James w. Garner）在所著政治科學與政府說：「在現代世界經濟發展與社會發展的狀況下，放任主義的不能實行，遠較亞當斯密和邊沁時代的不能實行爲甚。因爲經濟上政治上社會上種種深刻變化，對於七十五年前盛行的個人主義，已經發生一個強有力的反動。自十九世紀中葉以來，各文明國家都有擴張政府權力的顯著趨勢，突破了放任時代個人自由的領域。但本世紀所謂國家的干涉，與以前各世紀國家之干涉大不相同。國家的法令都經過了立法的手續，並非由行政當局的獨裁。……現世紀的國家干涉，和十八世紀的國家干涉不同；因爲現代行使干涉人民權力的政府，不是獨裁的政府，而是由人民組織和人民控制的政府。」（註三）

格納教授說明過去盛行的個人主義，反對擴大政府權力，以爲「辦事最少，政府最好」；因爲現代政治上經濟上社會上的變化，已顯著的失勢。政府干涉的權力，已逐漸的擴大。但政府權力的擴大，是不必憂慮的。因爲現代政府的法令，都須經過立法的手續；而現代的文明政府，都是由人民組織受人民控制的。政府權力擴大，才有能爲人民服務。人民能組織政府控制政府，就是人民有權。人民只要能控制政府，就不怕政府的權力擴大。

三、荷爾有權能分開的構想

美國政治學家荷爾（A. B. Hall）在所著民衆政府中，有一段說出權能分開的意思。「亞里士多德說：在一個眞正的共和國，法律通常必須與民衆的意志相合；但同時人民也必須準備選舉對於公共事務有優良訓練，而其指導被人民接受的人們，處理國務。如果人要有一雙鞋，他並不必自己去做，而雇一鞋匠去做；因爲鞋匠有較高的技巧和經驗。但鞋是否適足，他保留判斷權。如果適足，他仍繼續雇用，否則另換一人。同樣，人民如果希望公共事務管理得有效率，他們不應自己去做，而應請有較高知識和經驗的政治家去做，而自己對他們工作成績，應保留判斷權。」（註四）

荷爾引用亞里士多德的話，以做鞋比喻政治。一個人要做鞋，自己並不必做，常雇一鞋匠去做，這說明有權的不一定有能，須另請能者去做。若果鞋做得好，下次仍請他做，做得不好，另換他人。同樣，官吏是人民選舉的，若果服務良好，下次選舉時可再選他。若果成績惡劣，下次選舉即另選他人。若果成績惡劣，甚至可在其任期中，予以罷免。這樣說法，已有權能分開的意味。

四、美國的市經理制

美國現在市政府的制度，可分三種：一是市長參議會制，二是委員制，三是市經理制（City manager System）。根據美國一九五〇年美國市政年鑑統計，實行市長參議會制的，有一三八九市，實行委員制的有三三六市，實行市經理制的有五九三市。但一九五四年美國市政年鑑統計，實行市經理制的，已增加到一二〇五市。加拿大有三十九個市採用市經理制，愛爾蘭的縣市政府，也有採用經理制的。市經理制不僅是美國流行的制度，加拿大、愛爾蘭兩國的縣市，也有採用這個制度的。

美國市經理制，是在一九〇八年維琴里亞州（Verginia）的史託登市（Staunton）首先採用，此後有許多城市隨着採用。市經理制的內容是：市政府的市長，不由人民選舉；人民僅選舉若干議員，組織市議會；而由市議會選擇一個有經驗有能力的人，任命為市經理，也可稱為市長。此種人才不限於本地居民。市議會任用市經理後，僅決定市預算及市的施政方針，至於用人和行政的大權，則給予市經理，不干涉其用人和行政。市經理的任期並沒有規定，只要市議會滿意他的工作，即可長期擔任。

美國學者比德（Beard）在所著美國政府及政治說：「克里維南市（Cleveland）有八十萬人口，在一九二一年採用市經理制，由人民選舉二十五人組織市議會，再由市議會選擇任用市經理；但禁止市議會干涉市經理的用人和行政。」這就是市經理有能，市議會有權。市議會決定市的施政方針和預算，決定市經理的去留；但市經理有全權處理市的用人和行政，不受市議會的牽制和干涉。這個制度不是學者倡導的，是人民根據實際需要決定的。大概在選舉市長時發生流弊，常選出不懂市政的人或有錢有勢的人擔任市長，所以市長不由選舉產生，而改由市議會聘任；聘任的人不限於本地人，可以聘請一市政專家擔任市經理。且市議會僅決定做甚麼，至於怎樣做，由市經理全權決定，不加以牽制和干涉。若果市經理做得不好，市議會可以隨時解聘。這是順應需要，在不知不覺中實行了權能分開的辦法。（註五）

五、英美戰時授權法案

英美兩國的國會，平時權力很大，政府的法案或重要事件，都須先經國會討論和通過。因須先經國會討論，較難保持秘密；又通過之後始能執行，很難迅速處理。所以民主國家在平時，對政治問題常缺乏效率，有時表現無能。但在第一次第二次世界大戰時，軍情緊急，不能延誤，英美兩國國會都通過授權法案（Delegated Legislature），授權行政首長，在戰爭期間，可以便宜行事，不必先交國會討論通過。但戰爭結束後，國會收回授權命令，仍照平時辦法處理。

英美兩國在兩次大戰期間，因國會通過授權法案，行政首長平時受國會牽制，行動遲緩；一變而不受牽制，行動迅速。英美兩國在兩次戰爭時，均獲得最後勝利，授權法案實是一重大因素。英美兩國平時權能不分，然在戰時爲順應軍事需要，不知不覺中均採用權能分開的辦法。

第五節　權能平衡的意義

權能分開，人民有權決定做甚麼，至於怎樣做，由有能的政府去做。但權能分開之後，還要保持平衡，不能使人民權力太大，也不能讓政府的權力太大。

民國十年演講五權憲法說：「政治裡頭有兩個力量，一個是自由的力量，一個是維持秩序的力量。政治學中有這兩個力量，好比物理學中有離心力和向心力一樣。……如果離心力過大，物體便到處飛散，沒有歸宿；向心力過大，物體便愈縮愈小；總要兩力平衡，物體才能保持其堅固安定的平衡狀態。政治裡頭的自由太過，便成了無政府；束縛太過，便成了專制。古今中外數千年來的人類政治變化，總不外乎這兩個力量之往返伸縮的衝動。……兄弟現在所講的自由和專制這兩個力量，是主張雙方要保持平衡，不要各走極端，像物體內的離心力和向心力互相保持平衡一樣。……總要兩力相等，雙方平衡，才能夠令萬物得其平，成爲現在宇宙的安定現象。憲法在一國政府中的作用，好比是一架機器的組織同管理，……是管理全國各級政府、同社會各民衆團體之人事的大機器，也是調和自由和專制的大機器。……」

民權主義第六講說：「中國有了強有力的政府之後，我們便不要像歐美的人民，怕政府的力量太大，不能夠管理。因爲我們在計畫之中，想造成的新國家，是要把國家的政治大權，分開成兩個，一個是政權，要把這個大權，完全交到人民手內，要人民有充分的政權，可以直接去管理國事；這個政權，便是民權。一個是治權，要把這個大權，完全交到政府的機關之內，要政府有很大的力量，治理全國事務；這個治權，便是政府權。人民有了很充分的政權，管理政府的方法很完密，便不怕政府力量太大，不能夠管理。……」

「關於民權一方面的方法，世界上有了一些甚麼最新式的發明呢？第一個是選舉權，……專行這一個民權，好比是最初的舊式機器，只有把機器推到前進的力，沒有拉回來的力。現在新式的方法除了選舉權之外，第二個就是罷免權。人民有了這個權，便有拉回來的力。這兩個權是管理官吏的。人民有了這兩權，對於政府之中的一切官吏，一面可以放出去，又一面可以調回來，來去都可以從人民的自由。……國家除官吏之外，還有甚麼重要東西呢？就是法律。……創制權……是第三個民權，……複決權……是第四個民權。人民有了這四個權，才算是充分的民權。……所以這四個民權，就是四個放水制，或者是四個接電紐。我們有了放水制，便可以直接管理自來水；有了接電紐，便可以直接管理電燈；有了這四個民權，便可以直接管理國家的政治。……總而言之，要人民眞有管理政府之權，便要政府的動作，隨時受人民的指揮。……」

「人民有了這四個大權，來管理政府，要政府去做工夫，在政府之中要用甚麼方法呢？要政府有完全的機關，去做很好的工夫，便要用五權憲法。用五權憲法所組織的政府，才是完全的民權政府。……我們現在分開權與能，說人民是工程師，政府是機器；在一方面要政府的機器是萬能，無論甚麼事都可以做。又在他一方面要人民的工程師，也有大力量，可以管理萬能的機器。那麼，在人民和政府的兩方面，彼此要有一些甚麼樣的大權，才可以彼此平衡呢？在人民一方面的大權……是要有四個政權。…… 在政府一方面，是要有五個治權，……就是行政權、立法權、司法權、考試權、監察權。用人民的四個政權，來管理政府的五個治權，那才算是一個完全的民權政治機關。有了這樣的政治機關，人民和政府的力量，才可以彼此平衡，互相調劑，不相衝突。」

關於人民與政府的關係，歐洲的學者有不同的看法。十八世紀的自由主義者，爲維護人民的自由，主張減少政府的權力，使政府內部互相制衡，以免妨害人民的自由。十九世紀中葉以後，比自由主義左傾的，是無政府主義。無政府主義認爲政府代表權力，權力就是罪惡，主張廢除政府，使人民得到充分自由。比自由主義右傾的是馬克思主義。馬克思主義認爲政府職權應當擴大，兼管經濟任務，經濟上的生產和分配，都由政府負責。無政府主義者根本不要政府，就是自由太過，流於無政府。馬克思主義者輕視自由，主張擴大政府權力，就是束縛太過，便成了專制。自由主義者主張限制政府權力，以保障人民自由，常使民主政府陷於無能。自由主義、無政府主義、及馬列主義者，對於人民的權及政府的能，都不能保持平衡，使人民與政府的關係，不能保持平衡與安定。所以權能平衡，是自由與專制的調和；人民應有充分的民權，可以控制政府，政府應有充分的能力，但不致流於專制。

根據權能分開的理論，人民對政府應當控制的，是官吏與法律。人民有選舉權，可以決定政府的官吏；有罷免權，可以控制政府的官吏；政府是由人民組織，受人民控制的。法律保障人民自由，限制政府職權；所以民主國家的法律，必須得人民同意。人民有創制權和複決權，就可以決定法律的存廢。人民有了這四個民權，就可以管理國家的政治。至於政府的組織，應有完全的機關，政府機關的組織，應根據五權憲法，才能使政府權與人民權保持平衡。

第六節　權能平衡的原則—有制無衡

孟德斯鳩三權憲法的原則，是分權與制衡；認爲政府三個機關，互相制衡，互相牽制，對任何事不可迅速決定，以免忙中有錯，妨害人民的自由。他的主張是合理的，但未考慮到政府辦事的效率。　中山先生的五權憲法，贊成分權原則，但修正制衡原則，主張有制無衡。

民權主義第六講說：「像（權能）這樣的分開，就是把政府當作機器，把人民當作工程師。……這四個民權，就是四個放水制，或者是四個接電紐。我們有了放水制，就可以直接管理自來水；有了接電紐，便直接可以管理電燈；有了這四個民權，便可以直接管理國家的政治。」看上述的比喻，人民對於政府的關係，與工程師對機器關係一樣。人民的四個民權，就等於四個放水制，或四個接電紐。工程師對於機器，放水制對於自來水，接電紐對於電燈，都有制的力量；而機器、自來水和電燈，決無衡的力量。看了這三個比喻，可以理解　先生是修正制衡原則，主張有制無衡。

政府權力的限制，是民主政治的一個重要原則；但制衡原則，是民主初期的思想，沒有考慮政府辦事的效率。美國是實行分權與制衡的第一個國家，對美國政治的演進，確有相當貢獻，但常有權能不分的流弊。以總統與國會關係說，任何法案或重要事件均須提請國會通過，就是國會對總統有制的力量。國會通過或否決案件，送回總統；總統若不同意，就可交回國會復議，這就是總統有衡的力量。國會對總統交回復議議案，經三分二多數通過，總統始不能不執行。但總統交回復議（Reconsideration）之案，常不能獲三分二之通過，所以一般稱美國總統的復議權爲否決權（Veto Power）。這種辦法，議論不定，遷延時日，政府行動遲緩；甚至釀成總統與國會衝突，貽誤國家大事。所以美國在南北戰爭時，及第一次第二次世界大戰時，國會都通過授權法案，暫停制衡辦法，任由總統便宜行事；戰爭終了，國會收回授權法案之後，始恢復制衡原狀。由此，可知制衡原則缺乏辦事效率，在必要時英美兩國都不能不予以修正。

論語公冶長第五說：「季文子三思而後行。子聞之曰：再，斯可矣。」程子註曰：「爲惡之人，未嘗知有思。有思則爲善矣。然至於再，則已審。三則私意起，而反惑矣，故夫子譏之。」美國平時的制衡，可謂三思而後行，國家欠缺果斷，效率自然不高。若在往返討論之時，參雜個人利害或意氣之爭，更非國家之福。

中華民國現行憲法之制定，係三十五年各黨各派政治協商之下制定，並未完全採用　中山先生五權憲法的遺教，但有制無衡的原則，是完全採用的。

㈠國民大會對中央政府的關係。國民大會代表全國人民行使政權，開會時選舉總統副總統，決定國家政策。國民大會的決議，就是最高最後的決定，對中央政府有制的力量。中央政府對國民大會決議，只有遵照執行，無權要求改變決定，這就是沒有衡的力量。國民大會選出總統之後，等於同時通過授權法案（註六），由總統負責執行憲法賦予之權力，國民大會不予以干涉和牽制。若總統違法失職，或有重大過失，國民大會可以召集臨時會，行使罷免權予以罷免。國民大會有制的力量，總統無衡的力量，這是顯而易見的。

㈡行政院與各院關係。實行五權憲法，中央政府設立五院，五院間相互關係是如何呢？有幾位學者認爲是分工合作，不是互相制衡。分工是對的，合作也是對的；但如何合作呢？則沒有具體的說明。田炯錦先生認爲五院之間，仍是互相制衡；但所講的都是相制，沒有講到相衡，實際上是說明有制無衡。（註七）

中山先生創立五權憲法，深知政府的權力，是應受限制的。國民大會選出總統之後，等於同時通過授權法案，任由總統及政府執行任務。總統及政府平時不受國民大會之牽制或干涉，易流於專制獨裁。先生洞見於此，對於權力最大的行政院，加以適當限制，確保五權憲法的政府，是一個民主而有能的政府。

五院中與人民直接關係最多，可以妨礙人民自由的，是行政院。行政院機關最多，權力最大，用人也最多。我國現行憲法規定，行政院不得干涉司法案件，由司法院獨立行使。行政院在實行一切法案或政策之前，須先提請立法院通過，不能專斷獨行。行政院用人，不能濫用私人，必須考試院公開考試合格之人，始能任用。行政院所有官吏違法失職，監察院可以依法彈劾，予以懲處。立法院事前限制行政院的行爲，監察院事後糾彈行政人員的過失，考試院限制行政院的用人。行政院對於上述三院行使的職權，必須完全接受，沒有衡的力量。這些規定，就是保證政府內部的民主，不至流於專制。

行政院的法案，經立法院通過後，即可充分行使職權，在執行期間，不受立法院之牽制或干涉。只要奉公守法，就不會受監察院的彈劾。對於行使職務，是有完整權力的，可以建樹一個有能的政府。

現行憲法有衡的力量的，只有總統。總統係國家元首，總攬治權。對於五院間的爭執，可以召集有關院長會商解決。對於行政院不贊同立法院決議時，經總統核可，得送請立法院復議。若總統不核可，行政院長只有接受或辭職。對於法院的判決，總統有特赦、減刑或復權之權力。總統雖有衡的力量，僅能依照憲法規定行使，其權力仍受限制。例如大法官會議對憲法及法律的解釋，考試院公開考試取錄之人員，及監察委員提出之彈劾案等，總統均無權過問。

根據遺教及現行憲法的規定，國民大會對總統有制的力量，總統對於國民大會只有服從，沒有衡的力量。五院中之四院，對行政院有制的力量，行政院對四院的決定，只能尊重，沒有衡的力量。總統雖有衡的權力，但是憲法賦予的，仍受憲法規定的限制。這就是改變制衡原則，為有制無衡原則。

附註

註一：關於一個主張萬能政府的美國學者，顧翊羣先生、費海璣先生，均查出是美國政治學者Babbitt。顧先生譯為白壁德，費先生譯為巴比地。顧先生在國魂雜誌二八一期，發表一文，介紹白壁德的政治思想，說明白壁德主張有能政府，料想　中山先生所指的美國學者，就是白壁德。費先生著「班廸思想—萬能政府」一文，說明班廸（Mcgeorge Bundy）是巴比地的傳人。費先生說：「我現在找到了，說這種話的是巴比地。民國十三年波士頓出版的「民主與領導」，就是　孫中山先生演講前參考的四百種西籍中的一種。…巴比地思想的重要傳人，第一位便是桑達雅拉（Santayana），他在一九二〇年於紐約出版了一書，題為「合衆國之性格與民意」，就說明美國人民最怕的是得到了一個萬能政府，而無方法去節制他；最希望的是有一個萬能政府，完全歸人民使用，爲人民謀幸福。…第三位是班廸。」照費先生所述，　中山先生所稱的美國學者，似乎不是巴比地，而是桑達雅拉。因爲　先生參考書籍被燬，是在民國十一年，巴比地民國十三年出版的書，是不會被燬的。桑達雅拉出版的書在一九二〇年（民國九年），桑氏所說的話，與　先生所引相同。巴比地十三年出版的書，可能不是初版；桑氏係他的傳人，應該在他之後。作者未讀過上述各種著作，不敢判斷。但顧費兩先生的看法相同，大致可靠。他們提供研究人員的線索，確是難能可貴。

關於一個主張人民應改變對政府態度的瑞士學者，至今似未有學者指出線索。作者認爲確實查出，並非難事；只要將一九二二年以前美國和瑞士政治學者出版的書籍，逐一查閱，必可查出。這是需要人力和經費的，似應由中央研究院三民主義研究所擔負這個任務。

註二：Raymond G. Gettell：History of Political Thought, 1924. P.493.

註三：James W. Garner：Political Science and Goverment 1928, P.96.

註四：A. B. Holl：Popular Goverment, 1921, P.45 。崔書琴著三民主義新論第十三章，曾在附註引用。

註五：參閱下列兩書：一、The Department of State: A Goverment by the People, P.82-86. 二、Beard：American Goverment and Politics, 1929, P.723.

註六：參閱薩孟武著：直接民權與萬能政府。此文載於臺北中央日報、主流第二期。六十七年五月八日出版。

註七：田炯錦著：五權憲法與制衡問題。載於五權憲法論文選集上冊。中國五權憲法學會編輯，臺北帕米爾書店出版。

第四章　五權憲法要義

第一節　三民主義五權憲法相提並論的理由

先生從乙巳年（一九〇五）年起，至民國十三年止，許多重要著作及演講，均以三民主義五權憲法相提並論，這是甚麼原因呢？民國十二年一月一日中國國民黨宣言說：「本黨總理孫先生文，內審中國之情勢，外審世界之潮流，兼收衆長，益以新創，乃以三民主義爲立國之本原，五權憲法爲制度之綱領，俾民治臻於極軌，國基安於磐石，且以躋於有進而無退，一治而不復亂之域焉。」三民主義是立國的原則，五權憲法是建國的制度；革命成功後，必須建立五權憲法的制度，才能有效的實行三民主義。因爲國家雖有良好的立國原則，若無良好的政治制度，實難望有良好的成績。我們看中外歷史，在一個政治革命之後，能講求得失利弊，建立一代典章制度的，其革命成果必能有較久的保障。若果不能建立政治制度，縱使暫時勝利，亦難維持久遠。在好的制度之下，任何執政者皆有軌道可循，雖以才能平庸之人，亦能依照慣例，解決問題。不好的政治制度，則權責不清，條理不明，常使人迷亂困惑，雖以才能卓越之人，亦不易看清問題，眞正的解決問題。工欲善其事，必先利其器，所以建立國家，自當從奠定制度着手。政治制度的好壞，可以說是一個國家治亂的關鍵。

三民主義是立國的原則，假使不能實行，則三民主義僅是一種學說，一種理論，同古今中外的學說理論一樣，不過供人們的參考而已。為實行三民主義，使中國有進而無退，一治不復亂，必須建立一個民主和有能的政治制度。

先生主張中國政治革命社會革命同時進行，畢其功於一役。他的構想，是在政治革命成功之後，建立一個民主而有能的政府，就是五權憲法的政府。這一個實行民權主義的政府，對外要實行民族主義，確保中國國際地位的平等；對內要實行民生主義，保障人民幸福的生活。若果不能建立五權憲法的良好政府，三民主義就無法有效的實行，這就是　先生常以三民主義五權憲法相提並論的理由。

第二節　民國成立後五權憲法不能建立的原因

五權憲法是由三權憲法演進而來，是　中山先生研究各國憲法所得的結晶。但一般人不十分重視，又不知其中眞理，甚至一個中國法學博士和一個日本法學博士，都以為「五權憲法這個東西，在歐美各國都沒有見過，恐怕是行不通的。」因此，在民國開國的時候，當時代表各省人民的參議院，沒有採用五權憲法的制度。　先生民國十年演講五權憲法，很感慨的說：「兄弟從前創立了五權憲法之後，一般黨員國民對於這種新治國方法，都很不明瞭；就是專門學者，也有不以為然的。我記得在二十餘年以前，有一位中國留學生（王寵惠）……想專門學憲法，我就把我所主張的五權憲法說與他聽，足足的和他討論了兩個星期。他便說：這個五權憲法比較甚麼憲法都要好。……到了辛亥中國革命成功的那一年，他剛回到上海，兄弟見了他，就問他說：你從前很贊成我主張的五權憲法，近來研究了歐美各國的憲法，究竟有些甚麼心得呀！他回復我說：五權憲法這個東西，在歐美各國都沒有看見過，恐怕是行不通的。兄弟聽了他這番話之後，很不以爲然。不料我們黨內那一些同志聽了他的話之後，都以爲他是一位法律博士，而且他說歐美各國都沒有這個東西，總是有些不妥當，所以對於五權憲法便逐漸不大重視了。……（還有一位日本法學博士，先生同他研究了好幾個月，他才明白。）可見五權憲法這個東西，想要拿來實行，實在是很艱難的。現在雖然沒有人懂得，年深月久，數百年或數千年以後，將來總有實行的時候。」

五權憲法不能實行，是因爲大家不知這個道理，以爲中國實行民主，有三權憲法的成規，用不着新創制度。民國元年制定臨時約法時，參議院惑於法學博士王寵惠的意見，採用三權憲法的原則。所以　先生演講時憤慨的說：「在南京參議院訂立出來的中華民國約法裏頭，只有中華民國主權屬於國民全體的那一條是兄弟所主張的，其餘條文都不是兄弟的意思。」

自滿清末葉義和團排外失敗之後，崇洋思想盛行，以爲中國的政治制度，應完全倣效外國。辛亥革命後，各省代表議決的臨時政府組織大綱，立法精神係仿行美國三權分立的總統制。民國元年三月八日參議院通過臨時約法，則採用法國三權分立的內閣制。民國十二年十月十日曹錕政府公布的賄選憲法，仍係採用三權分立的內閣制。民國十七年國民革命軍統一中國，始試行五權之治。民國二十五年五月五日國民政府公布之憲法草案，根據　中山先生民權主義權能分開的理論，擬定五權憲法的制度。民國三十五年一月各黨各派舉行政治協商會議，通過對五五憲草修正原則十二條，完全推翻五五憲草立法的精神。此項修正原則第一條規定：「全國選民行使四權，名之曰國民大會。」僅保留國民大會名稱，實際上是取消了國民大會。第二條規定立法院之職權，相當於民主國家之國會。第六條規定行政院對立法院負責。雖仍保留監察院考試院，名義上是五權之治，實際上是倣效英國的內閣制。中華民國現行憲法依照憲草修正原則擬定，雖有部分修正，如保留國民大會等，但與　中山先生五權憲法的本意，不盡符合。

中國行憲不能制定五權憲法，實因各黨各派代表所知道的，僅是歐美的民主政治，不懂五權憲法的意義。甚至中國國民黨的代表，亦未堅持五權憲法的制度，這也是不知五權憲法的制度，是極民主的制度，所以不能據理力爭。民國建立後，一般人只知道歐美的民主制度，既不懂五權憲法，也不研究五權憲法，所以不能建立五權憲法的制度。無怪　中山先生感慨的說，「現在雖然沒有人懂得，年深月久，數百年或數千年以後，將來總有實行的時候。」

我們要注意「將來總有實行的時候」這一句話。　中山先生設計的五權憲法，不僅是爲中國設計，且爲人類的政治制度設計。但　中山先生設計的五權憲法，一個西洋法學博士和一個東洋法學博士，都要反復的討論了很久，才明白其中道理。他知道大家不知，自然難於實行。孟德斯鳩（1689～1755）是法國人，他的不朽名著法意，在一七四八年出版，他逝世於一七五五年。逝世三十二年之後，美國一七八七年制憲，才採用他三權分立的理論。　中山先生相信五權憲法確係眞理，中國若不能實行，將來人類總有實行的時候。

第三節　中國立憲不能完全倣效歐美

歐美的物質科學進步很快，心理科學進步很慢。管理物的方法，可以學歐美；管理人的方法，因爲中國社會情形與歐美大不相同，不能完全學歐美。民權主義第五講說：「中國幾千年來，社會上的民情風土習慣，和歐美的大不相同。中國的社會情形和歐美的不同，所以管理社會的政治，自然和歐美不同，不能完全倣效歐美。……要重新想出一個方法。……如果不照自己社會的情形，迎合世界潮流來做，國家便要退化，民族便受危險。」

民權主義第六講說：「近來歐美文化是很發達的。……他們的物質文明，像製造機器那些東西的進步，是很快的。至於人事機器，像政府機關這些的進步，是很慢的。這個理由是在甚麼地方呢？就是物質機器做成之後，易於試驗；試驗之後，不好的易於放棄，不完備的易於改良。人爲機器成立之後，很不容易試驗；試驗之後，很不容易改良；假若是要改良，除非起革命不可。……美國開國至今，有了一百五十多年，開國時所行的民權，和現在所行，差不多相同。現在所用的憲法，就是開國時候的聯邦憲法，經過一百多年，根本上沒有大改變，至今還是應用他。至於大多數的製造機器，發明的年代也不過一百多年。在一百多年的舊機器，……老早變成了廢鐵。現在農工商學兵各界中所有的機器，沒有十年以前的舊東西。說到一百多年以前的行政機關，至今還是運用他；這便是用人活動的機關，當中活動的人，固然可以隨時改換，但是全體組織，不容易根本改造。因爲習慣太久，陳陳相因，如果不起革命，一次來除舊布新；要在平時去改造，把舊組織完全廢棄，那是做不到的。」

歐美的民主制度進步很慢，各國的社會情形也不相同，除民主的原則大體相同外，民主的制度各國沒有完全相同的。我國當時贊成民主的人，多盛稱英美兩國的制度。但英國憲法不能學，美國憲法不必學，我們只能借鑑於英美，不可完全倣效英美；應當根據中國社會情形，迎合世界潮流，建立新的政治制度。

中山先生在「三民主義與中國民族之前途」演講說：「兄弟歷觀各國憲法，成文憲法是美國最好，不成文憲法是英國最好。英是不能學的，美是不必學的。英的憲法，所謂三權分立，行政權立法權裁判權各不相統，這是六七百年前由漸而生，成了習慣，但界限還沒有清楚。後來法國孟德斯鳩，將英國制度作為根本，參合自己的理想，成為一家之學。美國又將孟德斯鳩學說作為根本，把那三權界限更分得清楚；在一百多年前，算是最完美的了。一百二十年以來，雖經數次修改，那大體仍然是未變的。但是這百餘年間，美國文明日日進步，土地財產也是增加不已。當時的憲法，現在已經是不適用的了。兄弟的意思，將來中華民國的憲法，是要創立一種新主義，叫做五權分立。」因為英美制度不能完全倣效，所以借鑑三權分立的制度，同時採用中國固有的考試制度監察制度，創立一個新的五權分立制度，「不但是各國制度上所未有，便是學說上也不多見，可謂破天荒的政體。」

第四節　英國憲法不能學

歐洲在近代民族國家成立後，產生了立憲主義（Constitutionalism）的思潮。立憲主義的內容有二：㈠法治政治（Rule of Law），就是要改變人治為法治；政府的活動，不應由執政者任意專擅，而應有客觀的法律規範；要由這個法律規範，限制政府活動的範圍，保護人民的合法權利。㈡民意政治，政府的政策須根據被統治者的意思，人民應有權利參加國家的統制作用。所以立憲主義的目的，不僅要實現法治，且要使人民來制定法律。

立憲主義發源於英國。英國於一二一五年制定大憲章（Grand Charter），是貴族與國王的契約，目的在保障貴族的特權。但大憲章確定了一個原則，就是國王須受法律的拘束，萬一國王不守法，人民可以強制國王遵守。此後英王與貴族的鬥爭，有四百餘年。一六二八年的權利請願書（Petition of Right），一六七九年的人身保護法（Habeas Corpus），都是保障人民自由，限制國王權力。一六八八年光榮革命，一六八九年頒布的權利法典（Bill of Rights），代表貴族的國會，才掌握英國大權，英國立憲主義的基礎，才完全奠定。

英國當時立憲制度確立，但有選舉權選舉國會議員的人民，大體上限於貴族和教士。此後有選舉權的人民，逐漸擴大。一八三二年大改革法，有產者始取得選舉權。一八六七年改革法，打破財產限制，城市居民（工人）始取得選舉權。一八八四年改革法，鄉村人民（農人）始取得選舉權。一九二〇年及一九二八年的男女平等選舉法，年滿廿一歲的婦女，始取得選舉權。英國的普通選舉，經過了二百四十年的奮鬥，才完全建立。英國政治上的制度，如國會的兩院制，政府的內閣制，從一六八九年起，漸漸形成穩定的制度。一九一一年的國會法，參議院的權力減少，衆議院掌握代表人民的權力。

立憲主義發源於英國，且已形成一個固定的制度，爲甚麼不能學呢？第一、英國是君主立憲，英王雖已退處無權，但法律明文規定，英王有任免官吏，否決法律，宣戰媾和等重要權力。光榮革命以後，英王不負實際上政治責任，即所謂統而不治，國家大權掌握於國會和內閣，英王對上述之權力，根本不能過問。內閣總理之去留，取決於國會之是否信任，英王不能干涉；但內閣總理之辭職，形式上要向英王提出辭呈，新內閣總理之產生，形式上仍由英王任命。英國是君主立憲，中國是民主共和，英國憲法當然不能學。第二，英國除法律之外，還有公認的習慣法和法院的判例，都有憲法的性質。如國會由多數黨組閣，多數黨的領袖爲內閣總理，在野黨可以組織影子內閣（Shadow Cabinet），國會通過不信任案，內閣應卽辭職，或解散國會訴諸選民等重大事件，皆係公認的習慣法。英國是柔性憲法，凡是國會通過的法案，或沒有宣布廢止的法案，都是英國的憲法；再加上許多習慣法，和法院的判例，都有憲法的性質。因爲英國憲法很複雜，沒有一個綜合的綱領，所以不能學。（註一）

辛亥年的臨時政府組織大綱，採用美國的總統制；民國元年的臨時約法，採用法國的內閣制；都沒有採用英國的憲法。可知英國憲法不能學，是一般人公認的。

第五節 美國憲法不必學

美國脫離英國獨立後，一七八七年制定聯邦憲法草案，一七八九年經法定程序批准生效，選舉華盛頓爲第一任總統。美國是世界上第一個共和國，美國憲法是第一部成文憲法。憲法關於政府組織，大體上係採用孟德斯鳩三權分立，互相制衡的原則。美國憲法公布後，許多人都認爲是人類智慧偉大的結晶，是世界最好的憲法。一七八九年法國革命，一七九一年公布第一次法國憲法，關於政府組織，同樣採用三權分立的原則。此後立憲國家制定憲法，多採用三權分立的成文憲法。

美國憲法的目的，在實現民主政治，保障人民的自由權利。當時制憲人士，均認爲政府權力太大，容易形成獨裁，所以將政府分爲立法、行政、司法三部，使權力分散。同時又認爲：有權力者常有濫用權力的傾向；又使三部門互相制衡。立法權是牽制行政權，使總統不能獨裁；但又恐立法部門專制，將行使立法權的國會，分爲參議院衆議院兩院。任何法案，除條約案人事同意案由參議院單獨行使外，均須經兩院分別通過，由最後通過之院，咨送總統執行。總統對國會通過的議決案，有一個衡的力量，凡是總統不贊同的議案，有交國會復議之權。國會對於總統交回的復議案，有一個制的力量，兩院分別以三分二多數維持原決議，總統卽不能再有異議，必須執行。復議須經國會三分二之通過，只要任何一院有三分一加一議員之反對，原案卽等於否決。此時，總統只需要任何一院三分一加一議員的支持，卽可限制國會的權力，所以總統的復議案,普通稱爲否決權(Veto Power)。這就是美國立法行政互相制衡的規定，使政府對一個法案不能迅速決定，必須審議周詳之後，才能付諸實行。這個辦法，可使政府無法專制，足以保障人民自由；但對一個問題遲延不決，不能當機立斷，使政府陷於無能的狀態。世人每怪美國政府行動遲緩，殊不知這是美國憲法立法的精神，不能予以苛責的。

美國在制憲時，經過詳細的研討，使憲法的規定，儘量完美。但制憲的人都有遠見，他們預料時代和環境的改變，憲法的規定一定有不適用之處，所以在憲法第五條，規定修改的程序。截至一九二五年　中山先生逝世時，美國憲法已有修正補充條文十九條，茲列舉重要修正條文於次。

一七九一年修正補充條文第一條至第十條，前八條皆係保障人民自由權利。第九條規定：未在憲法中列舉的人民權利，皆不得由聯邦政府否認或危害。第十條規定：凡權限未經授與聯邦政府，或未禁止邦政府行使，皆由邦及人民保留。

一八六六年修正補充條文第十三條第十四條第十五條，黑人始取得自由人地位，規定人民之參政權，不因其種族或顏色的區別，或其過去的奴隸地位，而受到歧視的待遇。

一九一三年修正補充條文第十六條第十七條，第十六條規定徵收直接稅，第十七條規定各邦產生之參議院議員，不由邦議會間接選舉，改由各邦人民直接選舉。

一九二〇年修正補充條文第十九條，規定年滿二十一歲的婦女有選舉權。

美國憲法除修正補充條文之外，尚有許多改變，茲舉二事於次。㈠憲法規定總統對國會僅能提出國情咨文，不能向國會提案；但關於預算案，國會頗難擬定，一九二一年由國會通過議案，將預算案交由總統草擬提出，國會再予審核決定。㈡美國副總統本是一個閒人閒職，除任參議院主席，在投票時贊成反對票同數時，可以投票之外，只有在總統缺位時繼任總統，此外無一事可做。一九四九年國會通過杜魯門總統建議，副總統已可出席國家安全會議，擔任重要職務。（註二）

二十世紀初葉論民主政治者，多推崇美國憲法，　中山先生則確認美國三權憲法不完備，美國憲法不必學，現補充說明於次。

第一、美國彈劾權難於實行。美國彈劾權由國會行使，總統副總統及聯邦一切文官，皆在彈劾之列。衆議院過半數之通過，可以提出彈劾案。彈劾案成立，由參議院審判，須三分二之通過，始能宣告被彈劾人有罪。從美國開國以來，衆議院僅提出彈劾案十三次。一次是一七九八年對參議院議員W. Blount，因不是文官，無罪。一次是一八六八年對總統 A. Johnson，一次是一八七六年對陸軍部長 W. Belknap，此二次在審判時均未得參議院三分二之通過，無罪。其他十次都是對法院推事，而判決有罪者，僅有四次。由此，可知國會雖有彈劾權力，事實上程序繁難，虛有彈劾之名。但國會有彈劾權，對總統不滿之議員，可以向總統威脅，牽制總統之權力。如一九七三年衆議院以水門事件提出彈劾案，逼使尼克森去職，就是一個顯著的實例。所以美國關於彈劾權的規定，不僅不必學，而且不應學的。（註三）

第二、美國憲法沒有提及文官制度。美國聯邦政府用人之權，屬於總統。一八二九年傑克遜當選總統就職後，所有政府的官員都予撤換，以助選出力的民主黨人士繼任。此後新總統上任，都照樣辦理，形成所謂分贓制度（Spoil System），造成美國人事制度的紊亂。一八五三年英國對派往印度的官員，試行考試制度，有顯著成績，繼續在英國實行。美國始覺人事制度有改革必要，規定文官任用規程。但因兩大政黨都不願放棄既得利益，對於任用規程的實行，都是陽奉陰違。一八八一年迦斐爾（James Garfield）當選總統，上任僅四個月，即被求職不遂的兇徒刺死。至此，美國政府才有改革的決心。一八八三年國會通過潘勒登法案（Pendleton Act），才奠定了美國文官制度的基礎。這個制度的要點如下：㈠舉行公開競爭考試，以考試成績最優者儘先錄用。㈡凡經考試及格的官員，不得任意撤換。㈢經考試任用之官員，不得參加任何政治活動。㈣應由參議院同意任用之人員及雇員工役，不在此限。自從此制實行後，美國政府人事行政，始漸上軌道，趨於健全。以考試任用之人數，一八八八年佔百分之十八．六，計二九、六五〇人。一八九九年佔百分之四五．六二，計九四、八九三人。一九二四年佔百分七四．八，計四一五、九五三人。美國文官考試制度實行，是政治上一大改革，美國從此日益發展；但此種良好制度，美國憲法上並沒有規定。（註四）

第三、美國憲法事實上已在改變。美國憲法是十八世紀自由主義盛行時期的產物，憲法的原則，是限制政府權力，保障人民自由。二十世紀政府的職務，業已擴大，不僅要維護人民的自由，且要保障人民的生活。美國憲法的規定，有不能實行欠缺完備之處；所以美國爲順應潮流，已時常在修正。一九一三年修正補充條文第十六條徵收直接稅，就是節制資本的一個辦法；第十七條各部參議員改由人民選舉，已有實行直接民權的趨勢。美國的政治制度經濟制度，已漸漸在改變之中。且美國制憲人士均知所擬制度，在時代和環境變遷之下，一定有不適用之處，特規定憲法修改的程序。所以中國制定憲法，可以借鑑於美國，不必倣效美國。

第六節　各國憲法多創立新制度

立憲主義盛行，各國相繼立憲者，多採用三權分立原則；但對英美兩國憲法，僅引爲借鑑，並沒有完全倣效，現引瑞士、巴西、及德國威瑪憲法爲例。

一、瑞士憲法

瑞士在十八世紀之末，曾被法國拿破崙征服。拿破崙失敗後，一八一五年維也納會議，承認瑞士爲永久中立國。瑞士各邦常發生爭執，一八四六年瑞士制憲，一八四八年各邦批准憲法，瑞士始成統一的聯邦國家。瑞士同美國一樣，先有各邦，再聯合爲聯邦。所以瑞士制憲時，深受美國制度的影響，倣效美國憲法的體例，將聯邦政府的權力，列舉於憲法，未列舉之權力則屬於各邦。聯邦之立法權屬於國會，行政權屬於行政委員會，司法權屬於聯邦法院，有三權分立的形式。國會分爲兩院，參議院代表各邦，衆議院代表各邦人民，亦與美國相同。瑞士憲法形式上是三權分立，實質上則由國會總攬大權，而爲最高之權力機關。

關於行政組織，英國是內閣制，美國是總統制，瑞士則創立委員制。行政委員會設委員七人，任期四年，連選得連任。行政委員會委員由國會兩院聯席會議選舉之，並對國會負責。但行政委員會向國會所提法案若遭否決，亦不必辭職，僅須順從國會之決定。因爲瑞士人民視行政委員會與國會的關係，沒有分權的觀念，如美國政府的制度；也不視爲像英國的內閣，須得國會的信任而存在，失去信任而瓦解。所以瑞士的行政制度，與英美兩國完全不同。行政委員會係由國會產生，並受國會控制。聯邦法院的法官，仍由國會聯席會議選舉，任期六年，連選得連任。

瑞士憲法有一特點，卽公民對中央的憲法和法律，行使直接民權；對憲法有創制權，對法律有複決權。瑞士公民五萬人的簽署，可以提創制案，三萬人之簽署或八邦政府之要求，可以提複決案（八十九條）。聯邦政府常將意見紛歧的重大問題，交由公民複決，順從公民的意見。這是近代瑞士創立的制度。美國現在有二十個邦行使創制權和複決權，就是採納瑞士的制度。所以瑞士制憲時，雖係參考美國憲法，其政治制度完全與美國不同。（註五）

二、巴西憲法

巴西係南美洲最大國家，原爲葡萄牙殖民地。一八二〇年脫離葡萄牙，成爲獨立的君主立憲國家。一八八九年推翻君主政體，建立巴西聯邦共和國。一八九〇年召集制憲會議，仿照美國憲法，制定一八九一年的巴西聯邦憲法。巴西憲法經過三次修正，現行憲法係於一九四六年修正公布。巴西憲法雖係倣效美國憲法，但有顯著的不同。

㈠美國總統對國會無提案權，巴西總統則有提案權。法律提案權屬於總統及兩院任何議員或委員會；關於設置軍隊及一切有關財政之法律，其提案權屬於衆議院及總統。（第六十七條）

㈡總統頒布法律發布命令，美國總統係單獨簽署，巴西則須由有關部長副署，並對副署之行為負其責任。（九十一條、九十三條）

㈢美國各部部長不能列席國會，巴西各部部長應出席於衆議院及參議院。（九十一條四款）

㈣關於總統送請國會復議法案，美國係兩院分別開會復議，巴西係由兩院聯席會議復議。（第四十一條四款）

㈤關於任命部長，美國總統須得參議院同意，巴西總統則有任免部長之專權，不必經參議院同意。（第八十七條三款）

㈥美國議員不得兼任部長或州長，巴西議員可兼任部長或州長，不喪失其議員資格。（第五十一條）

㈦美國無候補議員，巴西則有候補議員。議員出缺時，應由候補議員遞補之。被選出之候補議員，其任期至該屆議員所餘任期屆滿時為止。（第五十二條）

由巴西憲法觀察，總統的權力特別重大，根據第八十七條，總統專有的權力，有十九項之多，各部部長為其輔佐，由其自由任免。國會的權力比較脆弱，第六十五條規定的國會權力，須經總統之認可。所以

巴西國會的權力，與英國國會比較，相差甚遠；與美國國會比較，亦屬遜色。（註六）

三、德國威瑪憲法

第一次世界大戰德國戰敗，一九一八年十一月十一日停戰，德國由君主立憲國家，變為聯邦共和國。一九一九年八月十二日頒布德意志聯邦憲法，因在威瑪地方制定，普通稱為威瑪憲法。威瑪憲法頒布後，許多新興國家制定憲法，多以為藍本。許多憲法學者對威瑪憲法特別注意，認為是世界最好的憲法。威瑪憲法關於聯邦與各邦職權的劃分，與美國憲法大體相同。關於中央政府組織，採用三權分立原則，但與美國的制度，大不相同。

威瑪憲法全文一百八十一條，分為二篇。第一篇，聯邦之組織及其權限；第二篇，德意志人民之基本權利及基本義務。威瑪憲法特點有四：

1.為憲法國際化之開始。「一般所承認之國際法規，視為德意志聯邦法律之一部分，而發生效力。」（第四條）

2.聯邦人民對聯邦中央行使直接民權。「議會議決之法律，大總統在公布之前，得於一個月內，先付國民投票。因議會議員三分之一以上之請求，而延期公布之法律，經有選舉權者二十分之一之聲請時，應付國民投票複決。有選舉權者十分之一，請願提出法律案時，亦應付國民投票。此項請願，應提出詳細之法律案。政府應附以自己意見，將此法律案提出議會。若議會不加以任何變更，可決國民所請願之法律案時，不必舉行國民投票。」（第七十三條）照此條規定，公民十分之一連署，可以提出創制案；公民二十分之一連署，可以提出複決案。但複決案之提出，加了一個限制，就是要議會議員三分之一以上要求延期公布之法律，始能提出複決案。至於人民對中央行使之選舉權和罷免權，只限於總統。「聯邦大總統，由全體德意志人民選舉之。」（第四十一條）「在任期終了前，亦得因聯邦議會之議決，實行國民投票，使大總統辭職。」（第四十三條）

3.男女平等。「男子及女子，原則上均有公民之同一權利，而負同一義務。」（一〇九條）

4.保障人民的經濟生活。「所有權受憲法之保障。……所有權包含義務，所有權之行使，應同時顧及公共福利。」（一五三條）「聯邦得依據法律，準用公用徵收之規定，將私人經營企業之適於社會化者；移歸公有。」（一五六條）「勞動力受聯邦之特別保護。」（一五七條）「爲維持健康及勞動能力、保護產婦及防護因年齡、疾病與生活變化，以致經濟上結果惡劣起見，聯邦應設置社會保險制度，並使被保險人參預其事。」（一六一條）「所有德國人民均應予依其經濟勞動，取得其生活資料之機會。對於未予以適當之勞動機會者，應支給必要之生活費用。」（一六三條）

以上所舉威瑪憲法四個特點，均爲英美憲法所未有。憲法之國際化，確由德國威瑪憲法開其端。男女平等，同享權利，同盡義務的規定，較英美兩國爲早。人民對中央行使直接民權，係採納瑞士之規定。保障人民經濟生活，亦係威瑪憲法首先規定。

威瑪憲法的中央政治制度，與美國有顯著的區別。德國國會除聯邦議會代表人民外，還有聯邦參議會代表各邦。但立法大權則在聯邦議會，參議會只有提案權和抗議權。（六九條及七四條）所以威瑪憲法的國會，事實上是一院制。

總統由人民直接選舉（四一條）。總統之罷免案，須聯邦議會三分之二以上議決；聯邦議會為上項議決時，總統當然停止其職務，實行國民投票，以決定總統應否罷免。國民投票結果，否決總統罷免案時，視為新當選，聯邦議會當然解散。（四三條）

內閣總理由總統任免；各部部長由總理提請總統任免之。（五三條）總統命令及一切處分，須經總理或主管部長之副署，始生效力。（五十條）總理及各部部長於行使行政職權時，須得國會之信任。國會以明示之議決，表示不信任時，總理或各部部長應即去職。（五四條）總理及各部部長係對國會分別負責，不是連帶負責，這與英國內閣制不同。美國總統對國會議決不同意時，得交回國會復議。德國總統對國會議決不同意時，得舉行國民投票，作最後決定。美國行政權由總統一人負責；德國行政權分別由總統、總理及各部部長負責。

威瑪憲法係以國民投票，為解決一切紛爭的方法。總統對議會議決之法律不同意時，得於一個月內舉行國民投票。議會決議罷免總統，須實行國民投票，以作最後決定。（七三條）參議院對聯邦議會議決之法律，有抗議權。參議院提出抗議之法律，應交聯邦議會復議。議會復議結果，如與參議院意見不能一致時，總統得於三個月內，將爭執之事件，提付國民投票。（七四條）這種制度，不僅與英國美國不同，與瑞士也有顯著的差異。（註七）

第七節　借鑑歐美各國憲法，創立五權憲法

英國憲法不能學，美國憲法不必學。美國憲法在德國威瑪憲法未頒布以前，號稱世界最好的憲法。但瑞士憲法和德國的威瑪憲法，都沒有完全倣效美國。就是巴西等南美洲中美洲國家，也沒有完全倣效美國。這些國家的憲法，形式上都是三權分立，實質上與美國不同。巴西總統的權力，較國會大。瑞士則國會總攬大權，行政部門完全受國會控制。德國威瑪憲法將美國總統之權力，分由總統和總理負責；美國總統之復議權，德國則代之以國民投票。在民國十四年　中山先生逝世以前，世界各國的憲法，沒有完全相同的。　中山先生內審中國國情，外觀世界潮流，借鑑於歐美各國憲法，創立五權憲法，爲中國建國之制度。民國十三年　中山先生演講民權主義，頒布建國大綱。這個時候，德國威瑪憲法流行，許多人視爲最好的憲法。德國人民對中央有創制權和複決權，尤爲一般人稱道。　先生主張直接民權，並不採用德國辦法，規定縣行使直接民權，中央及省行使間接民權。觀威瑪憲法在德國實行十四年（一九一九至一九三三），因簽署困難，人民對中央的創制權和複決權，並未實行一次。由此，可知　先生的深謀遠見，決不提出不能實行的辦法。

先生在中國革命史說：「中國……不可謂無民權思想矣；然有其思想而無其制度，故以民主國之制，不可不取資歐美。……歐美立憲之精義，發於孟德斯鳩，所謂立法行政司法三權分立是已。歐洲立憲之國，莫不行之。然余遊歐美，深究其政治法律之得失，如選舉之弊，決不可無以救之。而中國相傳考試之制，糾察之制，實有其精義，足以濟歐美政治法律之窮。故主張以考試糾察二權，與立法司法行政三權並立，合爲五權憲法。」

民國五年，演講採用五權分立之制以救三權鼎立之弊說：「現今世界各文明國，大都三權鼎立。其實，三權鼎立，雖有利益，亦有許多弊害。故鄙人於十年前，卽主張五權分立；蓋除立法司法行政外，加入彈劾考試二權而已。此二種制度，在我國並非新法，古時已有此制，良法美意，實足爲近世各國模範。……吾國動言復古，而於數千年前固有之彈劾考試二種良善制度，獨不能實力奉行，寧不可惜！」

中國有民主思想，而無民主制度；故中國建立民主制度，不能不取資於歐美。歐美三權鼎立的原則，是孟德斯鳩十八世紀創立的思想。美國制憲採用後，各立憲國家相繼採用。但形式上雖採三權分立，實質上不盡相同。如瑞士、巴西憲法、德國威瑪憲法，實質上都有顯著的改變。中國在二十世紀制憲，自不能完全倣效美國或任何一國的制度。過去三權分立制度的利害，我們應引爲借鑑；良好的部分，應予以採納，有弊的部分，應予以改正。中國固有的彈劾制度考試制度，有良好的成績，憲法中增加彈劾考試二權，可以救三權分立之窮。

先生採用中國的兩權，外國的三權，合爲五權憲法。但對中國固有的兩權，不是恢復過去的辦法，而是採用制度的精神。對外國的三權，除司法權大體相同外，對立法行政二權，亦有明確的改變。先生將中國的二權，外國的三權，融會貫通，斟酌損益，創立五權憲法，採用的雖然是中國和外國的舊材料，在政治史上却是一個創新的制度。

第八節　以考試制度拔取眞才

民國五年演講採用五權分立制以救三權鼎力之弊說：「至於考試之法，尤爲良善。稽諸古昔，泰西各國大都係貴族制度，非貴族不能作官。我國昔時，雖亦有此弊；然自世祿之制廢，考試之制行，無論平民貴族，一經考試合格，卽可作官，備位卿相，亦不爲僭。此制最爲平允，爲泰西各國所無。厥後英人首倡文官考試，實取法於我，而法德諸國繼之。美國以共和國體，其大權常爲政黨所把握，眞才反致埋沒。故自華盛頓後，除林肯外，其餘之大總統，均不能大有所設施。至羅斯福始力矯此弊，故繼任之總統如塔夫脫、威爾遜，皆一時之選，各能有所樹立。然而共和國家首重選舉，所選之人，其眞實學問如何，每易爲世人所忽。故黠者得乘時取勢，以售其欺。今若實行考試制度，則被選舉之資格，限制甚嚴，自能眞才輩出。」

民國十年演講五權憲法說：「美國憲法不完全，他們便有人想方法來補救；不過那種補救的方法，還是不完全。……因爲要防範那些流弊，便想出限制人民選舉的方法，定了選舉權的資格。……這種限制選舉，和現在平等自由的潮流是相反的。……單是限制選舉權，也不是一種補救的方法。最好的補救方法，只有限制被選舉權，要人民個個有選舉權。這種選舉，就是各國要力爭的選舉，這就叫做普通選舉。普通選舉雖然很好，究竟要選舉甚麼人才好呢？如果沒有一個標準，單行普通選舉，也可生出流弊。……據兄弟想來，當議員和官吏的人，必定是有才有德，或者有甚麼能幹，才是勝任愉快的。……中國有個古法，……就是考試。……這個古法，在中國從前專制時代，用的時候尙少。……君主以用人爲專責，所以他能搜羅天下的人才。到了今日的時代，人民沒有工夫來辦這件事。所以任用官吏，在君主時代可以不用考試；共和時代，考試是不可少的。……考察各國的政治憲法，見得考試就是一件補救的好方法。……憲法中能夠加入這個制度，我想一定是很完備，可以通行無阻的。」

查人才選拔的方法，不外推薦、選舉、考試三途。中國在秦代以前，是貴族政治，人才的選拔，係由君主的搜羅，或由大臣的推薦。漢代的鄉舉里選，仍是一種推薦，由地方推薦人才於中央。魏、晉時期，鄉舉里選制破壞，演變爲「九品中正制」，卽人才由中央或地方評定。但其流弊是「上品無寒門，下品無士族」，評定不能公平，形成新的貴族制度。中國考試制度，開始於隋，盛行於唐。唐代的考試，應試人員須由地方推薦，但有「懷牒自列」的規定；凡是志願赴考者，地方都一律推薦。唐代實行考試制度，無論平民士族，一經考試及格，卽可作官，遂打破魏晉以來新興的貴族制度。宋、明、清三代，均實行考試制度，明、清兩代以八股文取士，是實行的方法不好，應當改正。但以考試拔取眞才，實是一個很好的制度。

歐美在英國未採用考試制度以前，人才的選拔，不外推薦選舉兩途。一八四二年英國與我國訂約通商後，英人考察中國制度，認爲以考試選拔人才，是一種良法。一八五三年試行於派赴印度的官員，卓著成績，遂推行於英國本土。一八八三年美國實行考試制度，始打破過去的分贓制度，美國人事制度始上軌道。第二次世界大戰以後，日本、菲律賓都採用考試制度，選拔任用官吏。現在世界的民主國家，已有普遍實行考試制度的趨勢。

由中外歷史觀察，以考試制度選拔人才，可以打破黨派、階級、貧富、性別種種區別，實在是比較公平合理的制度。　中山先生主張考試獨立行使，凡是選舉的議員，委任的官吏，都要經考試及格，始有競選及委任的資格。他對選舉制度，反對限制選舉權，主張實行普通選舉；但主張以考試限制被選舉權；使有財有勢的人，不能憑其財勢競選。

先生認爲在君主時代，君主以用人爲專責，有時間有地位去網羅天下人才。民主時代，人民雖係國家的主人，但沒有辦法去選拔人才，只有採用公平的考試制度。所以民主時代，考試制度更是不可少的。考試必須公平公正，若由行政部門兼辦，則有權力者易於濫用權力，可能發生弊端。所以考試權應獨立行使，實行大公無私的考試制度，爲國家選拔眞才。

第九節　以監察制度糾彈官邪

民國前六年演講三民主義與中國民族之前途說：「一爲糾察權，專管監察彈劾的事。這個機關，無論何國皆必有的，是理爲人所易曉。但中華民國憲法，這個機關定要獨立。中國從古以來，本有御史台主持風憲；然亦不過君主的奴隸，沒有中用的道理。就是現在立憲各國，沒有不是立法機關兼有監督的權限。那權雖然有強有弱，總是不能獨立，因此生出無數弊病。……裁判人民的機關，已經獨立；裁判官吏的機關，却仍在別的機關之下，這也是理論上說不去的。」

民國十年演講五權憲法說：「說到彈劾權，在中國君主時代，有專管彈劾的官，像唐朝諫議大夫和清朝御史之類，就是君上有過，亦可冒死直諫。這種御史都是梗直得很，風骨凛然。……從前美國有一學者叫巴直氏，他是很有名望的，著過一本書，叫做自由與政府，說明中國的彈劾，是自由與政府中間，最良善的調和方法。」

民權主義第六講說：「監察權就是彈劾權。外國現在也有這種權，不過把他放在立法機關之中，不能獨立成一種治權罷了。」

民國十二年在中國革命史說：「五院皆對國民大會負責。各院人員失職，由監察院向國民大會彈劾之。而監察人員失職，則由國民大會彈劾而罷免之。國民大會職權，專司憲法之修改，及制裁公僕之失職。」

中國秦漢時代，已建立監察制度。漢代中央的三公，是丞相、太尉、御史大夫。御史大夫負監察責任，是副丞相，但監察權尚附屬於行政權。中國監察權的獨立，始於唐代。唐代中央設三省、六部、一台。三省是中書省門下省尚書省。六部是吏戶禮兵刑工六部，屬於尚書省。一台是御史台，是獨立機構，不屬於三省，掌理糾察尚書省六部官吏及各州縣官吏之責。宋代因襲唐制，仍設御史台。明代監察機構改爲都察院，察糾內外百官之官邪。清代因襲明制，仍設都察院，都察院的御史，可以隨時提出彈劾案。守正不阿的御史，對政治的澄清，有很大的作用。自秦漢以至明清，監察制度時有改變，但糾彈官邪之作用，則是相同。中國歷代專制政體不至完全黑暗，而有若干光明，監察制度確有很大的貢獻。

歐美民主國家都有監察權，但監察權附屬於國會，沒有獨立行使。因國會職權太多，監察權常變爲國會控制政府的工具。第二次世界大戰以後，一部分民主國家，已知國會不能充分行使監察權，實行了監察長制。監察長制發源於北歐的瑞典，係一八〇六年創立。此制係由國會任命一名官員爲監察長，處理及調查人民被官吏侵害所提出之申訴案件；對政府機關或官吏之違法失職，採取糾正措施，以謀適當之救濟。瑞典實行監察長制，已有百餘年，並未發生影響。一九五四年丹麥採用監察長制，制定監察長法。一九六七年英國採用監察長制，由國會制訂監察長法（The Parliamentary Commissioner Act）。丹麥、英國相繼實行監察長制，已引起民主國家廣泛的注意，美國、西德各國均在研究這個制度，考慮實行的辦法。監察權由國會行使，不易發生效果，應由國會組織機關獨立行使，已是許多國家和學者共同的意見。（註八）瑞典、丹麥、英國現行的監察長制，與　中山先生監察權獨立行使之主張，有類似之處。雖不能說是受　先生主張的影響，但事實演變，監察權已有脫離國會獨立行使的趨勢。　先生主張的正確，已得到事實的證明。

人類由動物之有知識能互助者進化而成。人類進化，已發生善良的人性，但仍遺留若干自私的獸性。而有權力的人，又易於濫用權力，政府官吏違法失職之事，勢所難免。爲發揚人性，抑制獸性，監察權獨立行使，糾彈違法失職之官吏，實屬必要。但監察人員濫用職權，不能盡監察之責，則由國民大會彈劾而罷黜之。

附　註

註一：司法行政部編：各國憲法彙編、三、英國憲法及其說明。四十八年一月初版。

註二：前引書，五、美國憲法及其說明。

註三：薩孟武、劉慶瑞合著：各國憲法及政府第二章第三節，二、㈢彈劾權。自印，四十七年增訂一版。

註四：余堅著：比較政府上卷第二篇第七章、美國文官制度。五十七年元月帕米爾書店出版。

註五：註一前引書，四、瑞士憲法及其說明。

註六：註一前引書，十五：巴西憲法及其說明。

註七：司法行政部編：各國憲法彙編、㈡、十一、德意志聯邦憲法（威瑪憲法）及其說明。

註八：張劍寒著：監察長制之發生與發展。此論文載於憲政思潮第十二期。

第五章　民權行使方法

第一節　實行四種民權、限制被選舉權

民權是人民向專制帝王爭取的，最初爭得的民權是選舉權，人民可以選舉代議士，參預國家的政治。所以由專制政體進步到代議政體，不能不說是一大進步。先生演講民權主義的時候（一九二四年），所謂先進國家，僅爭得普通選舉。一九一九年德國威瑪憲法規定男女的平等權，一九二〇年美國憲法修正補充條文第十九條，規定婦女年滿二十一歲的有選舉權，英國遲至一九二八年國會改革案，廿一歲以上的婦女才有選舉權。英美兩國實行的，就是代議政體。

先生確認僅實行選舉權，是不充分的民權；要同時實行罷免權創制權複決權，才算是充分的民權。瑞士在十九世紀中葉，已實行了創制權和複決權。美國西北各州在十九世紀之末二十世紀之初，已實行了罷免權創制權複決權三權。中國是一個文明國家，中國民族是一個優秀民族，我們實行民主政體，決不能以代議政體爲模式，一定要建立一個眞正的民主國家，人民要有充分的四個民權。中國縱然一時不能辦到，理應朝着這個方向努力，使人民眞有管理政府之權。中國行使四權，如何始能避免流弊呢？先生提出下列兩項主張。

第一、在實行憲政之前，應訓練人民行使四權。民國前七年中國同盟會軍政府宣言，規定將來治國之大本，分爲軍法之治、約法之治、憲法之治三時期，約法時期，軍政府授地方自治權於人民，而自總攬國事之時代。民國十三年建國大綱規定建國時期爲軍政、訓政、憲政三時期，第八條說：「在訓政時期，政府當派曾經訓練考試合格之員，到縣協助地方自治；其程度以全縣人口調查清楚，全縣土地測量完竣，全縣警衞辦理妥善，四境縱橫道路修築成功，而其人民曾受四權使用之訓練，而完畢其國民之義務，誓行革命之主義者；得選舉縣官，以執行一縣之政事；得選舉議員，以議立一縣之法律，始成爲一完全自治之縣。」第九條說：「一完全自治之縣，其國民有直接選舉官員之權，有直接罷免官員之權，有直接創制法律之權，有直接複決法律之權。」

中國人民實行民主，須行使充分的民權；但要人民確能行使四權，必須有一過渡時期，由扶植地方自治着手。民主政治是由下而上的，地方自治是建國的礎石。人民在此時期，受四權使用之訓練，完成地方自治，自能運用四權，處理地方事務。各縣人民有自治經驗，即可參預國家大事。所以國民大會的代表，先生主張由縣選舉。

先生對於人民使用四權的訓練，特別注意；他著有民權初步，養成人民集會的習慣，熟習開會的規則，可以處理地方的政事。所以　先生對於人民行使四權，確非空虛的理想，而有實行的方法。

第二、不應限制選舉權，應限制被選舉權。民國十年演講五權憲法說：「美國憲法的不完全，他們便有人要想方法去補救，……最好的補救方法，只有限制被選舉權。要人人都有選舉權，……這就是叫做普通選舉。普通選舉制度雖然是很好，究竟要選舉甚麼人才好呢？如果國家沒有規定一個標準，單行普通選舉，也可以生出流弊。……當議員和官吏的人，必定是要有才有德，或者有甚麼能幹，才可說是勝任愉快。……怎樣斷定他們是合格呢？我們中國有個古法……就是考試。……中國在從前專制時代，……君主以用人爲專責，所以他能搜羅天下的人才。到了今日的時代，普通人民沒有工夫去辦這件事，所以任免官吏……在民權時代，考試是不可少的。」

先生主張普通選舉，反對限制選舉權，但要用考試來限制被選舉權，無論是議員和官吏，一定要考試合格，才有競選的資格，使有財有勢的人，不能爲所欲爲，這實在是最公平的辦法。建國大綱第八條規定：訓政時派至各縣協助地方自治人員，必須「曾經訓練考試合格」。這種大公無私拔取眞才的精神，確非所謂階級專政可以比擬。

第二節　直接民權與間接民權並行

先生批評代議政體，主張人民行使四權，有人以爲先生反對間接民權。謝瀛洲先生認爲國民大會所行使者，非間接民權，而等於直接民權。（註一）崔書琴先生說：「政府機關由人民直接控制，便是直接民權；若由其代表代爲控制，便是間接民權。」（註二）謝、崔兩先生都是有名學者，對國民大會性質，解釋不一。三民主義辭典解釋說：「據國父遺教中所云間接民權，可作二種解釋：其一，選舉權爲間接民權，然合選舉、罷免、創制、複決四權而言，亦統稱爲直接民權。其二，四種民權直接行於縣治者，爲直接民權，其間接行於省與中央者，爲間接民權。（註三）」此項解釋，極爲適當。第一、民權主義第六講說：「人民有了這四個權，才算是充分的民權；能夠實行這四個民權，才算是澈底的直接民權。」這證明第一種解釋是適當的。第二、在遺敎，對間接民權與直接民權並行，是明白指示的。

民國十年在「中華民國建設之基礎」說：「官治云者，政治之權付之官僚，於人民無與。……民治則不然，政治主權在於人民，或直接以行使之，或間接以行使之。其在間接行使之時，爲人民之代表者，或受人民之委任者，應盡其能，不竊其權，予奪之自由，仍在人民。……分縣自治，行直接民權。……國民大會由每縣國民舉一代表組織之，……爲間接民權。」

民國十年演講五權憲法說：「除了在憲法上國民大會，五權分治，在中央政府分別由國民代表行使間接民權之外，我們最重要的治國方略，就是分縣自治，要全民實行直接民權。人民要能夠就近行使四種直接民權，才算是眞民主國家。」

民國十二年在中國革命史說：「建設完成時期，……此時一縣之自治團體，當實行直接民權。……而對於一國政治，除選舉權之外，其餘之同等權，則付託於國民大會之代表以行之。」

民國十二年中國國民黨改進宣言說：「以人民集會或總投票方式，直接行使創制、複決、罷免各權。」

民國十三年中國國民黨第一次全國代表大會宣言說：「國民黨之民權主義，於間接民權之外，復行直接民權。即爲國民者，不但有選舉權，且兼有創制、複決、罷免諸權也。」

民國十三年頒佈建國大綱，第九條說：「一完全自治之縣，其國民有直接選舉官員之權，有直接罷免官員之權，有直接創制法律之權，有直接複決法律之權。」第十六條說：「凡一省全數之縣，皆達完全自治者，則爲憲政開始時期，國民代表會得選舉省長，爲本省自治之監督。」第二十三條說：「全國有過半數省份達至憲政開始時期，即全省地方自治完全成立時期，則開國民大會，決定憲法而頒布之。」第二十四條說：「憲法頒布之後，中央統治權則歸於國民大會行使之；即國民大會對於中央政府官員，有選舉權有罷免權，對於中央法律，有創制權有複決權。」

由上引遺教，可得下列結論。

㈠中央與省行使間接民權，縣行使直接民權。當建國大綱頒布時，德國威瑪憲法流行，一般人認爲是最好的憲法。威瑪憲法規定，人民對德國總統直接選舉直接罷免，對中央法律直接創制直接複決。先生在建國大綱，不採用威瑪憲法的辦法，僅主張縣行直接民權，中央與省行使間接民權。德國威瑪憲法實行十四年，除直接選舉總統之外，並未罷免總統，對中央法律之創制複決，因提案簽署困難，從未提出一次。由此，可知　先生見解的卓越。

㈡人民僅有選舉權，是有限的民權。人民除選舉權之外，兼有罷免創制複決三權，才是充分的民權。縣的人民行使直接民權，中央國民大會行使間接民權，都應行使充分的民權，就是都有選舉罷免創制複決四權。

㈢行使創制權和複決權，已承認有議會的存在。因爲議會不創制的法律，人民可直接創制；議會議決的法律，人民不同意的，可直接複決。若果沒有議會制定法律，則創制複決的意義，將完全喪失。中央國民大會之創制複決，是爲控制立法院。縣人民之創制複決，是爲控制縣議會。

㈣縣同時實行直接民權和間接民權。民國九年頒布地方自治開始實行法說：「二、立機關。……由人民選舉職員，以組織立法機關，並執行機關。」建國大綱第八條說：「在訓政時期，……得選舉縣官，以執行一縣之政事，得選舉議員，以議立一縣之法律，始成爲一完全自治之縣。」由上引述，可知　先生是主張成立縣議會的。縣議會由人民選舉產生，以議立一縣之法律。縣議會所行使的是間接民權。縣人民有創制複決兩權，以控制縣議會，則是直接民權。所以在一縣之中，是同時行使直接民權與間接民權。瑞士人民行使創制權複決權，美國西北各州人民行使創制權複決權，同時就有議會的存在。所以直接民權間接民權同時行使，瑞士及美國西北各州早已如此。至於人民行使之方式，「以集會和總投票方式行之」。人口多之縣，自以公民投票方式爲宜。

崔書琴先生的解釋，大體正確的，但其大著所述，係說明地方自治行使直接民權，對國民大會、省民代表會，未加說明。謝瀛洲先生認爲國民大會無異於直接民權，他說：「一般人徒以國民大會爲代表所組成，遂認爲國民大會所行使者，係屬間接民權，此實未能瞭解遺敎之眞義也。且學者因欲防止議員之違反民意，有主張採用授權命令（Mandate　Imperatif）制度者，其內容係使選民得以其所希冀之事項，……以命令式授權於其所選出之議員，使於議會提出之。於此場合，受命之議員，在議會中，其言論與主張，應絕對遵守選民之意旨——授權命令。中國之國民大會，若能本於遺敎之見解，採用授權命令制度，……代表即等於人民，而國民大會所行使者爲直接民權矣。」（同註一）這種解釋，謝先生對遺敎似有疏忽。且授權命令之說，僅係學者主張，並未有任何國家實行。

查授權命令辦法，英國即不採用；因爲英國國會議員選出後，明白規定係代表全國，並不代表其選舉區。法、德、意三國憲法，對授權命令辦法，都加以否定。法國第五共和憲法第二十七條規定：「一切命令之委任（Mandate　Imperatif　）爲無效，國會議員之投票權屬於本人。」一九四九年西德憲法第三十八條規定：「議員爲全體人民之代表，不受指令或委任之拘束，而僅服從其自己良心。」一九四八年意大利憲法第六十七條規定：「一切國會議員代表國民行使職權，不受委任之拘束。」由法、德、意三國憲法規定觀察，可知授權命令之說，僅係學者之理想，未被任何國家採用。

國民大會代表，係代表其選舉區，當然應尊重選民之意見。若果選民認其不能代表選民意見，自可依法予以罷免。若在選出代表之時，即予授權命令，尚可辦到。若在開會之時，有重大問題討論，超出授權命令之外，而代表不能決定，必須靜候授權命令，時間上必至拖延。且授權命令如何發出，更是難於解決的問題。所以英、法、德、意四國都不採用授權命令的辦法。中山先生主張直接民權，但同時主張間接民權，即「於間接民權之外，復行直接民權。」綜觀全部遺教，先生從未提出不能實行或無法實行的辦法。所以謝先生的意見，實非正確解釋。

第三節　革命民權的意義

㈠革命民權的意義。中國國民黨第一次全國代表大會宣言說：「國民黨之民權主義，與所謂天賦人權者殊科，而唯求所以適合於現在中國革命之需要。蓋民國之民權，唯民國國民始能享之，必不輕授此權於反對民國之人，使得藉以破壞民國。詳言之，則凡反對帝國主義之個人及團體，均得享受一切自由及權利。而凡賣國罔民，效忠於帝國主義及軍閥者，無論其爲團體及個人，皆不得享有此等自由及權利。」

中山先生認盧梭的天賦人權說，係爲推翻神權說、君權神授說，對於推翻君主專制，建立民主政體，有很大貢獻。但由社會進化歷史說，則與事實違背。歐洲革命爭自由平等，結果得到民權。民權不是天賦的，是人民爭來的；民權就是人民的政治力量，也就是人民行使的統治權。革命成功後，應由參加革命的人，負責統治，決不能輕授此種權力於反革命分子，使得藉以破壞民國。

㈡革命民權的範圍。革命民權的範圍，是指人民的政權，即選舉罷免創制複決四權，並沒有包括人民的各種自由權利。第一次全國代表大會宣言對內政策第六項說：「確定人民有集會、結社、言論、出版、居住、信仰之完全自由權。」第十二項說：「於法律上、經濟上、教育上、社會上，確認男女平等之原則，助進女權之發展。」中華民國的人民都享受此等自由平等的權利，其不能享受的，僅限於「賣國罔民，效忠於帝國主義及軍閥者」；這種分子就是私通外國，出賣祖國的賣國賊，在任何國家都應受法律之制裁，決不能使其混迹於革命陣營，有破壞民國的機會。

㈢革命民權的理由。民國三年中華革命黨初成立時，革命潮流低落， 先生在革命方略中，為鼓勵革命黨人，規定設元勳公民。是時吳稚暉先生不贊成， 先生寄信解釋說：「今惟以其有革命首義之功，因而報以政治上優先之權利，初未見其不當也。自弟倡言革命以來，同志流血者多矣。然見殺於敵，一死成仁，亦或可以瞑目。所最奇者，則革命成功，而革命黨紛紛見殺於附和革命贊成共和之人。如東三省、河南、安徽、湖北、湖南、貴州等處，一一稽考其故，可為痛哭流涕。他日第三次革命，自不能不稍謀保障此輩人之方法。前車已覆，吾輩寧犯私於黨人之誹，不欲廣大教主之名矣。」（註四）辛亥革命時，各省革命黨不排斥憲政黨人（即保皇黨），參加者一律歡迎。但憲政黨則暗中排斥革命黨，與擁護袁世凱軍人勾結，屠殺革命黨人。以作者家鄉貴州論，被屠殺的革命黨人，即有二百餘人，安順都督劉謹權被殺，係作者所親見，眞是言之痛心。對敵人寬大，就是對同志殘忍，此語確是眞理。若任由假革命黨混入革命陣營，甚至乘機竊奪政權，此不僅革命黨之損失，且將貽禍於國家社會。 先生爲使不再蹈辛亥革命時之覆轍，所以主張革命民權。

㈣實行革命民權之時期。 先生將建國時期，分爲軍政訓政憲政三時期。建國大綱宣言說：「蓋不經軍政時期，則反革命之勢力無由掃蕩，而革命之主義亦無由宣傳於民衆，以得其同情與信仰。不經訓政時代，則大多數之人民，久經束縛，雖驟被解放，初不瞭知其活動之方式，非墨守其放棄責任之故習，即爲人利用，陷於反革命而不自知。前者之大病，在革命之破壞不能了澈；後者之大病，在革命之建設不能進行。」

革命民權之實行，應在軍政訓政兩時期，尤其在軍政時期。因爲在軍政時期，反革命勢力正待掃蕩，革命政權尚未鞏固；若讓假革命黨混入革命陣營，必將造成無窮災禍，辛亥革命後的往事，可爲殷鑒。軍政時期成功，革命政權鞏固，進一步實施訓政，使反革命者不能煽惑人民，而有自治能力。憲法頒布，實施憲政，每一公民均可行使四權。此時革命黨還政於民，革命民權時期當然終止。

㈤歷史的教訓。以中國歷史說，凡在改朝換代之時，參加逐鹿之團體，多招降納叛，擴大勢力。但必須有一核心力量，可以吸收外來分子，始可壯大本身力量，而奪取統治權。若容納分子，係敵人間諜，或別有野心，則將導致分裂或覆亡之禍。楚漢相爭時，楚國的韓信、陳平等，皆投向漢高祖，才能建立漢朝的統治。唐太宗起義，大將如李勣，勇將如秦叔寶、尉遲恭，皆非起義時幹部，唐太宗開誠容納，故能建立唐代基業。但南北朝時，梁武帝容納懷有野心之侯景，卒遭覆亡之禍。以英美兩國現代歷史說，無論任何政黨取得政權之後，政府重要職務，多係執政黨黨員擔任，即所謂當仁不讓。

民權就是人民的政治力量，也就是國家的統治權力。辛亥革命之後，革命黨有很大力量，但未預防假革命黨，甘心退讓，中央統治權讓給有野心的袁世凱。各省起義時，過去與革命為敵之保皇黨，表示贊助革命，均得分享各省統治權。結果，革命黨人遭受暗算，紛紛被殺，革命勢力幾乎一蹶不振，中華民國幾有覆亡之禍。民國三年　先生改組國民黨為中華革命黨，鑒於過去失敗的教訓，始有革命民權之主張，目的即「不輕授此權於反對民國之人，使得藉以破壞民國。」但許多人不知此理，諱言革命民權，實屬憾事。

革命民權的實行，主要時間係在軍政時期。訓政時期派至各縣輔導地方自治人員，須「曾經訓練考試合格」，即訓政時期之統治人員，係公之大衆，決不由革命黨人專政。憲政時期一切公職，均須經過考試，始有被任用或被選舉的資格。這種大公無私的精神，實可建設眞正民主的中國。所以為鞏固革命政權，在軍政時期不能不行革命民權。在訓政時期，革命黨人已開始還政於民。在憲政時期，革命黨人完全還政於民，革命民權自然終止。

英美兩國以民主政治著稱，在內亂或外患時，不能不將平時民主政治，改為戰時民主政治，暫時停止人身保護律，拘捕叛亂或通敵之分子。軍政時期行使革命民權，不過使反革命分子不能混入革命陣營，較之英美戰時民主政治，更為寬大合理。

附　註

註一：謝瀛洲著：中華民國憲法論第五章第一節國民大會一一二頁～一一三頁。自印，四十二年三月增訂本五版。

註二：崔書琴著：三民主義新論第十四章第一節一七七頁。

註三：三民主義辭典、間接民權條、三九四頁。中華叢書委員會四十五年十一月初版，臺灣書局經銷。

註四：三年十二月， 先生與吳敬恒論草訂元勳公民意義書。

第六章　平時民主政治與戰時民主政治

第一節　引言

人類最基本最重要的慾望，就是在求生存。人類求生存，天天要做的兩件大事，就是保和養，一羣人要能夠解決這兩大問題，就不能不有組織，互相幫助。人類的組織，數千年前已發展到國家的階段。所以人類組成的國家，在本質上是一個互助之體。國家主要的任務，就是解決保和養兩大問題；但在國家遭遇外患或內亂之時，最迫切要解決的任務，則是自衞問題。從歷史上觀察，無論是亞洲國家或歐洲國家，凡能夠自衞的，才能夠生存和發展；凡不能夠自衞的，多是被滅亡或被征服。近代歐洲的自由主義者，多主張減少國家的權力，但絕對不能減少的，是對外抵抗侵略，對內維持秩序。換句話說，國家必須負擔的責任，就是自衞；要能夠自衞，才能保障人民自由的生活。

民主國家的憲法，都是限制政府權力，保障人民自由。政府的政策，都須提請國會討論，要經國會通過後，政府才能施行。所以民主國家的行動，大體上是公開的延緩的。但在外患或內亂的緊急時期，民主政府爲爭取勝利，不能不將平時權力分散、行動遲緩的政府，改變爲權力集中、行動迅速的政府。羅馬共和時代，平時執政官設有二人，在戰時則由元老院推定一人負責指揮。英、美兩國政府，平時都受國會的牽制，戰時則授權政府，便宜行事，迅速應變。所以在第一次第二次世界大戰時，都能獲得勝利。但緊急時期終了，英美兩國均恢復平時民主的常態，恢復政府與國會的制衡關係。平時民主政治與戰時民主政治的情況，有顯著的不同。

第二節　平時民主政治

民主政治主權在民，多數決定，法律至上、人民法律下的自由四項原則，民主國家是相同的。但對政府權力的限制，因各國政治制度並不相同，在方法上各有區別。今以著名的民主國家英美兩個爲例，說明平時民主政治的實際情形。

一、英國平時民主政治

1. 政府權力的限制

英國政府制度是內閣制。近代英國的慣例，內閣由國會（衆議院）的多數黨組織，少數黨稱爲反對黨。內閣一切重要設施，事先必須提請國會審議。國會審議通過後，內閣才能執行。國會有法律制定權、預算議決權，因此，國會的反對黨可以利用這些權力，監督政府，甚至可以控制政府。反對黨監督政府的方式，經常有兩種。

一是質詢（Question to Minister）。議員可單獨向內閣閣員質詢。議員質詢時，若對政府當局的答復不滿意，可再作追加質詢（Suplementary Question），使眞像能夠明瞭。若果問題重大，而當局的答復又欠完滿，則反對黨可以提議延會。所謂延會，不是中止議事日程，宣告散會；而是變更議事日程，暫時休會，把質詢案成爲全院的議題，提出大會討論。這個變更議事日程的動議，若有四十人附議，就可成立。到了國會繼續開會之時，雙方自可辯論。這個時候，除提議人對政府答辯，表示滿意，撤銷原案外；討論後必須付之表決。表決的結果，若是政府黨勝利，自然繼續執政。若是反對黨勝利，則內閣不是辭職，就須解散議會。

二是不信任（Want of Confidence）。這是反對黨反對政府的政策，促使政府辭職的方法。反對黨不信任案的提出，大致有三種方式。第一，否決政府提出的重要法案，尤其是預算案；這個否決，就是表示國會反對政府的施政方針。第二，通過政府反對的重要法案，或修改政府的重要法案；這是强迫政府實行其不同意的政策。第三，是攻擊某一個國務大臣，攻擊的目的在使整個政府連帶負責；此時，內閣只有兩途可行，一是使被攻擊的內閣大臣自動辭職，二是內閣表示共同負責，與之同進退。上述三種方式有一實現，就須舉行不信任投票。若是不信任案被否決，內閣的地位可以鞏固，否則須解散國會，舉行大選，訴諸選民。大選的結果，政府黨勝利，則可證明人民贊成內閣的政策，可以繼續留任。反對黨勝利，則可證明人民反對內閣的政策，內閣必須辭職。

英國國會對內閣有質詢之權，有提出不信任案之權，就是國會對內閣有制的力量。在不信任案通過後，內閣有解散國會權力，就是內閣對國會有衡的力量。平時，內閣施行的一切法案，均須得國會的通過。國會在討論時，議員可以質詢，甚至可提不信任案，內閣當局必須答辯，要在討論終結後，才能付之表決。所以平時的內閣施政，常受國會牽制，不能迅速行動。

2.人民權利的保障

英國法律共有兩種，一爲判例法，卽不成文的習慣法；一爲國會制定的成文法。判例法不是立法機關制定的法律，是英人習慣的結晶；但有法律的效力。成文法是由國會制定，例如一六七九年制定人身保護律(Habeas Corpus Act)，規定人身自由的權利，獲得法律的保障，不受非法的拘提。一六八九年制定民權法典(Bills of Rights)，規定人民有請願的權利，凡對人民請願之控訴及判罪，皆屬非法。成文法的效力，在判例法之上。判例法若與成文法抵觸，法院應適用成文法。

英國憲法有一重要原則，稱爲法律至上(Rule or Supremacy of Law)，任何人均受普通法院所適用法律的支配，且受此種法律的拘束。法律不但可以拘束平民，且可以拘束國王和官吏。人民非犯法律，且經法院審判，不受刑罰。人民若不犯法，任何人均不得侵害其自由。倘有人侵害人民自由，卽視爲違法行爲，而須受法律的制裁。

人民最重要的自由，是人身自由。凡違法侵害別人的人身自由，被侵害者均得提出訴訟。被害者不但可以要求恢復自由；對於加害者，尚得提出損害賠償的訴願。英國判例法有一原則：「凡違犯法律的人須個別負責。」所以下級官吏根據上級命令，拘禁人民，不能託詞於上級的命令，避免法律上的責任。因此，官吏非根據法律，不得侵犯人民的自由權利。人民非違法犯罪，並經法院判決，不受法律之制裁。政府的一切行爲，必須根據法律；所以平時的英國，確是一個法治國家。(註一)

二、美國平時民主政治

1.政府權力的限制

美國政府採用三權分立的制度。美國憲法將國家的權力，分爲立法行政司法三種，分屬於三個機關，並使其互相制衡。美國憲法規定的制度，可以說是孟德斯鳩主張的活標本。英國是內閣制，立法與行政互相結合，又互相對抗。美國是總統制，立法與行政互相分離，又互相牽制。英國法官無權宣布國會議決的法律、或內閣的命令違憲；美國法官則有權宣布其違憲，而拒絕執行。現比較英美兩國制度，說明美國政府權力的限制。

㈠英國內閣的國務大臣多由議員兼任，可以出席國會，陳述意見，參加討論。美國總統以下的各部部長，不得兼任國會議員，又不得列席國會發言。但國會討論的法案，經第一讀會之後，均交付有關委員會審查。委員會在開會討論時，得約請有關部長列席，使其報告政府的意見。國會與政府的關係，由委員會之媒介，得到相當的調和。

㈡英國的內閣制，政府有向國會提出法案的權力。而在美國，提案權專屬於國會兩院的議員。總統雖可用咨文陳述意見，但國會沒有接受的義務。但美國政黨組織發達之後，總統可請託同黨議員提出制定的法案。

㈢英國國會對政府可以提出不信任案，政府在必要時可以解散國會。而在美國，國會對總統不能提出不信任案，總統沒有解散國會的權力。但總統對於國會的議決，凡是不贊同的，有一種「衡」的權力，即所謂否決權（Veto Power ）。國會議決送交總統的法案，總統可以送還國會，要求復議（Reconsideration）。國會對總統的復議案，有一種「制」的力量，卽於復議時，以出席三分之二以上的通過，維持原案，再送交總統後，總統始不能再有異議，必須簽署，成爲美國的法律。但總統的復議案，只須得任何一院議員三分之一加一以上的支持，卽可推翻原來的法案。例如總統羅斯福（Franklin Delano Roosevelt 1882-1945）在任期間，曾行使復議權六百三十一次，經國會以三分之二多數維持原案的，僅有九次。所以普通稱美國總統的復議權爲否決權。

㈣英國的國會，從一九一一年國會改革法通過後，參議院的權力削減，代表英國人民的只有衆議院。美國則兩院地位平等，參議院的權力且較衆議院大。條約批准權和人事同意權，專屬於參議院。衆議院優越的權力，僅有預算案的先議權。預算案和一切法案均須由兩院先後通過，才算是國會的通過，由最後通過的一院咨送總統。凡是一院通過，另一院否決的，該項法案等於沒有經國會通過，自然不能成爲國會的決議。美國的一切法案，均須得國會的通過；而國會兩院互相牽制，法案的通過，必須有相當時間；國會與總統之權力，又互相制衡。因此，美國國家的行爲，常陷於遲延不決。

㈤英國是柔性憲法，憲法與法律沒有顯著分別，法律違憲之事，不會成爲問題。英國國會制定一種法律，縱然與原有憲法條文發生抵觸，人民多視爲一種新的意思，其效力應在舊的意思之上，而承認憲法新的變更。英國的法院，也沒有宣布法律違憲的權力。美國則是剛性憲法，法律不能與憲法抵觸，政府的命令更不能與憲法抵觸。國會制定的法律，政府頒布的命令，法院法官有審查其內容是否違憲之權。審查的結果，若認爲違憲，可以拒絕適用；經最高法院判定確係違憲後，該項法律或命令等於取消。這就是司法機關對於立法及行政機關有「制」的權力。

㈥民主政治的本質在於「全體討論，多數決定」。但多數決定，並不是件件合理。對於不合理的多數決定，須有補救之法。所以總統對於國會議決案的否決權，法院對於違憲法律或命令的審查權，就是爲此而設。美國的政治制度，立法機關分爲兩院，互相牽制。立法機關通過的法案，總統有否決權。立法機關通過的法律，或總統頒布的命令，司法機關有權宣布其違憲。所以美國平時的行動，無法迅速執行，有時陷於無能。

2.人民權利的保障

美國獨立宣言，聲稱人生而自由平等。但美國人民的自由平等，是經由人民奮鬥，由憲法規定的。所以美國人民自由平等的權利，是由法律保障的。美國一七八七年制定的憲法，沒有規定人民的權利。一七九一年通過憲法修正補充條文十條。第一條規定：人民有信教自由、言論自由、出版自由、及人民有和平請願的權利。第二條規定：人民有携帶武器的權利。第三條規定：人民有保護其身體、住所、文件及財產之權，不受無理拘捕，搜查與扣押，並不得非法侵犯。第五條規定：非經大陪審團提起公訴，人民不受死罪或辱罪之審判，不得强迫刑事罪犯自證其罪。

美國人民的參政權，也是經人民奮鬥，漸漸發展的。一七八八年的選舉法，有財產的限制、種族的限制、和性別的限制。美國南北戰爭後，憲法修正補充條文第十三條第十四條第十五條，先後通過。第十四條第二項規定：凡美國公民年滿二十一歲，均有選舉權；始打破財產的限制。第十五條第一項規定：公民之投票權，不得因種族、膚色、或曾爲奴隸之關係，否定或削奪之；始打破種族的限制。一九二〇年通過憲法修正補充條文第十九條，規定不得因性別關係，而剝奪其投票權，始打破性別的限制。所以美國的選舉制度，從一七八八年起，至一九二〇年止，經過了一百三十二年，美國人民始獲得普選的權利。

美國人民的自由權利，有明確之保障。憲法修正補充條文第一條至第八條所規定的人民自由權，除戰時外，國會不得制定法律，加以限制。若果國會制定法律，限制憲法規定的自由，人民可以向法院起訴，以違憲爲理由，要求宣告無效。（註二）

第三節　戰時民主政治

英美等民主國家，在平時，都是限制政府的權力，以保障人民的自由。政府的組織是採用制衡原則，使政府不能迅速辦事。政府的行爲，必須經國會公開討論議決後，始能有實際的行動。所以平時政府的一切行爲，是延緩的公開的。但在外患或內亂時期，國家的生存遭受威脅，平時民主政治的辦法，已不能應付危機。所以民主國家在戰時，必須緊急處理，由行動遲緩，變爲行動迅速；由權力分散，變爲權力集中。美國在南北戰爭時，英美兩國在第一次第二次世界大戰時，國會都授權行政當局，自由處理，便宜行事，暫時不受憲法的限制。爲維持社會秩序，或爲防止敵人間諜活動，必要時可以宣布戒嚴，限制人民的自由。

一、英國戰時民主政治

1.戰時內閣的權力

英國在戰爭發生時，爲保衞國家的安全，不能不改變平時內閣爲戰時內閣（War Cabenet）。在第一次第二次世界大戰時，都是組織戰時內閣，由國會賦與全權，便宜行事，以應付緊急局勢。戰時內閣的特質如次：

㈠政治休戰（Political Truce）。平時反對黨對政府常予牽制和反對，戰時政府黨與反對黨協議政治休戰，反對黨對政府不予牽制，平時對政府的質詢和不信任案，均暫時停止，共謀國家大事，以求國家的生存與安全。

㈡政府黨請反對黨領袖參加內閣。例如一九四〇年邱吉爾組織戰時內閣，卽請工黨領袖阿特里(Clement Atllte)爲副內閣總理。但反對黨領袖是否應邀入閣，有自由選擇之權。不過是否入閣，均不得違反政治休戰之協議。

㈢戰時內閣的人數較少，使易於決策。平時內閣人數，約在十六人至二十人之間。第一次大戰時路易喬治（Louis George）的戰時內閣爲五人，第二次大戰時邱吉爾的戰時內閣也是五人，後增至七人。戰時內閣的任務，重在決策，多請反對黨領袖參加，不必由部會首長擔任。

㈣停止選舉，國會任期延長。英國國會任期爲五年，但政府可以解散國會，任期有時不到五年。在第一次世界大戰時，國會係一九一〇年選舉，任期應在一九一五年終止，但在戰爭期間，停止改選。至一九一八年十一月德國已戰敗時，始舉行改選；距上次大選，已九年有餘。第二次大戰時的國會係一九三五年選舉，德國一九四五年五月九日投降，英國始恢復常態，於一九四五年七月五日改選，距上次選舉時間，已有十年。

㈤戰時內閣的存在，以戰爭期間爲限。戰事結束，戰時內閣卽同時結束。例如一九四五年德國投降，工黨領袖卽退出保守黨的戰時內閣，撤銷政治休戰的允諾，恢復平時民主政治的常態。是年國會改選，工黨大勝，戰時握有大權的邱吉爾，不能不下台，由工黨組織內閣。（註三）

2. 戰時人民自由的限制

戰時內閣對人民有軍事管治的權力。這種權力的來源，由於國會的授權。一九一四年國會通過的國土防衛法（Defense of the Realm Act ），爲第一次大戰中，內閣實施軍事管治的主要根據。一九三九年一九四〇年國會先後通過的緊急權力法（ Emergence Power Act ），爲第二次大戰中，內閣實施軍事管治的基礎。在國會授權後，由平時的法治，變爲軍事管制（Martial Rule ），政府爲維持秩序和國家安全，可以採用緊急行爲，限制人民的自由權利。（註四）

軍事管制時期，對於反對國家政策，或爲敵人工作的人民，不得不加以拘禁，以保障國家的安全。但這種行爲是違反人身保護狀的。於是國會在緊急事變發生之際，通過人身保護狀停止法（Suspension of the Habeas Corpus Act），禁止法院頒發人身保護狀。照平時法律，被拘禁人對於執行拘禁的行政官，可以提出訴訟，要求賠償。這對於執行拘禁任務的行政官，極爲不利。於是國會又通過一種赦免法（Act of Indemnity ），解除行政官的責任。在「人身保護狀停止法」、「赦免法」有效期間，行政官可自由裁量，拘束人身自由，沒有事後被制裁的顧忌。所以在第一次大戰時，大哲學家羅素主張和平，反對戰爭，被英國政府拘禁，戰後始予釋放。主張自由的英人，均不認爲政府措施不當。（註五）

二、美國戰時民主政治

1.美國南北戰爭時期

美國南北戰爭，起因於經濟問題；從一八三〇年起，南方和北方的利害衝突，日愈顯著。南方人詛咒北方商人們，經營棉花獲得了巨大利潤；而把南方的落後，歸咎於北方的擴張。北方人則宣稱：南方的比較落後，應完全歸咎於奴隸制度。從此，南方北方區域的界限，因爲奴隸問題而愈趨明顯。一八五二年史託夫人出版一本書，名爲「湯姆叔的木屋」（中譯黑奴籲天錄）。此書出版後，轟動一時，在第一年中，就銷售三十萬册。此書指出：殘暴和奴隸制度是如何的不可分，及自由和奴隸制度如何的不協調。北方的選民們深受感動，同情這些沒有自由遭受剝削的黑人。南北分裂的情勢，業已漸漸形成。

一八五八年林肯在伊利諾州競選參議員時，他說：「分裂之家不能持久。我相信我們的政府，不能永遠忍耐一半奴役一半自由的情況。我並不認爲聯邦會瓦解，我也不認爲這個國家會没落；不過，我認爲它將終止這種分裂的局面。」一八六〇年總統選舉，共和黨提名林肯爲總統候選人，宣稱決不讓奴隸制度再發展下去。林肯當選總統之後，南卡羅來納州就宣布獨立，南方七個州聯合，脫離美國聯邦，成立了美洲邦聯（The Confederate States of America）。一八六一年三月四日林肯就任總統，在就職演說中，他拒絕承認這一分裂，他以悲天憫人的心情，呼籲南方恢復傳統的感情，永遠結合在一起。但是南方人士置若不聞，於同年四月十二日先發動戰爭；於是美國的南北戰爭，不幸的開始了。

戰爭初起時，林肯爲拯救美國，立即採取下列行動：一、召集國民兵，維持地方秩序；二、擴大海陸軍，抵禦南方的軍事行動；三、封鎖南方海岸，截斷南方的輸出及輸入；四、保證聯邦信用貸款，籌集戰時經費；五、停止華盛頓至紐約之間人身保護律之行使。一八六三年一月一日他發表釋奴宣言，他的態度堅決而公正，他希望的，是重新建立一個聯邦；他確認這個聯邦，不是靠武力或壓制，而是靠熱情和寬容。他爲爭取戰爭的勝利，曾運用了前所未有的權力，但均得國會的支持，從未違背民主政府的原則。

一八六四年他再當選爲總統，在就職演說的結論說：對任何人不存惡意，對衆人要仁慈，要堅持正義；我們要盡力去做，更要珍惜整個國家的公平正義，與延續不斷的和平。三個星期之後，南方宣布投降，他公開演說，宣示他寬容大度的復興政策。同年四月十二日，他被刺殺，不幸逝世。聯邦政府遵行他的寬大政策，使美國復歸統一，美國從此日愈壯大。（註六）

林肯仁慈寬大，但行動勇敢果決；他堅持正義，決不妥協，決不容忍一半奴役一半自由的情況。在戰爭初起時，即封鎖南方海口，使南方的棉花不能輸往歐洲，並禁止歐洲的軍火物資輸入南方，使南方在經濟上日愈匱乏。他擴大海陸軍，召集國民兵，增强聯邦的軍事力量。他暫時停止人身保護律的行使，使反對政府分子和南方間諜，不能在後方搗亂。他的這些行動，是取得戰爭勝利的因素。他行使美國總統未曾有的偉大權力，但不是一意孤行，而是得國會的贊助與支持，所以他能連任總統。他雖不幸被刺逝世，但聯邦政府遵行他的政策，使一半奴役一半自由的美國，變爲眞正統一的自由民主國家。

2.第一次第二次世界大戰時期

美國是總統制，總統爲國家的元首、統帥，也是全國行政的最高首長。美國憲法第二條第一項規定：「行政權屬於美利堅合衆國總統。」第二條第三項規定：「總統應注意一切法律是否眞正執行。」第二條第二項規定：「總統爲合衆國陸海軍統帥，並於各州民團被徵至合衆國服務時，統率各州民團。」前兩項是賦予總統廣大的行政權力。後一項賦予總統廣泛的戰時權力。在戰爭發生時，國會和法院都改變平時監督政府的態度；國會授權政府，便宜行事；法院亦支持政府，從未宣稱總統的命令爲違憲。總統在國會授權之下，統帥權力配合行政權力，於戰時行使時，就是總統的戰時緊急權力。（註七）

國家的緊急權力，是一種必要性之法（Law of necessity ）。實行緊急權力的理由，是在保障國家的生存，克服不可避免的危機。在平時，美國人民不願總統的權力太大，走上獨裁的道路。但在國家遭受危險時，就希望總統能領導全國，克服危局，渡過難關，賦予總統非常的權力。一九一七年美國參加第一次世界大戰後，國會通過戰時權力法案（War Power Act ），授權威爾遜總統廣泛的權力。一九四一年十二月八日，日本偷襲珍珠港後，美國對德、意、日三國宣戰；一九四二年三月國會通過第二次戰時權力法案（Second War Power Act），授權羅斯福總統便宜行事，並分配一切物資及設備，違抗命令者治罪。美國的習慣法，總統只能連任一次；但在第二次大戰期間，羅斯福連任三次，打破了華盛頓總統以來的習慣法。在接近戰爭區域，總統可以宣布戒嚴，限制人民自由，停止人身保護律的行使，法院從未認爲不當。所以在戰時，美國政府由權力分散互相制衡，變爲權力集中，迅速應變；這就是美國在兩次大戰時獲得勝利的基本原因。

3. 戰時人民權利的限制

第一次大戰時，國會於一九一七年制定間諜法（Espionage Act ），禁止反對戰爭和反對徵兵的言論與出版。一九四〇年美國已接近戰爭邊緣，國會通過外國人登記法（Alien Regislation Act），又名史密斯法（Smith Act），凡主張以暴力顚覆美國政府的一切言論、出版、結社、或集會，得加以嚴格的處罰。美國在戰爭期間，均限制人民的自由權利，現分別說明於次。

㈠徵兵。美國在南北戰爭時，林肯總統已實行徵兵制度。一九一七年美國參加第一次大戰，開始正式徵兵。一九四〇年羅斯福總統預料戰爭接近，實行全面徵兵。反對者認爲此種强制徵兵，違反憲法增補條文第十三條，禁止不得違反本人意願，强服勞役之規定。但最高法院一九一八年判定，認爲奴役（Servetide）與義務（Duty）有顯明之區分；而應召當兵，爲人民最基本的義務。凡有關徵兵之法律，均非違反憲法，應認爲有效。

㈡戒嚴。政府在戰事接近地域宣布戒嚴後，設置軍事法庭，可以限制人民自由，與停止人身保護律的行使。林肯總統在南北戰爭時，在接近戰區地方，宣布戒嚴，停止人身保護律之效力。一八六二年二十四日以行政命令規定：凡忠誠發生問題之人士，均得依戒嚴法，加以逮捕、拘禁、審問、或處罰。關於言論自由問題，當時最高法院判定，認爲「現在聯邦正在作殊死戰，人民不得藉口言論自由，發布足以削弱兵力之言論。」所以從南北戰爭以來，美國政府在接近戰區內，可以宣布戒嚴，停止人身保護律之行使，遂成美國之定制，至於今日，未有改變。

㈢限制人民居住自由。自珍珠港事變發生後，美國政府於一九四二年二月，以命令劃定若干軍事區，並授權各區司令官，管制當地居民。同時規定該區內之德國人、意大利人、日本人、及日裔公民，自午後八時起，至黎明六時爲止，均不得外出。同年二月十九日羅斯福以行政命令宣布，將太平洋沿岸日裔公民及日本移民十二萬三百一十三人，禁止在太平洋沿岸居住、工作或旅行，並將他們遷至中部偏遠地區居住。當時日裔公民曾提出控訴，但最高法院判定，駁回訴訟，認爲此種措施合法；且明文規定：凡觸犯之者，均視爲犯罪。

㈣限制人民之通訊自由和出版自由。在兩次大戰期中，美國政府曾派數以千計的工作人員，在港口檢查人民之通訊文件。凡發現有可疑之處，即送交上級，作更詳細之檢查。報紙及傳播兩大事業，亦自動接受檢查之約束。關於軍事新聞，除政府自動發布者外，凡有關軍隊、船艦、飛機、堡壘、地圖，與總統及高級官員行踪之消息，皆不得自由登載或廣播。凡有關作戰之記載，無論報紙雜誌，郵局皆不予寄送。（註八）

第四節　民主政治的價値

過去國家政權的轉移，多由於戰爭或篡竊。人類政治進步到民主制度，由和平的選舉，決定政權的轉移，確是人類政治上的一大進步。歐美國家的人民鑒於過去專制政府的弊害，所實行的民主制度，常是限制政府的權力；以爲政府決策，應當緩慢進行，以免忙中有錯。但在外患或內亂時期，國家的生存，人民的幸福，均遭受嚴重威脅，進入緊急狀態。國家爲應付危機，保障安全，不能不改變平時制度，授權政府便宜行事，不受平時制衡原則的困擾。古羅馬共和時期，平時執政官設有二人，戰時則推定一人負責。美國著名的林肯總統，民主著稱的英美兩國首長，在戰時國會都授予緊急權力，爲打擊敵人的侵略，可以限制人民的自由。

民主制度之下，反對黨可以合法存在，反對意見可以自由發表。因此，敵人的間諜可以合法掩護非法，有活動擾亂的機會。美國國會一九一七年制定間諜法，一九四〇年制定外國人登記法，就是要制止敵人間諜的活動，保持社會秩序的安寧。在戰爭終了後，國會收回對政府的授權法案，恢復平時民主政治的常態。英美兩國兩次大戰結束後的情形，都是如此。所以民主政治實有偉大的價值，可以繼續發展，可以永久存在。

任何國家在平時實行戰時制度，必然是一個專制國家。在戰時不知改變，實行平時制度，必然是一個紛亂以至滅亡的國家。我們應當研究平時和戰時民主政治的區別，不應在國家緊急時期，主張平時的民主政治。

附註

註一：參閱：一、司法行政部編：各國憲法彙編第一輯、三、英國憲法。二、薩孟武、劉慶瑞合著：各國憲法及政府、第一章英國。作者自印。

註二：一、各國憲法彙編第一輯、美利堅合衆國憲法。二、薩孟武、劉慶瑞合著：各國憲法及政府、第二章美國。

註三：參閱：一、余堅著：比較政府上冊、第一篇英國政府及政治一五〇～一五一頁。臺北市帕米爾書店五十六年六月初版。二、曾繁康著：英國的政黨政治。此文載於國民大會五十二年九月出版的各國政黨政治。

註四：參閱陳紹賢著：戰時民主政治八至九頁，四十八年五月國防研究院印。

註五：參閱註一前引薩孟武、劉慶瑞合著書七二頁。

註六：參閱：美國簡史（An Outline of America History）一〇三～一一一頁。美國簡史編輯委員會編著。譯者：麥正。香港今日世界社一九七二年五月初版。

註七：參閱註四陳紹賢前引文十一頁。

註八：參閱：一、曾繁康著：比較政府第四編第三章軍事權，四二六～四四一頁，五十一年五月初版，三民書局經銷。二、劉慶瑞比較憲法論文集：三、論明白而立刻的危險原則，一一四～一二四頁，五十一年五月初版，三民書局經銷。

第五篇　民生主義思想

第一章　一次革命論

第一節　一勞永逸之計

先生決定以民生問題，與民族民權兩問題同時解決，是在一八九七年。孫文學說第八章說：「倫敦脫險後，則暫留歐洲，以實行考察其政治風俗，……始知徒致國家富強，民權發達，如歐洲列強者，猶未能登斯民於極樂之鄉也。是以歐洲志士，猶有社會革命之運動也。予欲為一勞永逸之計，乃採取民生主義，以與民族民權問題，同時解決，此三民主義之主張所由完成也。」

民生主義與民族主義民權主義同時解決，就是一次革命，舉中國政治革命社會革命，畢其功於一役。一九〇六年民報發刊詞說：「余維歐美之進化，凡以三大主義，曰民族，曰民權，曰民生。……今者中國以千年專制之毒而不解，異族殘之，外邦逼之，民族主義民權主義殆不可以須臾緩。而民生主義歐美所積重難返者，中國獨受痛未深，而去之易。……近時志士，舌敝唇枯，惟企強中國以比歐美。然而歐美強矣，其民實困，……社會革命其將不遠。……吾國治民生主義者，發達最先，睹其禍害於未萌，誠可舉政治革命社會革命，畢其功於一役。……」

民國八年手撰本三民主義，闡明一次革命意義說：「……中國革命何以必須實行三民主義？以此二十世紀之時代，世界文明進化之潮流，已達於民生主義也。而中國尚在異族專制之下，則民族之革命以驅逐異族，民權之革命以推覆專制，已爲勢所不能免者也。然民族民權之革命時期，適逢此民生革命之潮流，此民生革命又我所不能避也。以其既不能免，而又不能避之三大革命，已乘世界進化之三大潮流，催迫而至。我不革命而甘於淪亡，爲天然之淘汰則已。如其不然，則何不爲一勞永逸之計，以一度之革命，而達此三進化之階級也。」

第二節　革命與革新不同

研究一次革命論，須先了解革命（Revolution）與革新（Innovation）的意義，是不相同的。孫文學說第六章說：「夫革命之有破壞，與革命之有建設，固相因而生，相輔而行者也。……夫建設固有尋常者，即隨社會變遷之自然，因勢利導而爲之，此異乎革命之建設也。革命有非常之破壞，……則不可無非常之建設。……際此非常之時，必須非常之建設，乃能使人民耳目一新，與國更始也。此革命方略之所以爲必要也。」

革命是先之以破壞，除去障礙，繼之以建設，再造一莊嚴華麗之新民國。民國十年演講軍人精神教育第一課說：「革命云者，掃除中國一切政治上社會上舊染之汚，而再造一莊嚴華麗之新民國，爲民所有，爲民所治，爲民所享者也。」十三年一月演講革命在最後一定成功說：「就中外古今的歷史看來，一個國家由貧弱轉到富強，由痛苦變成安樂，沒有不是由革命而成的。人類的思想，總是望進步的。要人類進步，便不能不除去反對進化的障礙物。除去障礙物，便是革命。」

革命與革新或維新都不同。革命是政治制度社會制度的大改變，是推翻舊制度，建設新制度。革新或維新並不推翻舊制度，是在舊制度之下，「隨社會趨勢之自然，因勢利導而爲之。」譬如日本明治天皇之維新，是在天皇制度之下，模仿歐美的民主制度和科學成果。美國羅斯福總統一九三三年開始實行的新政（new deal），是在美國民主制度之下，實行若干經濟改革。革命則不然，譬如十八世紀末葉的產業革命，是推翻手工生產，改爲機器生產。一七八九年的法國革命，是推翻專制的王朝，建立民主的法國。一九一一年中國的辛亥革命，是推翻滿清帝國，建立中華民國。因此，革命是非常的事業，先之以非常的破壞，繼之以非常的建設，然後革命才可稱爲成功。革新或維新是尋常的事業，可以順應自然，因勢利導，不會有根本的改變。所以一個國家建立新政府後，可以不斷革新，決不能不斷革命。

先生主張一次革命，一勞永逸，將中國之政治革命社會革命，畢其功於一役。爲甚麼主張一次革命呢？民國前六年演講三民主義與中國民族之前途說：「革命的事情，是萬不得已才用，不可頻頻用之，以傷國民的元氣。我們實行民族革命政治革命的時候，須同時想法子改良社會經濟組織，防止後來的社會革命。」民國十年演講三民主義是造成新世界的工具，闡明一次革命的理由。先生說：「革命是不得已而爲之事。革命是破壞的事業，好比拆房子一樣。我們在相同的地方，想改造一所新房子，不得不將舊房子拆去。想建設一個新國家，便不得不把舊國家破壞。這個破壞，就叫做革命。人家造成一個新房子，都想安安樂樂的過一世。不是今天造好了，明天便把它拆掉，又不是明天造好了，後天又把它拆掉。我們的革命，也是一樣的道理，不是今年革命，明年又來革命，要用澈底的方法，才可以永享幸福。……所以要解決民族問題，同時不能不解決民權問題；要解決民權問題，同時不能不解決民生問題。……這三個問題同時解決了，我們才可永久享幸福。」

一次革命論的意義，是在革命黨取得政權後，由革命政府立卽實行民生主義。將民族、民權、民生三個問題，同時解決。民生主義首先解決的是平均地權，防止大地主變成大資本家。其次是節制資本，使資本家不能操縱人民的生計，防止後來的社會革命。

十九世紀以來的社會主義，多注意解決資本問題，少有解決土地問題的辦法。中山先生的民生主義，是根據中國客觀環境，迎合世界潮流，擬定確實可行的辦法。中國首先應當解決，政府力量可以解決的，就是土地問題，所以提出平均地權的辦法。這個辦法，是中國歷史上所未有，與英國人穆勒、美國人喬治所提辦法，也不相同。節制資本辦法，大體上與國家社會主義相同，但僅係民生主義的一部分。我們要知道民生主義的價值，先要了解中西歷史解決土地問題的辦法，和十九世紀各派社會主義的見解。

第二章　土地資本兩問題過去的解決辦法

第一節　過去土地問題解決辦法

一、中國土地制度略史

中國夏商兩代及西周時代，地廣人稀。當時土地係屬公有，所謂「普天之下，莫非王土。」西周由天子分封土地於諸侯，諸侯又分封土地於大夫及士，諸侯、大夫、及士又授田給庶人耕種，取什一之稅。孟子滕文公章說：「夏后氏五十而貢，殷人七十而助，周人百畝而徹，其實均什一也。」朱熹註釋說：「夏時一夫受田五十畝，而每年計其五畝之入以爲貢。商時始行井田之制，以六百三十畝之地，畫爲九區，區七十畝，中爲公田，其外八家各授一區，但借其力以助耕公田，而不復稅其私田。周一夫授田百畝，鄉遂用貢法，十夫有溝；都鄙用助法，八家同井；耕則通力合作，收則計畝而分，故謂之徹。」這就是三代的井田制度，由貴族授田給人民，而收什一之稅。田多則收入多，田少則收入少，這就是「分田制祿」的辦法。

周代東遷以後，天子不能統治諸侯，到戰國時，井田制度已不能查考，所以滕文公「使畢戰問井地」。孟子滕文公章上說：「夫仁政必自經界始。經界不正，井地不均，穀祿不平。是故暴君汙吏，必慢其經界。經界既定，分田制祿，可坐而定也。……方里而井，井九百畝，其中爲公田，八家皆私百畝。」孟子所述的井田制度，係周代分田制祿的辦法。八家皆私百畝，可知每家所耕之百畝，屬於私有，或有永久使用權。

戰國時井田制度業已破壞，商鞅在秦國遂實行土地私有制度，廢井田，開阡陌，任人民自由買賣耕種，使地皆爲田，田皆出稅。人民有田卽爲永遠產業，以免授受之煩。漢代因襲秦制，土地仍屬私有，漢武帝時，因土地自由買賣結果，「富者田連阡陌，貧者無立錐之地。」董仲舒主張限民名田，就其主張限田，不得過三十頃，不使富者有過多田地。但只是建議，並沒有實行。到王莽時，創立王田辦法，他說：「古者設廬井八家，一夫一婦耕田百畝，什一而稅。……秦……廢井田，是以兼併起，貪鄙生，強者規田以千數，弱者曾無立錐之地。漢氏減輕田租，三十而稅一，……而豪民侵陵，分田刼假，厥名三十稅一，實十稅五也。父子夫婦終年耕耘，所得不足以自存。……今更名天下田曰王田，……不得買賣，而田過一井者，分餘田予鄰里鄉黨。」王莽以爲法定則天下平，想以一紙命令，命大地主自行分田。他的用意甚善，但沒有實行的具體辦法，實行開始，卽告失敗。光武中興，建立東漢，經三國兩晉，仍維持土地私有制度。

南北朝時，北魏孝文帝實行均田制度，將土地分爲桑田露田兩種，桑田爲有房屋植樹之地，准許人民世襲，卽准許人民私有。露田爲栽種穀物之地，由政府分配。男子十五以上，受露田四十畝，婦人二十畝，牛一頭受田三十畝，限四牛。諸民年及課則受田，老及身沒則還田。桑田皆爲世業，身終不還，盈者得賣其盈，不足者得買其所不足。魏孝文帝的均田制，係公有私有同時並行，辦法切實合理，安定了當時北方人民的生活。此制唐初仍然實行，唐玄宗時，天下大亂，此制完全破壞，恢復土地私有辦法。顧亭林日知錄十說：「後魏雖起沙漠，據有中原，然其墾田均田之制，有足爲後世法者。……其制……唐時猶沿之。」

中國土地制度，從唐朝中葉起，至滿清末年止，均承認土地私有。但太平天國起義後，曾擬改行授田制度。太平天國三年定都南京後，曾公佈天朝田畝制度，將田畝按照產量多少，分爲九等，然後按照人口分田，不論男婦，家中人多則分多，人寡則分少，雜以九等。如一家六人，三人分好田，三人分壞田，好醜各一半。凡天下田，天下人同耕，此處不足，則遷彼處。凡當收成時，除足其所食外，餘歸國庫。太平天國的田畝制度，因統治區域不廣，且時在戰亂之中，自然不能實行。事實上執行的，是「禁止業戶收租」，就是沒收地主土地，將佃農耕種的土地，作爲佃農自己的產業；這是對於農民有好處的，所以農民最效忠於太平天國。這就是耕者有其田的辦法；李秀成在蘇州一帶，陳玉成在安慶一帶，都是實行這個辦法。太平天國滅亡，土地仍恢復私有的原狀。（註一）

二、產業革命前歐人財產權的觀念

產業革命前歐洲的社會，同中國相同，由人民自生自養，承認人民的財產權。希臘時代的柏拉圖（Plato,427 — 347 B.C.），在所著理想國（The Republic）中，曾主張執政官的公妻共產。他分人民爲三個階級：第一是手工匠，能建築住宅、縫衣及生產糧食；第二，是防禦階級，能保衞國家；第三是執政官，他們統禦國事。執政官是國家最高級官吏，應有高尚的思想和公正的態度，不應擁有私產和妻子。因爲有了私產和妻子，容易陷於自私，使國家陷於分裂。若果有家室財產，則將變爲農人商人，不復爲執政官。他的這種主張，是想以哲學家爲執政官，或者執政官爲哲學家，僅是一種玄想，他的學生亞里士

多德就加以反對。（註二）

亞里士多德（Aristotle 384 — 322 B.C.）批評共產公妻的不當，主張產業應爲私有。他批評共產不當：就經濟生產說，私有財產是鼓勵人們生產的刺激物。無論什麼東西，越是爲許多人公有，人們就越不顧惜他。就經濟分配說，假若平均分配，許多有特別貢獻或勞動的人，將認爲不公道；假若不平均分配，分得少的人一定不快樂。就道德方面說，寬厚與慷慨是人類的美德；假若大家沒有東西幫助別人，這些美德也就沒有了。假若人民道德高尙時，可以達到「私有公用」的程度。他批評公妻說：人類彼此的親密感情（Mutual affection）是人間的最大幸福。夫妻之間的愛情，父子兄弟姊妹之間的關切，是人類感情上的自然發展，精神上的最後依靠。若取消此種親密的感情，人與人間的感情都淡薄下去，彼此都要變成路人了。（註三）

歐洲經過希臘時代、羅馬時代、及中世紀的黑暗時代，都是由人民自生自養，財產權的觀念，根深蒂固。十六世紀意大利政治思想家馬基維利（Niccolo Machiavelli 1469-1527）所著的國王論，主張政府應維護人民的財產。他說：人性都是自私自利的；一個成功的政府，至少必先能保護人民的生命和財產。人類比較容易忘掉他們父親的死亡，但不容易忘掉他們財產的損失。一個統治者，千萬不要侵害人民的財產和女人；因爲這是最容易引起人民反抗的。（註四）

十八世紀是歐洲變動最大的時期。亞當斯密（Adam Smith 1723-1790）的國富論（Wealth of Nations）於一七七六年出版。瓦特（James Watt 1736-1819）於一七六四年發明蒸氣機，產業革命才開始進行。產業革命後，由生產者自由競爭，遂形成歐洲的資本主義。

亞當斯密創立經濟上自由競爭的理論，是以個人利己心爲基礎，以自由主義爲政策。他說：個人最知道自己的利益，由利己心的發動，所做的一切行爲，對於全體社會是有利益的。因爲在私利與公益之間，好像有一隻看不見的手（An invisible hand）所引導，使私利與公益和諧一致。這種私利與公益和諧的實現，必需有賴於人類經濟活動的自由。一切保護或干涉的制度，若能全部除去，自由經濟制度自然會樹立起來。各人只要不侵害正義之法，自己可隨心所欲，追求他們自身的利益。政府對人民的經濟行爲，應完全放任自由，不加以任何干涉。政府的職務應只有三種：一是對外抵抗侵略，二是對內維持秩序，三是創辦私人不願做的事業。（註五）

亞當斯密學說，由利己心出發，擁護私人的財產權。截至十八世紀，私人財產權是一種當然的制度。所以法國一七八九年人權宣言第十七條說：「財產權爲神聖不可侵犯的權利，非因依法之公共需要，並給與正當之事先補償者，不得剝奪各人之所有權。」

在法國革命期間，英國產業革命興起，工廠制度建立，社會產生新的資產階級，而工廠的工人待遇不良，生活日愈困苦。產業革命後的大量生產，本應改善人民的生活，但只有資產階級享受善果，工人及普通平民則得惡果，從十九世紀開始，社會主義漸漸流行，對於人民生活問題，企望有所改善。

三、歐美學者改革土地問題意見

十九世紀歐洲社會主義者，多注重解決資本問題，對土地改革提出意見的，是英國的約翰穆勒，和美國的亨利喬治。

約翰穆勒（John Stauat Mill 1809-1875）是英國自由主義者，晚年傾向於社會主義。他以為社會主義社會必然會達到，但是迅速實現是不可能的；應先普及教育，逐漸改革社會。社會改革的目的，當以地球的原料為共有財產，以合力生產物資的總數，應由生產者平均共同享用；同時不妨礙個人的自由。對於土地問題，他主張施行土地稅，使地租社會化。第一步把國內一切土地加以估價，土地的現有價值應予免稅。土地經估價後，土地增加的價值，應收一般的土地稅。第二步，假使地主不同意這種稅收，可將其土地依國家估定的價值，售與國家。（註六）

美人亨利喬治（Henry George 1839-1897）著進步與貧困（Progress and Poverty）一書，於一八七九年出版。他主張土地公有，實施土地單一稅制。他的主張如下：一、土地私有根本與人類正義違背。人類私有觀念之成立，是依於個人勞動的結果，應由個人支配。但土地與資本不同；資本係人力創造，而土地則為天地之公物，原則上應歸公有。二、土地私有為一切弊害之源泉，使勞動者成為奴隸，違反人類自由平等之義。土地為少數人壟斷後，勞動者不能不藉工資生活；其生活之困苦，甚於古時的奴隸。故社會愈進步，勞動者生活愈困窮。三、土地公有，為解決社會問題最澈底的方法。土地公有之辦法，不外三種：一、無償收歸公有（踢去地主）；二、收買歸公（買去地主）；三、以重稅制度消滅私有土地（稅去地主）。此三者，以重稅制度為最合理可行。四、土地依照地租課以重稅，以供國家之一切支用；而勞動所得為個人努力之結果，應為個人所得，他人不得分享。故實行土地重稅後，其他各種賦稅均可廢去，以減免人民之困苦。一切公共需要，如電力與水等，均可無償歸人民公用。

他主張土地單一稅制（Single Tax on land），以為土地私有制之存在，由於土地所發生之地租歸於私人，是私人侵奪自然之恩賜，因之發生種種不平。今加以重稅，使土地所有者不能侵占地租，則私人失去占有土地之意義，則國家得有土地公有之實際。（註七）

第二節　歐洲社會主義者對資本問題解決辦法

一、十九世紀初期的社會主義

㈠聖西蒙（Saint Simom 1760-1829）。他是法國的貴族，少有大志，十六歲入軍隊，十九歲赴美參加獨立戰爭。回國經過墨西哥，計畫開鑿貫通大西洋與太平洋的巴拿馬運河。一七八九年法國革命，因為出身貴族，曾被捕監禁，財產盡被沒收。晚年貧病交迫，生活困苦，他的著作，是在這種悲慘的情況下完成。

他以為當時的議會制度，不過是個過渡時期，將來的新制度乃是產業主義。社會上只有兩種人：勞動者與懶惰者；新社會只有勞動者，沒有懶惰者。勞動者包括工人、農人、製造家、銀行家、學者、與美術家。勞動者除能力不同成就不同之外，其餘都是平等。各人從社會獲得的利益，應相當於他的一份。政府的責任，不過在防止懶惰者，與維持生產者的安全與自由。新社會的目的，是在集合社會上的力量，增進個人道德與物質幸福。

他反對激進的破壞手段，主張廣為宣傳，以求社會的改良。他極注重知識，以為有產者之所以能指揮無產者，不是因為握有財產，而是知識上有優越的地位。新制度的產生，必須由知識的進步，發展到工業的科學制度，才可實現。在將來社會中，各人將因才能而獲得適當地位，依工作取得適當報酬。

㈡傅利葉（P.M.Charles Fourier 1772-1837）。他是法國的平民。他覺得當時的經濟制度，有許多缺陷，並包含了許多罪惡，決計改革這種制度，代以新的社會。他以爲要滿足人類的情欲，只有在理想的「法倫斯特里」組織中，才可以實現。所謂法倫斯特里（Phalansteros），是在一方哩左右的土地上，一千六百人至一千八百人所組織的共同生活團體。他們同住在一個大房子裡，各人共同生產，取得生活所必要的；剩餘的十二分之五給與勞動，十二分之四給與資本，十二分之三給與才能（經營指揮）。他不反對財產之私有與繼承。團體以內沒有交換，倘有過多或不足的時候，可與其他團體交換。這種組織的共同生活，有大規模生產和大規模消費的利益，一般生活要比文明世界安適和快樂。他以爲這個組織建立起來，社會上定會爭相模仿，不久將遍佈全球，造成世界的法倫斯特里聯盟。聯盟的首領駐在君士坦丁，以這都市爲世界的首府。

㈢奧文（Robert Owen 1771-1858）。他被稱爲英國社會主義之父，是一個馬鞍匠的兒子。他極有才幹，一八〇〇年經營一個紡織廠，雇用職工二千五百人。當時一般工廠工人每天工作十三或十四小時，他的工廠只做十小時半。一八一六年美國禁止棉花出口，別的工廠因缺乏原料，辭退工人。他在四個月停工期間，仍舊支付工資。他堅持股東只得五厘的利潤，剩餘的分給勞動者。他設立中心市場，使工人可照批發價格加少許用費，購取一切必需品；這就是後來的消費合作社。

一八一六年他出席救濟貧民委員會，提議將失業的人，組成各種自立的公社（Community），每社假定一千二百人，握有一千至一千五百英畝田，從事農業與工業。他們的生活好像一個家庭，在公社裡，每個分子都是互相團結，互相幫助。他們住在一個方形大建築裡，內分住宅學校工廠等。生產是合作的，燒飯吃飯都在公共地方。已婚的夫婦與孩子住在私人寢室，較長的孩子與未婚的男女，則分住於宿舍。公社設有各種必要的工業，要在可能範圍內脫離市場而獨立生存。生產品平均按照需要而分配。職業與工作的分配，則依各人的年齡與能力而定。管理生產分配與教育等內部的事務，由三十至四十歲的社員組織委員會辦理。最高的立法權屬於全體公社。他深信這種公社，是人類眞正幸福的保障；若能發展到全世界，即可完成理想的社會組織。

一八二四年他在北美買了一塊地，實行他的公社計畫。許多有名學者，都集合到這裡，不到六個星期，已有六百人。但分子複雜，意見分歧，先行委員制，不能進行順利。後來大衆請他行獨裁制。結果，這個試驗完全失敗了。（註八）

上述三位初期社會主義者的思想，都是想解決產業革命後發生的社會問題。聖西蒙注重知識，主張以教育方式，使社會漸漸進步。傅利葉、奧文，均主張在資本主義社會中，建立合作的共產團體。傅利葉的「法倫斯特里」並未試行；奧文的「公社」，經試行而失敗。此後的社會主義者不能不設計其他方法，國家社會主義、無政府共產主義、馬克思主義，差不多都是同時發生。

二、國家社會主義

㈠路易白郞（Louis Blane 1813-1882）。他是法國人，相信人生目的，不外幸福與進步。要達到這種目的，須使各人都有知識和道德。但是現在是自由競爭的社會，大家都是自私自利，這是人類進步與幸福的障礙。要改造社會，惟有廢除自由競爭。

他與過去社會主義者不同的，是主張社會改革，應從政治改革入手。他極重視國家政權，他認爲政權是一種有組織的力量。政權依據於國會、法庭與軍隊，卽法律、裁判與刺刀之上的三個聯合權力。假使沒有獲得這個權力，作爲自己的工具，一定要受它的阻礙，與它發生衝突。國家的重要職務，是在解放勞動者。政府應以租稅與其他收入，在產業各重要部門設立社會工廠，給與各人一定的職業；卽人民對於政府，有要求勞動的權利。人類各盡其能力而生產，能力愈大，義務也愈大。各依必要而獲得消費，不管他能力的大小，只要他不妨他人的生存，不妨社會的秩序，對於他正當的要求，是一律應付的。

㈡拉薩爾（Ferdinand Lasalle 1825-1864）。他是德國的猶太人，是社會思想家，同時是社會運動家。一八六三年他領導的勞動者同盟，就是德國社會民主黨的胚胎。一八四八年起，他與馬克思結納，交往頗密；到一八五六年以後，因爲見解不合，漸次疏遠。一八六三年組織勞動者總同盟，他被推爲首領。一八六四年與他的情敵決鬥，受傷而逝。

他以爲中世紀社會是土地經濟時代，以土地財產爲支配的原則；這時社會支配階級是土地所有者的貴族僧侶。一七八九年法國革命後，資產階級已取貴族僧侶而代之。資產階級自認爲全體人民的代表，以納稅爲人民選舉權的條件；因此，把無產者擯出政治舞台之外。但一八四八年法國發生勞動階級的革命，宣言國家的目的，是在改良勞動階級的命運，並公佈採用普通直接選舉權，凡年齡達二十一歲的國民，不問財產有無，對於國家的統治，國家意志決定，都享有同一的參加權。

資產階級以爲國家之目的，在保護個人的自由與財產，這是一種守夜者的觀念。無產階級解釋國家之目的，完全與此不同。國家的目的，是與眞理相同的。歷史是一種對自然的鬥爭，是一種與困苦、無知、貧窮、無能力，以及一切不自由的鬥爭。當人類在歷史初期出現時，常爲這些環境困擾。爲脫離這些困擾的努力，就是歷史上自由的發展。國家所有職務，就是促成人類這種自由的發展。國家的目的，不僅在保護個人的自由與財產，而是依據聯合之力，使各個人能達到以個人資格不能達到的生存步驟，並且使各個人以個人資格所不能達到的教育、勢力、與自由。他又以爲革命不能創造的；但是已經成熟的革命，也不是少數人所能阻止的。（註九）

㈢俾士麥（Otto Bismarck 1815-1898）。一八六三年他任普魯士宰相的時候，與拉薩爾交往甚密。他贊成拉薩爾的主張，設立工人團體，爲工人設立國家扶助的病院與保險。拉薩爾對他很尊崇，認爲他在政治與憲法方面，有準確的知識。他對其他社會黨人也很親近。他對於工人的困苦，確認國家可以幫助解決。一八六四年拉薩爾逝世，他失掉了一個合作的朋友。

一八七一年以後，他任德意志帝國宰相，對勞工問題最初採用壓迫手段；但壓力愈大，勞工運動愈發展。他就採用拉薩爾主張，說服國會通過有利工人的法案。一八八三年通過疾病保險案，一八八四年通過傷害保險案，一八八九年通過老年及殘廢保險案。在此期間，將鐵路改由國家經營，徵收直接稅，規定八小時工作制。因此，德國工人生活改善，國家日趨富強。原來反對他的社會黨，轉變而爲擁護。他實行國家社會主義，收到了顯著的功效。（註一〇）

三、無政府共產主義

㈠普魯東（P.J.Proudhon 1809-1865）。他是法國工人的兒子，幼年嘗盡貧窮之苦，因有志於解放貧窮的人。他的「財產是什麼?」，出版於一八四〇年，當時年輕的馬克思很佩服他。一八四六年著「貧乏的哲學」，攻擊社會主義與共產主義。馬克思和他的主張衝突，彼此不再來往。

他主張無限制的個人主義，同時主張維持生產分配的公平。他主張廢除私有財產，認為財產就是掠奪。從來經濟學者對於財產私有的解說，不外說是占有或勞動的結果。他認為所謂占有，即最初不屬於任何人，而屬於社會的意思；所以占有者必然經過掠奪的手續。所謂勞動，眞正的勞動者，並不握有勞動的工具，在工廠工作，僅能維持生活，不能擁有財產。資本家的財產，是由勞動者工資中掠奪而來的。

他反對私有財產，但以勞動獲得的財產，並不反對私有。他以為共產主義也是不平等的，私有財產是強者對於弱者的剝削，共產主義則是弱者對於強者的剝削。共產主義將平庸的與傑出的，擺在同一水平上，也是不平等。

為甚麼要取消政府呢?他說：我們不允許人被人統治，與人被人剝削相同。政治構造是以權力為原則。人類日漸進步，政府權力日漸減弱；如政權的分立，以選舉為主權的表現等，就是權力減弱的趨勢。現在政府的權力，已被迫讓步，將來必完全廢止。現在的問題，不是怎樣才被統治得最好，而是怎樣才能獲得最自由。政治學就是自由的科學，人所組成的政府，總是壓迫的；最完全的社會，是依秩序而聯合，以社會契約的觀念，排除政府的觀念。

㈡巴枯寧（Mikhail Bakunin 1814-1876）。他是俄國的貴族。一八四七年到巴黎，認識普魯東與馬克思。他受普魯東的影響很大。一八六五年加入第一國際工人聯合會，一八七二年他與馬克思的主張衝突，導致第一國際的分裂。一八七六年逝於瑞士。

他反對國家，認爲國家是少數專制者的工具。凡是各種立法，各種權威，各種特權，就是由普通選舉造出來的，他都一律反對。他認爲政府的這些勢力，僅便利剝削他人的統治者。他反對勞動者參加國會的選舉，反對勞動者的專政。因爲勞動者變爲統治者，他們就不是勞動者，是以國家的地位，來虐待其他人民。

他反對國家，要取消各種租稅及法律義務，取消軍隊官吏警察；但人類又依什麼而存在呢？他認爲人類不是孤立而存在的，而是團體的集合的存在，依着連帶責任的原則而存在。連帶責任的原則是人類固有的原則。人們可以組織勞動合作社，和這種合作社聯合組織的公社。公社將保證給予各人的生活必需品。此外，每人還可藉自己的勞動，取得更多的東西。

他對於財產，主張集產主義（Collectivism），反對共產主義。因爲共產主義否認自由，又主張吸收一切權力於國家之手，且欲集中財產於國家之手。社會的組織，應由自由聯合的道路，從下而上；不應用任何權力的方法，從上而下。集產主義是團體主義，一切資本土地要歸團體所有，在個人以上，必有一較大權力的公社，來負擔這個任務。

他與馬克思在第一國際的激烈鬥爭，就是對於國家觀念的差異。他認爲國家是少數專制者的工具，革命成功之後，馬上剷除國家。馬克思以爲勞動階級取得政權之後，爲着革命的利益，爲着消滅資產階級，必須利用國家。（註一一）

㈢克魯泡特金（Kropotkin 1842-1919）。他是俄國的貴族，一八七二年旅行比利時，遇到巴枯寧，結爲同志。一九一五年發表互助論（Mutual Aid），證明生存競爭不是自然進化的唯一法則，還有互助是進化的重要法則。他的互助論，闡明巴枯寧連帶責任的原則，在無政府之下，人人可以合作的理由。

他認爲舊社會的制度，是少數支配多數的制度，其中最少數的資本家，又足以支配全體。選舉制度不能尋出人民的眞正代表，多數政治往往變爲庸人政治。人類的無數小組織，依互助原則，都是自由構成，以滿足人類這個生物的種種需要。人類由這些小組織互相聯合，只要能夠自由發展，沒有政府的妨礙，人類可以自由的生活。

無政府主義認爲最有價值的，是個體的自由。個體的自由，應以經濟的自由爲基礎；無此基礎，所謂政治自由，都是虛浮。我們不要建設由上至下，或由中央到周圍的社會；當任自由的團體，自由組合，自由發展，由單純以至複雜。這樣的行程，是有許多阻礙的，但這是社會進展的正當趨向。我們要向前勇往邁進。將來的革命，不僅是改革政府；財產充公之事，將開始實行，將那些舊社會的寄生蟲，一掃而空。無政府的共產主義，不是強權派的或議會的，必須是無政府的或互助的。我們人民不再信任什麼救主，但求自行組織，建設一個沒有寄生蟲，沒有治人者的社會。一八七一年巴黎公社雖告終於槍林彈雨之下；然自由公社（Free Commune）仍爲今日法國的一個標語。卽使無政府的共產主義也被壓迫，此後在光天化日之下，仍將有人繼續努力。共產的無政府主義，將爲二十世紀進化的鵠的。（註一二）

四、馬克思主義

馬克思（Karl Marx 1818-1883）。他是德國籍的猶太人。他最感興趣的是歷史與哲學，一八四一年獲柏林大學博士學位。他與路易白郎、拉薩爾、普魯東、巴枯寧都認識。一八四五年認識恩格爾（F.Engels 1820-1895），一八四八年兩人合草共產黨宣言，提倡階級革命。一八五〇年在倫敦博物館的圖書館埋首研究，生活非常困苦，幸常得恩格爾的接濟。一八六七年完成資本論第一卷，第二卷第三卷係恩格爾於其死後，整理出版。

他是十九世紀的人，資本論根據的經濟事實，是當時英國的情形。黑格爾的辯證法，供給他一個鬥爭的方法。鬥爭就要奪取政治權力，這是受法國革命的影響。他根據英國的經濟事實，運用辯證法的方法，說明階級鬥爭的必然性。

他的社會主義，是以唯物辯證法爲基礎，將黑格爾的唯心辯證法，移轉爲唯物辯證法。他對思想與實在的關係，認爲實在是主體，思想是客體，思想因實在而生，實在不因思想而有。觀念不過是物質在人類頭腦中，轉變過來的東西。人類在生活之社會生產中，必然入於與自己意志無關的一定關係。這些生產關係的總體，組成社會經濟的構造，這是眞實的基礎。在這基礎上，發生社會意識的法律與政治的形態。人類隨着生產方法的改變，改變他們一切的社會關係。手磨時代造成封建諸侯的社會；蒸氣磨機時代，造成資本家工業的社會。人類的意識不能決定社會的存在；而是社會的存在決定人類的意識。社會物質的生產力，發展到一定階段，與現存的生產關係發生矛盾，就將有社會革命的時期出現。

黑格爾認爲矛盾，不是事物受外力的影響，而是事物本身就有矛盾。馬克思利用這種觀點，認爲現在的資本主義制度，本身就有矛盾，自然要發生變化。因爲資本家剝奪勞動者的剩餘價值，資本家享有利益，而工人生活日愈困苦，必然引起勞動者的不平，而與資本家對抗。資本家是少數，勞動者是絕對多數，階級鬥爭的結果，必然是勞動階級的勝利，新的社會必然出現。

他爲堅定現階段的階級鬥爭，強調一部歷史都是階級鬥爭的歷史。他說：從來一切社會的歷史，都是階級鬥爭的歷史；自由民與奴隸，貴族與平民，地主與農奴，基爾特業主與客師；都是壓迫者與被壓迫者的關係。他們從來互相反對，或明或暗的繼續着鬥爭。結果，不是社會全體革命的改造，便是交戰的兩階級並倒。現在的社會，已漸次分出兩大敵對的階級，就是資產階級和無產階級，資本主義的生產力與生產關係發生了矛盾，互相鬥爭是必然的結果。

他對於國家的觀念，與無政府主義者大體相同，認爲國家是階級壓迫階級的工具，政府是束縛人類自由的東西。無政府主義者主張立刻取消國家，廢除政府。他贊成無政府主義的理想，但不贊成馬上廢除國家的辦法。他認爲工人革命後，要經過無產階級專政的過渡階段，消滅階級的存在。階級消滅後，國家的強制作用逐漸消失，國家也隨之而逐漸萎去，將由有計畫的自覺的組織所代替。所以他轉了一個階級專政的大圈子，仍回復到無政府主義的空想。（註一三）

五、各種社會主義簡評

十八世紀末葉歐洲產業革命，在十九世紀之初，已發生社會問題。工人生活困苦，資本家則生活富裕，除政治不平等外，再加上經濟不平等。爲解決此種不平等問題，社會主義因以產生。十九世紀初期的社會主義，欲在現社會之中，設法解決人民生活問題。

聖西蒙認爲當時經濟制度不合理，應建設新的產業制度。現在的社會有兩種人，就是勞動者和懶惰者。新的產業制度，應只有勞動者，沒有懶惰者。勞動者除能力不同成就不同之外，其餘都是平等。他是有理想，沒有辦法；僅主張廣為宣傳，以求社會的改良。

傅利葉主張的新社會，是在現社會之中，設立理想的「法倫斯特里」組織，大家共同生產，共同消費，共同生活。但他沒有試行這種新組織，僅是一種理想。

奧文主張在現社會中成立公社，在公社中，大家互相團結互相幫助，大家共同生活，生產品按照需要分配，工作按各人的年齡與能力而定。他相信這種公社，是人類眞正幸福的保障。他曾在北美試行這種公社，但結果是失敗了。

要在資本主義的社會中，實行共產的小組織，事實上阻礙甚多，無法實行。路易白郎認為要解決社會問題，應從政治入手，才是根本解決之道。國家社會主義、無政府共產主義、馬克思主義，差不多是同時產生，都主張從政治入手，改革政治制度。

國家社會主義重視國家的政權，認為要獲得政府的權力，作為自己的工具，才可以改善人民的生活。路易白郎主張由國家設立各種社會工廠，廢除自私自利的自由競爭。拉薩爾主張設立勞動者同盟，促成一個民主的政府，使國家能保障勞動者的利益。俾斯麥接受拉薩爾主張，在德國實行國家社會主義，確能保障勞動者的利益。國家社會主義在德國實行，已證明是一個切實可行的辦法。

無政府共產主義反對人被人剝削，同時反對人被人統治。他們認為現在的問題，不是怎樣才被統治得最好，而是怎樣才能獲得最自由。普魯東認為政治學就是自由的科學，最完全的社會，是依秩序而聯合，排除政府的干涉。巴枯寧認為國家是少數專制者的工具，沒有存在的理由。人類是團體的集合的存在，依着連帶責任的原則而存在。人類可以組織各種勞動合作社，並由合作社聯合而組織公社；公社將保證給予各人的生活必需品。社會的組織，應走自由聯合的道路，從下而上，不應用任何權力的方法，由上而下。克魯泡特金認爲互助是進化的重要法則，以互助論說明巴枯寧連帶責任的原則。他認爲無政府的共產主義，不是強權派的或議會的，而是無政府的或互助的。我們不應信任政府，應由自由組織，建設沒有任何寄生蟲，沒有治人者的社會。

他們反對國家，不要政府解決人民生活的辦法，首先要廢除國家和政府，而由人民自由組織的勞動合作社，並由各種合作社聯合組織公社，來代替政府。他們主張成立的公社，事實上還是一個政府。他們只看到人類互助合作的優點，忽視人類自私自利的劣點，在人類道德沒有充分發達以前，是很難實行的。他們的理想，是很小的自治團體，不能經營大規模的企業，不過是恢復歐洲中世紀的自治制度，與人類進步的觀點，是不符合的。他們的理想是不錯的，但沒有切實可行的辦法，還是一種空想的社會主義。

馬克思對於國家和政府的態度，與無政府共產主義相似。但他認爲階級鬥爭，工人勝利後，還要利用國家和政府的權力，實行勞工專政，消滅資產階級。要社會的階級消滅後，這個階級壓迫階級的國家，才漸漸沒有必要，就可漸漸的萎謝。他主張勞工專政，消滅資產階級，並沒有設計任何達到自由社會的計畫。所以根據他的主張，所建立的政府，都是專制獨裁的政府。這正如巴枯寧所說：勞動者變爲統治者，就不再是勞動者，而是以國家的地位，來虐待其他人民。

社會主義是人道主義，要糾正資本主義弊害，使所有人民都能得自由幸福的生活，這個理想是崇高偉大的。但如何實行呢？十九世紀初期的社會主義，想在資本主義社會中，建立合作的共產團體，事實上已證明不可能。改革社會應由政治入手，這是此後社會主義者同樣主張的。無政府共產主義認爲國家和政府，都是妨礙人民自由的，要先取消國家廢除政府，可謂因噎廢食。馬克思主義主張由勞工奪取政權，但奪取政權之後，不爲人民謀幸福，僅要消滅資產階級，結果是虐待人民，建立另一形態的獨裁政治。國家社會主義主張建立爲人民謀幸福的政府，由國家立法，保障工人的需要生活，使國家變成爲人民謀幸福的國家。十九世紀社會主義派別甚多，主要的是上述三種，國家社會主義合於情理，切實可行，所以二十世紀各國對於資本問題的解決，多走上國家社會主義的途徑。

附註

註一：參閱羅爾綱著：太平天國史稿卷八、天朝田畝制度。大陸出版、臺北文海出版社印行。

註二：參閱羅岱爾著、鄭學稼譯：社會主義思想史、第一編第二章、柏拉圖的理想國。帕米爾書店六十一年九月出版。

註三：參閱國立編譯館著：西洋政治思想史上卷、第五章亞里士多德（一）對於柏拉圖理想國的批評。正中書局四十二年臺一版。

註四：參閱註三國立編譯館書上卷第十五章、馬開外里。

註五：參閱張漢裕著：西洋經濟史概要、第三章第一節、國富論的基本思想。自印，五十五年十月再版。

註六：參閱金天錫著：經濟思想發展史、第一編第二章第七節。正中書局三十六年滬四版。

註七：參閱蕭錚著：平均地權之理論與體系、第五章第一節、地制改革論，地政研究所四十三年七月出版。

註八：參閱註六金天錫書，第二編第一章第二節、聖西蒙、傅利葉、奧文。

註九：參閱註六金天錫書，第二編第一章路易白郎，第二章拉薩爾。

註一〇：參閱俾斯麥傳，E. Ludwig 著，張治文譯，第三卷第五章、第十五章，文化圖書公司五十四年再版。

註一一：參閱註六金天錫書，第二編第一章第三節、普魯東、巴枯寧。

註一二：參閱克魯泡特金著、天均譯：無政府主義、三五九～三六七頁，帕米爾書店六十六年一月初版。

註一三：參閱：一、註六金天錫書，第二編第三章、科學的社會主義。二、註三國立編譯館書第二十五章、馬克思。

第三章　民生主義的意義

第一節　社會革命先由平均地權着手

一九〇五年　先生在民報發刊詞，指示民生問題爲我國將來之大患，應消滅禍患於未萌，舉政治革命社會革命畢其功於一役。當時中國大資本家尚未產生，爲預防資本家的產生，應先由平均地權着手。一九〇六年軍政府宣言，以平均地權爲四大綱之一，謂「文明之福祉，國民平等以享之。當改良社會經濟組織，核定天下地價；其現有之地價，仍屬原主所有，其革命後社會改良進步之增價，則歸於國家，爲人民所共享。」同年十二月演講三民主義與中國前途，說明平均地權意義說：「文明進步是自然所致，不能逃避的。文明有善果，也有惡果。……歐美各國，善果被富人享盡，貧民反食惡果，總由少數人把持文明幸福，故成此不平等的世界。……歐美爲甚麼不能解決社會問題？因爲沒有解決土地問題。大凡文明進步，地價日漲。譬如英國，……富人把耕地改做牧地，或變獵場，……貧民無田可耕，都靠做工餬口，而工業却全歸資本家所握，工業偶然停歇，貧民立受饑餓。……貧富不均，達到這地步，平等二字，已成口頭空話了。……中國現在資本家還沒有出世，所以幾千年地價，從來無大增加，這是與各國不同的。但是革命之後，……地價一定跟着文明日日漲高的。……將來富者日富，貧者日貧，十年之後，社會問題便一天緊似一天了。……解決的辦法，社會學者所見不一，兄弟所信的是定地價的法子。……將來因交通發達，漲價……當歸國家。這於國計民生皆有大益，少數富人把持壟斷的弊竇，自當永絕。……」

民國元年四月演講民生主義與社會革命，除平均地權外，主張採用國家社會主義政策，節制資本。先生說：「中華民國成立，民族民權兩主義已達到，惟有民生主義尚未着手，今後吾人所當致力的，卽在此事。……譬如一人醫病，與其醫於已發，不如防於未然。……如以爲中國資本家未出，便不理會社會革命；及至人民程度高時，貧富階級已成，然後圖之，失之晚矣。……若能將平均地權做到，那麼社會革命已成功七八分了。……玆再論資本問題，……當防資本家壟斷之流弊。此防弊之政策，無外社會主義。本會政綱中，所以採用國家社會主義政策，亦卽此事。現今德國採用此等政策，國家一切大實業，如鐵路、電氣、水道等務，皆歸國有，不使一私人獨享其利。英美初未用此政策，弊害今已大見。……中國當取法於德。……」

民國元年九月演講民生主義與國家社會主義，明顯說明民生主義的節制資本，與國家社會主義相同。先生說：「……殊不知民生主義，並非均貧富之主義，乃以國家之力，發達天然實利，防資本家之專制。德國俾士麥……，提倡國家社會主義，十年以來，舉世風靡。……可知此主義並非荒謬，世界通行。……此時防微杜漸，惟有提倡國家社會主義。」

第二節　社會主義之派別及批評

民國元年十月演講社會主義之派別及批評，　先生說明對社會主義之意見，並說明民生主義的意義。

㈠贊同社會主義的理想。「社會主義者，人道主義也。人道主義主張博愛、平等、自由；社會主義之眞髓，亦不外此三者。」「此種主義，本我人類腦中應具之思想。……其主張激烈，均分富人之財產者，在事理上既未能行，於主義亦未盡合。故欲主張平均社會生計，必另作和平完善之解決，以達此社會之希望。考諸歷史，我國固素主張社會主義者。井田之制，卽均產主義之濫觴；而累世同居，又共產主義之嚆矢。」

「循進化之理，由天演而至人爲，社會主義實爲之關鍵。動物之強弱，植物之榮衰，皆歸之於物競天擇，優勝劣敗。進化學者遂舉此例，以例人類國家。……謂世界僅有強權而無公理。……我人訴諸良知，自覺未敢贊同；誠以強權雖合於天演之進化，而公理實難泯於天賦之良知。故天演淘汰爲野蠻物質之進化，公道良知實道德文明之進化也。社會組織之不善，雖限於天演，而改良社會之組織，或者人爲之力尚可及乎！社會主義所以盡人所能，以挽救天演界之缺憾也。其所主張，原欲推翻弱肉強食，優勝劣敗之學說，而和平慈善，消滅貧富階級於無形。」

㈡集產社會主義切實可行。「嘗考社會主義之派別爲：一、共產社會主義，二、集產社會主義，三、國家社會主義，四、無政府社會主義。……自予觀之，則所謂社會主義者，僅可區爲二派：一、集產社會主義，二、共產社會主義是也。蓋以國家社會主義本屬於集產社會主義之中；而無政府社會主義又屬於共產社會主義者也。夫所謂集產云者，凡生利各事業，若土地、鐵路、郵政、電氣、礦產，皆爲國有。共產云者，卽人在社會之中，各盡所能，各取所需，如父子昆弟同處一家，各盡其生利之能，各取衣食所需；

不相妨害，不相競爭，郅治之極，政府遂處於無爲之地位，而歸於消滅之一途。兩相比較，共產主義本爲社會主義之上乘。然今日一般國民道德之程度未能達於極端，盡其所能以求所需者，尙居少數；任取所需而未嘗稍盡所能者，隨在皆是。……狡猾誠實之不同，其勤惰苦樂亦因之而不同，其與眞正之社會主義，反相牴觸。說者謂可行於道德智識完美之後。然斯時人民，道德智識既較我人爲高，自有實行之力。何必我人之窮思竭慮，策畫於數千年之前乎？……故我人處今日之社會，卽應改良今日社會之組織，以盡我人之本分，則主張集產社會主義，實爲今日唯一之要圖。」

上述集產社會主義，卽係國家社會主義；所述共產主義，則係無政府共產主義。　先生是將共產主義與馬克思主義分別，從未說馬克思主義就是共產主義。由民生主義第一講對馬克思的批評，更可確知。

㈢社會主義的主題，是謀人類的生存。「然爲人類謀幸福，其着手之方法將何自乎？自不得不溯人類致苦之原因。人類之在社會，有疾苦幸福之不同，生計實爲其主動力。人類之生活，亦莫不爲生計所限制；是故生計完備，始可以生存；生計斷絕，終歸於淘汰。社會主義既欲謀人類之幸福，當先謀人類之生存。既欲謀人類之生存，當研究社會之經濟。故社會主義者，一人類經濟主義也。」

㈣贊成土地公有資本公有，但不同意亨利喬治、馬克思的辦法。「美人有卓治亨利者，……主張土地公有。……原夫土地公有，實爲精確不磨之論。人類發生以前，土地已自然存在；人類消滅以後，土地必長此存留。可見土地實爲社會所有，人於其間又焉得而私之耶！…馬氏之說，則專論資本，謂資本亦爲人造，亦應屬於公有。主張雖各不同，而其爲大多數謀幸福者一也。」　先生贊成土地公有，但不贊成喬治土地單一稅的辦法。　先生主張資本公有，但不贊成馬克思沒收私人財產的辦法。

㈤在中國實行社會主義，首應解決土地問題，次應採用國家社會主義政策。 先生說：「土地價值之增加，咸知受社會進化之影響；……則隨社會進步而增加之地價，倘不收爲社會公有，而歸地主私有，則將來大地主必爲大資本家。三十年後，又將釀成歐洲革命流血之慘劇。故今日主張社會主義，實爲子孫造福計也。……社會主義之國家，一眞自由、平等、博愛之境域也。國家有鐵路、礦業、森林、航路之收入，及人民地租、地稅之完納，府庫之充，有取之不竭用之不盡之勢。社會主義學者遂可進爲經理，以供國家經費之餘，以謀社會種種之幸福。」

第三節　實行民生主義的理由

手撰本三民主義說：「民生主義者，即社會主義也。貧富不齊，豪強侵奪，自古有之，然不若歐美今日之甚也。歐美自政治革命而後，人人有自由平等，各得肆力於工商事業，經濟進步，機器發明，而生產之力爲之大增，得有土地及資本之優勢者，悉成暴富，而無土地資本之人，則轉因之謀食日艱。由是富者益富，貧者益貧，則貧富之階級日分，而民生之問題起矣。此問題在歐美今日，愈演愈烈，循此而往，非至發生社會之大革命不止也。……惟中國之於社會革命也，則尚未種其因，如能思患預防，先爲徙薪曲突之謀，則此一度之革命，洵可免除也。此民生主義之所以不得不行也。中國之行民生主義，即所以消弭社會革命於未然也。……」

「工業革命之後，資本膨脹，而地價亦因而大增。蓋機器之生產事業利於集中，故城市首先發達，以易致工人也。其次則煤鐵之場，製造事業亦以繁興，蓋便於取料也。其三則交通之地，工廠亦隨而林立，以便於運輸也。凡有此三要素之地，工業必從而發達，人口則爲增加；此等工業繁盛之城市，其地價之增加，有畝至十百萬元者。而地主多有承先人之遺業，不耕不織，無思無維，而陡成巨富者。是地主以地增價而成資本家，資本家以工業獲利而成大地主。……由是地價則日增，而工值則日賤。蓋工人欲迫而歸農，亦無田可耕，……不得不靠僱工生活矣。工業愈進步，商業愈發達，則資本家與地主之利益大，而工人則窮苦矣。此歐美工商發達，經濟進步後，所生出社會貧富階級之情形，而社會革命之所以不能免也。」「中國近代進步雖遲，似有不幸。然若取鑑於歐美之工業革命，與經濟發達所生出種種流弊，而預爲設法以杜絕之，則後來居上，未始非一大幸也。顧思患預防之法爲何？卽防止少數人之壟斷土地資本二者而已。」

防止少數人壟斷土地資本，先生提出平均地權、節制資本兩項辦法。中國應立卽實行的，是平均地權；因爲平均地權後，大地主不會變成大資本家；而大資本家亦不願變成大地主，實係節制資本最好的辦法。民國十年三月演講三民主義之具體辦法，十一月演講三民主義爲造成新世界工具，關於民生主義部分，都同時講平均地權、節制資本。

第四節　民生主義的說明

民國十三年一月二十一日　先生演講關於民生主義之說明說：「民生二字，爲數千年已有之名詞，至用之於政治經濟上，則自本 總理始。非獨中國向無所聞，卽在外國亦屬罕見。數年前，有一服從馬克思主義之學者，研究社會問題，……其要點之大意有云：在今日社會進化中，其經濟問題之生產與分配，悉當以解決民生問題爲依歸云云。可見本 總理所創民生主義之名詞，至今已有學者贊同矣。由此亦可知民生二字，實已包括一切經濟主義。」 先生畫一圖說明，民生主義的範圍最大，包括社會主義；社會主義範圍內，又包括集產主義、共產主義。所謂社會主義、共產主義、與集產主義，均包括於民生主義之中。

民生主義第一講說：「我現在就是用民生這兩個字，來講外國近百十年來所發生的一個最大問題，這個問題就是社會問題。故民生主義就是社會主義，又名共產主義，卽是大同主義。」上引兩項演講，內容互相關連，玆說明於次：

(一)民生主義就是社會主義，何以民生主義的範圍大於社會主義呢？因爲社會主義偏重解決資本問題，民生主義除注重資本問題外，更注重土地問題，並以平均地權爲解決社會問題的先決條件。民生主義的範圍，比社會主義的範圍大；所以社會主義包涵於民生主義之中。

(二)以「卽是大同主義」說，大同主義的內容，見於禮記、禮運大同篇，除經濟問題外，更包括政治社會等問題。「選賢與能」是政治問題，「講信修睦」是社會問題，「男有分女有歸」是婚姻問題。民生主義卽是大同主義，其範圍較社會主義更廣大。

(三)民生主義何以又名共產主義呢？ 先生所講的共產主義是無政府共產主義，決不是馬克思主義。第一、在民生主義第一講， 先生痛斥馬克思主義，將共產主義與馬克思主義分開，確認馬克思主義不是共產主義。第二、在社會主義之派別及批評演講， 先生所講的共產主義，是無政府共產主義；認爲各盡所能各取所需的社會，是很好的，但在現社會中，還無法實行。現在可實行有效的，是集產主義，就是國家社會主義。第三、民族主義第四講，明示馬克思主義不是共產主義，　先生說：「從前俄國所行的，其實不是純粹的共產主義，是馬克思主義。馬克思主義不是共產主義，普魯東、巴枯寧所主張的，才是眞共產主義。」

㈣民生主義何以包括集產主義和共產主義呢？第一、集產主義就是國家社會主義。節制資本的辦法，是採納國家社會主義的辦法，是民生主義的一部分，自然包括於民生主義之內。第二、共產主義的目的，在實行各盡所能、各取所需。　先生認爲是社會主義的上乘，不過現在的社會不能實行，只能「共將來，不能共現在。」共產主義是民生主義理想的一部分，所以包括於民生主義之內。

㈤民生主義第二講最後一段，說明民生主義的意義，　先生說：「我們要解決中國的社會問題，和外國是有相同的目標，這個目標，就是要全國人民都可以得安樂，都不致受財產分配不均的痛苦。要不受這種痛苦的意思，就是要共產；所以我們不能說共產主義與民生主義不同。我們三民主義的意思，就是民有民治民享，……國家是人民所共有，政治是人民所共管，利益是人民所共享。照這樣的說來，人民對於國家，不只是共產，甚麼事都是可以共的。人民對於國家甚麼事權都是可以共，才是眞正達到民生主義的目的；這就是孔子所希望的大同世界。」看了這段遺敎，更可知民生主義的範圍，確是大於各種社會主義。

第四章　平均地權

第一節　何以要先平均地權

歐洲社會革命，在解決資本問題。　先生認爲中國當務之急，首在解決土地問題。一九〇六年在日本東京演講三民主義與中國前途說：「歐美爲甚麼不能解決社會問題，因爲沒有解決土地問題。大凡文明進步，地價日漲。……中國現在資本家還沒有出世，所以幾千年地價，從來無大增加，這是與各國不同的。但是革命之後，却不能照前一樣。現在香港上海地價，比內地高至數萬倍；因爲文明發達，交通便利，故此漲到這樣。假如他日全國改良，地價一定跟着文明日日漲高的。……解決的法子，社會學家所見不一。兄弟所信的，是定地價的法子。比方地主有地價值一千元，可定價爲一千，或多至二千；那地將來因交通發達，漲價至一萬，地主應得二千，已屬有益無損；贏利八千，當歸國家。這於國計民生皆有大益，少數富人把持壟斷的弊竇，自當永絕。……地價未漲的地方，恰好急行此法；所以德國在膠洲灣，荷蘭在爪哇實行，已有成效。中國內地文明沒有進步，地價沒有增漲，倘若實行起來，一定容易。……行了此法之後，文明越進，國家越富，一切財政問題，斷不至難辦。……」

民國元年四月在南京演講民生主義與社會革命說：「……英美諸國因文明已進步，工商已發達，故社會革命難。中國文明未進步，工商未發達，故社會革命易。英美諸國資本家已出，障礙物已多，排而去之故難。中國資本家未出，障礙物未生，因而行之故易。然行之之法如何？……英美諸國社會革命，或須用武力，而中國社會革命，則不必用武力。……中國原是個窮國，……如外國之資本家更是沒有，所以行社會革命是不覺痛楚的。但因此時害猶未見，便將社會革命擱置，是不可的。譬如一人醫病，與其醫於已發，不如防於未然。……若不思患預防，後來資本家出現，恐怕比專制君主還要利害些，那時殺人流血去爭，豈不重罹其禍麼！……若能將平均地權做到，那麼社會革命已成功七八分了。……從前人民有土地，照面積納稅，分上中下三等；以後應改一法，照價收稅。因地之不同，不止三等。以南京土地較上海黃浦灘土地，其價相去不知幾何；但分三等，必不能得其平。不如照價徵稅，貴地收稅多，賤地收稅少。……此種地價稅法，英國現已行之；經解散議會數次，始得通過，而英屬地如澳洲等處，則早已通行。因其法甚美，又無他力阻礙故也。然只此一條件，不過使富人多納租稅而已，必須有第二條件，國家在地契之中，應批明國家當需地時，隨時可照地契之價收買，方能無弊。……有此兩法互相表裏，則不必定價自定矣。……如國家欲修一鐵路，人民不能擡價，則收買土地自易。」

由上引訓示，內容共有三點。

㈠中國當時資本家尚未出世，工商業尚未發達，自不能採用歐洲社會黨的辦法。一八六四年以後，清廷的自強運動，首先介紹的，是西方的科學知識與軍械製造。關於實業方面，一八六六年左宗棠在福建設馬尾造船局，開辦費三十餘萬兩。一八六七年崇厚在天津設機器製造局，李鴻章在南京設金陵機器局，一八七二年李鴻章在上海創設輪船招商局，一八七七年在天津設立開平礦務局，一八七八年左宗棠在甘肅設立織呢總局。所設的各種局，都是「官辦」，且資本甚少。一八八三年商人祝大椿在上海創辦五金廠，資本十萬兩，則係商辦。一九〇一年以後，維新運動再起，其有成效者，僅廢科舉，設學校，派游學數端；對於中國實業之開發，並未進行。民間興辦若干工廠，資本短缺，尚在幼稚時代。（註一）

㈡中國當時實業不發達，但將來一定發達。國內土地在社會進步，工商業發達之後，一定漲價。不勞而獲之地主，勢將變為資本家。為預防將來之禍患，亟應平均地權，使將來土地所漲之價，不為地主侵佔。

㈢平均地權的辦法：自報地價，照價徵稅，照價收買，漲價歸公，已於此時宣示。地主自報地價，是承認地主的土地所有權。同時採用照價徵稅照價收買辦法，以控制地主自報合理的價格。照價收稅，不分土地等級，地賤者納稅少，地貴者納稅多，可減輕農民租稅的負擔。漲價歸公，就是共將來，不共現在的辦法。

第二節　平均地權辦法

先生確認革命政府的第一要務，在實行平均地權。民國九年三月發表地方自治開始實行法，清戶口立機關之後，自治政府首先要做的事，就是定地價。至於開道路、墾荒地、設學校，皆在定地價之後。十三年四月頒布建國大綱，第十條規定：「每縣開創自治之時，必須先規定全縣私有土地之價。其法由地主自報之，地方政府則照價徵稅，並可隨時照價收買。自此次報價之後，若土地因政治之改良，社會之進步而增價者，則其利益為全縣所共享，而原主不得而私之。」

平均地權的辦法，對全國土地，由地主自報地價，政府照價徵稅，照價收買；報價後土地所漲之價，收歸公有，卽漲價歸公。對農民耕種之地，應使耕者有其田。

一、地主自報地價

自報地價有下列意義。第一、承認現有土地人民的所有權，土地仍維持私有。因爲中國家庭制度是多子繼承制，大地主較少，小地主很多，許多小地主都是自耕農，所以不能用沒收土地的辦法，踢去地主。第二、不能用政府估價的辦法。穆勒主張由政府估價，英國政府實行的辦法，就是由政府估價的辦法。這個辦法，政府是一種繁難工作，估價的結果，易使人民感覺不平，時常發生訴訟，所以不應採用。因此，最簡易可行辦法，是由人民自報地價，政府可省去繁難工作，人民不致有不平感覺。

自報地價應注意的問題，是幣値的穩定。滿清時代貨幣是用白銀，滿清末年已用銀元。民國二十四年我國採用法幣政策，始廢止銀元，通用紙幣。從　先生提倡革命起，至民國十三年演講民生主義時止，中國通用貨幣都是用銀元；因係用硬幣，幣値穩定，地主所報之價，沒有貶値的顧慮。但改用法幣之後，若貨幣貶値，用地主所報之價收買，等於沒收土地，必使地主感覺不平。中華民國憲法第一百四十三條沒有規定人民自報地價的辦法，原因大概在此。補救辦法，可用黃金或糧食報價，若果貨幣貶値，地主當政府收買時，可要求發給當時所報之黃金或糧食。照此辦理，人民不致不平，政府可免隨時估價之煩，一經報價之後，卽可永以爲定。此項建議是否可行，應請經濟專家硏究。

二、政府照價收稅照價收買

地價由地主自報，如何能使地主報告適當價值呢？ 先生主張照價收稅、照價收買，以控制地主報價。民生主義第二講說：「解決土地問題的辦法，各國不同，而且各國有很多繁難的地方。現在我們用的辦法，……就是政府照地價收稅和照地價收買。究竟地價是怎樣定法呢？……應該由地主自己去定。……照我的辦法，地主以多報少，他一定怕政府要照價收買，吃地價的虧。如果以少報多，他又怕政府要照價抽稅，吃重稅的虧。在利害兩方面互相比較，他一定不情願多報，也不情願少報，要定一個折中的價值，把實在的市價報告政府。地主既是報折中的市價，那麼政府和地主自然是兩不吃虧。」

這個辦法，民國三十五年制憲國民大會完全贊同。中華民國憲法第一百四十三條第一項說：「中華民國領土內之土地屬於國民全體。人民依法取得之土地所有權，應受法律之保障與限制。私有土地應照價納稅，政府並得照價收買。」

三、漲價歸公

民生主義第二講說：「地價定了以後，我們更要有一種法律的規定。……就是從定價那年以後，那塊地皮的價格，再行漲高，……所加之價完全歸爲公有。因爲地價漲高，是由於社會改良，和工商業進步。中國的工商業，幾千年都沒有大進步，所以土地價值經過多少年代，都沒有大改變。如果是一有進步，一經改良，像現在的新都市一樣，日日有變動，那種地價便要增加幾千倍，或是幾萬倍了。推到這種進步和改良的功勞，還是由衆人的力量經營而來的。所以由這種改良和進步之後，所漲高的地價，應該歸之大衆，不應該歸之私人所有。……這種把以後漲高的地價，收歸衆人公有的辦法，……是共將來，不是共現在。這種將來共產的辦法，是很公道的辦法。以前有了產業的人，決不至吃虧；和歐美所謂收歸國有，把人民已經有了的產業，都搶去政府裡頭，是決不相同。」

地主可以保有自報地價時的地價，但此後土地漲價，是社會改良和工商業進步的功勞，是衆人力量經營而來，應該歸之大衆，不應歸於原來的地主。這種漲價歸公的辦法，是共將來，不是共現在；是合情理的王道辦法。第一、這與馬克思、列寧沒收土地的辦法不同。沒收土地是踢去地主，吃虧的是地主。漲價歸公是保留地主，有產業的人決不至吃虧，更不會被清算鬥爭。第二、這與穆勒的辦法不同；穆勒主張土地估價後增加的價值，應收一般的土地稅，就是征收增值稅。漲價歸公，是將自報地價後的漲價，完全歸之公衆。第三、這與喬治的辦法不同；喬治主張土地單一稅制，征收地租的重稅，使地主失去占有土地的意義。漲價歸公，地主保有原來土地的價值，仍可得應有的利益。

中華民國憲法第一四三條第三項說：「土地價值非因施以勞力資本而增加者，應由國家徵收土地增值稅，歸人民共享之。」這是採用穆勒徵收增值稅的辦法，並非依據　中山先生之遺教。將來我國修改憲法時，應特別注意修改的。

四、耕者有其田

平均地權辦法，全國應一致實行。地方自治開始實行，政府的第一件事，就是定地價。定地價之後，政府照價收稅，照價收買，漲價歸公。工商業發達之後，城市土地漲價迅速，與鄉村農地價值相去甚遠，有相差數百倍甚至數萬倍者。中國過去對土地分爲三等或九等徵稅，農民負擔過重。自報地價之後，照價徵收百分之一或百分之二，價高者徵稅多，價低者徵稅少，這是很公平的辦法。但是這種減輕鄉村賦稅的負擔，若果仍係地主享受，無土地的農民仍不能獲得福利。爲解決農民福利問題， 先生特提出耕者有其田的辦法。

民生主義第三講說：「中國自古以來都是以農立國……中國要增加糧食的生產，便要在政治法律上制出種種規定，來保護農民。中國的人口農民是佔大多數，至少有八九成。但是他們由很辛苦勤勞得來的糧食，被地主奪去了大半，自己得到手的幾乎不能夠自養，這是很不公平的。……將來民生主義眞是達到目的，農民問題眞是完全解決，是要耕者有其田。」

民國十三年在廣州演講耕者要有其田說：「現在俄國改良農業政治之後，便推翻一般大地主，把全國的田土都分到一般農民，讓耕者有其田。耕者有了田，只對於國家納稅，另外便沒有地主來收租錢，這是一種最公平的辦法。……中國的人民本來分作士農工商四種，這四種人中，除農民以外，多是小地主。如果我們沒有預備，就倣效俄國的急進辦法，把所有的田地馬上拿來充公，分給農民，那些小地主一定是起來反抗的。……要聯絡全體的農民來同政府合作，……來解決農民和地主的辦法，農民可以得利益，地主不受損失，這種方法可以說是和平解決。……我們要解決農民的痛苦，歸結是要耕者有其田。這個意思就是要農民得到自己勞苦的結果，要這種勞苦的結果，不令別人奪去。」

先生耕者有其田主張，在民生主義第三講並未提到蘇俄的土地改革。十三年八月十七日演講民生主義第三講，七日之後（八月廿三日）演講耕者有其田，始提到俄國土地改革；有人以爲　先生主張係受俄國影響，此實謬誤。根據黃季陸先生的著述，一九〇七年　先生耕者有其田的主張，已在章太炎「定版籍」一文內發現。民國元年　先生與袁世凱談話，　先生已提出耕者有其田主張，袁認爲係當然之理。已見於梁士詒年譜（註二）。　先生耕者有其田主張，早於俄國的革命，自然不是受俄國革命的影響。一九〇五年中國同盟會軍政府宣言明示：「肇造社會的國家，俾家給人足，四海之內，無一夫不獲其所。」一九〇六年演講三民主義與中國民族前途明示：「我們革命的目的，是爲衆人謀幸福。」中國農民佔人口百分之八十以上，要使農民得幸福，無一夫不獲其所，自然應當耕者有其田。我國古代的井田制度，北魏的均田制度，都是實行耕者有其田。

先生演講耕者有其田時，已說明中國情形與俄國不同，不可採用俄國的急進辦法，應用和平解決辦法。實則俄國革命沒收土地，並沒有用耕者有其田的辦法，係由俄國政府代替大地主的地位，比大地主的剝削更甚，農民沒有得到幸福，不願辛勤耕作。俄國在一九一七年以前，本是糧食輸出國；俄國革命後，辦理集體農場，用機器耕種，而糧食不夠消費，多年來要靠糧食的輸入；這就是俄國農民消極反抗的結果。太平天國實行的，則是耕者有其田。農民得到利益，所以支持太平天國最力的是農民，而士紳地主則與太平天國爲敵。

先生主張和平辦法，不贊成急進辦法。　先生的和平辦法，並不踢去地主，而係自報地價之後，照價收買地主的土地，分配給佃農耕種，或以公平合理的價格，轉售給佃農，使社會秩序不至大亂，農民確可得到幸福。臺灣省近年來實施耕者有其田，係根據　先生所定辦法，變通實行。現在臺灣省的安定繁榮，就是農民問題已得到合理的解決。

第三節　平均地權目的

一、土地公有的意義

平均地權的目的，在實現土地公有。土地公有的意義，可以包含國有、省有、縣市有。若僅說土地國有，則省有或縣市有，解釋不易清楚，所以用土地公有一詞，比較適當。

民國元年五月四日演講平均地權說：「平均為何？非如封建時代行井田之法也。古者通力合作，計畝均分，不過九而取一。今日地少人稠，無論面積不能平均，卽稅率亦有不同。……今於無可平均之中，籌一自然平均之法，其法如何？一、卽照價納稅，二、卽土地國有。二者相為因果，雙方並進，不患其不能平均矣。……土地國有之法，不必要收歸國家也。若修道路，若闢市場，其所必經之田園廬墓，或所必須之地畝，卽按照業戶稅契時之價格，國家給價而收用之。」

元年六月九日演講地權不均則不能達多數幸福之目的說：「吾前言平均地權，有疑為從實均地者。豈知地有貴賤，從實均分，仍是不平。……世界學者多主張地歸國有，理本正大，當可採取。惟地不必盡歸國有，收取其所需之地，斯亦可矣。」

元年十月十五日演講社會主義之派別及批評說：「美人有喬治亨利者，……主張土地公有，其說風行一時。……原夫土地公有，實為精確不磨之論。人類發生以前，土地已自然存在；人類消滅以後，土地必長此存留。可見土地實爲社會所共有，人於其間又烏得而私之耶！」

九年著地方自治開始實行法說：「地主報多報少，所報之價，則永以爲定。此後凡公家收買土地，悉照此價，不得增減。而此後土地之買賣，亦由公家經手，不得私相授受。原主無論何時，只能收回此項所定之價。而將來所增之價，悉歸於地方團體之公有。如此則社會發達，地價愈增，公家愈富。」

由上引述，先生民國元年所講土地國有，與土地公有同義。民國九年演講，「將來所漲之價，悉歸於地方團體之公有。」則土地可爲地方所有，其義甚明。所以土地公有的意義，實可包括國有、省有、縣市有、鄉鎮有。民國八年手撰本三民主義，至民國十三年演講三民主義，先生均以公有代替國有一詞。

二、土地公有與私有並存

平均地權並不廢止土地私有制度，是承認土地公有與私有同時並存。對私有土地，是用照價徵稅、漲價歸公的辦法。私有土地變爲公有，是用照價收買的辦法。凡原來公有土地，或無人自報地價的土地，自然屬於公有。凡有所有權證明，自報地價的土地，則屬於私有。在平均地權初期，公有土地少，私有土地多。

平均地權實行之後，政治必上軌道，社會必趨繁榮。以城市土地說，從中央政府到地方政府，都要成立機關、修築道路、增設學校、設立醫院，和興辦種種公益事業，都要收購土地。各級政府舉辦公共事業收購之土地，自然屬於公有。以鄉村土地說，耕者有其田實行，耕者必然愛護土地，增加生產。同時因耕者有了土地，生活安定，收入較多。廣大農民的生活改善，購買力增加，可以促進工商業的發展。工商業發展，人民有較多的生產途徑，農民自願轉業者，政府應予輔導。同時，較大規模的農場必然興起，政府應輔導農民，合作生產，推行標準農場，改善農民生活。

農業發展，工商業發展，國家及地方建設，必然突飛猛進，人民食衣住行四種需要，因社會安全制度之實行，必然獲得保障。城市土地漲價歸公，政府財政充裕，可以收購土地，多數土地必漸屬公有。政府與人民協力，建築大規模之房屋，以廉價供給人民租用，人人生活有確切保障，已無私有土地之必要。鄉村土地，凡適合大規模經營的，必然改用機器耕種收割，農地的機械化，已屬必然現象。此時，農民自願轉業，或因事實上需要，政府可照價收購其土地，改為大規模農場。此時科學發達，交通進步，耕種土地的農民，不必住於土地附近的房屋。鄉村和城市的界限，可以漸漸打破，使鄉村城市化，城市鄉村化。此時，土地私有的欲望，必然減低，土地公有漸多，私有土地漸少。

土地應屬公有， 先生與穆勒，和喬治是同樣主張的。如何實現土地公有呢?穆勒的辦法並不完整，喬治的辦法，僅收土地單一稅，沒有一國試行。 先生平均地權的辦法，承認公有私有並行，以和平漸進辦法，實現土地公有。

附註

註一：參閱李守孔著：中國近代史第九章第二節自強運動、第十四章第一節維新運動之再起，三民書局四十七年五月初版。

註二：參閱黃季陸著：一、耕者有其田之理論基礎。二、 國父耕者有其田主張。此兩文載於三民主義土地問題討論集，一九五～二〇二頁。國防研究院三民主義研究所五十二年七月出版。

第五章　節制資本

第一節　節制資本的途徑

平均地權、漲價歸公，是使大地主不能不勞而獲，變成大資本家。同時使大資本家不願收購土地，變成大地主。所以平均地權的一個重要目的，就在預防大資本家之產生。但中國實業之開發，工商業之發展，是必然現象，如何解決資本問題，始可有益於國家，有利於人民呢？

一、不應採資本主義的辦法

資本主義的發生，多受亞當斯密經濟理論的影響。他主張經濟上自由競爭，認爲個人私利與社會公益之間，好像有一隻看不見的手引導，使私利與公益和諧一致。產業革命後，工廠制度興起，生產物品增多，照理應當家給人足，共享幸福。但這一隻看不見的手，並不能調和私利與公益。產業革命後的歐美各國，幸福的善果被富人享盡，貧民反食困窮的惡果，造成不平等的社會。

資本主義以自由競爭爲原則。自由競爭在人工生產時代，可以抑制豪強壟斷，使工人商人不受壓迫。但在工商業發達以後，自由競爭的結果，發生商業戰爭，造成資本家壟斷的現象。實業計畫結論說：「商業戰爭，亦戰爭之一種，是資本家與資本家之戰爭也。……其戰鬥之方法，卽減價傾軋，使弱者倒敗，而強者則隨而壟斷市場，佔領銷路。……此種之戰爭，自採用機器生產之後，已日見劇烈。……近代經濟之趨勢，適造成相反之方向，卽以經濟集中，代替自由競爭是也。美國自有大公司出現，卽有限制大公司法律，而民意亦以設法限制爲然。蓋大公司能節省浪費，能產出最廉價物品，非私人所能及。不論何時何地，當有大公司成立，卽將其他小製造業掃除淨盡，而以廉價物品供給社會，此固爲社會之便利。但所不幸者，大公司多屬私有，其目的在多獲利益。待至一切小製造業皆爲其壓倒之後，因無競爭，而後將各物之價值增高，社會上實受無形之壓迫也。」

在自由競爭之下，一切私人企業可在同等機會中，謀求最大的利潤。但競爭常以降低價格的方法，以與同業抗衡。結果，大家降價競爭，無利可圖。企業家爲保障利益，遂採取聯合方式，保障共同利益。這種企業的聯合，稱爲卡特爾（Cartel），以議定貨品價格，控制出產品，分配定貨單，大家由競爭而合作。卡特爾是一種聯合的組織。但大資本家常以豐富資金，收購其他小公司，資本兼併的結果，造成壟斷情形，脫拉斯（Trust）遂出現。自卡特爾及脫拉斯出現之後，自由競爭已不可能，造成資本家壟斷經濟，富者益富，貧者益貧。

民生主義第三講說：「我們要完全解決民生問題，不但要解決生產的問題，就是分配的問題，也是要同時注重的。分配之公平方法，在私人資本制度之下，是不能夠實行的。因爲在私人資本制度之下，種種生產的方法，都是向同一個目標來進行，……就是賺錢。……民生主義和資本主義，根本上不同的地方，就是資本主義是以賺錢爲目的，民生主義是以養民爲目的。」

資本主義發展之後，已由經濟集中的卡特爾或脫拉斯，代替了自由競爭。資本家只注重生產問題，注重個人賺錢；而不管分配問題，不理人民困苦。所以中國實業發展之初，應即注重分配方法，解決人民的生活，不應再陷入資本主義的覆轍。

二、不可用馬克思的辦法

資本主義主張政府在經濟上自由放任，由人民自由競爭。馬克思則主張用階級鬥爭的方法，消滅資本階級，由工人專政，沒收一切財產，實行資本公有。中國當時實業還沒有發達，對立的資本階級勞工階級都沒有形成，如何能有階級鬥爭呢?

民生主義第二講說：「中國是患貧，不是患不均。在不均的社會，當然可用馬克思的辦法，提倡階級鬥爭去打平他。但在中國實業未發達的時候，馬克思的階級鬥爭和無產階級專制便用不著。所以我們今日師馬克思之意則可，用馬克思之法則不可。我們主張解決民生問題的方法，不是先提出一種毫不合時用的劇烈辦法，再等到實業發達，以求適用；是要用一種思患預防的辦法，來阻止私人的大資本，防止將來的大毛病。」

中國不可實行馬克思的辦法，就是俄國革命後，實行馬克思辦法，還是失敗。手撰本三民主義批評說：「我當懍歐美前車既覆之鑑，爲我之曲突徙薪，不可學俄人之焦頭爛額也。」民生主義第二講批評說：「俄國實行馬克思的辦法，革命以後，行到今日，對於經濟問題，還是要用新經濟政策。俄國之所以要改用新經濟政策，就是由於他們的社會經濟程度，還比不上英國美國那樣發達，還是不夠實行馬克思的辦法。俄國的社會經濟程度，尚且比不上英國美國，我國的社會經濟程度，怎樣能夠比得上呢？又怎樣能夠實行馬克思的辦法呢？所以照馬克思的黨徒，用馬克思的辦法，來解決中國的社會問題，是不可能的。」

三、應採用國家社會主義政策

民國元年　先生演講社會主義之派別及批評，將社會主義歸納爲共產主義集產主義兩種，認爲共產主義不能實行，「主張集產社會主義，實爲今日唯一之要圖。」

民國十一年十二月，　先生在上海與白萊斯福特談話，茲將關於國家社會主義部分，節錄於次：「白君問：……世人多非難國家社會主義，　先生仍視爲一種穩健主義。　先生答：誠然。但余深知，經驗已告知吾人，國家社會主義確有缺點。有許多事業，可由國家管理而有利，亦有必須競爭始克顯其效能者。余並不固執，經驗之教訓，自不可漠視。……白君問：但在國家社會主義下之工作，往往耗廢而乏效能。……先生答：……須知國有事業歸政府主管，經驗尚淺，非私人事業可比。私人事業如合資公司，當其初興時，亦有困難。……由此推之，國家社會主義在最近之將來，亦將遭許多阻力，迨經數十年之經驗後，阻力自可漸消。……余以爲爲公共利益作工，縱有上述之弊，亦爲利重弊輕矣。……」

解決中國經濟問題，不能採用資本主義的辦法，所以要將大規模企業及獨佔企業由政府經營，以免資本家操縱人民的生計。但經濟問題經緯萬端，不能由政府完全處理，所以小規模企業及非獨佔性企業，應任由個人爲之。所以中國經濟問題應分兩途進行，即個人企業、政府經營同時進行。德國俾士麥十九世紀末葉實行的國家社會主義，英國一九四六年以後實行的民主社會主義，都是兩途進行，國家經營個人企業同時存在。俄國一九一七年革命後，將一切企業改由國家經營，結果焦頭爛額，遭受慘重挫敗，一九二一年不能不改採新經濟政策。一九五八年中共實行人民公社，一年後完全慘敗，一九五九年毛澤東不能不下台；劉少奇上台後，不能不仿效俄國新經濟政策，改用「三自一包」的辦法。

節制資本，是採用國家社會主義辦法。所以國家社會主義（集產主義）辦法，僅係民生主義的一部分，包含於民生主義之中。

第二節　節制資本的辦法

一、劃定私人經營範圍

實業計畫第一計畫說：「中國實業之開發，應分兩路進行：一、個人企業，二、國家經營是也。凡夫事物之可委諸個人，或較國家經營爲適宜者，應任個人爲之，由國家獎勵，而以法律保護之。……其不能委諸個人及有獨佔性質者，應由國家經營之。」

民生主義的經濟型態，國內學者有不同的見解。何浩若先生認爲是自由經濟；因爲　中山先生的主張，恰與馬列主義相反，而與美國現行的福利經濟與幸福國家相同，所以民生主義不是計畫經濟，而是自由經濟。任卓宣先生認爲是計畫經濟；因爲計畫經濟乃　國父獨見而創獲者，並不來自俄國，同時也與俄國不同。民生主義主張計畫經濟，當然就不主張自由經濟了。但在民生的計畫經濟之中，可以容納個人的自由經濟，但與傳統的自由經濟不同。羅敦偉先生認爲是計畫的自由經濟；因爲計畫的自由經濟，不是自由經濟，也不是計畫經濟。有自由經濟的優點，而沒有其缺點。自由經濟加上了計畫，一切經濟行動，都要受計畫的影響，爲社會福利而努力，但個人有相當發揮能力的自由。民生主義是預防的社會主義，中山先生創立的理想，計畫與自由不相衝突。在計畫經濟之中，個人有相當發揮能力的自由；詳細一點解釋，應爲計畫的自由經濟。（註一）

以上三種解釋，都有參考價值。但由上引實業計畫的指示，中國實業之開發，應分兩路進行，國家經營是計畫經濟，個人企業則是自由經濟。先生說得這樣明白，我們實在不應自作主張。

美國現在實行的，是管制資本主義（Regulated Capitalism）。美國太空總署之實驗設備，原子能總署之生產設備，及田納西水電工程（Tennesses Valley Authority），皆屬公有。美國經濟是市場經濟，但政府對市場活動及所得分配，採取積極干預。

南斯拉夫與俄國分離後，一九五〇年實行市場社會主義（Market Socialism），生產資料基本公有，小型工業仍歸私營，農業亦由農戶獨立經營，容許有限度的土地農有。由政府建立全國性經濟計畫，保持消費品的自由市場，工廠推行勞工管理制。南斯拉夫根據事實需要，已走上公營私營並行的道路。

法國一九四七年實行計畫資本主義（Planed Capitalism），關於經濟計畫制定，由政府與企業及工會代表共同制定，但係指導性，非強制性。工業係公營私營並行，公營佔百分之二十，私營佔百分之八十。工業生產與消費，由價格與市場決定。農業及貿易，則全屬私營。（註二）

由美國、南斯拉夫、法國經濟制度觀察，國家實業之開發，確應分兩途進行。這不僅是節制資本的方法，且係合理的經濟制度。蘇俄實行所謂計畫經濟，一切生產資料皆歸公有。改行新經濟政策後，容許少數私有，如城市的私人住宅，農民之自留地。但俄國所謂計畫經濟，只有計畫者的主權，沒有消費者的主權，沒有企業自由，沒有自由競爭。一九一七年以前，俄國是穀物輸出國，但現在要輸入大量穀物。俄國人民的生活水準，較自由國家低落。在俄共統治之下，人民沒有經濟自由，更沒有政治自由，這可說是蘇俄的致命傷，也可證明國家實業開發，應分兩途進行的合理。

二、社會及工業之改良

社會及工業的改良，民生主義第一講說：「就是用政府的力量，改良工人的教育，保護工人的衞生，改良工廠和機器，以求極安全和極舒服。工業能夠這樣改良，工人便有做工的大能力，便極願意去做工，生產的效率便是很大。這種社會進化事業，在德國施行最早，並且最有成效。近來英國美國也是一樣的做行，也是一樣的有成效。」

工業的改良，是工廠的設備必須良好，工廠的空氣必須流通，光線必須充足，工廠的機器必須有安全設備，使工人不易發生意外傷害。工廠排出的廢氣或廢水，必須加以處理，使不至危害工人的健康，不汚染社會的環境。

社會的改良，就是實施社會安全制度。德國俾士麥實行國家社會主義，對工人實施疾病保險、傷害保險、老年及殘廢保險，並實行八小時工作制度。英國工黨一九四五年執政後，已實施社會安全制度，不僅保障工人的利益，對人民的生、老、病、死，多由國家負責解決，保障所有人民的生活。美國於一九三五年已開始實施社會保險法案，現正在普遍實施。德、英、美三國對過去資本主義的弊害，已予以改正，進展到社會利益互相調和的階段。資本家要改善工廠的設備，使工人能安全舒適的工作，對工人保險必須擔負部分經費。資本家以賺錢爲目的，但對工廠設備及工人保險要付出相當經費，這是節制資本的一個方法。

三、直接徵稅

民生主義第一講說：「行這種方法，就是用累進稅率，多徵資本家的所得稅和遺產稅。施行這種稅法，就可令國家的財源，多是直接由資本家而來。資本家的入息極多，國家直接徵稅，所謂多取之而不爲虐。從前的舊稅法，就是錢糧和關稅兩種；施行這種稅法，就是國家的財源，完全取之於一般貧民，資本家對於國家，只享權利，毫不盡義務，那是很不公平的。德國老早發現這種不公平的事實，所以老早便行直接徵稅的方法。德國政府的收入，由所得稅和遺產稅而來的，佔全國收入約自百分之六十至百分之八十。英國政府關於這種收入，在歐戰開始的時候，也到百分之五十八。美國實行這種稅法，較爲落後，在十年之前（一九一三年），才有這種法律。自行了這種法律以後，國家的收入便年年大形增加。在一九一八年專就所得稅一項的收入而論，便約有美金四十萬萬。歐美各國近來實行直接徵稅，增加了大財源，所以更有財力來改良種種社會事業。」

現代租稅分間接稅直接稅兩種。間接稅如錢糧及關稅，都是由消費者負擔。直接稅如所得稅及遺產稅，則是由有錢者直接負擔，所得少或無遺產者，就沒有這種稅。所以直接徵稅，可防止財富集中，同時可減輕人民負擔。美國一九五一年個人直接稅和公司直接稅之總和，佔全國收入百分之七十二，可見直接徵稅對於節制資本的效果。

四、分配的社會化

上述三種辦法，是對資本家的限制，分配之社會化，則是對商人的限制。民生主義第一講說：「人類自發明了金錢，有了買賣制度以後，一切日常消耗貨物，多是由商人間接買來的。商人用極低的價錢，從出產者買得貨物，再賣到消耗者，一轉手之勞，便賺許多佣錢。這種貨物的分配制度，可以說是買賣制度，也可說是商人分配制度。消耗者在這種商人分配制度之下，無形之中，受很大的損失。近來研究得這種制度，可以改良，可以不必由商人分配，可以由社會組織團體來分配，或者由政府來分配。譬如英國所發明的消費合作社，就是由社會團體來分配貨物。歐美各國最新的市政府，供給水電煤氣以及麵包牛奶牛油等食物，就是用政府來分配貨物。採用這種分配的新方法，便可以省去商人所賺的佣錢，免去消耗者所受的損失。就這種分配方法的原理講，就可以說是分配之社會化。」

消費合作社係由英國奧文的工廠開始創辦，他將工人必需的貨物，直接向生產機構用批發價購來，加上少許手續費，轉賣給工人，較由商店購買價值，低廉一成至二成，減少了工人的開支，這是維護工人生活的一項辦法。此法實行有利後，英國各工廠紛紛仿行，至今已變成各國流行的辦法。

政府分配辦法，歐美各國最新的市政府，曾分配人民生活的必需品，但須在新興的小城市，人口稀少的時候，實行容易有效。但人口衆多的大城市，則不能不用消費合作社來分配。至於國家採取配給制度，多在發生經濟恐慌，或戰爭發生物品缺乏之時；英國在第二次世界大戰時，曾採行日用品分配辦法，渡過物資缺乏的難關。戰爭終止，經濟狀況正常，政府配給制度卽無必要。所以分配社會化的辦法，　先生對消費合作社敍述較詳，對政府分配的敍述簡略，偏重於消費合作社的推行。

五、實行上述辦法、社會已有進化

民生主義第一講說：「這四種社會經濟進化制度，便打破了種種舊制度，發生了種種新制度。社會上因爲常常發生新制度，所以常常有進化。至於這種社會進化，是由於甚麼原因呢？……如果照馬克思的學說來判斷，自然不能不說是由於階級鬥爭。……但是照歐美近幾十年來社會進化的事實看，最好的是分配之社會化，消滅商人的壟斷；多徵資本家的所得稅和遺產稅，轉爲增加國家的財富；更用這種財富，來把運輸和交通收歸公有，以及改良工人的教育衞生和工廠的設備，來增加社會的生產力。因爲社會上的生產很大，一切生產都很豐富，資本家固然發大財，工人也可多得工錢。……這是資本家和工人的利益相調和，不是相衝突。社會之所以有進化，是由於社會上大多數的經濟利益相調和，不是由於大多數的經濟利益有衝突。社會上大多數的經濟利益相調和，就是爲大多數謀利益。大多數有利益，社會才有進步。」

「社會上大多數的經濟利益之所以要調和的原因，就是因爲要解決人類的生存問題。古今一切人類之所以要努力，就是因爲要求生存。人類因爲要有不間斷的生存，社會才有不停止的進化。所以社會進化的定律，是人類求生存。……階級戰爭，不是社會進化的原因，……是社會當進化的時候，所發生的一種病症；這種病症的原因，是人類不能生存。……馬克思研究社會問題所有的心得，只見到社會進化的毛病，沒有見到社會進化的原理，……只可說是一個社會病理家，不能說是一個社會生理家。」

人類最根本的問題，是要求生存。人類求生存的原理，是互助，不是鬥爭。資本主義的弊害，是自由競爭，弱肉強食。近百年來，人類已有覺悟，漸入互助的坦途，已實行上述四種調和的辦法，有顯著的成績。所以人類調和互助，共謀生存，才是社會進化的根本原因。過去的國際聯盟，現在的聯合國，均以廢止戰爭提倡和平爲目的；雖沒有明顯成績，但已確認調和互助，是社會進化的原理。人類循此坦途，解決經濟問題政治問題，必可使世界漸近於大同之世。

第三節 節制資本的目的

一、預防資本主義的流弊

何謂資本？先生在社會主義之派別及批評說：「經濟學家謂：資本非金錢一項可盡其義，其人工造成之物產，消費之餘，以補助發達物產，無在不爲資本。……凡物產及金錢以之生產，可皆謂之資本。」凡用以生產之金錢、土地、機器、及物資，都可謂之資本。

產業革命後，資本發達，漸由資本家操縱。手著本三民主義說：「夫資本者，生產三大元素之一。其始也，凡勤儉之小工，以其餘財而再圖生利者，皆能爲資本家。及機器之興也，則以一人而用機器，可作百十人之工；則不獨小工永絕爲資本家之希望，而小資本家也難以自立，而見併於大資本家，而大資本家又見併於更大之資本家。由是大魚食細魚，遂生出歐美等國資主與工人之兩階級，貧富之懸殊，乃以日而甚矣。歐美資本發達後，其爲患於社會如此其大者，以歐美土地問題，未能於資本發達之前，而先爲之解決，故地主與資本家合而爲一，如虎添翼，其橫暴遂不可制止矣。」

資本集中之後，大資本家可以操縱人民生計。爲使地主與資本家不能合而爲一，所以先要平均地權，次要節制資本。節制資本，是思患預防的辦法，防止資本家壟斷國民經濟。

二、保障人民有限度的財產權

節制資本，是承認私人在經濟上有適當的自由權，並承認人民有限度的財產權。資本主義是放任私人資本，任其自由競爭，不加任何限制。馬克思是想消滅私人資本，不准私人有任何經濟自由。 中山先生對於資本問題，不主張自由放任，更不主張予以消滅，而是主張加以節制。 先生民國元年演講民生主義之眞義說：「吾人之所以持民生主義者，非反對資本，反對資本家耳；反對少數人佔經濟之勢力，壟斷社會之富源耳。」民國十年演講三民主義的具體辦法說：「再研究資本問題。這個問題是現在世界上最大問題，也是最難解決的問題。凡是資本已經發達的國家，現在都沒有好辦法。中國此時的資本還沒有發達，我們應當未雨綢繆，趕緊設法來防備，免得再蹈歐美的覆轍。」 先生反對少數人獨佔經濟勢力，再蹈歐美的覆轍，所以主張節制資本。

民國元年演講社會主義之派別及批評說：「處今日中國而言社會主義，卽預防大資本家發生可矣。……不必全法歐美之激烈對待，而根本學理，和平防止可矣。」民生主義第二講說：「中國如今是患貧，不是患不均。在不均的社會，當然可用馬克思的辦法，提倡階級戰爭去打平他。但在中國實業尙未發達的時候，馬克思的階級戰爭和無產階級專制，便用不着。」

先生主張節制資本，承認個人有限度的財產權，是對人性有深刻的認識。亞理士多德認爲私有財產，是鼓勵人們生產的刺激物。俄國實行馬克思主義失敗後，赫魯雪夫（Khrushcher）當政時也說：沒有鼓勵的刺激物，你不能得到生產的良果（You can't get production without incentive）。俄共已知消滅私人資本的失策，蘇俄憲法第十八條，已規定「私人財產私人創造，受國家保護；國家保護私有財產繼承權。」匈牙利、波蘭、阿爾巴尼亞、保加利亞、羅馬利亞、捷克斯拉夫各國的憲法，都規定私有財產的繼承權（註三）。由此，可以證明　先生主張的合情合理。

三、資本公有私有同時並存

中國實業之開發，應分兩路進行，國家經營的是資本公有，個人經營的是資本私有。「凡夫事物之可以委諸個人，或其較國家經營爲適宜者，應任個人爲之。」照此規定，資本私有的範圍，非常廣大。爲甚麼要這樣規定呢？第一、因爲人類由獸類進化而成，仍保留若干獸性，就是仍有自私自利的習性。希臘的亞理士多德說：「無論什麼東西，越是許多人公有，人們就越不顧惜他。」中國的荀子說：「人之性惡，其善者僞也。」英國的亞當斯密根據人類自私自利的習性，主張政府在經濟上放任，由人民自由競爭。這種自私自利的習性，不易完全改變；只有因勢利導，加以限制。第二、人類天賦的才能不同，若果才能高的人與才能低的人，一律平等，這是假平等。聖西蒙認爲社會上有兩種人，一種是勞動者，一種是懶惰者。若果使勞動者與懶惰者一律平等，也是假平等。若使才能高而又勞動的人，有創業的自由，必常有創造發明，就可改善人民的生活；但因經營範圍有限制，決不能操縱人民的生計。所以資本公有私有同時並存，分途發展，這眞是「一隻看不見的手」，可使私利與公益和諧。

四、公營事業應爲大衆賺錢

資本公有包括國有、省有、及縣市有。發達國家資本，所發展的資本，當然是國有。　先生主張資本國有，同時主張資本省有、縣有。

實業計畫第一計畫第四部說：「近日以吾北方大港計畫，爲直隸省（河北省）人民所熱心容納，於是省議會贊同此計畫，而決定作爲省營事業，立卽舉辦。……此爲一種猛進之徵兆。而其他計畫，亦必或早或晚，或由省營，或由國營，隨於民心感其必要，次第採用。」省營卽係資本省有。

建國大綱第十二條說：「各縣之天然富源與及大規模之工廠事業，本縣之資力不能發展與興辦，而須外資乃能經營者，當由中央政府爲之協助，而所獲之純利，中央與地方各佔其半。」縣之資力能發展興辦者，當然可由縣營，縣營卽資本縣有。

國有、省有、縣市有，均係資本公有。在中國境內，縣市將近三千，事事均由國家經營，中央將不勝其煩，且有顧此失彼之憂。所以除中央經營者外，地方資力能興辦者，應鼓勵省或縣市舉辦。但有一種誤解，妨害公營事業的發展；卽以爲民生主義以養民爲目的，就應該替人民服務，不應當賺錢。這不僅是誤解，且是大錯特錯。

先生確認公營實業應當賺錢。實業計畫第一計畫規定：開發實業應先注意的四個原則，第一原則就是「必擇最有利之途以吸外資」。因爲中國資本缺乏，須吸取外資，始易舉辦。若開發實業不能賺錢，決不會有人投資的。實業計畫結論說：「夫物質文明之標的，非私人之利益，乃公共之利益。……工業發展之利益，其一須攤還借用外資之利息，二爲增加工人之工資，三爲改良與推廣機器之生產。除此數種外，其餘利益，須留存以爲節省各種物品及公用事業之價值。如此，人民將一律享受近代文明之樂矣。」因爲公營事業賺錢，才可以付給借用外資之利息，增加工人之工資，改良與推廣機器之生產；才可以爲民服務，舉辦其他公用事業。若果不能賺錢，一切應付款項不能付出，虧累之後，勢將增加人民租稅之負擔，不見其利，只見其害，必將使國家建設不能進行。所以在第四計畫之高原鐵路系統，列在最後舉辦，必待其他鐵路賺錢之後，始能興築，因其耗資甚巨，不易獲利。所以公營事業與私營事業相同，必須獲利，始可維持及發展。

資本一詞就有生利的意義；凡金錢、土地、機器、房屋等，不是自己消費，而用以生產的，就叫做資本。資本的運用，是爲生利，也就是賺錢。無論是私人資本或公營資本，都應當賺錢的。私人經營事業開辦以後，第一年虧本，還可勉強維持，若是第二年虧本，第三年再虧本，勢將倒閉，無法再維持矣。公營事業亦復如此。

公營事業應爲民服務，同時應爲民賺錢，這是不容懷疑的。究竟應賺多少呢？私人經營小規模工業或商店，多係「什一之利」，所以公營事業賺錢，每年至少應賺資本之十分之一，才可以維持和發展。至於應否超過十分之一，則應視人民經濟情形及國際市場價格而定。賺錢是多多益善的，所賺之錢不屬於私人，而屬於公衆，則賺錢愈多，公衆所獲之利益愈大。

政府的收入和支出應當平衡，政府預算最好不要有赤字，入不敷出，使公私經濟陷於困境。現代政府必須支出的大量經費，係國防經費、社會安全經費、和文化教育經費。若果公營事業賺錢，公賣事業賺錢，再加上人民繳納的租稅，則可支付上述各種開支，眞正有力量爲民服務，實現幸福均足的社會。

公營事業必須注意的，是應當科學化、企業化，辦事要有效率，決不可安置冗員。公營事業辦理有成效，始可漸漸發展，漸漸取代私營事業。所以節制資本的目的，是以漸進辦法，實現資本公有。

附註

註一：參閱傅啓學著：中山思想本義、第十四章民生主義的經濟型態。國父遺教研究會六十五年三月出版。

註二：關於美國、南斯拉夫、法國經濟制度，參閱鄭竹園著經濟制度的比較，六十九年九月載於中華學報第七卷第二期。

註三：參閱註一傅啓學書，第十五章第五節、共產國家對財產權的態度。

第六章　國家保障人民生活

第一節　人民享權利應盡義務

民生主義第一講下民生的定義說：「民生就是人民的生活；社會的生存，國民的生計，羣衆的生命便是。」先總統　蔣公解釋說：「民生雖分爲四個方面，而生活實爲其他三者的總表現。蓋生存重保障，生計重發展，生命重繁衍；而凡爲達成保障、發展、與繁衍之種種行爲，便是生活。換言之，生活卽是人生一切活動的總稱。」（註一）

生活是人生一切活動的總稱，所以民生問題，就是人民的生活問題。民生主義第三講說：「民生的需要，從前經濟學家都是說衣食住三種。照我的研究，……還有一種，就是行。……我們要解決民生問題，不但是要把這四種需要弄到很便宜，並且要全國的人民都能夠享受。所以我們要實行三民主義來造成一個新世界，對於這四種需要，都不可短少，一定要國家來負擔這種責任。如果國家把這四種需要供給不足，無論何人都可以來向國家要求。國家對於人民的需要，固然要負責任，……人民對國家應該要盡一定的義務。……大家都能各盡各的義務，自然可以得衣食住行的四種需要。」

滿足人民四種需要，首先要注意生產問題，一定要增加生產，能夠供給人民的需要。所以在民生主義三講四講中，特別注重增加生產的方法。其次要注意分配問題，要分配得平均；平均地權和節制資本的辦法，就是要達到合理分配。

建國大綱第二條說：「建國之首要在民生，故對於全國人民之食衣住行四大需要，政府當與人民協力，共謀農業之發展，以足民食；共謀織造之發展，以裕民衣；建築大計畫之各式房屋，以樂民居；修治道路運河，以利民行。」協力、共謀，就是人民與政府合作，進行各種建設，人民不應只享權利，不盡義務。民生主義第四講說：「人民對於國家，自然要盡足國民之義務，否則就是失去國民之資格。凡是失去國民資格的人，就是失去了主人的資格；這就是游惰流氓。……如果這種流氓眞是絕跡了，人人皆爲生產的分子，社會上才可以豐衣足食，才是家給人足，我們的民生問題也可以解決。」

第二節　吃飯問題

民生主義第三講說：「吃飯問題就是頂重要的民生問題。……（歐戰時）德國爲什麼失敗呢？……因爲德國的海口都被聯軍封鎖，國內糧食，逐漸缺乏，……不能支持到底，所以終歸失敗。」

中國要解決吃飯問題，先要硏究生產問題。要使中國糧食生產增加，第一要使耕者有其田，才可使農民高興去耕田。第二要改良生產方法。有七個增加生產的方法要硏究：第一是機器問題，第二是肥料問題，第三是換種問題，第四是除害問題，第五是製造問題，第六是運送問題，第七是防災問題。

中國能使耕者有其田，和實行以上七種增加生產的方法，糧食的生產一定可以增加。生產增加後，還不能完全解決民生問題。要完全解決，必須注重分配的問題。分配的公平方法，在私人資本制度之下，是不能夠獲得的。因爲資本主義以賺錢爲目的，就是本國發生饑荒，還要將糧食運往外國。民生主義生產糧食的目標，不在賺錢，要在給養人民。民生主義第三講說：「我們實行民生主義來解決中國的吃飯問題，對於資本制度，只可以逐漸改良，不能夠馬上推翻。我們的目的，是要中國糧食很充足；等到中國糧食充足了之後，更進一步便容易把糧食的價值弄得很便宜。……要解決這個問題，便要每年儲蓄，要全國人民有三年之糧以後，才能夠把盈餘的糧食運到外國去賣。這種儲蓄糧食的方法，就是古時的義倉制度。……我們要解決這個吃飯問題，是先要糧食的生產很充足，次要糧食的分配很平均。糧食的生產和分配都解決了，還要人民對於國家都盡義務，……吃飯問題，才算是眞解決。吃飯問題能夠解決，其餘的別種問題，也就可以隨之而解決了。」

第三節　穿衣問題

民生主義第四講說：「宇宙萬物之中，只有人類才有衣穿，……穿衣是民生的第二個重要問題。……穿衣是由文明進化而來，文明愈進步，穿衣問題愈複雜。……原人時代的人類，身上也生長得許多毛，那些毛便是人類的天衣。……人類文明愈進步，衣服愈完備，身上的毛愈少。……拿中國人和歐洲人來比較，歐洲人身上的毛都是比中國人多。這個原因，就是歐洲人在天然進化的程度，還不及中國人。……」「穿衣是人類的一種生活需要。在文明進化之中，可以分作三級：第一級是需要，……第二級……叫做安適，……更進一步，便想奢侈。……我們現在要解決民生問題，並不是要解決安適問題，也不要解決奢侈問題，只要解決需要問題；就是要全國四萬萬人都可以得到衣食的需要。」

解決中國人穿衣問題，首先要注重生產，要統籌一個大計畫，來解決穿衣問題。穿衣需要的原料，是靠動物和植物，一共有四種：第一種是絲，第二種是麻，第三種是棉，第四種是毛；我們要改良這四種原料的生產。其次要取消中國生產的障礙。歐戰時，上海、無錫、南通的紡織業都很發達，但歐戰後，各國的紡織品輸入中國，因爲我國有不平等條約的束縛，關稅不能自主，不能實行保護稅法，中國貨不能與外國貨競爭，中國的紡織廠虧本之後，不能不被迫倒閉。這不是經濟問題，而是政治問題了。這種政治的障礙，必先取消；廢除了不平等條約，中國的紡織業才能發達。

生產的問題解決，便可以講穿衣的本題。穿衣的起源，第一是用來保護身體。後來文明進步，第二就拿來彰身，多有視人之衣飾，以爲優劣之別，所以衣冠文物，就是文化進步的別稱。迨後君權發達，又以衣服爲等級之差別，衣服的第三個作用，成了階級的符號。我們今天以穿衣爲人民之需要，在此階級平等勞工神聖的時代，又要加多一個作用，就是要方便。今天衣服的完全作用，必要能護體、能美觀、又能方便，不礙於作工，那才是完美的衣服。國家當本此三個穿衣的作用，在各地開設大規模的裁縫廠，就民衆之多少，寒暑之氣候，來製造男女老幼所需要之衣服，以供給全國人民的使用。

第四節　住屋問題

居室為文明的因素，人類由是所得之快樂，較之衣食更多。中國四萬萬人中，貧者乃居茅屋陋室，北方尚有居土穴者。而中國上等社會之居室，有類於廟宇，所以為死者計，過於為生者計。故中國之舊居室，幾無為安適及方便計者。今為居室工業計畫，必適用近世文明，以謀國人有安適之住屋。

㈠居室之建築。此項建築事業，包括一切公私屋宇。公業建築，以公款為之，為社會公有，由政府設專部以司其事。私人居室，應作大規模之建築，以低廉居室供給人民。此類居室之建築，須依一定模範。在城市所建屋，分為二級，一為一家之居室，一為多家同居室。前者分為八房間、十房間、十二房間諸種。後者分為十家、百家、千家者諸種，每家有四房間至六房間。鄉村居室，依人民之營業而異。為農民所居者，當附設穀倉、乳房之類。一切居室設計，皆務使人民得其安適。故政府須設特別建築部，以考察人民習慣，營業需要，隨處加以改良。建造工事，務以節省人力之機器為之。

以預定科學計畫，建築中國一切居室，必較之毫無計畫者更佳更廉。若同時建築居室千間，必較之建築一間者廉價十倍。建築愈多，價值愈廉，是為經濟學定律。就中國居室工業而論，雇主乃有四萬萬人，未來五十年中，至少需新居者有五千萬人，每年造屋一百萬間，乃普遍所需要也。

㈡建築材料之生產及運輸。建築材料為磚、瓦、木材、鐵架、石、士敏土、三合土等，每一種皆須製造，須選擇適宜之地，材料與市場相通者為之；且一切須在中央機關監督之下，使材料之製出與需要成比例。材料既製成，則水路用舟，陸路用車，以運至需要之地，必須設法減省其費用。

㈢傢具之製造與家用物之供給。一、傢具之製造。中國所有居室既須改造，則一切傢具，亦須改用新式者。食堂、書室、客廳、臥室、廚房、浴室、便所，所用傢具，皆須製造。二、家用物之供給。家用物爲水、光、燃料、電話等。各城市應設自來水廠，供給合於衞生之飲水，設電燈廠供給燈光，設立煤氣工廠供給燃料。無論城鄉各家皆宜有電話。各種文明設備，應漸普及於鄉村。（註二）

有人本耕者有其田原則，主張「住者有其屋」，用意甚善；但兩者不能相提並論。因耕者有其田，農民須勞力耕種，始能享受成果。住者住入房屋之後，卽可享受成果。似以「人人有屋住」之原則，比較適宜。政府建築大規模房屋，人民可以低廉價格租屋，不超過普通人收入十分之一，則人人均可居住安適之房屋。因中國幅員廣大，交通便利之後，人口流動性較大，遷居一地卽須購屋，事實上不可能。至於長久居留一地，願自有房屋者，政府可照原建屋費，增加一成或二成，以分期付款方式，售與購屋者，則「住者有其屋」矣。人民願購地自建房屋者，當可任其自由。

第五節　行動問題

中國人自古以來，以安居於家爲樂。老子說：「鄰國相望，雞犬之聲相聞，民至老死不相往來。」中國人每述此爲黃金時代。惟近世文明，此種狀態已全改變；人生時期內，行動最多；因人類互相往來，文明得以進步。中國欲得近時文明，必須注重行的問題。

中國交通之開發，應以修築鐵路，以火車往來爲主。要使行動易而且速，必以汽車爲行具。但欲用汽車，必先造大路。中國人口之衆，地域之廣，最少須建一百萬英里公路。中國四萬萬人，建公路一百萬英里，四百人僅得公路一英里；以四百人建一英里之公路，決非難事。

決定建造公路，須設立汽車工廠，以製造汽車。最初用小規模，以後逐漸擴張，以供給四萬萬人之需要。所造之車，當合於各種用途，爲農用車、工用車、商用車、旅行用車、運輸用車等。

除供給廉價車外，尙須供給廉價燃料，否則人民不能用之。故於發展汽車工業之時，即須開發中國所有之煤油礦。四川、甘肅、陝西、新疆已發現有石油礦，中國應開採以自用。此種事業當由政府經營之。但當經營之始，規模亦當遠大。自石油區域以至大都市、海港、及工業中心，皆宜用油管辦法，互相聯絡，使汽油之輸送與分配，更爲便利。（註三）

附註

註一：先總統　蔣公手訂新生活運動綱要。二十三年五月十五日在南昌重訂。

註二：此節係取自實業計畫第五計畫第三部居室工業。

註三：此節係取自實業計畫第五計畫第四部行動工業，及第六計畫第三部油礦。

第七章　實業計畫

第一節　實業計畫是中國建設大方針

民生主義第二講說：「中國不能和外國比，單行節制資本是不足的；因爲外國富，中國貧；外國生產過剩，中國生產不足。所以中國不單是節制私人資本，還要發達國家資本。……何謂製造國家資本呢？就是發展國家實業。這項發展國家實業的計畫，已詳於建國方略第二卷的物質建設，又名曰實業計畫。……商業時代的資本是金錢，工業時代的資本是機器，所以當由國家經營，設備種種的生產機器，爲國家所有。……中國本來沒有大資本家，如果由國家管理資本，所得的利益歸人民所有；照這樣的辦法，和資本家不相衝突，是很容易做得到的。」

「照美國發達資本的門徑，第一是鐵路，第二是工業，第三是礦業。要發達這三種大資本，照我們中國的資本學問和經驗，都是做不到的，便不能不靠外國已成的資本。……如果要等待我們自已有了資本之後，才去發展實業，那便是很迂緩了。……所以不能不借助外資，來開發交通運輸事業；又不能不借外國有學問經驗的人才，來發展這些實業。至於說到礦產，我們尚未開闢。……其他建造輪船發展航業，和建設種種工業的大規模工廠，都是非借助外國資本不可。如果交通、工業、和礦產的三種大實業，都是很發達，這三種收入，每年都是很大的。假若由國家經營，所得的利益歸大家共享，那麼，全國人民便得享資本的利，不致受資本的害，像外國現在的情形一樣。」

實業計畫一書，是中國空前著作，是中國現代化必由門徑。但　先生認爲不是一成不易之論，在實施之前，應有細密計畫，經專家審定後，才可付之實施。　先生在自序說：「此書爲實業計畫之大方針，爲國家經濟之政策而已。至其實施之細密計畫，必當再經一度專門家之調查，科學家之審定，乃可從事。故所舉之計畫，當有種種之變更改良。讀者幸勿以此書爲一成不易之論，庶乎可。」

第二節　實業計畫原則

㈠中國工業革命及社會革命，須同時並舉。緒言說：「中國今尚用手工爲生產，未入工業革命之第一步。比之歐美，已臨其第二革命者有殊。故於中國，兩種革命必須同時並舉；即廢手工，採機器，又統一而國有之。」

㈡中國實業開發，應分兩路進行。「統一而國有之」，僅限於大規模企業及獨佔企業，其他廣大的企業，仍由私人經營。第一計畫說：「中國實業之開發，應分兩路進行，一、個人企業，二、國家經營是也。凡夫事物之可以委諸個人，或其較國家經營爲適宜者，應任個人爲之；由國家獎勵，而以法律保護之。……其不能委諸個人，及有獨佔之性質者，應由國家經營之。」

㈢中國應利用外資外才，但發展之權，必須操之在我。自序說：「惟發展之權，操之在我則存，操之於人則亡。此後中國存亡之關鍵，則在此實業發展之一事也。吾欲操此發展之權，則非有此智識不可。吾國人欲有此智識，則當讀此書。」

㈣開發實業之先，有四原則必須注意。第一計畫說：「於詳議國家經營事業開發計畫之先，有四原則必當注意：一、必擇最有利之途，以吸外資。二、必應國民之所最需要。三、必期抵抗之至少。四、必擇地位之適宜。」每一計畫， 先生均根據此四原則擬定。關於二、三、四原則，大家都同意的；但對第一原則，曾有誤解。殊不知第一原則最重要，若違反此項原則，一切實業將無法發展。現以西北鐵路系統之建築，爲最有利之途，以說明之。

西北鐵路系統，以計畫之北方大港爲起點，至多倫諾爾，主線由多倫諾爾往西，直至新疆之迪化。支線共分八線，以達東北之海拉爾、漠河，外蒙古之克魯倫、庫倫、烏里雅蘇台，新疆之伊犂、喀什噶爾、于闐。主線支線所經之地，土地肥沃，人口極少。普通鐵路家資本家均認爲最初無利可圖，必將久延歲月，而後有利可圖。 先生在第一計畫第二部西北鐵路系統說：「余每與外國鐵路家、資本家言興築蒙古新疆鐵路，彼輩恒有不願。彼輩將以爲茲路之設，所經皆人跡稀罕，只基於軍事上政治上之理由，如西北利亞鐵路之例。而不知鐵路之所布置，由人口至多，以達人口至少之地者，其利較兩端皆人口至多之利爲大。茲之事實，蓋爲彼輩所未曾聞。請詳言其理。夫鐵路兩端人口至多之所，彼此經濟情況，大相彷彿；不如一方人口至多，他方人口至少者，彼此相差之遠。此兩端皆人口至多者，舍特種物產，此方仰賴彼方之供給而外，兩處居民，大都生活於自足經濟情況之中，而彼此之需要供給不大，貿遷交易，不能得鉅利。至於一方人口多，而他方人口少者，彼此經濟情況，大相逕庭。新開土地從事勞動之人民，除富有糧食及原料品，以待人口多處之所需求而外，一切貨物，皆賴他方之繁盛區域供給，以故雙方貿易必然鼎盛。不特此也，築於兩端皆人口至多之鐵路，對於人民之多數，無大影響；所受益者，惟少數富戶及商人而已。其在一方人口多而他方人口少者，每築鐵路一米開始輸運，人口多處之衆，必隨之而合羣移居於新地。是則此路建築之始，將充其量以載行客，京奉、京漢兩路比較，其明證也。……故自理則上言之，從利益之點觀察，人口衆多之處之鐵路，遠勝於人口稀少者之鐵路。然由人口衆多之處，築至人口稀少之處之鐵路，其利尤大。此爲鐵路經濟上之原則，而鐵路家、資本家所未嘗發明者也。」

第三節　實業計畫綱領

實業計畫緒言，業有十大綱領，次列六大計畫，最後爲結論。今以十大綱領爲基礎，以六大計畫內容補充說明，以見實業計畫的概況。

甲、交通之開發

㈠建築鐵路一十萬英里。分爲西北鐵路系統（第一計畫第二部），東南鐵路系統（第三計畫第三部），中央鐵路系統，東南鐵路系統，東北鐵路系統，擴張西北鐵路系統，高原鐵路系統（上列見第四計畫）。

㈡碎石路一百萬英里。

㈢修濬現有運河。1.杭州、天津間運河。2.西江、揚子江間運河。

㈣新開運河。1.河北、松花江間運河。2.其他運河。

㈤治河。1.揚子江築堤，濬水路，起漢口迄於海，以便航洋船直達漢口，無間冬夏。2.黃河築堤，濬水路，以免洪水。第一計畫第二部說：黃河出口，應事濬渫，以暢其流，俾能驅淤積以出洋海。以此目的故，當築長堤，遠出深海，如美國密西西比河口然。堤之兩岸，須成平行線，以保河幅之畫一，平均河流之速度，且防積淤於河底，加以堰閘之功用，此河可供航運，以達甘肅之蘭州。3.導西江。4.導淮。5.導其他河流。

㈥增設電報線路、電話、及無線電等，使遍佈於全國。

乙、商港之開闢

㈠於中國中部、北部、南部，各建一大洋港口，如紐約港者。1.北部計畫港爲北方大港。第一計畫說：「茲所計畫之港，在大沽口、秦皇島兩地之中途，青河、灤河兩口之間。……該地爲直隸灣中最近深水之一點。若將青河、灤河兩淡水遠引他去，免就近結冰，使爲深水不凍大港，絕非至難之事。」2.中部計畫港爲東方大港。第二計畫說：「計畫港當位於乍浦岬與澉浦岬之間，此兩點相距約十五英里。……在杭州灣中，此港正門爲最深之部分。由此正門出至公海，平均低潮水深三十六尺至四十二尺，故最大航海洋船可以隨時進出該口。」3.改良廣州爲南方大港。

㈡沿海岸建種種之商業港及漁業港。第三計畫第四部,規劃建四個二等海港,九個三等海港，及十五個漁業港。二等海港四：營口、海州、福州、欽州。三等海港九：葫蘆島、黃河港、芝罘、寧波、溫州、廈門、汕頭、電白、海口。漁業港十五：北方海岸五：安東、海洋島、秦皇島、龍口、石島灣。東部海岸六：新洋港、呂四港、長塗港、石浦、福寧、湄州灣。南部海岸四：汕尾、西江口、海安、楡林港。

㈢於通航河流沿岸，建商場船埠。

丙、鐵路中心及終點，並商埠地，設新式市街，各具公用設備。

丁、水力之發展。

戊、設冶鐵製鋼廠，並造士敏土之大工廠，以供上列各項之需。

己、鑛業之開發。第六計畫卽鑛業計畫：鐵鑛、煤鑛、油鑛、銅鑛、特種鑛之採取、鑛業機器之製造、冶鐵機廠之設立。

庚、農業之發展。第一計畫至第四計畫，專論關鍵及根本工業。第五計畫，則述工業本部，卽人民生活所必需之工業；共分五種：糧食工業、衣服工業、居室工業、行動工業、印刷工業。

辛、蒙古、新疆之灌漑。

壬、移民於東三省、蒙古、新疆、青海、西藏。

第四節　實業計畫讀後

實業計畫博大精深，上所述者，僅係原則和要點，欲深切體會，應研讀原著。玆將作者讀後感想，略述於次。

㈠此著作中計畫，　先生有詳加考查擬定者，有根據需要擬定者。北方、東方二大港，均係考查後擬定。作者於抗戰初期，曾奉命率隊赴江蘇浙江等省指導宣傳，曾至浙江乍浦，停留一日。因東方大港計畫港卽在乍浦附近，因約請熟悉海港情勢者，一同觀察，附近並無河流，沿岸均係沙地，約在八里之外，有兩半島環繞，兩半島尖端卽乍浦岬與澉浦岬，港灣廣擴，約有二十平方里，確係一良好港灣。登一高地用望遠鏡瞭望，見半島之外，有日本軍艦數艘，時日軍攻上海不利，當晚卽由乍浦登陸，攻擊上海側面。可知　先生所擬東方大港，確有詳盡之調查。

㈡所擬治黃河計畫，可通航運，直達甘肅之蘭州，則係根據需要。「黃河千害，惟利一套」，自大禹在西元前二二八三年治水後，黃河爲中國北方之害，已有數千年。欲圖根本治河，化害爲利，雖係艱巨工程，但係中國需要。大禹治水費時十三年，現在治河，必須事先測量籌畫，經科學家及水利專家審定，始能開始治河，至少要費時十三年，始能完成。這是需要大量人力物力和機器的，但爲根本解決黃河水患，應不惜一切費用。

㈢作者在北平六年，每年冬季必有數日下極細黃沙，只要出門一小時，回來後耳鼻孔都是黃泥。屋內將門窗緊閉，桌上仍有薄薄的一層細泥。這是大風將蒙古一帶黃泥吹來所致。因此，蒙古沙漠有漸漸擴大趨勢。長此不理，長城以北，勢將變成沙漠。解決之道，只有大規模製造森林，並注重蒙古新疆之灌漑。無論防水災旱災，都要造林。所以對原有森林，應當保持，不可濫伐；在北部及長城以北，應造森林。十年樹木，大規模造林之後，十年便有功效。

㈣假使中國統一，內亂平定，建設沒有阻礙，照實業計畫指示，着手逐步施行，以時間說，至少要五十年，才能大致完成。計畫之時，必依照四個原則：卽必擇最有利之途，必應國民之所最需要，必期抵抗之至少，必擇地位之適宜。必擇最有利之途，才易於吸收外資，易於發行公債。經營實業之初，必當注意於此。其他如修治黃河，製造森林，不能求近利，但可圖遠功，政府應寬列預算，逐步實行。

(五)　先生確認外蒙古是中國領土。查民國元年之俄蒙協定，不准中國軍隊入蒙境，及予華人移殖外蒙之權利。民國四年袁世凱政府簽訂之中俄蒙協約，允許不將軍隊開入蒙境，及不辦殖民之舉。（註一）先生反對此項協約，民國八年徐樹錚至外蒙，取消外蒙自治，恢復原來制度。徐氏向　先生報告，　先生譽為今之陳湯、班超、傅介子。（註二）在西北鐵路系統中，從多倫諾爾起，有至外蒙的克魯倫、庫倫及烏里雅蘇台三條支線。第一計畫第三部，蒙古新疆之殖民；假定十年之內，移民之數為一千萬。可知　先生反對俄國對外蒙侵略，確認外蒙為中國之領土。

附　註

註一：參閱傅啓學著：中國外交史上冊第二卷第一章第三節、中俄外蒙之交涉。臺灣商務印書館六十八年十月改訂三版。

註二：民國八年十一月，復徐樹錚，盼協助恢復國會電。

第八章　錢幣革命

第一節　錢幣革命的意義

辛亥革命時，外蒙在帝俄策動之下，脫離中國，宣布獨立。民國元年，國人知帝俄奪我外蒙，羣情憤怒，多主張出兵外蒙，抵抗帝俄，惟以財政困難，多所顧慮。　中山先生爲解決財政困難，於元年十二月通電全國，主張錢幣革命。

電文說：「錢幣之革命爲何？現在金融恐慌，常人皆以爲我國今日，必較昔日窮乏。其實不然，我之財力如故，而出產有加；其所以成此窮困之象者，錢幣之不足也。錢幣爲何？不過交換之中準，而貨財之代表耳。此代表之物，在工商未發達之國，多以金銀爲之？其在工商已發達之國，財貨溢於金錢千百萬倍，則多以紙票代之矣。然則紙票者，將必盡奪金銀之用，而爲未來之錢幣，如金銀之奪往昔之布帛刀具之用，而爲錢幣也。此天然之進化，勢所必至，理有固然。今欲以人事速其進行，是謂之革命，此錢幣革命之理也。」

「其法爲何？卽以國家法令所制定紙票爲錢幣，而悉貶金銀爲貨物。國家收支，市面交易，悉用紙票，嚴禁金銀。其現作錢幣之金銀，只准向發行局兌換紙幣，不准在市面流行。如此，則紙幣一出，必立得信用，暢行無阻，財用可通矣。但紙幣之行用，無論古今中外，初出時甚形便利，久之則生無窮之流弊，必重歸天然淘汰而後止。此其原因，則紙幣本質價廉而易製，不比金銀之本質價昂而難得。故紙幣之代表百貨也，其代表之性質一失，則成為空頭票；若仍流行於市面，則弊生矣。而金銀之代表百貨也，其代表之性質雖失，而本質尚有價値，仍可流行市面而無弊。此兩物代表百貨之功用同，而性質不同，故流行之結果有別。昔人多不知此理，故無從設法防其流弊。今吾人既明此理，則防弊之法無難。……」

先生錢幣革命主張，英國在第一次世界大戰時，業已行之。一九三三年美國羅斯福總統為挽救經濟恐慌，實行新政，其新政之一，卽實行貨幣改革，將美金貶值五分之二，以利貨物之輸出，同時廢止美金硬幣，專用美金紙幣；結果，使美國經濟復興。美國廢止金幣，專用紙幣，沿用至今，從未改變。民國二十四年（一九三五年）我國實行法幣政策，貶金銀為貨物。現代文明國家，均通行紙幣，除輔幣外，一律不用硬幣。由各國錢幣演變之事實，可知 先生錢幣革命之創見，確係眞理。

第二節 錢幣價値必須穩定

錢幣為百貨之中準，價値必須保持穩定，始能發生中準之作用。 先生在通電中，已考慮此問題。通電說：「我人既知此理，則防弊之法無難。其法當設兩機關，一專施紙幣之發行，一專司紙幣之收毁。紙幣之功用，既為百貨之代表，則發行之時，必得代表之貨物，或人民之擔負，而紙幣乃生效力。今如國家中央政府，每年賦稅應收三萬萬元，稅務處既得預算之命令，卽可如數發債券於紙幣發行局。該局如數發給紙幣，以應國家度支。至期稅務處當將所收三萬萬元租稅之紙幣，繳還紙幣消燬局，取消債券。……此等紙幣以有人民之擔負，成爲有效力之紙幣，名之曰生幣。稅務處於所收稅款繳還之紙幣，爲失效力之紙幣，因代表賦稅之功用已完，名之曰死幣，故當燬之也。……至於供社會通融之紙幣，則悉由發行局兌換而出，……必需以金銀或貨物或產業兌換之，乃生效力。如是紙幣之流於市面，悉有代表他物之功用，貨物愈多，則錢幣因之愈多，雖多亦無流弊。發行局發出紙幣而得回代價之貨物，交入公倉，由公倉就地發售，或運他方發售，其代價只收紙幣，不得收金銀。……」

先生指示一個原則，貨幣必須有代表他物之功用；即須有穩定之價值，有代表金銀之作用。對於政府預算，財政學上有主張量入爲出者，有主張量出爲入者。若用量出爲入，超出國家收入及人民租稅負擔以外，除增加租賦之外，只有借外債、或發行公債二途。若濫發紙幣，以應開支，必導致貨幣膨脹（Inflation），紙幣必然跌價，物價必然上漲，國家與人民皆屬不利。所以　先生主張量入爲出，發行紙幣之數量，以全國租賦爲擔保；社會通用之紙幣，必須以金銀或產業兌換，則紙幣之發行，始能有利而無弊。一九三三年美國羅斯福總統，爲救美國經濟不景氣，將美金貶值百分之四十，這無異搶奪人民百分四十之財產，此乃救急之法，而非正常之道。

幣值穩定，始可鼓勵人民儲蓄，增加國家財富；人民不致拋出紙幣，競買貨物，屯積居奇，導致物價暴漲。幣值穩定，平均地權自報地價的辦法，始能嚴格實行。因爲幣值跌落，政府照價收買，等於搶奪人民財產，人民吃虧；照價徵稅，則係政府吃虧。所以　先生主張廢金銀，用紙幣，同時要保持紙幣價值穩定。我國財經當局，對此應特別注意。

量入爲出，實爲穩定紙幣價值的政策。國家的收入除租賦外，公營事業必須賺錢，公賣事業必須賺錢。國家收入豐富，則國防、教育、社會安全等支出，必不至困難。國家收入支出平衡，紙幣就不會膨脹，幣值就可以穩定。

第三節　自由市場以錢幣爲中準

中國實業之開發，分個人企業、國家經營兩途進行；卽自由經濟計畫經濟並行。自由經濟之交易，必須賴自由市場，國家經營之生產，亦必須賴自由市場之銷售。錢幣係百貨之中準，亦卽自由市場交易之中準。若無錢幣，勢將以物易物，自由市場卽很難產生。

先生主張錢幣革命，係廢金銀，以紙幣爲百貨價格之中準。孫文學說第二章以用錢爲證說：「夫人生用錢一事，非先天之良能，乃後天之習尙。……社會愈文明，工商愈發達，則用錢之事愈多，用錢之途愈廣。……古人有言：錢幣者，所以易貨物，通有無者也。泰西之經濟學家亦曰：錢幣者，亦貨物之屬，而具有二種重要功用，一能爲百貨交易之中介，二能爲百貨價格之標準者也。作者統此兩用，而名之曰中準，故爲一簡明之定義曰：錢幣者，百貨之中準也。……凡物適合於百貨中準者，皆可爲錢幣。而金錢亦不過貨物中之一耳，何以今日獨具此萬能之用也？曰：金錢本無能力，金錢之能力，乃由貨物之買賣而生也。倘無貨物，則金錢等於泥沙矣。倘有貨物，而無買賣之事，則金錢亦無力量矣。……」

「夫金錢之力，須賴買賣而宏，……金錢未出之前，則世固無買賣之事也。……古代未開化之時，其人無不各成部落，自耕而食，自織而衣，足以自給，無待外求者也。及其稍開化也，則無不從事於交易；雖守古如許行者，亦不能不以粟易冠，以粟易器矣。是交易者，實爲買賣之導線也。……惟自交易既興之後，人漸可免爲兼工，而仍不免爲兼商也。……神農氏有見於此，所以有敎民日中爲市，致天下之民，聚天下之貨，交易而退，各得其所也。有此日中爲市之制，則交易之困難可以悉免矣。……故曰：日中爲市者，金錢之先河也。……」

「考中國錢幣之興，當在神農日中爲市之後，而至於成周，則文物之盛，已稱大備矣。前後不過二千年耳，而文化不特超越前古，且爲我國後代所不及，此實爲錢幣發生後之一大進步也。由此觀之，錢幣者，文明之一重要利器也。世界人類自有錢幣之後，乃能由野蠻一躍而進文明也。」

「錢幣發生數千年而後，乃始有近代機器之發明。自機器發明後，人文之進步更高更速，而物質之發達，更超越於前矣。……夫機器未出以前，世界之生產，全賴人工爲之，則買賣之量，亦無出乎金錢範圍之外者。今日世界之生產，則合人工與自然力爲之，其出量加至萬千倍，而買賣之量，亦加之萬千倍，則今日之商業，已出乎金錢範圍之外矣。所以大宗買賣，多不用金錢，而用契券矣。……金錢之力有所窮，則不期然而漸流入於用契券以代金錢，而人類且不之覺也。……」

「自日中爲市之制興，則自耕而食、自織而衣之兼業可以廢。至金錢出，則日中爲市之制可以廢。至契券出，而金錢之用亦可以廢矣。乃民國元年時，作者曾提議廢金銀行契券，以紓國困，而聞者譁然，以爲必不可能之事。乃今次大戰，世界各國，多廢金錢而行紙幣，悉如七年前所主張之法。蓋行之得法，則紙幣與金錢等耳。……」

孫文學說第二章，以用錢爲證，說明知難行易之理，同時係說明民國元年主張錢幣革命之理。由用金銀硬幣，發展用紙幣契劵，實係機器生產，買賣擴展的必然結果。先生確認「錢幣者，文明之一重要利器也。」錢幣在文明世界之中，確有重大作用。而自由市場之買賣，必以錢幣爲中準。俄國革命後，列寧不知此理，廢止盧布，實行配給，結果經濟大困；一九二一年不能不發行盧布，作交易之中準。配給制度，在戰爭時，或物資缺乏時，可以實行，救濟人民困苦。但在平時物資富裕時，配給實無必要。要「各取所需」，必須有自由市場，始能辦到。實行配給，僅能供給少數必需品；且各人需要不同，實難盡如人意。若果配給不均，或物資缺乏不能配給時，勢將造成紊亂，甚至發生恐慌。先生早見及此，除大規模企業及獨佔企業外，其餘企業均任由個人經營。個人經營卽係自由經濟，自由經濟必有自由市場，而自由市場必賴錢幣作百物之中準。故錢幣革命後，必須維持紙幣價值之穩定，承認自由市場之存在。

第六篇　馬列主義及辯證法批判

第一章　馬克思主義批判

國人批判馬克思主義最早的，是　中山先生。民國十三年民生主義第一講，指示馬克思主義不是共產主義，並對馬克思理論和預言，澈底予以批判。此後批判馬克思主義著作很多，但最簡明、最深刻的，則是　先生的批判。這個時候，共產分子李大釗等，表示願服從　先生的領導，信仰三民主義，爲國民革命而奮鬥。　先生予以容納，但爲消化共產分子，防備將來隱患，特批判馬克思的種種錯誤，使國人不致誤入歧途。

第一節　中山先生的批判

民國十三年唯物辯證法尙未流行，　先生未批判辯證法。對唯物史觀、階級鬥爭、盈餘價值均指出其錯誤；對馬克思預言，均指出與事實不合。

一、馬克思理論的批判

㈠唯物史觀的批判。馬克思以為「世界上一切歷史都集中於物質，物質有變動，世界也隨之變動。並說：人類行為，都是由物質境遇所決定；故人類文明史，只可說是物質境遇的變遷史。 先生批評說：「以物質為歷史的重心，這個道理，究竟是怎麼樣呢？……到底甚麼東西才是歷史的重心呢？……近來美國有一位馬克思的信徒威廉氏，……發表意見說：馬克思以物質為歷史的重心是不對的，社會問題才是歷史的重心，而社會問題中，又以生存問題為重心，那才是合理。民生問題就是生存問題，這位美國學者的最近發明，是恰恰和本黨的主義，若合符節。這種發明，就是說：民生是社會進化的重心，社會進化又是歷史的重心，歸結到歷史的重心，是民生，不是物質。我們提倡民生主義二十多年……覺得用民生這兩個字，來包括社會問題，較之用社會或共產等名詞為適當，而且又切實又明瞭，故採用這個名詞。不料歐戰發生之後，事理更明，學問更進，馬克思的信徒也發明了相同之點。由此，足見本黨提倡民生主義，正合乎社會進化的原理。」

㈡階級鬥爭的批判。馬克思以為「階級鬥爭，不是實業革命之後才有的，凡是過去的歷史，都是階級戰爭史。……簡而言之，有種種壓迫者和被壓迫者的戰爭。……要有階級戰爭，社會才有進化；階級戰爭是社會進化的原動力。這是以階級戰爭為因，社會進化為果。」 先生批評說：「要知道這種因果的道理，是不是社會進化的定律，便要考察近來社會進化的事實。……歐美近年來之經濟進化，可以分作四種：第一是社會與工業之改良，第二是運輸交通收歸公有，第三是直接徵稅，第四是分配之社會化。……這四種社會經濟進化制度，便打破了種種舊制度，發生了種種新制度。社會上因為常常發生新制度，所以常常有進化。至於這種社會進化，是由於甚麼原因呢？……如果照馬克思的學說來判斷，自然不能不說是由於階級戰爭。……但是照歐美幾十年來，社會上進化的事實看，最好的是分配之社會化，消滅商人的壟斷；多徵資本家的所得稅和遺產稅，轉為增加國家的財富；更用這種財富，來把運輸和交通收歸公有，以及改良工人的教育衞生和工廠的設備，來增加社會的生產力。因為社會上的生產很大，一切生產都很豐富，資本家固然發大財，工人也可多得工錢。……這是資本家和工人的利益相調和，不是相衝突。」

「社會之所以有進化，是由於社會上大多數的經濟利益相調和，不是由於社會上大多數的經濟利益有衝突。……社會上大多數的經濟利益之所以要調和的原因，就是因為要解決人類的生存問題。古今一切人類之所以要努力，就是因為要求生存。人類因為要有不間斷的生存，所以社會才有不停止的進化。所以社會進化的原因，是人類求生存。……階級戰爭，不是社會進化的原因，是社會進化的時候，所發生的一種病症。……馬克思研究社會問題所有的心得，只見得社會進化的毛病，沒有見到社會進化的原理。所以馬克思只可說是一個社會病理家，不能說是一個社會生理家。」

(三)盈餘價值的批判。「照馬克思階級戰爭的學說講，他說資本家的盈餘價值，都是從工人的勞動中剝奪來的。把一切生產的功勞，完全歸之於工人的勞動，而忽略社會上其他有用分子的勞動。……所有工業生產的盈餘價值，不專是工廠內工人勞動的結果；凡是社會上各種有用有能力的分子，無論是直接間接，在生產方面或是在消費方面，都有多少貢獻。那種有用有能力的分子，在社會上是佔大多數。如果專講工人，就是工業極發達的美國，工人的數目，也不過是二千萬，只佔全國人口五分之一。……就令一個工業極發達的國家，全國的經濟利益不相調和，發生衝突，要起戰爭，也不是一個工人階級和一個資本階級的戰爭，是全體社會大多數有用有能力的分子，和一個資本階級的戰爭。這些社會上大多數有用有能力的分子，因爲都要求生存，所以才用公家來分配貨物，多徵資本家的所得稅和遺產稅，來發達運輸和交通事業，以及改良工人的生活和工廠的工作，做種種大多數人的經濟利益相調和的事業。歐美各國從這種種經濟利益相調和的事業發達以後，社會便有進化，大多數人便很享幸福。」

民生主義第一講最後說：「實業的中心，……是在消費的社會，不是專靠生產的資本。」假使生產的貨物，沒有消費市場，貨物賣不出去，工廠就要虧本，所謂工人的盈餘價值，也將化爲烏有了。所以馬克思的勞動價值說，忽略了消費社會，實係錯誤的偏見。

二、馬克思預言的批判

㈠第一國際通過他的主張：以階級戰爭的原理，應用革命手段解決社會問題，決不與資本家妥協；反對黨員到國會去活動。「但是後來德國的共產黨，通同走回國會去活動。延到今日，英國工黨又在君主立憲政府之下，組織內閣。照那些事件來看，世界上所發生許多政治經濟的變動，都不是第一次國際共產黨所定的辦法。」

㈡當時英國工人要求八點鐘工作時間，他批評以爲是一種夢想，資本家一定不許可的。「到了後來，英國工人八點鐘的要求，不但居然成爲事實，並且由英國國家定爲一種通行的法律。……其他許多事實，在馬克思當時，自己以爲是料到了的，後來都是不相符合，令馬克思自己也說所料不中。……講到時間的關係，馬克思在當時所想到的，以爲工作八點鐘，生產力一定要減少。後來德國實行減少時間政策，生產力反爲加多，駕乎各國之上。於是英國美國便奇怪起來，以爲工作時間少，工人保護費加多，生產力應該要減少。何以德國實行這種政策，生產力反增多呢？因爲奇怪，便去考察德國的情形。後來英國美國也明白這個道理，便倣效德國的辦法。馬克思在當時總是不明白這個道理，所以他便判斷錯誤了。」

㈢他說資本家要能夠多得盈餘價值，必須有三個條件：一是減少工人的工資，二是延長工人作工時間，三是擡高出品的售價。「這三個條件是不是合理，我們可以用近來極賺錢的工業來證明。大家知道美國有一個福特汽車廠，……每年所賺的錢，要超過萬萬元。……我們用這個發財工廠所持的工業經濟原理，來和馬克思盈餘價值的理論相比較，至少有三個條件，恰恰是相反。……福特車廠所實行的，是縮短工人工作的時間，……增加工人的工錢，…減低出品的售價。像這些相反的道理，從前馬克思都是不明白，所以他從前的主張，便是大錯特錯了。」

㈣他以爲凡是一種生產，資本家和商人都是從中取利，剝奪工人的血汗錢，有害於世界，都應該要消滅。不過他判斷，以爲要資本家先消滅，商人才能消滅。英國消費合作社成立之後，「現在許多銀行和生產的工廠，都有這種消費合作社。由於這種合作社之發生，便消滅了許多商店。所以從前視此種合作社爲不關重要的商店，現在都看作極有效力的組織。英國因爲這種組織很發達，所以國內的大商店，現在都變成生產家。……現在合作社發生，商人便先消滅。馬克思的判斷，和這種事實，又是不相符合。」

㈤他以爲世界上的大工業，有了好生產和大資本，工業便可以發展，便可以賺錢。「就我們中國工業的情形來證明，是怎麼樣呢？中國最大的工業是漢冶萍公司。……照馬克思的學理講，漢冶萍公司就是有鋼鐵的好出產，又有大資本，應該要賺錢，可以大發展，爲甚麼還是要虧本呢？……實業的中心，是在……消費的社會，不是專靠生產的資本。漢冶萍雖然有大資本，但是生產的鋼鐵，在中國沒有消費的社會，所以不能發展，總是不能賺錢。因爲實業的中心，要靠消費的社會，所以近來世界的大工業，都是照消費者的需要，來製造物品。……消費是甚麼問題呢？就是解決衆人的生存問題，也就是民生問題。所以工業實在是要靠民生。民生就是政治的中心，就是經濟的中心，和種種歷史活動的中心。」

先生對馬克思主義總評說：「馬克思研究社會問題，用工幾十年，所知道的都是已往的事實；至於後來的事實，他一點都沒有料到。……由此更可見知是很艱難的，行是很容易的。」先生確認馬克思知識不夠，判斷不確，所以僅是一個社會病理家，不是一個社會生理家；師其意則可，用其法則不可。

第二節　作者補充的批判

馬克思（1818-1883）是十九世紀的人，十九世紀末葉歐美的進步，他沒有看到。二十世紀世界的進步，更沒有想到。中山先生在六十年前，已批判他的知識不夠，判斷錯誤。現在社會進步，科學昌明，更證明他判斷的錯誤。

一、馬克思理論已被淘汰

㈠唯物史觀已被否定。唯物史觀以爲人類行爲，都是由物質的境遇所決定，不是人類的意識，決定人類的生活；而是社會的生活，決定人類的意識。這種說法，認爲人類的行爲，完全受客觀環境的支配，否認人類的創造能力。以馬克思本人說，他生長在資本主義的社會，爲甚麼不受當時生活的支配，要創造一個理論，推翻資本主義制度呢？一八四八年他和恩格思發表共產黨宣言，提出十項主張，改造現存的社會；這是想以他們的意識，改變人類的生活。以他本人的言論說，已否定了唯物史觀。

他以爲生產力改變，生產關係即隨之改變；生產關係改變，上層的政治、法律，亦隨之改變。但決定生產力的生產方法，爲甚麼會改變呢？以實業革命說，手工生產改變爲機器生產，決不是自然改變的，是許多科學家的發明和創造。人類有知識，能利用環境改變環境，才能由野蠻進入文明，由文明進入科學。唯物史觀忽略人類知識的價值，輕視人類創造的能力，所以是不合事實的空論。

㈡勞動價值論已被淘汰。他的資本論一書，名義上是資本主義社會的分析，事實上是勞動價值和剩餘價值的肯定。他認爲一件有用之物之所以有價值，因爲有人類的勞動在內，勞動量的多少，即決定商品價值的大小，這就是所謂勞動價值論。資本家製造商品，目的不在消費，而在出售。其所以能夠賺錢，是剝削勞動者的剩餘價值。因爲勞動者出賣勞力，每日工作十二小時，所得報酬，僅是六小時的勞動價值；其餘六小時的勞動價值，皆爲資本家所有。資本家之所以能賺錢，就是剝削工人六小時的勞動價值，就是所謂剩餘價值論。勞動產生價值，工人勞動的價值被資本家剝削,勞動者與資本家的利害絕對衝突,必然發生矛盾，引起鬥爭。所以他的勞動價值論和剩餘價值論，是在說明階級鬥爭的必然性。

資本論所說的情形，是一八六七年以前的狀況。那個時候，機器的生產力小，社會消費的要求大，工廠生產的貨物，都可以暢銷，都可以賺錢。此後機器不斷進步，生產貨物增多；在資本主義社會中，資本家可以自由競爭，其生產貨物能否賺錢，要由消費市場決定。若果生產貨物，不能銷售，不僅不能賺錢，還要虧本。所以貨物的價值，已不能以勞動力多少決定，要由消費市場決定。因此，在經濟學上，勞動價值論已被淘汰，演變爲社會價值論。這種情況，是他當時沒有料到的。

現代機器進步，電腦發明，工廠許多工作，多用機器操作。勞動者不必親自工作，而係管理機器的操作。將來工廠的工人，已不是出賣勞力的勞動者，而是有管理機器能力的專家。工廠少用工人，多數人無工可作，這是另一問題；民主國家推行社會安全制度，就在解決這個問題。勞動價值論已被完全淘汰，剩餘價值論自然隨之淘汰。

㈢階級鬥爭論已被拋棄。他認爲價值由勞動產生，資本家剝削工人的剩餘價值，是階級鬥爭的原因。現在剩餘價值論，隨著勞動價值論被淘汰，所謂階級鬥爭，自然漸被拋棄。馬克思以階級鬥爭爲手段，消滅經濟上的不平等，以爲有鬥爭才有進化，這是以生存競爭的進化論，施之於人類，不知人類進化以互助爲原則。他只看到社會的病態，沒有看到人類社會的常態。動物以競爭爲原則，凡是殘廢的野生動物，只有死亡，沒有生存機會。人類以互助爲原則，殘廢的人類，都有生存的權利。如何能以獸類的原則，施之於人類呢？

一九四五年英國工黨取得政權，一九四六年實行社會安全法案，人民從出生到死亡，都有適當的保障。英國工黨以和平方法，改善一般人民生活，獲得顯著成功，這對階級鬥爭的理論，已予以致命的打擊。一九七六年俄共二十五屆大會以後，西歐法蘭西、意大利、西班牙等國的共產黨，都公開宣布脫離莫斯科路線，放棄階級鬥爭理論，改用政黨政治的和平方法。可知階級鬥爭的方法，西歐各國共黨，都予以拋棄了。

二、各盡所能各取所需的空想

俄國革命後，共黨認為他們的目的，就在建立各盡所能各取所需的共產社會，不過經濟還沒有發達，不能不暫時將各取所需，改為各取所值。實則這種思想，是烏托邦的思想，不過這種說法很動人，很多社會主義者都認為是他們最後的目的。所以我們要研究這種思想的來源。

烏托邦（Utopia）這個名詞，創始於摩耳（Thomas More 1478-1535）。他是英國人，相信柏拉圖理想國的構想。一五一六年出版「烏托邦」一書，描寫理想社會的情形：烏托邦的人有英國式的生活，但沒有英國社會的種種不公道。在烏托邦之中，廢棄私有財產，沒有富人，沒有國王，並且沒有乞丐。每人都是自己的主人，萬物均歸公有。國家中的基本企業為農業，公民所分配之土地的勞動，比例於其所需，每人均有一種特殊的技藝，例如紡織、木工、石工、鍛冶等。每人休息八小時，工作六小時，其餘時間，由公民自由支配。每人應從事應負的工作，懶惰是不許的。每月由各家族携其所製各物藏於公共市場之貨倉。至於分配方面，每一家族之長，可選擇他和家人所需之物，在貨倉取去，無須付出金錢。烏托邦之街道寬濶壯麗，住宅均為美麗的建築物。各家族分宅而居，但有公共食堂。烏托邦的目的，在使最多數的人，得到最大的幸福。（註一）

摩耳的烏托邦發表後，影響許多人對理想社會的追求。最顯著的是法國人卡伯（Etienne Cabet）所著的伊卡利遊記（The Voyage to Icaria）。他生於一七八八年，適處法國革命的時期。一八三〇年以後，他讀了摩耳的烏托邦，很受感動。一八四〇年出版伊卡利遊記。伊卡利是卡伯的理想國，在這個理想國中，個人爲全體，全體爲個人；人人都受教育，有理性，有道德，都有正義，能互助團結。人人享用機器，力圖生產增加，掃除貧窮與困苦；各種物資平均分配。他構想的權利義務，總括如下：

基本義務：勞動、各盡所能。

基本權利：生存、各取所需。（註二）

自卡伯提出理想國各盡所能各取所需的目標後，幾乎爲社會主義者共同接受。這種思想是烏托邦共產主義的思想，不過馬克思和他信徒也同樣引用而已。各盡所能各取所需，是美麗的名詞，很少有人批評。然批評這種理想不切實際的，則是　中山先生。

民國元年演講社會主義之派別及批評說：「共產云者，即人在社會之中，各盡所能，各取所需，如父子昆弟同處一家，各盡其生利之能，各取其衣食所需，不相妨礙，不相競爭，郅治之極，政府遂處於無爲之地位，而歸於消滅之一途。……然今日一般國民道德之程度，未能達於極端，盡其所能以求所需者，尚居少數；任取所需未嘗稍盡所能者，隨在皆是。……狡猾誠實之不同，其勤惰苦樂亦因之而不同，其與眞正之社會主義，反相牴觸。說者謂可行於道德智識完美之後；然斯時人民，道德智識既較我人爲高，自有實行之力，何必我人之窮思竭慮，籌畫於數千年之前乎！我人既爲今日之人民……應改良今日社會之組織，以盡我人之本分，則主張集產社會主義，實爲今日唯一之要圖。」

俄國革命後，宣稱各盡所能各取所值，以爲這是過渡階段。各取所值，就是有差別待遇。近六十年來，俄國在共黨集權統治之下，造成社會的新階級，共黨分子自認是有能，可以控制人民；而人民雖有能，只能做被指定的工作。共黨分子可任取所需，而人民的食物都很缺乏。所以俄國近幾十年的情況，與烏托邦共產主義的理想，相差尚不只十萬八千里。

三、國家萎謝論的謬誤

馬克思對於國家的觀念，和巴枯寧相同，都認爲國家是一個階級壓迫另一個階級的工具。社會經濟發展到一定階段，使社會分裂成不同的階級時，剝削階級爲保障其剝削行爲，就需要運用強制力，以統治被剝削階級。所以國家實爲剝削階級造出的組織，以保障他們的社會特權。但革命成功後，對國家如何處理呢？他們兩人的意見，完全衝突。巴枯寧以自由爲「最高之好」，國家和政府是拘束人類自由的東西，是人類自由的最大障礙。所以工人革命之後，要立刻廢除國家，取消政府，使各區域及各職業團體，自己成立自治組織，毫無武力強制的作用，而人人各盡所能，各取所需，以達到自由平等的社會。馬克思贊成巴枯寧的最後理想，不贊成巴枯寧的辦法。他認爲工人革命以後，立刻廢除國家組織，一定使社會混亂；須先經過無產階級專政的過渡階段，消滅社會上的資產階級。國家是階級壓迫階級的工具，社會上沒有階級之分，國家的作用喪失，就會漸漸的萎謝；這就是馬克思的國家萎謝論。他們兩人對國家意見的衝突，使第一國際於一八七二年分裂，一八七八年解散。

馬克思認爲國家萎謝後，以生產者自由平等的聯合爲基礎，來組織生產者自由平等的社會。恩格斯（Engels 1820-1896）說：「無產階級執政之後，把生產工具收歸國有，……國家對於社會關係上的各種干涉，逐步的變爲不必要了。於是國家便自己停止了作用；管理人的政府，就被管理物質生產的機關代替

。國家並不是取消的，而是逐漸萎去的。」他們繞了一個無產階級專政的大圈子，還是走到無政府主義者的道路。（註三）

國家萎謝論，有三點錯誤：

第一、他們認爲國家是階級壓迫階級的工具，而不知國家是互助之體。人類長成人性後，以互助爲原則，由小團體漸變爲大團體，形成國家的組織。國家最基本的任務，是對外抵抗侵略，對內維持秩序。有了國家的保護，人民才可保全生命財產，安居樂業。歷史上的國家，在專制暴政之下，確有壓迫人民的事實。但近代進步爲民主國家，國家由人民組織，受人民控制，已充分發展互助功能，變爲福利國家。所以國家是壓迫工具之說，實係錯誤的偏見。

第二、他以爲國家是人管理人，人剝削人，政府的職務就是管理人。他說的這種情形，在專制獨裁國家或現在的蘇俄，是不錯的。但在現代民主國家，政府不是管理人，而是管理衆人之事。因爲政府是人民選舉產生，由人民控制政府，不是政府管理人民。他們對民主政治沒有研究，更想不到近代政治的進步，所以有這種錯誤觀念。恩格思認爲國家萎謝後，管理人的政府，就被管理物的機關代替。這種說法，等於說國家沒有消滅以前，都是人管理人，所謂無產階級專政，也是人管理人，無怪共黨組織的政府，都是專制獨裁，任意壓迫人民了。所以國家是人管理人的見解，是專制暴政的理論，是各國共黨壓迫人民的藉口。

第三、他認爲國家是階級壓迫階級的工具，階級消滅之後，國家的任務終了，就可漸漸萎謝。他這種說法，是爲抵制巴枯寧立刻取消國家的主張。從歷史上觀察，國家是互助之體，是漸漸擴大的。歐洲分裂爲若干國家，常起衝突，發生戰爭，歐洲人士已有組織歐洲聯邦的醞釀。第一次大戰後的國際聯盟，第二次大戰後的聯合國，雖然沒有成就，但聯合國各國組織一世界國的理想，已爲有識人士公認。所以國家萎謝之說，實在是錯認國家性質，不明人類進化的空論。

四、沒有政治計畫和經濟計畫

在政治方面，他主張階級鬥爭勞工專政；他最後的理想，也是建立自由民主的社會。但如何由勞工專政，過渡到自由民主的社會呢？他沒有政治計畫。在經濟方面，他以爲資本主義發展到生產非常豐富的階段，必然崩潰，革命成功之後，只要繼承下來，財產公有，就可以解決一切問題，所以他沒有生產計畫。至於財產公有之後，如何分配始得其平，他也沒有計畫。

他沒有政治計畫，僅指示階級專政，消滅一切資產階級。所以在共黨專政國家，都是專制獨裁，凡是與資產階級有關的人，都是清算鬥爭的對象。列寧時代，爲共黨宣傳最有力的布哈林、史大林予以拘禁槍斃，罪名就是資本主義的走狗。南斯拉夫人吉拉斯，在所著新階級一書內，就俄國官方發表的統計，列寧的老同志被殺的，有十分之九；共產黨員被囚禁或屠殺的，有七十萬人。蘇俄的文學家索忍尼辛，親見政治犯被囚禁的，最多時有一千二百萬人。這眞是慘無人道的血腥統治。

他沒有經濟計畫。他竭力攻擊資本主義生產的無政府狀態，主張財產公有；但未對共產主義的生產，描繪出一個藍圖，對共產主義的分配，也沒有具體說明。他以爲資本主義已經解決了生產問題，生產已非常豐富，只要財產公有，就可解決分配問題了。不知生產是要繼續生產的，是要有原料和技術的；若果沒有生產計畫，不能大規模繼續生產，有甚麼物資可以分配呢？因爲他沒有經濟計畫，他的信徒無所遵循，只好任意盲動。列寧在俄國革命後，實行軍事共產主義，餓死了一千多萬人，不能不在一九二一年改行新經濟政策。毛澤東一九五八年實行人民公社辦法，造成大陸的大饑荒，人民的大逃亡，劉少奇執政後，不能不學俄國的新經濟政策，推行所謂「三自一包」。

他只有目標，沒有計畫，他自稱是科學的社會主義，其實是空想的社會主義。吉拉斯說：「馬克思有些見解，特別是辯證法，是和唯心哲學有其共同之點的。他的最後目標，即完美的共產主義，也和宗教家的末日論或天國論相同。馬克思最後的目標，……和聖西蒙、傅利葉、奧文等的社會主義烏托邦，更為相似。馬克思和無政府主義者，如巴枯寧，也多相近之處。……從歷史的觀點言，……他的思想不過是烏托邦之一而已。」（註四）

第三節　所謂新馬克思主義

自一九一七年俄國革命後，以馬克思主義為號召。馬克思主義是共產國家憲法中的憲法，理論中的理論，是他們政治制度經濟制度的根源。但第二次世界大戰之後，共產國家的血腥統治，慘無人道，已為自由世界洞悉，馬克思主義已變成一件臭汗衫。他們靠以統治人民的，僅是暴力的壓迫，和慘酷的清算。自由世界的共產黨人，知道馬克思主義已沒有號召力量，一九六〇年以後，以馬克思一八四四年所寫的巴黎手稿，提出一些新的解釋，以手稿的異化論為根據，認為馬克思是人道主義者，稱為新馬克思主義，是眞的馬克思主義。至於列寧、史大林、毛澤東所實行的，都是假的馬克思主義。這種解釋，是馬克思主義者在日暮途窮的時候，所作的最後掙扎。

一、所謂異化論

異化論（Theory of Alienation）是巴黎手稿的關鍵理論。甚麼叫做異化呢？異與同是相對的名詞，一件事物都是相同，其中並無矛盾，就是沒有異化。對於現存的事物，有了矛盾，發生反對的意見，或有不滿情緒，這就叫做異化。巴黎手稿認爲在資本主義社會，違反人道主義，對資本主義社會的異化，就是要反對資本主義，恢復人道主義。

巴黎手稿所謂的第一異化，是人與生產活力的異化。他認爲工人在工廠工作，是爲生活逼迫而工作，沒有感到滿足，反而感到痛苦；不能發展其身心的潛能，反而摧殘了身體與心靈。因此，對工作發生厭惡與不滿，這就是工人對生產活力的異化。

第二種異化，是人與其生產品的異化。工人生產的產品，自己不能享受，資本家將之出售賺錢。工人將其心力與生命都投入工作，但他的生命已不屬於他，而屬於客體的產品。產品越多，屬於他的越少，自然對產品發生疏離，毫無興趣，這就是人與生產品的異化。

第三種異化，是人與其同事，乃至於人與人間的異化。工人生產的物品，自己不能擁有，而爲資本家或他人所有，對於資本家或他人就不會滿意。工人生產的物品，自己不能享受，而由別人成爲產品的主人；對於享有他生產的人，也不會滿意，自然會有異化。

第四種異化，是人的自我異化，就是人與其種性疏離。前三種異化，是看得出來的有形現象，這一種異化，是以內在的潛能爲標準，屬於無形現象。人類應在人道主義之下生活，但現在工人的工作，是爲維持生命而工作，而且是強迫的工作，已經不是一個自由的人，而變成了奴隸。人類恢復自由的覺醒，就是人的自我異化。

馬克思認爲能使人類樂於工作，廢除人對生產品的疏離，即可進入理想社會，不再有任何疏離，也就是不再有任何異化。這樣，就可廢除奴役工作，恢復人的自由和地位，這就是新馬克思主義以巴黎手稿所說的人道主義。他們想以一八四四年的巴黎手稿，推翻他此後的重要著述，來建立新馬克思主義的新面貌。（註五）

二、所謂歐共主義

同新馬克思主義類似的，有所謂歐共主義（Eurocommuism）。這是一九七八年以後，西班牙、義大利、法蘭西各國共黨所提出的新名詞。他們不滿意美國式的資本主義，又不願意淪爲俄國式的集權社會，遂另起爐灶，修正十九世紀的馬克思主義，改名爲歐共主義。

歐共主義與俄共不同的有三點：一、企圖將共產主義的文化，轉向民主化與獨立化，加強民族自決的色彩，同時揚棄馬克思工人無祖國的觀念，擺脫國際共黨的路線。二、企圖將共產主義的政治，轉向民主化與人性化，卽傾向代議政治的和平方法，以取得政治權力，反對所謂無產階級專政。三、企圖將共產主義的經濟，轉向自由化與活潑化，即反對剝奪一切私有財產，用溫和的社會主義途徑，加強社會的均富，照顧工人的福利。

歐共主義，已經放棄馬克思主義的中心思想，因爲他們想在安定的民主國家奪取政權，用馬克思的辦法，絕對辦不通，又不願放棄共產黨的名稱，不能不改頭換面，採取和平的辦法，以便爭取選民，取得政權。但他們這種改變，是眞的或是假的，不能不令人懷疑。因爲俄共和中共在未取得政權之前，都高唱民主自由，反對專制獨裁。但他們取得政權後，其專制獨裁行爲，更變本加厲。所以我們對歐共主義的傾向如何，不能不持懷疑態度。但以馬克思信徒，尚不能不修正馬克思的中心思想，的確可以證明，十九世紀的馬克思主義，在二十世紀中葉以後，已經完全破產了。（註六）

三、新馬克思主義的批判

社會主義就是人道主義，無論何種社會主義的目的，都在實現自由平等，恢復人的尊嚴。新馬克思主義欲以一八四四年巴黎手稿，證明馬克思是人道主義者，這無異說一八四四年以後馬克思的著作，都是反人道主義的了。他們想以青年馬克思，來否定老年馬克思，這不僅可笑，而實是荒唐。

歷史上一個思想家的思想，都是漸漸發展的，代表的著作多是中年或晚年完成的；由初期著作到最後著作，可以看出思想發展的經過。譬如　中山先生思想的代表作，是民國八年前後的建國方略，民國十三年的三民主義、建國大綱，這都是晚年的著作和演講。若果說　先生的思想，可以一八九四年的上李鴻章書爲代表，豈不是荒唐可笑！

馬克思的代表作，是一八四八年的共產黨宣言，一八五九年的政治經濟學批判，一八六七年的資本論第一卷，和一八七五年的哥達綱領批判。至於一八四四年的巴黎手稿，這時他才有二十六歲，這個手稿並未發表。資本論第二卷第三卷，是恩格斯整理出版。馬克思未發表，恩格斯未整理的巴黎手稿，係一九二七年由俄人整理，編入「馬恩全集」。今欲以他二十六歲所寫的巴黎手稿，否定他中年老年時期的代表作，稱爲新馬克思主義，豈不是非常荒唐！但所謂新馬克思主義或所謂歐共主義的產生，無論他們的動機如何，已證明馬克思的唯物史觀、盈餘價值、階級鬥爭、勞工專政等主張，都是應當廢棄的舊馬克思主義。而列寧主義、史大林主義、和毛澤東思想，都是假的馬克思主義了。俄國革命後，以馬克思主義爲號召，至今（一九八四年）已有六十八年。俄國以外的馬克思信徒，最近十年來，居然有眞假馬克思主義的爭論，甚至以馬克思二十六歲所寫的巴黎手稿，才是眞馬克思主義。這僅證明馬克思主義已不能存在於二十世紀，將消失於歷史的灰燼之中。

附註

註一：參閱雷岱爾著、鄭學稼譯：社會主義思想史第一篇第四章、摩耳的烏托邦。帕米爾書店六十一年九月初版。

註二：見上引鄭學稼譯書，第一篇第八章法國的烏托邦社會主義、二、卡伯。

註三：參閱張翰書著：西洋政治思想史下冊第二十六章馬克思、第四節國家論。商務印書館五十四年六月臺初版。

註四：吉拉斯（Milovan Djilas）著、葉蒼譯：不完美的社會、二一一～二一三頁。香港今日出版社一九六九年出版。

註五：參閱：一、馮滬祥著：新馬克思主義第二章、馬克思異化論的理論批判。黎明文化事業股份有限公司七十一年二月二版。二、馬克思主義座談會紀錄：馬克思主義是人道主義嗎？人文及政策科學研究中心，七十二年十月出版。

註六：參閱註五馮滬祥書，第八章歐共主義批判。

第二章　列寧主義批判

第一節　列寧實行馬克思鬥爭理論

列寧（Nikolai Lenin 1870-1924）自稱是馬克思信徒，實行的則是馬克思鬥爭的理論。他把握馬克思「不僅要瞭解世界，並且要改造世界」一語，認爲馬克思主義不是理論敎條，而是行動指南。要改造世界，首先要以暴力奪取政權，其次要鞏固和擴大政權。（註一）如何奪取政權呢？

第一、馬克思沒有組黨，他決定組織一個堅強的、有鐵的紀律的黨，作爲鬥爭的基本力量。加入這個黨的人，一定要聽從命令，堅決的執行任務，不能懷疑，不能動搖。若果有懷疑動搖傾向的人，就應加以清除；務使黨的命令，能夠徹底執行。他這項主張，固然是共黨擴張的因素，但誰主持了黨，就可以淸除異己，造成個人的專制獨裁。

第二、擴大羣衆基礎，應使農人軍人與工人聯合，組織工農兵的聯合陣線。馬克思活動的主要對象是工人，他認爲俄國的產業尚未發達，農人居多數，所以他主張沒收大地主的土地，將土地分配給農民，使農民熱心參加革命。同時革命是要有力量的，一定要軍隊參加革命，才能建立革命力量。所以一九一七年俄國革命時，他提出「土地、麪包、和平」三個口號，宣傳土地歸農民，工人有麪包、軍人有和平，來迎合農人工人軍人的心理，奪取了俄國的政權。俄國最初成立的蘇維埃（Soviet），號稱工農兵蘇維埃。一九三六年頒布的蘇聯憲法，第一條規定「蘇維埃社會主義共和國爲工農社會主義國家」。這並不是忽略了武力，他們認爲工農蘇維埃主持政權，就是無產階級專政，同時要建立無產階級的武力。過去他們是聯絡軍隊，現在則要建立自己的軍隊。他們知道武力的重要，所以要自己建立武力，鎮壓一切反對力量。因此，列寧當時主張的工農兵大聯合，只是奪取政權的策略。

第三、馬克思在一八四八年的共產黨宣言，只提出「全世界無產階級團結起來」一個口號，他增加「全世界被壓迫民族團結起來」一個口號。因爲俄國革命後，英、法、日各國，都想消滅俄國共產黨政權，他爲分散帝國主義者壓迫俄國的力量，所以主張民族自決，策動各被壓迫民族反對帝國主義。同時，他認爲資本主義國家的生產品，多向各被壓迫民族傾銷；若果被壓迫民族羣起獨立，反抗壓迫，即可使資本國家失去市場；削弱資本主義，也就是削弱帝國主義。所以他對各民族的獨立運動，特別努力援助。這是俄國自救策略，同時也是他們世界革命的企圖。他組織的第三國際，主要的任務是策動這個民族獨立運動。但他認爲在民族自決的過程中，同時就有階級的矛盾發生，因而應作實現共產主義的準備。共產黨在策動民族自決時，應協助無產農民解除一切壓迫，與其他革命政黨成立密切關係。但革命的領導權，不可讓給資產階級與民主主義者。他又認爲落後民族的經濟發展，可以超越資本主義的階段，直接實行共產主義，在第三國際領導之下，建立一個最大的世界聯合國。他這種說法，名義是第三國際領導，實際是由俄國統治。他扶助被壓迫民族，實欲統治各被壓迫民族；與各民族既成政黨聯合，實欲消滅各民族既成政黨。他這種行爲，實爲自主獨立的民族所不能忍受。這眞是口蜜腹劍，在朋友背上插刀。所以土耳其、南斯拉夫都與

俄國衝突；被俄國一手養大的中共，也要同俄國分裂。（註二）

列寧這三種策略，雖有很嚴重的後遺症，但確奪取了俄國的政權，鞏固了他們在俄國的地位。第四、他接受唯物辯證法，作爲鬥爭的策略。他指示黨員，要認淸所處環境，不能盲目衝動；要學會進攻，同時要學會退守。在敵人動搖，力量薄弱之時，應勇敢進攻，爭取勝利。但在敵人強大，力量鞏固之時，就要避免攻擊，退保實力，以便有再舉機會。他逝世之後，俄共遵行這種策略，俄國勢力漸趨強大。

第二節　試行共產主義失敗

他實行馬克思鬥爭理論，奪取了俄國政權。推翻了克倫斯基政府，由他起而代之，並以武力掃除反對黨派，可以說是政治革命成功。但他遵循馬克思廢除私有財產的教條，於取得政權後，實行戰時共產主義（War Communism），則完全失敗。

一九一七年十一月七日，他獲得政權後，二十六日即布告無賠償的沒收大地主的土地。一九一八年頒布法律，廢止一切土地的私有，改爲國有，貸給自耕的農民；農民收穫穀物，除自己消費外，剩餘的交由政府分配。一九一八年又發布大企業國有令，凡在百萬以上的企業，都收歸國有，由政府分配。一九二〇年又規定：使用機器僱用勞動者五人以上的，或不使用機器僱用十人以上的企業，一律國有。工業生產物由政府收用，無償的分給各人。凡是糧食和生產品，都由政府分配，商業已成爲不必要。一九一八年十一月頒布法令，認商業爲非法。沒有商業，人民不能自由買賣，紙幣已成爲無價值的東西。

他在俄國實行所謂戰時共產主義，然農民與勞動者，對於自己勞動的結果，幾乎全部為政府徵收，自己不能享受，非常不滿意。因此，農人怠耕，工人怠工，生產力大減。農業生產，低落到戰前的二分之一；工業生產，低落到戰前十一分之二。俄國發生大饑荒，社會發生大紊亂，共黨統治發生大危機。列寧很聰明，知道用馬克思的辦法，只有失敗，遂由進攻而退守，廢棄軍事共產主義，一九二一年改行新經濟政策。

新經濟政策的內容如下：一、廢止以前農產物的徵收，改收農產物百分之十的賦稅，其餘准農人自由買賣。二、廢止勞動者二十人以下小企業的國有；實際上沒有收歸國有的企業，無論大小，一律准許繼續私有。三、商業也被容許，農人的穀物，私人企業的生產品，准許自由買賣。四、重新發行紙幣「盧布」，以便商業買賣。五、對外貿易由政府經營；鐵路、礦山、大規模農場，仍照原來國營方式進行。這個新經濟政策，挽救了俄國的貧乏與饑餓，也挽救了俄共的政權。

據列寧說，新經濟政策就是國家資本主義。我們看新經濟政策的內容，與國家社會主義的政策，非常相近，就是計畫經濟與自由經濟並行。列寧失敗後，才改弦更張，可知「知難行易」的學說，確實是眞理。一九二三年又允許外國人資本的存在：無論何種大企業，只要經過權利讓與，或有契約手續的，都一律停止國有。這是對外國資本的讓步，想引進工業國家的資本，在俄國投資，振興俄國的工業。凡是外國資本家與俄國政府訂立契約，均可自由經營，不受干擾。俄國經濟革命失敗後，列寧實行新經濟政策，才使俄國的經濟有了轉機。（註三）

第三節　中山先生對列寧的批判

民國八年起，　先生演講三民主義，常提到俄國革命情形，可以說是對列寧的批評。

一、政治革命成功、經濟革命失敗

民國八年（一九一九年）手撰本三民主義說：「歐美之資本問題，激爭數十年。……我當懍於歐美前車既覆之鑑，爲我之曲突徙薪，不可學俄人之焦頭爛額也。夫惟我之資本尚未發生也，則我防患於未然自易，此中國之後來居上，將必爲世界第一富強安樂之邦之大希望也。」一九一九年正是列寧在俄國實行軍事共產主義，已發生大恐慌，眞是焦頭爛額，無法解決。　先生指示，中國應實行平均地權節制資本，防患於未然，決不可學俄人失敗的辦法。

民國十年三月六日在廣州演講三民主義的具體辦法說：「世界中明明白白抱三個主義來革命的，只有我們中國國民黨是頭一個。像美國脫離英國獨立，完全是爲民權主義，不是民族主義。法國從前的大革命，本是抱民權主義和民生主義。法國和美國的民權革命，可算是一部分的成功。不過法國的民生革命，至今還是失敗。美國的民族主義和民權主義可以說是成功，但是社會問題至今還沒有解決。……又像最近俄國的革命，有人說蘇維埃政府是注重民生主義，沒有民族主義的大意味；至於民權主義，不過是他們革命的附屬品罷了；這又是和本黨不同的地方。」俄國革命沒有民族主義的意味，民權主義不過是革命的附屬品，雖然注重民生主義，但不能解決民生問題。先生此篇演講的時候，列寧開始改行新經濟政策，可知所謂軍事共產主義，確係焦頭爛額的辦法。先生不贊成俄國的辦法，所以接著說：「兄弟所主張的民生主義，有很好的具體辦法，不是像那些好奇的人徒託空談，取快一時的言論。」

民國十年十二月在桂林演講三民主義是造成新世界的工具說：「俄國近來實行政治革命，同時又實行經濟革命，一面把皇帝和貴族推翻，同時又把資本家推翻。現在俄國人民所受的痛苦非常的利害，結果到底如何，今天還預料不到。」俄國革命後，因列寧的盲動，造成經濟大恐慌，社會大紊亂，人民所受的痛苦非常利害。列寧於是年改行新經濟政策，這個時候還未見成效。

民國十二年十二月在廣州演講打破舊思想要用三民主義說：「像那樣把社會上大小財富，都集中到政府手內的制度，只有洪秀全能夠實行，俄國現在還行不通。所以他們改行一種國家資本主義，把極大的財產收到政府手內來，像大礦山、鐵路、銀行，都收歸國有。」一九二三年俄國實行新經濟政策，改變軍事共產主義，改行國家資本主義，才穩定了俄共的政權。

民國十三年八月演講民生主義第二講說：「用革命手段來解決政治經濟問題的辦法，俄國革命時候，已經採用過了。不過俄國革命六年以來，我們所看見的，是他們用革命手段，只解決了政治問題；用革命手段來解決政治問題，在俄國可算是完全成功。但是說到用革命手段來解決經濟問題，在俄國還不能說成功。俄國近來改變一種新經濟政策，還在試驗之中。……俄國當初革命的時候，本來想解決社會問題，政治問題還在其次。但是革命的結果，政治問題得了解決，社會問題不能解決，和所希望的恰恰是相反。」先生對俄國革命的批評，是政治革命成功，經濟革命失敗。

二、列寧民族自決的評估

俄國革命後，遭受帝國主義壓迫，列寧為抵抗侵略，主張和平，同時主張民族自決。民族主義第四講說：「當那次戰爭時，有一個大言論最被人歡迎的，是美國威爾遜總統所主張的民族自決。……俄國的主張和威爾遜的主張，是不約而同的，都是主張世界上的弱小民族都能夠自決，都能夠自由。」

「世界上的十五萬萬人之中，頂強盛的是歐洲和美洲的四萬萬白種人。……但是俄國革命成功，他們一萬萬五千萬人脫離了白種，不贊成白人的侵略行為；現在正想加入亞洲的弱小民族，去反抗強暴的民族。……有一位俄國人說：『世界列強所以詆毀列寧的原因，是因為他敢說：世界多數的民族十二萬萬五千萬人，為少數的民族二萬萬五千萬人所壓迫。』列寧不但是說出這種話，並且還提倡被壓迫的民族去自決，為世界上被壓迫的民族去打不平。……」

「愛和平就是中國人的一個大道德。……我從前總是勸世界人羣要跟上我們中國人。現在俄國斯拉夫民族也是主張和平的；這就是斯拉夫民族已經跟上了我們中國人。所以俄國的一萬萬五千萬人，就在今日來要求我們合作。」

民國十三年十一月廿八日在日本神戶演講大亞洲主義說：「歐洲人數不過是四萬萬，我們亞洲全部的人數有九萬萬。用四萬萬人的少數，來壓迫九萬萬人的多數，這是和正義人道大不相容的。反乎正義人道的行為，終久要失敗的。而且在他們四萬萬人之中，近來也有被我們感化了的。……這個國家是誰呢？就是俄國。俄國現在要和歐洲的白種人分家。他為甚麼要這樣做呢？就是因為他主張王道，不主張霸道。他要講仁義道德，不願講功利強權。他極力主持公道，不贊成用少數壓迫多數。像這個情形，俄國最近的新文化，便極合我們東方的舊文化，所以便要求和東方携手，要和西方分家。」

我們看 先生所講：「俄國的主張和威爾遜的主張，是不約而同的。」「斯拉夫民族已經跟上了我們中國人。」「他們四萬萬人之中，近來也有被我們感化了的。」就可知 先生對列寧民族自決的主張，表示贊許，但認爲與威爾遜主張相同，且係受東方王道文化的感化。

三、反對俄國的世界主義

一九一九年列寧成立第三國際於莫斯科，爲共產黨的國際組織。第三國際的任務，是策動世界革命；在西方策動工人的階級鬥爭，在東方策動被壓迫民族的獨立運動。第三國際的目的，是想控制西方東方的國家，受第三國際的指揮。所以列寧雖然提倡民族自決，但認爲落後國家可以超越資本主義的階段，直接實行共產主義。爲使第三國際便於指揮各國共黨，遂認爲民族主義是狹隘的，最好的主義是世界主義。

中山先生演講民族主義之時，英國最強，俄國最弱，俄國的共產主義，當時在中國影響很小，尚不能爲中國大患。 先生爲預防將來隱憂，特宣示民族主義是世界主義的基礎，在民族主義未鞏固之前，不能提倡世界主義。

民族主義第三講說：「英『俄』兩國現在生出了一個新思想，……是反對民族主義的思想。這種思想說，民族主義是狹隘的，不是寬大的；簡直的說，就是世界主義。……世界上的國家，拿帝國主義把人征服了，要保全他們的特殊地位，做全世界的主人翁，便要提倡世界主義，要全世界都服從。……」

「照進化論的天然公理說，適者生存，不適者滅亡，優者勝，劣者敗。……如果說我們的民族，要滅亡要失敗，大家自然不願意；要本族能夠生存能夠勝利，那才願意；這是人類的天然思想。……我們現在有這樣大的民族，可惜失去了民族思想，所以外國的政治力和經濟力，才能打破我們。……近來講新文化的學生，也提倡世界主義，以爲民族主義不合世界潮流。這種論調，如果發自英國、美國，或發自我們的祖宗，都是很適當的；但是發自現在的中國人，這就不適當了。德國從前不受壓迫，他們不講民族主義，只講世界主義。我看今日的德國，恐怕不講世界主義，要來講一講民族主義罷………」

「此後我們中國人，如果有方法，恢復民族主義，………我們的民族就是在千萬年之後，決不至於滅亡。至於講到天然淘汰，我們的民族更可以長存。……我們要聯合十二萬萬五千萬人，就要提倡民族主義，自已先聯合起來。推己及人，再把各弱小民族都聯合起來，共同去打破二萬萬五千萬人，共同去打破強權。強權打破了以後，世界上沒有野心家，到了那個時候，我們便可以講世界主義。」

上面所引遺訓， 先生說「英俄兩國現在生出了一個新思想」，已指明俄國提倡世界主義，反對民族主義。「近來講新文化的學生」，大概是指最少數共產黨的學生。「野心家」大概已暗示列寧在內。他雖然引用列寧的話，但與列寧主張不同。第一、列寧是主張被壓迫的十二萬萬五千萬人，在第三國際指揮之下，與壓迫的二萬萬五千萬人奮鬥。 先生則主張聯合十二萬萬五千萬人，共同用公理去打破強權。第二、列寧是主張用鬥爭的方法， 先生主張用和平的方法，在民族主義第六講說：「中國更有了一種極好的道德，是愛和平。……用固有的和平道德做基礎，去統一世界。」

先生提倡民族主義，認爲當時不應提倡世界主義，大概是針對第三國際的世界主義。民族主義第四講說：「我們中國四萬萬人不但是很和平的民族，並且是很文明的民族。近來歐洲盛行的新文化，和所講的無政府主義與共產主義，都是我們中國幾千年以前的舊東西。……我們現在要學歐洲，是要學中國沒有的東西。中國沒有的東西，是科學，不是政治哲學。至於講到政治哲學的眞諦，歐洲人還要求之於中國。」中國要學歐洲的，是科學，不是政治哲學；所以馬克思主義、第三國際的世界主義，都不合中國之用，中國是用不著的。

四、何以有聯俄的政策？

㈠俄國革命後，列寧爲爭取中國好感，一九一九年、一九二〇年兩次發表放棄在華一切特權宣言，願與中國締結平等互惠新約。一九一九年宣言，被英、美、日、法各國通訊社封鎖，中國人都不知道。一九二〇年再發表放棄在華一切特權宣言，中國人知道後，對俄國都有好感。當時曹錕政府的兩員大將吳佩孚、馮玉祥，都有聯俄的態度。因宣言中放棄庚子賠款，作爲教育經費，中國的教育界對俄國都表示友好。北京大學政治系主任周鯁生，十二年一月在上海東方雜誌發表論文，認爲自鴉片戰爭以來，俄國一九二〇年的宣言，是對中國最講公理的宣言。五四運動之後，中國知識分子對列強的侵略，都表示反抗。而侵略中國最兇最狠的俄國，革命後忽然覺悟，似乎一改前非，國人對俄國厭惡的態度漸漸改變。民國十一年作者就讀北京大學，尚不知列寧的陰謀詭計，當時也是對俄國有好感的一分子。所以當時的聯俄政策，不是　中山先生個人的見解，差不多是舉國一致的意見。

㈡不是　中山先生聯俄，是俄國願與　中山先生合作。民國十年第三國際代表馬林來中國，七月一日在上海指導第三國際中國支部（中共）成立。十二月二十三日在桂林晉謁　先生，陳述第三國際意旨，力促國民黨與之聯盟。　先生拒絕，謂今僅能與蘇俄爲道義上之聯絡。（註四）民國十一年蘇俄特命全權大使越飛來中國，此時俄國政權已較鞏固，越飛與北京政府商談無結果，甚至聲稱，俄國沒有履行一九二〇年宣言的義務。十二年一月稱病南下，十七日抵上海，是日即首次晉謁　先生，經數次晤談，二十六日發表與越飛聯合宣言，認共產主義及蘇維埃制度，均不能施行於中國。（註五）由此，可知所謂聯俄，不是先生派代表與俄國接洽，而是俄國派代表與　先生接洽。民族主義第四講說：「俄國的一萬萬五千萬人，就在今日來要求我們合作。」大亞洲主義演講說：「俄國最近的新文化，便極合我們東方的舊文化，所以便要求和東方攜手。」已透露俄國先來接洽的消息。

㈢　先生至大至剛，有條件的聯俄。我們察看當年文獻，許多主張聯俄人士，多是無條件的聯俄。先生此時，是在陳烱明叛變之後，已喪失廣東根據地，係以國民黨領袖資格，寄居上海。越飛以俄國特命全權大使身分，專程晉謁，表示尊崇與援助。但　先生對於俄國革命的表現，及列寧對外的宣傳，並不信任，與越飛接談數次後，提出聯合的條件，經越飛完全同意後，始與之發表聯合聲明。聯俄先決條件，見於聯合聲明，內容如次：第一、共產組織，甚至蘇維埃制度，不能引用於中國；中國最重要緊迫之問題，乃在民國統一的成功，與國家獨立之獲得。這是要求俄國允諾，不在中國組織和援助共黨，以破壞中國之統一與獨立。第二、中俄締結新約，應根據俄國一九二〇年九月二十七日俄國對中國通牒，放棄在中國一切特權的原則。這個條件，是針對越飛在北京所說，俄國沒有履行一九二〇年通牒義務的說法。必須俄國放棄帝俄時代在中國一切特權，重新締結平等互惠的新約。第三、外蒙是中國領土，俄國應撤退其在外蒙軍隊。這個條件，因外蒙從民國十年起，外蒙赤黨在俄國軍隊援助之下，已奪取外蒙政權，宣布獨立，俄國在外蒙並駐有軍隊（註六）。　先生要俄國表明態度，越飛切實宣稱：「俄國現政府決無亦從無欲在外蒙實施帝國主義政策，或使其脫離中國之意向與目的。」

中山先生當時以一在野的革命領袖，不為越飛的甜言蜜語所動，特提出有關中國前途的大計，越飛承諾所提條件，才發表聯合聲明。　先生眼光的遠大，態度的嚴正，由此可見一斑。論者每以蘇俄對中國此後的侵略，歸咎於　先生的聯俄，而不知從民國十一年到民國十三年，聯俄政策差不多是國人共同的主張。民國十三年五月卅一日締結的中俄協定，係中國第二個平等條約，且是北京曹錕政府與俄國締結。中俄協定締結後，俄國大使遷入東交民巷原來俄國使館，當日舉行慶祝會，作者亦曾參加慶祝。大家當時尚不知俄國背信忘義，視聲明及條約如廢紙。

當時國人多主張聯俄，理由有三：第一、俄國當時是一個弱國，不能為中國之害。民國十六年十二月，我中央政府因俄國策動廣州暴動，宣布與俄國絕交；俄國當時僅能在莫斯科舉行羣衆大會，表示抗議。第二、俄國兩次宣言放棄帝俄時代在中國一切特權，願訂平等互惠新約，確為中國之利。第三、廢棄俄國一切不平等條約後，中國可援例與列強交涉，取消所有一切不平等條約。（註七）

俄國在未強大前，在中國僅能實施陰謀詭計；在其強大以後，始敢對中國公開侵略。史大林繼列寧執政後，因國力貧弱，力圖自保，宣稱一國實行社會主義。一九三六年兩次五年計畫完成後，俄國始漸強大。其公開對中國侵略，始於一九四五年二月十日的雅爾達密約。我國此後對俄外交的挫敗，只怪我們後人應付之錯誤，豈能歸咎於　先生當時之聯俄！

第四節　歷史已證明馬列主義失敗

俄國實行馬列主義六十餘年，中共實行馬列主義三十餘年，政治上是極權統治，專制獨裁，經濟上是生產欠缺，供給不足。現在他們靠以維持權力的，已不是馬克思主義，僅是暴力統制。現在特引證美國總統雷根、法國總統季斯卡、俄國文學家索忍尼辛等，對於馬列主義的批評，說明馬列主義在歷史上已經失敗。

一、雷根的觀察

一九八二年六月七日美國總統雷根（Ronald Reagan）在英國國會演說，要將馬列主義棄置於歷史的灰燼中，現節錄部分演詞如次：

1. 蘇俄面對重大的革命危機

我們正接近一個血腥世紀的結尾，這世紀為一可怕的政治發明—極權主義—所害。……從波羅底海的塞丁，到黑海的烏爾，藉極權主義樹立的政權，費了三十年的時間，建立了他們的合法性。但沒有一個此種政權，敢於冒險實行自由選舉。由刺刀培養的政權，不會根深蒂固的。……

出乎意料之外的，馬克思也說對了話。他說：我們目前所面對的，是一個重大的革命危機，在此危機之中，經濟秩序的要求，與政治秩序的要求直接衝突。但是這個危機，不是發生於自由且非馬克思主義的西方，而是發生於馬列主義的家鄉蘇俄。蘇俄拒絕賦予其人民人類自由和人類尊嚴，而違背了歷史的潮流，它也深深的陷入經濟困境之中。國民生計的成長率，自一九五〇年代起，一直在衰退之中，目前尚不及當時的一半。蘇俄在這方面的失敗程度，至為驚人。一個農業人口達總人口五分之一的國家，居然無法餵飽其國民。如果不是靠著獲得容忍的微小私人農業，蘇俄可能就要瀕臨饑荒的邊緣。這些私有土地僅佔全國可耕地的百分之三，但產量却近總產量的四分之一，也佔肉類和蔬菜總產量的將近三分之一。

蘇俄的制度過分中央集權，幾乎不提供任何誘因。年復一年，它將最佳的資源，投注於毀滅工具的製造，經濟成長日漸萎縮，而軍備生產日漸擴張，以致蘇俄人民的負擔逐漸加重。我們在此所看到的政治結構，已經不能配合其經濟基礎，生產力量受到政治力量的阻絆。……

2. 世界難民都是逃離而非奔向共產世界

蘇俄制度之衰微，不足為奇。無論何處的自由與封閉社會，如西德與東德、奧地利與捷克、馬來西亞與越南；兩相比較，民主國家總是繁榮，而能順應民心的要求。我們當代的一個簡單而不容忽視的事實是：現代世界中所見到的數以百萬計的難民，都是逃離而非奔向共產世界。今天在北約的陣線上，我們的軍隊面向東方的侵略。在陣線的另一邊，蘇俄軍隊面向東方，預防他們人民的逃離。……

即使在共黨國家內，人類渴求自由及自決的本能，也一再浮現。其實，有許多殘酷的事實，可以使我們憶起；極權國家曾使用多麼殘忍的手段，來設法消滅這種要求自決的行為；一九五三年在東德，一九五六年在匈牙利，一九六八年在捷克，一九八一年在波蘭。而波蘭人民仍在奮鬥之中。我們知道，甚至在蘇俄本身國境內，也有人為爭自由而受迫害。因此，我們在西方民主國家裏的表現，將決定這種趨勢是否能繼續下去。……

有些人認爲，我們應該鼓勵獨裁國家，進行民主改革，而不是要求共黨政權改革。接受這種荒謬的觀念，就等於接受這種說法：只要一個國家有了核武能力，就可准許這個國家對於人民，施以不受別人干涉的恐怖統治。我們唾棄這種說法。……

3. 將馬列主義棄置在歷史的灰燼之中

一九一七年以來，蘇俄對許多國家內的馬列主義分子，一直給予秘密的政治訓練及援助。當然，蘇俄也唆使這些分子從事暴力顚覆活動。

幾十年來，西歐人士及其他社會民主派、基督教民主派人士和領袖們，公開的給與相關的政治和社會機構援助，以實現和平而民主的進步。……我們目前在美洲打算採取更多的步驟，來實現此同一目標，……來強化全世界的民主運動。……我相信民主運動的再度興盛，在全球爭取自由運動的輔助之下，將增強軍備控制及世界和平之展望。……

自由和民主的前進，將使馬列主義棄置在歷史的灰燼之中。……這就是我們必須繼續努力，加強北大西洋公約組織的原因。……我們的軍力是和平所必須的。但讓我們說清楚，我們維持這份軍力，唯期永不使用。因爲當今世上爭鬥的最終決定因素，將不是炸彈和火箭，而是意志和思想的測驗，精神決心的試鍊。……只要有強有力的領導，有時間和一點希望，善的力量終將振作起來，戰勝邪惡。……讓我們不再羞怯，讓我們使用我們的力量，讓我們給予希望。讓我們告訴世界，新的時代不只是可能，而且是確將來臨的。……我所定下的工作，將比我們這一世代留存更久。……爲了和平和正義，讓我們邁向所有人民自由決

定其命運的世界。（註八）

4.雷根講詞簡評

雷根講詞的內容，是以數十年來的歷史事實，闡明馬列主義完全失敗。一、極權主義的政權，沒有一個國家敢於實行自由選舉。二、從一九五〇年起，蘇俄國民生產的成長率，一直在衰退之中；它的政治結構，已經不能配合其經濟基礎。三、現世界數以百萬計的難民，都是逃離共產世界，沒有難民奔向共產世界。四、人類渴求自由及自決的本能，不僅在附庸國家盛行，甚至在俄國本身內，也一再浮現。

他不僅從歷史事實，說明馬列主義的破產；並且在意識型態上，斷定自由和民主的前進，將使馬列主義棄置於歷史的灰燼之中。這種判斷，若出之於美國國會議員，或出之於政治評論家，不足爲奇。但以現任握有大權的美國總統，在英國國會的大會中提出，實在值得重視。過去雙方所講的和平共存，是在不同意識型態、不同政治制度之下，可以和平共存。他的這篇演講，是否定蘇俄的意識型態和政治制度，確認專制獨裁的共產制度，必須走向自由民主制度；馬列主義的意識型態，必須完全予以廢棄。這是美國劃時代的轉變，改變了尼克森以來，以談判代替對抗的政策，這是自由世界值得欣慰的。

他了解蘇俄知道的是「力」，所恐怕的也是「力」，所以主張實力外交，加強美國的軍備。他的主張，已得美國國會的支持。假使他能繼續當選總統，或不能當選，美國繼續他的政策，蘇俄的態度一定會漸漸軟化，使馬列主義棄置於歷史灰燼之中。

二、季斯卡的觀察

季斯卡（V. Giscard）曾任法國總統，一九八一年五月法國總統選舉，他競選連任，敗於他的對手密特朗。他任法國總統期間，認爲俄國是比法國大得多的對手，在外交上應避免言詞的偏激過火。他又認爲俄國的陰謀，是要疏遠美國與西歐的關係。但在今天世界上已沒有任何神聖戰爭，外交上主要的方法，就是加強東西雙方關係，希望東西雙方和解。他對俄國主張和解，所以在任總統期間所發表的言論，對俄國及共產國家人民痛苦情形，很少提及。但對馬克思的思想，有很合理的批評。

1.馬克思主義不科學

馬克思主義和古典自由主義之所以一成不變，那是因爲它們不是科學的。它們所以能夠維持，是因爲激情，而不是理性。以今日眼光看，它們已經不能代表我們社會的實際情形，不適於解決我們具體的困難。這兩種理論，都是不足令人信服的理論；因爲它們簡化了事實，誤解了人性的眞象。

十九世紀歐洲新興資產階級的理想型態，由於馬克思的分析方法，在他那個時期，曾經扮演了袪除神話和鼓勵探索的角色，這一點是值得讚揚的。但是，馬克思主義一旦落在信徒手中後，成爲一種「神話媒體」。馬克思主義自以爲是科學的，但在世界上一切學術必須符合科學要求時，馬克思主義的科學性，就露出了馬脚。他以爲經濟權力是壓迫的唯一原因，把人民歷史簡化爲階級鬥爭過程，尤其是對無產階級賦予救世主的角色；都沒有科學根據，只是一種「神話」。

他們過去堅信：一、資本主義有必然而無法避免的危機，二、工業最進步的國家中，勞工羣衆會爆發革命，會造成無產階級專政等。這些都是他們的教條，但是西歐的共產黨，卻先後宣布一一放棄了。

2.馬克思主義的理想型態已落後了

在自由經濟的國家中，生活水準有史無前例的提高。實際生活中所表現的，不是社會階級之間緊張關係的增強。換句話說，經濟愈發展，社會緊張並沒有昇高。至於馬克思教條的中心主題：生產方式的集體化，可以消除人的剝削；這一點，已經被國外的許多實際經驗所否定。但是，集體主義社會，卻賦與統治者一個無以倫比的，實施統治羣衆的方法；因爲權力的集中化，也就賦與領導機關一個極端的權威。

理想型態往往會領先事實；但是，馬克思的理想型態却落後了。正如一套縮水的衣服，穿在一位正在成長的青少年身上。馬克思主義在社會更新後，再也不能協助我們去認識現社會，更不能把它當作建設明日社會的引導。

古典自由主義和馬克思主義兩種社會理論，都是十九世紀留傳下來的，不能完全讓我們瞭解社會的演進。尤其是這些理論構想完成後，我們的社會演進了許多，這些理論必定不能瞭解我們今天社會的現實情況。這一點並不値得大驚小怪，因爲人類生活不可能被任何體制所限制的。

3. 法國有龐大的中間團體

法國社會正在進行的演變，絕對不是造成資產階級和無產階級；相反的，法國社會有一個龐大的中間團體，成員間不分彼此。由於數量上迅速的增加，由於他們和其他社會層面的關聯，由於該團體很容易讓人進入；他們要以漸進和平的方法，將整個社會完全統合。

法國現代思想中，工人不限於「勞力工人」，而有每一個人都是工作人的觀念。中間團體的成員，不承認是無產階級，因爲他們不是毫無社會保障的一羣。他們也不是資產階級，因爲他們沒有獨佔國家的經濟和文化財產。法國的中間成員是社會現實的新形象，他們工作勤奮，也有遠見；有理想，也很慷慨。這個中間團體，不是由理論的想像形成的，他們確確實實存在著。

法國社會的中間，已經有了一個實際的統一體。根據資料顯示，已經集合了超過半數的法國人。法國中間派的使命，不是被人利用，當作戰鬥的增援，尤其是這些戰鬥可能不是他們的。但是，他們要親自參加掃蕩社會停滯、落後因素的戰爭，也要討伐那些無產階級救世思想的先知。（註九）

4. 季斯卡思想簡評

他同時批判古典自由主義和馬克思主義，可以說是法國的中間派。他當總統期間對俄國主張和解，對極權國家暴政，不予評論，但對馬克思的意識型態，則加以否定。他認爲馬克思主義是不科學的。馬克思主張以暴力奪取政權，階級鬥爭、勞工專政等基本概念，是十九世紀的落伍思想。在二十世紀的社會，已經不能適用，就是法國的共產黨，也不能不宣布放棄，改用和平手段了。法國社會已有龐大的中間階級，作社會的中流砥柱，馬克思階級鬥爭的理論，自然更用不著。

季斯卡在法國算是右派，總統改選時擊敗他的，是號稱左派的密特朗。季斯卡當政時，對美國若即若離，主張東西雙方和解。但密特朗上台後，積極發展中子彈，支持美國在歐洲佈署潘興二號飛彈，訓令法國軍隊與北大西洋公約組織共同演習，一變爲抗俄政策。因俄國態度強橫無理，有理性的人實難忍受。季斯卡競選的失敗，對俄態度的軟弱，可能是失敗的一個因素。

三、索忍尼辛痛述俄國情況

俄國作家索忍尼辛（A.I. Solzhenitsyn）曾著古拉格羣島一書，敍述俄國集中營慘狀，獲得諾貝爾文學獎。一九六六年被俄國放逐。一九八二年十二月爲世界各大報撰文，題爲「共產主義走向布里茲涅夫死亡之路」。臺北中央日報於七十二年（一九八三）八月一日譯載，連載五日，譯名爲共產主義—人類的瘟神。他以俄共六十五年來在俄國的胡作非爲，作爲見證，說明共產極權制度爲禍之烈，史無前例。現僅節錄一部分內容。

1.屠殺了任何反對派

爲了不使蘇俄國內有任何和共產主義競爭的勢力，共產黨徒在一九一八—二〇年的內戰期間，甚至在內戰結束後，立即把一切可能反共的其他黨派，以及所有中立的文化、宗教、民族和經濟等組織，都加以凶狠徹底的消滅。……共產黨徒這種消滅異己的行動，到了和平的一九二〇年代末期，已經有幾百萬人民慘遭殺害，又有一千二百萬到一千五百萬非常勤勞的農民遭到處決。在我寫的「古拉格羣島」一書中，已經盡其所能，把蘇俄過去幾十年來接連不斷的屠殺罪行，予以揭發。

他們殺害那些最好的、勤勞的農民，究竟是什麼目的呢？……對共產主義政府來說，最重要的是不允許國內在經濟上，有獨立而強大的對手存在。因此，佔總人口百分之八十以上的農民，必須無力，也不能對共黨作任何反抗。集體農場制度，對經濟具有破壞性，但卻有利於政治功能。共產主義國家的農業，不是建立在穀物的收成預估上，而是建立在思想的控制上。……

2.農民生活非常困苦

最近十年來，蘇俄從國外輸入的糧食，增加了四十倍，蘇俄已經是連續四年歉收了，這算是什麼農業！數十年來，蘇俄政府總是以人爲的低價，收購集體農場的產品。因此，集體農場場員的勞動力，全然白費了。而整天在田間辛苦的農民所得到的報酬，只是幾捆青草，去餵自己的奶牛或山羊。集體農場場員在工作日勞動，沒有工資。政府允許他們在一天之餘，可以在一小塊私人自留地上，耕作四分之一公頃的作物，賺錢餬口。在這些土地上勞動的，都是些小孩、殘障、和上了年紀的人。……農民的自留地，約佔全國可耕地的百分之二，但却供應了蔬菜、蛋、牛奶、和肉類總產量三分之一。……不過，他們不能自由的把這些農產品，全部送到市場上出售；而且其中一部分必須賣給政府。從前是以「新稅」的名義抵繳，而現在則是按低價「自願」拍賣。……

百分之九十八的耕地，由成年的農村居民，在白天耕種。百分之二的無價值的私人土地，白天由殘障和小孩耕種，晚上則由成年人耕種。可是，共產政權就連這一線最後的生路，也被它思想上的荒謬所毀滅了。最近幾年來，越來越多的集體農場，被改變成國營農場。也就是說，把集體農場場員，變成國營農場的工人，並且剝奪去他們的自留地，這些自留地很快的就要消失了。……蘇俄政府又一次的破壞生產的基礎，而在思想上獲勝。……

3. 經濟主要任務僅在擴大軍力

蘇俄經濟的主要任務，並不在追求經濟的繁榮，也不是一般生產的成長，甚至也不是提高勞動生產力和追求利潤，而只是爲了強大軍事機器的運作，和統治階級的富裕。黨官僚政治既無能組織商品的生產，也無能組織商業貿易，而只會剝奪生產成品。這是一種不允許任何人具有獨立自主精神的制度。

當局沒有能力有效的管理經濟，而是以全面的暴力替代領導。經濟由於很多行政上的禁令，而受到約束和限制。這些措施的目的，旨在不准出現自由的社會。……蘇俄是一個什麼都要買的大國，從電子儀器到五穀。可是，却只出售武器和地下資源。依生活水準來看，蘇俄在世界各國中，位於將近第四十位。而國庫收入有百分之十二，則全靠高價出售，使人民喝後爛醉的伏特加酒。……蘇俄政府用酒把人民灌醉，目的只在騙取金錢，作爲赤化世界陰謀的基金。……

4. 一個必須說謊的制度

共產主義的特質：一個必須說謊的制度。共產制度自從成立以來，它所努力的主要目標之一，就是隱瞞外界的世界，歪曲眞理的來源。共產黨在這方面的成功，是迅速可見的。……西方世界甚至相信社會主義的美德，而甘願受其迷誤。

這樣，從一九二八年史大林的第一個五年計畫起，爲了對外的威望，所宣布的都是無法執行的任務。「五年計畫四年完成」的口號，使執行的人益感困難。由於各方要求，而在必須執行的威脅下，所有的指導分隊，除了謊報成果及虛浮的數字外，別無他途。然後這些虛浮數字，又成爲擬定新計畫的基礎。在新計畫不能執行時，又作同樣的撒謊。就這樣，半個世紀來，共產政權上下欺瞞，謊言層疊。蘇俄不只是不提供眞實的統計資料給外國人，甚至連領導者本身，也不知道他自己國家的眞實情況。……

5. 黨政人員享有種種特權

壓迫的黨政機關，升高了對人民的迫害。連同宣傳和鎭壓機關，總共有三百萬人。這是一個享有一切物質福利的階級，有百貨俱全價廉物美的商店，有秘密的津貼，一切免稅，住最好的房屋，享有特別的醫療服務，和免費的保健所。對人民有支配權，本身則免受法庭的控告。……在過去、現在、與未來，他們必須以冷漠的態度，去對待自己同胞所遭遇的苦難。只要他忠於自己的制度，他就是這一特權階級的成員。

若稍有一絲的不忠，就被驅逐除名。十萬名黨工幹部的寡頭政治，是這一特權階級的指揮中心。他們的需求無度，而帝俄時代的統制階級，却沒有這種自由自在的生活。他們以同樣的特權精神，去教育自己的子女，以便繼承其職務，留在這個特權階級裏。

6.人民反抗：怠工、偷竊、叛變

蘇俄政府從人民及土地上，剝削千百億的盧布，而被剝削的人民，却只有一個現實的反抗辦法，向政府偷取自己的一塊麪包。自古以來，俄羅斯把偷竊算作重罪。現在偷取國家的財物，乃是一般人民都懂的一種生活方式了。如果不這樣做，就不能生存。……

在每家工廠和每個集體農場裡，被偷竊的物資、工具、和產品，其總值在十億盧布以上，因而導致生產系統的混亂。集體農場場員的小孩，從六歲起，便學會了偷竊。而對無恥卑鄙的蘇俄當局，任何人都不願誠實的去工作，任何人也得不到他應得的工資。但是，誰也沒法強迫任何人去盡力的工作。無論是工廠的勞動者，無論是政府的公務員，甚至科學研究的人員等，都是如此。

工人所致力的，是如何在工作時「偷閒」，去養精蓄銳，好在晚上賺些額外的工資，或者從事自己的工作。……

從一九一七年到今天，蘇俄的人民從來沒有一天吃飽過，安全過，更沒有一天有個人的自由。在和希特勒德國交戰的初期，將近有三百萬的蘇俄士兵，向德軍投降。蘇俄人民居住的地區，則期待外國軍隊來解放。甚至在戰爭的最後幾個月，德國崩潰在望，仍然有成千上萬的蘇俄自由鬥士，報効加入國外反對史大林的軍隊。這些你覺得驚奇嗎？可是，希特勒所發動的戰爭，並不是想要對抗共產思想的瘟疫，他只是想侵略及征服蘇俄人民。這反而使蘇俄人民在不得已的情形下，起而自衞，也保衞和拯救了共產主義。（註一〇）。

7.索忍尼辛報導簡評

馬克思主義是十九世紀思想，季斯卡在理論上批判，認爲已不合二十世紀的社會。雷根就俄國在外表現的事實，判斷馬列主義將消失於歷史的灰燼中。索忍尼辛則就共產主義在俄國實行的情形，俄國人民遭受的苦難，從俄國內部觀察，確認共產主義是人類的瘟神，無法改善或修正，只有徹底予以消滅。

共產制度是說謊的制度，我們過去多受了欺騙。由他的報導，我們始知俄國眞實狀況。作者對於俄國消息，是特別注意的：第一、僅知道一九一八年他們屠殺了無政府黨和社會革命黨，而不知凡是有反共傾向的人士，都一律被屠殺。第二、僅知道俄國兩次五年計畫，都四年完成，是俄國建設的成功，而不知其謊報成果，虛列數字。第三、僅知道希特勒進攻俄國時，有一百五十萬俄軍投降，而不知將近三百萬。由他的報導，俄國潰爛的程度，比我們過去所知的更深重。

俄國統治階級享受特權，人民在殘酷壓迫之下，只有消極的怠工，靠偷竊維持生活，這眞是人間地獄，不應存在於青天白日之下。他生長於俄國革命之後，他熱愛俄國，不願俄國人民受苦受難，才有此忠實坦白的報導。此文約有一萬三千字，現僅節錄一部分，讀者欲知俄國共產主義實行情形，實有閱讀全文必要。

四、綜合批判

一九一七年俄國革命以前，馬克思主義僅係社會主義的一種。俄國革命後，以馬克思主義號召，始引起世人廣泛的注意。一九二一年起，俄國以第三國際名義，在中國成立共黨組織，在中國極力宣傳馬克思主義。一九二四年　中山先生演講民生主義時，特別批評馬克思主義，指明他的理論錯誤，預言錯誤。我們看法國總統季斯卡五十餘年後的見解，與　先生當年的批評，有近似之處。

列寧在俄國革命，是根據馬克思鬥爭理論，並以辯證法為鬥爭策略，奪取了俄國政權。但馬克思只有鬥爭理論，沒有革命後的政治計畫和經濟計畫。列寧無所遵循，盲目的實行軍事共產主義，造成一九一九年一九二〇年俄國的大饑荒大混亂，不能不於一九二一年改行新經濟政策。這個時候，俄國外受列強壓迫，內受人民反抗，列寧政權搖搖將墜。他為挽救危機，在國內經濟上讓步，在國外高唱和平，反對侵略。一九一九年一九二〇年俄國兩次發表放棄在華特權宣言，就是在俄國最危急的時候，他想策動中國的革命，減輕列強對俄國的壓迫。

他知道中國革命，只有在　中山先生領導之下，才有成功可能，遂設法與　先生聯絡。正確的歷史，應是「俄聯孫」，不是「孫聯俄」，這要請蘇俄專家研究的。　先生對俄國革命，觀察極明，認為所謂軍事共產主義，是「焦頭爛額」的辦法，人民痛苦非常厲害；改行新經濟政策，已轉向民生主義的道路。對俄國提倡的世界主義，認為不合中國之用。對列寧的民族政策，和越飛的甜言蜜語，並不輕信，必待越飛承諾：共產組織及蘇維埃制度不能引用於中國，中俄簽訂新約應以一九一九年一九二〇年放棄在華特權宣言為原則，外蒙古是中國領土；才與越飛發表聯合聲明。所以　先生的聯俄，是有條件的聯俄，是維護中國自由平等，符合中國國家利益。俄國當時高唱和平反對侵略，此後背信忘義，是當時人士沒有想到的。俄國變成赤色帝國主義，對中國對世界大舉侵略，更是當時人士沒有想到的。

列寧一九二四年逝世，史大林執政，對中國即顯示野心，實施陰謀詭計。但公開侵略中國，開始於一九四五年二月的雅爾達密約。二次大戰以後，史大林及其繼承者不斷的對內壓迫，對外侵略，這是公然違反人道主義的暴行。一九六〇年以後，自由世界的馬克思主義者悲觀失望，認爲列寧、史大林等實行的，是假馬克思主義，而以一八四四年馬克思的巴黎手稿，提倡人道主義，才是眞馬克思主義，這不過是馬克思主義者的最後掙扎而已。一九七八年以後，法、意、西各國的歐共主義，放棄工人無祖國觀念，放棄階級鬥爭手段，主張用政黨政治方式，和平的爭取政權，這是拋棄馬克思的理論，等於宣布馬列主義的破產。

法國前任總統季斯卡在其當政時，認爲馬克思主義不科學，法國中間階級勢力雄厚，階級鬥爭的理論，與法國情形不符，馬克思的理想型態已經落後了。他在美俄兩強之間，採取中立態度，而對馬克思予以斷然否定。索忍尼辛的文章，痛述俄國人民遭受的痛苦，眞是滿紙血淚。他認爲馬克思主義已是一件臭汗衫，但俄共已形成一個統治的新階級，以騙術與暴力，維護其特權，決不會改善或修正的，「只有衆多的被共產主義壓迫的民族，共同聯合起來，才能把它消滅。」雷根總統在英國國會的演說，痛斥俄國暴政。他對民主國家自由民主的意識型態，堅決擁護，確認馬列主義必消滅於歷史的灰燼之中。在今天馬列主義還在猖獗之時，他以現任總統的身分，而有此反共的堅決表示，更是難能可貴。

中華民國反對馬列主義，從一九二七年淸共起，已將近六十年，在此期間，艱苦備嘗。我們不屈不撓，不斷奮鬥，已掀起反共的怒潮。這是人類正義的象徵，世界前途的希望。

附註

註一：參閱李壽雍著：共產黨理論全貌第二章、列寧主義。四十年陽明山莊印。

註二：參閱崔書琴著：三民主義新論第四章民族主義與列寧的民族政策。商務印書館四十年十一月臺二版。

註三：參閱：一、金天錫編著：經濟思想發展史，第二編第三章第三節列寧。正中書局三十六年滬四版。二、鄭學稼著：列寧評傳第二十一章、列寧二世的出現。黎明文化事業股份有限公司六十七年三月再版。

註四：見中國國民黨史料編纂委員會編：國父年譜下冊八〇一頁。各界紀念　國父百年誕辰籌備委員會五十四年十一月十二日出版。

註五：見前引國父年譜下冊八八九～八九二頁。

註六：參閱傅啓學著：中國外交史下卷第五章第三節、外蒙取消自治後再宣布獨立。商務印書館六十八年改訂三版。

註七：參閱傅啓學前引書下卷第九章第一節、民國十三年復交簽訂中俄協定，第二節　中山先生對俄態度。

註八：美國雷根總統在英國國會演講中文譯本，載於民國七十一年六月十日臺北中央日報第三版。全文約有八千餘字。

註九：參閱季斯卡的法國民主政治，賴金漢譯，九二～九五頁。國民大會憲政修訂委員會七十二年八月初版。

註一〇：索忍尼辛：共產主義—人類的瘟神，丁源炳譯，七十二年八月一日開始載於臺北中央日報，連載五日，約有一萬三千字。

第三章　辯證法批判

引　言

中山先生確認科學知識，才是眞知識，所用研究的方法，都是科學方法。辯證法不是科學方法，不僅先生沒有提及，就是當時講授論理學的教授，也沒有提到辯證法。民國十年作者在南京高等師範選修劉伯明先生的論理學；劉先生在第一學期講授實證法，以杜威的思維術（How We Think？）一書爲教材；第二學期講授演繹法和歸納法，並未提及辯證法。民國十二年作者在北京大學必修屠孝實先生的論理學，屠先生僅講演繹法和歸納法，未提及實證法，更未提及辯證法。劉伯明、屠孝實兩先生都是當時論理學的名教授，都認爲辯證法不是科學方法，都沒有提及。這可以說明在全部遺教中，沒有提到辯證法的理由。

民國二十年之後，馬克思的唯物辯證法在中國流行，他們將歸納法演繹法視爲傳統邏輯，將辯證法視爲辯證邏輯；以爲傳統邏輯是靜的邏輯，辯證邏輯是動的邏輯。唯物辯證法是論發展的學說，同時又是思維的方法。他們歌頌唯物辯證法，以爲是解決一切問題的方法。關於辯證法部分，全部接受黑格爾的辯證法，所以對黑格爾相當推崇。我們知道黑格爾的辯證法是一種玄學方法，馬克思採用辯證法作爲鬥爭的理論，列寧則採用爲鬥爭的策略。今天俄共和中共鬥爭的原則，都是根據這種策略。

辯證法的根本原則，就是矛盾律。黑格爾的唯心辯證法，認爲「反」是一定存在的；馬克思的唯物辯證法，認爲「反」是必然存在的。但在俄共和中共奪取政權後，這一定存在或必然存在的「反」，已不許再存在。矛盾律正反合的公式，已變成正正正的公式。他們的本身，已廢棄了辯證法。但這是一種鬥爭策略，他們仍將這種策略對付民主國家，我們研究辯證法，應分別批判黑格爾、馬克思、列寧的辯證法，並說明史大林對辯證法的廢棄。

第一節　黑格爾辯證法批判

一、黑格爾的矛盾律

康德（Immanual Kant 1724-1804）在純粹理性批判中，對神、靈魂、物之自身三種概念，因爲不能以理性推知，均存而不論。在實踐理性批判中，認爲人類有意志自由，可以承認神之存在和靈魂不滅；但對物之自身，還是存而不論。黑格爾（F. Hegel 1770-1831）認爲物之自身，就是絕對體，也就是理性。

黑格爾打破宇宙本體與現象的界線，認爲本體與現象，不是對立的，是一個整體。這個整體無論如何複雜，他稱之爲絕對（The absolute）。絕對同意義的名詞，就是屬於精神的理性（The reason）。萬事萬物都有理性，所以理性是萬事萬物的根源。理性在無生物中即已具有，繼而達於有生物，最後化身於人類之中。世界上的一切程序，皆是合於理性的。他以爲自然是理性的表現，理性亦惟見於自然。所以他不承認一個理性世界之外，還有一個自然世界。這個世界就是理性的世界；由於理性的不斷演進，不斷發生變化，所以才有進化。這種不斷的變化，要達到絕對觀念（Absolute Idea），才不會再有變化。

萬事萬物何以會有變化呢？因爲絕對體是動的發展的。這個動的發展的原則，並非自外而來，加於絕對體者，而是內在於絕對體之中。絕對體所以能動能發展，因爲有內在的矛盾。黑格爾說：「矛盾爲一切生命及運動之根源，萬有都是矛盾的。……若無矛盾，就無生活、無運動、無生長、無進步，萬物皆成爲死的靜的。然而矛盾並不是宇宙整體，自然不終止於矛盾，而力圖克服矛盾。」（註一）克服矛盾，沒有矛盾的時候，就達到絕對觀念的境界。

黑格爾的邏輯，是根據他的哲學。所以他說：「我的邏輯，與形而上學同爲一物。」（註二）他認爲萬事萬物所以能動能發展，因爲本身有內在的矛盾。純粹概念之共同根源爲存在（Being），但存在之內，即含有不存在（Nonbeing）。這存在之中含有不存在，就是事物的矛盾性。因爲存在中包含有不存在，就產生了矛盾（Contradiction）。在矛盾發展中，就會產生變化（Becoming）。變化的結果，就是綜合了存在與不存在。假若說，存在是正，不存在是反，綜合就是合。但這個合，還是包含有新的存在與不存在，又生出新的矛盾。再綜合，又再有矛盾。事物這樣演變，是繼續不斷的。每經一次合，就有一次進步。事物如是演變，要達到絕對觀念，才不會再有矛盾。他絕對觀念的意義，羅素認爲是亞里士多德所說的上帝（同註二）。

傳統理則學的同一律，認爲一物不能是甲，同時又是非甲。黑格爾則以動的觀念，予以統一，以爲存在含有不存在；就等於說，一物是甲，同時含有非甲。凡屬存在的事物，一定都有矛盾，這就是他的矛盾律。

二、黑格爾辯證法是玄學方法

黑格爾自稱：「我的邏輯與形而上學同爲一物。」形而上學的英文是Metaphysics，又可譯爲玄學，辯證法是玄學方法，他業已承認。現再看我國學者的解釋。

㈠蔣夢麟先生在所著「中西文化的比較」一文中，將黑格爾辯證法列入「超知識論」。他認爲眞理（眞實）必須有證，第一種方法是實證，第二種方法是信證，第三種方法是辯證。他說：「求科學的眞理靠實證（無論自然科學社會科學都靠實證），無確實證據，就談不到科學的眞理。宗教靠信證，無論那一種宗教，信心愈堅的人們，對他們的效用亦愈大。這效用就是因信而得的，所以信就是證。超知識的眞理（眞實），既不能以官覺知識所得的實證爲基礎，又不能以信仰而證其眞理（眞實）之存在，僅能以心中內存的理，來分析理解心中所存的問題。這個求眞理的方法，我們稱爲辯證。」「黑氏的理想（觀念）的辯證法，只在內心辯證，而不顧外界事物的理則。他以爲時代精神的演進是一個矛盾律。有正必有反，正反相衝突，其結果成一個新綜合。這個綜合又成了正，正又必引起反；這正反矛盾律是絕對的眞理，如此演變而無止境。這是理想（觀念）進化論。」（註三）

㈡牟宗三教授在所著「理則學」序言說：「辯證法是玄學方法，在邏輯學裡本可不涉及，但爲社會需要，時代的關係，亦有弄清楚的必要。共產黨大講辯證法（他們的唯物辯證法），力反形式邏輯，影響社會人心甚大，所以我們不能置諸不理。我的斷定是如此：辯證法，作爲玄學方法看，它足以使吾人開闢價值之源，樹立精神之體，肯定人文世界。而唯物辯證法則不可通。……共黨加上唯物二字，便認定它的唯物辯證法是科學的。其實科學並不等於唯物。而無論如何，辯證法不會是科學的，亦不會是科學方法。唯物辯證法亦不是辯證法。該辯證法是玄學方法，不是科學方法，並未含有劣義。凡事各有所當。關於辯證法的兩章，是本書的附錄，以示非邏輯學的正文。」（註四）

㈢范錡教授所著哲學概論，認爲矛盾律是超越經驗的概念。他說：「黑格爾之辯證法，是由一概念，必然喚起反對的概念，更合併二者而生新概念，如是反復行之，謂之三分法。其基本概念，稱之曰正（Thesis）；反對概念，稱之曰反（Antithesis）；正反之綜合，稱之曰合（Synthesis）。換言之，卽分析與綜合，相互以爲用。由正生反，是正之中，含有反的要素；由正反而生合，是正反之中，已有合的要素。如此要素，……卽停止正反二者矛盾之衝突，而創生新的狀態之一種能動的要素也。黑格爾以爲世界一切事物，常經此三段順序而發展，……可由此正反合的關係而說明之。……黑格爾哲學，……認自然人生之後，有絕對理念（Idea）或理性的存在，……如此絕對的原理，卽爲一切存在的根源。氏之辯證法，亦與其哲學思想有密切之關係，純爲超越經驗之概念的作用，故多爲科學者所輕視。」（註五）

對黑格爾的辯證法，蔣夢麟先生認爲是超知識論，范錡教授認爲是超越經驗的概念，牟宗三教授則認爲是玄學的方法。黑格爾的思想是玄學，所以辯證法是玄學方法，是沒有問題的。但我國學者中，有將辯證邏輯與傳統邏輯等量齊觀者，這是值得研究的。現代文明的進步，所用的方法，都是傳統邏輯的歸納法和演繹法，所用的都是科學方法，而不是玄學的方法。

哲學的起源，是由於對自然的驚奇，哲學家爲闡明宇宙萬有的眞理，最初發生的思想，多是玄學。人類進步，始由玄學進入科學。人類形而上學（玄學）的思想，本不必厚非。黑格爾的玄學，在哲學史上可佔有一地位，但不能證明爲眞理。

三、矛盾律不能解釋一切現象

易傳說：形而上者謂之道。黑格爾的邏輯，稱爲辯證法，是他想像中的一種道理，決不是科學方法。他辯證法的根據，就是矛盾律。他認爲一切事物的自身，都是有矛盾的。這個矛盾的力量，使事物本身分裂，轉變爲新的事物。每經一次轉變，就有一次進步，要轉變至絕對觀念，才不會再有矛盾。他認爲這個法則，是萬事萬物的法則，可以解釋物質、物種和人類的一切現象。事實上，矛盾律不能適用於物質，不能適用於物種，對於人類，也不能完全適用。

第一、矛盾律不能適用於物質現象。物質的本身，完全受因果律的支配，並沒有矛盾，可以自動轉變爲其他物質。以我們生存的地球說，在人類沒有出現以前，已存在了若干萬年。地球是自然現象，在一定的軌道上，圍繞太陽自轉。地球的表面，因火山、地震、颱風等自然災害，可能常有改變。地球的本身，從人類有歷史以來，則沒有改變；更沒有甚麼矛盾，起了變化，轉變爲新的事物；若干萬年以來，還是一個環繞太陽自轉的地球。

地球上因有空氣和水，才產生物種。以空氣說，是氮氣和氧氣的混合物，從來沒有發生矛盾，轉變爲其他氣體。城市空氣的汚染，是人爲的現象，不是空氣本身的變質。以水來說，水是氫氣和氧氣的化合物，無論是雨水、地下水、海水，它的化學分子式都是H_2O，並沒有甚麼矛盾，自然轉變爲其他液體。以山上一大塊石頭說，可因地震變動其位置，可被洪水沖下山脚。若果不動，可因多年的風化，變成砂石。這塊石頭的本身，並沒有甚麼矛盾，轉變爲其他物質。若果說自然界的物質，本身都有矛盾，都可轉變爲其他物質，這是對自然的空論，沒有物理學的常識。

第二、矛盾律不能適用於物種現象。物種進化的原則，達爾文（Charles Robert Darwin 1809 - 1882 ）一八五九年出版的進化論（The Origin of Specess），是根據二十年的考察研究，發現生存競爭，適者生存，爲物種進化的原因。他的進化論發表後，影響極大，爲學術界普遍接受。叔本華的悲觀哲學，顯然受他的影響；黑格爾的進化哲學，爲之黯然失色。他沒有批評黑格爾，但黑格爾玄想的進化論，已被徹底推翻。

第三、矛盾律不能適用於人類進化的整個歷史，僅可適用於專制時代的國家。人類在未發生人性以前，與禽獸無異，仍受達爾文進化論的支配。但人類有知識，能互助；在能組成社會，發明工具之後，始異於禽獸，而爲萬物之靈。太古時代，人類以漁獵爲生，就是所謂原始共產時代。這個時代，人同獸爭，只有人互助合作，與獸鬬爭的；決沒有與獸合作，共同食人的。在這個時代，人類還沒有政治組織，沒有發生甚麼矛盾。人類進步至畜牧時代農業時代，形成私有財產制度，社會的組織漸漸發展，由家族發展至宗族，由宗族發展至部落。這個時候，適宜於人類居住的地方，同時形成若干部落。但部落之中，有富裕的，有窮苦的。窮苦的部落，爲謀生存發展，最方便的辦法，就是搶刼富裕的部落。此時，部落爲生存而侵略，或爲生存而抵抗侵略，遂漸漸造成有強制力的國家。古代專制的國家，多由侵略而擴大。國家擴大之後，征服者是統治階級，被征服者是被治階級。若果統治者暴虐無道，必然激起被治者的反抗。若果反抗力量強大，可能發生突變，將統治者推翻，建立新的朝代。所以在國家成立以後，矛盾律可以適用。但由專制國家進步到民主國家後，人民就是統治者，已沒有統治階級與被治階級，矛盾律已不能適用。黑格爾認為發展至絕對觀念之後，不會再有矛盾，所以根據矛盾律，也不能適用於人類整個的歷史。

四、孔子與黑格爾變化思想的比較

1. 孔子的變化思想

易經和論語，都講到變化的道理。易經易字的意義，包涵三種：一是變化，二是不變，三是簡易。人類為謀適當生存，必當順應環境，力求進步。但在進步之中，有應變的，有不應變的。無論變與不變，都應簡易，使人易懂，沒有神秘的意味。

㈠變化。繫辭下傳第二章說：「易，窮則變，變則通，通則久。」第一章說：「變通者，趣其時者也。……功業見乎變。」第八章說：「為道者屢遷，變動不居，……唯變所適。」繫辭上傳第十一章說：「一闔一開謂之變，往來不窮謂之通。」第十二章說：「化而裁之存乎變，推而行之存乎通，神而明之存乎其人。」

人類為甚麼要有變化呢？因為「窮」；就是原來的制度和辦法發生弊病，行不通的時候，就應當變。變化的新制度新辦法，合於時代的要求（趣其時），可以順利推行（唯變所適），就是變則通，「推而行之存乎通」。變化的新制度新辦法行得通，能夠適應環境，沒有阻礙，才可以長久維持，就是「通則久」。易經所講的變化，是人類社會的變化，就是「功業見乎變。」至於應如何變，才可以適應環境呢？則要靠人明智的決定，就是「神而明之存乎其人」。

人類將來的變化，是否可以預知呢？孔子認爲人類的將來，是不斷變化的。論語爲政第二說：「子張問十世，可知也？子曰：殷因於夏禮，所損益，可知也。周因於殷禮，所損益，可知也。其或繼周者，雖百世可知也。」「損」就是揚棄的部分，「益」是增加或變化的部分。殷對夏的制度有所損益，周對殷的制度同樣有所損益，殷與周對過去的舊制度都有變化，揚棄不適用的，增加適用的，所以都有進化。將來繼周的朝代，及以後變更的朝代，對上一朝代的制度，亦必有所損益，隨時變通，所以「其或繼周者，雖百世可知也」。一世是三十年，百世是三千年，三千年後的情況，都可以知道。損益就是變化，任何一個新的時代，對上一代有弊病，行不通的制度，都應當加以損益，適時變化。人類爲適應環境，就要不斷變化。

㈡不變。適應環境的制度和辦法，可以因地制宜，因時制宜，隨時損益。但人類生存的原則，是不能變的。繫辭下傳第一章說：「天地之大德曰生，聖人之大寶曰位。何以守位？曰仁。何以聚人？曰財。」論語爲政第二說：「人而無信，不知其可也。」顏淵第十二說：「自古皆有死，民無信不立。」人類第一個重要問題，是在求生存。人類求生存，必須互助。人類爲了互助，仁、信等道德必須遵守。這些人類生存的原則，是絕對不變的。

㈢簡易。繫辭上傳第一章說：「易則易知，簡則易從。易知則有親，易行則有功；有親則可久，有功則可大。……易簡而天下之理得。」變與不變的道理，應當是簡明易知的。易知則易於得人贊助，易行則易於獲得成功。人民對於變化的辦法，易知易行，協力支持，這個辦法不僅可以維持長久，且可發揚光大。我國歷史上變法的人，以管仲、商鞅、王莽爲例。管仲令順民心，論卑而易行；商鞅法令簡明，信賞必罰，都獲得成功。王莽篡漢之後，法令繁瑣，人民無法遵行，則遭致失敗。由此，可知簡易的道理。

2.兩種變化思想的比較

㈠孔子所講的變化，是人類制度（禮）的變化。黑格爾所講的，是一切事物的變化。

㈡何以會有變化呢？孔子認爲「窮則變」，在舊制度不能適用的時候，就應當變化。變化是人爲的變化，是人「化而裁之」的變化。黑格爾認爲一切事物本身都有矛盾，有矛盾就有衝突和變化，是一種自然的變化。

㈢孔子認爲人類的現象，有變化的，同時有不變的。一切制度在不能適用的時候，就應當變化；但人類行爲的原則，如「仁」「信」等道德，則是永遠不變的。黑格爾認爲一切事物，都是動的，不斷變化的，沒有達到「絕對觀念」以前，沒有不變的事物。

㈣孔子所謂變化，是對舊制度的損益，下一代對上一代的制度，一定有所損益，雖歷百世，一定都有損益，人類是繼續不斷進化的。黑格爾則認爲變化至絕對觀念的時候，就不會再有矛盾，就不會再有變化。他所說的絕對觀念，很難了解，羅素認爲就是亞里士多德所講的上帝。

由上述四點，可知孔子與黑格爾關於變化的思想，有顯著的不同。孔子所講的簡明合理；黑格爾所講的則近於神秘。所以羅素說：黑格爾的思想，在哲學家中是最難懂的。

五、叔本華、羅素對辯證法的批評

1.叔本華認爲事物自身沒有矛盾

黑格爾的哲學，影響甚大，在德國曾盛極一時，但引起許多哲學家的反對。比黑格爾稍後的德國哲學家叔本華（Arther Schopenhaver 1788-1860），在德國柏林大學任教時，正是黑格爾哲學最盛的時期。他反對黑格爾的見解，認爲一切現實的事物，自身不會有矛盾的。矛盾不是造成這個世界的根源，意欲（Will）才是造成這個世界的根源。他反對黑格爾的形而上學，另創立一套形而上學。他批評黑格爾說：「黑格爾的哲學，過去只能在精神病院中聽得到，簡直是無意義的文字謎，其主張將永遠代表德國人的愚昧。」（註六）

叔本華與黑格爾見解衝突，反對矛盾律的不合理，這是各有見解，但可知在德國批判矛盾律的，大有人在。黑格爾提出的名詞，如絕對體、絕對觀念、否定、由量變質等，實有「文字謎」的意味。

2. 羅素認爲他的見解與他的邏輯不合

羅素在所著西方哲學史第三卷二十三章中，批判黑格爾的政治主張，認爲他的見解與他的邏輯不合。黑格爾大概把世界歷史分爲三個階段：第一是東方的專制國家，如中國、波斯等，只有專制君主一人可以自由。第二是古典的國家，如希臘羅馬等，是一部分人有自由。最後最高的階段，是德意志的國家，這是君主立憲政體，人人可以得到自由。羅素批評說：「由中國的純有，以至於絕對觀念；而絕對觀念，則似乎爲普魯士幾乎達到了。卽就黑氏自己的形而上學基礎言，若謂世界歷史乃重演辯證的經過，我實在看不到有任何理由，足以支撐其說。……正如其他的歷史理論一樣，爲使人相信起見，故需要事實的歪曲，和重大的無知。」（同註二）

黑格爾尊崇國家，認爲國家是眞正存在的道德生命（ The state is the actually existing

realized moral life ）是人類所具有之精神的眞實。國家是獨立的，是爲己的（Being-for-self）；國家是人民第一的自由和最高的榮譽。任何一種國際聯盟，會限制國家之獨立的，他都反對。他認爲戰爭不完全是惡，爲國家的獨立，戰爭實合道德。羅素批評說：「凡體制如世界政府之類，……黑氏反對設立。因爲，他以爲不時有戰爭，乃是好事。……戰爭有積極的道德價値，和平是僵化的。……如果接受此說，則凡對內的暴虐，與對外的侵略，……都可以認爲有理。……他的理論，大都與其形而上學不合。……如果一個人爲邏輯強迫，很抱憾的得到哀傷的結論，則此人可以赦宥。但，若離開邏輯，志在任意主張罪惡，則不能赦宥了。」（同註二）

羅素是自由主義者，一向主張和平，他反對黑格爾的國家說，更反對黑格爾戰爭合於道德的說法，自然是他一貫的思想。但他是根據黑格爾的邏輯，來批評黑格爾，認爲黑格爾離開其自己的邏輯，任意主張罪惡。

的確，黑格爾是離開了他的邏輯。由中國之純有，推論到絕對觀念，認爲普魯士幾乎達到絕對觀念的階段；這種說法，實在怪異，可以說是他推崇德國的一種說法。他認爲國與國的關係，是一種自然狀態；國與國間的衝突，惟有決於戰爭。這就是霍布士（Thomas Hobbes 1588-1679）所說的自然世界期間，人與人間殘酷戰爭的情形。霍布士認爲此種情況應當避免，人們才訂立契約，委託一個君主來維持秩序。黑格爾則認爲此種戰爭狀態，不是罪惡，不必廢棄，甚至認爲戰爭合於道德，康德主張防止戰爭的和平聯盟，都是錯誤的。他的這種主張，類似達爾文生存競爭的主張，實在違反人類進化的原則。

黑格爾用許多難懂的名詞，如絕對體、絕對觀念等，穿上了神秘的外衣，使人莫測高深。這就是叔本華所說的文字謎。他尊崇德國，歌頌戰爭，不僅不能使德國接近絕對觀念，反使德國在兩次世界大戰中，遭遇嚴重的慘敗。羅素對他政治哲學的批評，眞是擊中要害。叔本華認爲他的主張，將永遠代表德國人的愚昧，也有相當理由。

第二節　馬克思以辯證法爲鬥爭理論

一、採用辯證法，仍保留一個神祕外殼

馬克思認爲人類歷史，是一部階級鬥爭的歷史；爲甚麼要鬥爭呢？黑格爾的矛盾律，正好說明階級鬥爭的理由，遂將黑格爾的唯心辯證法，修改爲唯物辯證法。

馬克思說：「我的辯證法，不但根本上與黑格爾不同，而簡直和他相反。黑格爾認爲思惟的過程（觀念），乃是現世界的創造者，而現實世界不過是這個過程的外衣。可是在我看來，却恰相反；觀念不過是在人的頭腦中翻譯過來，改造過來的物質而已。在黑格爾的哲學中，辯證法是首尾倒置的。我們必須把他顚倒過來，而從神秘化的外殼裏面，發現合理的核心。」（註七）

他的唯物辯證法，將唯心改爲唯物，將觀念改爲物質，但對黑格爾的辯證法，是完全接受的。黑格爾認爲宇宙萬物，自身中皆有矛盾，這種矛盾是一切發展的原動力。馬克思說：「辯證法是論外部世界運動、和人類思維運動之一般法則的科學。」（註八）他與黑格爾都是法則一致論，將辯證法解釋一切事物與人類的變化。以他的聰明，應當知道矛盾律的說法，不能適用於物質和物種；但爲利用黑格爾的盛名，只

好採用全部的辯證法。在他唯物辯證法的理論上，還留下一個神秘的外殼，使人誤認辯證法可以說明外部世界運動。但他最注重的是歷史辯證法，在他的著作中，幾乎沒有提到自然辯證法。曾霄容說：「從全體看來，唯物史觀（歷史辯證法）在Marx 思想體系中所佔有的份量，遠勝過自然辯證法。Engels 尙有自然辯證法的遺著；然在Marx 的著作中，看不到有關自然辯證法的專論。」（註九）

馬克思辯證法的目的，是在說明階級鬥爭的必然性。在資本主義社會中，勞工階級就是反的力量，就是進步的力量，是決不能消滅的力量，最後必然打倒資本階級。其所以仍說一切事物皆有矛盾，不過在他的理論上，保留一個神秘的外殼而已。恩格斯（F. Engels 1820-1895）的智慧較差，不知他的用意，其著作自然辯證法，所舉實例，牽強附會，反證明辯證法不能適用於自然世界。我們看唯物辯證法的三大法則，主要的是說明人類社會的現象，並沒有說明自然現象。所以我們研究唯物辯證法，應注重其核心問題，用不着浪費氣力，攻擊那神秘的外殼。

二、唯物辯證法三大法則及其作用

唯物辯證法通常所稱的三大法則，就是矛盾統一律，否定之否定律，質量互變律。這三個律，是由黑格爾辯證的三段歷程而來。列寧更加以利用，作爲階級鬥爭的策略。所以我們要從共黨的策略上，去研究這三個法則的作用。

㈠矛盾統一律。所謂矛盾，是指一事物之中，本身必然有矛盾，就是正的內部，必然有反。所謂統一，就是合。馬克思在表面上，還是說凡事物都有矛盾，實際上是指資本主義社會的矛盾。他認爲在資本主義社會中，資本家剝削工人的盈餘價值，必然引起工人的憤恨，發動階級鬥爭。資本主義社會是正，反抗資本主義的工人是反，這就是資本主義社會的矛盾。矛盾衝突必然引起階級鬥爭。階級鬪爭的結果，工人階級必獲得勝利，實現社會主義的社會，這就是合，也就是矛盾的統一。

唯心辯證法認爲凡事物一定有矛盾，唯物辯證法則將一定改爲必然，就是正的中間必然有反。反是必然存在的，絕對不能消滅的。假使反可以消滅，就是沒有矛盾，矛盾律便要破產了。在他們的意思，只有反推翻正，正決不能消滅反，在任何情況之下，反都是必然存在的。這種說法，在他們沒有奪得政權以前，對他們的黨徒是絕大的鼓勵。使他們相信：他們就是反的力量，就是進步的力量，也就是絕對不會消滅的力量。資本家無論如何凶惡的壓迫，都註定要失敗的，他們必然取得最後的勝利。

㈡否定之否定律。否定之否定的意義是說，第一次正、反、合的合，是正的否定。這個合，一定又有矛盾，一定又產生新的合（否定），這是第二個否定。以第二個否定對第一個否定說，就是否定之否定。照黑格爾的意見，事物繼續變動發展，所有新的合，都要被否定；一定要發展到最後的合（絕對觀念），才不會再有否定。馬克思對資本主義歷史上的功勞，沒有一筆抹殺。他認爲資本主義推翻封建社會，使社會前進一步，是對封建制度的否定，這就是第一個否定。現在資本主義發生弊害，社會主義必然會推翻資本主義，這是第二個否定。以第二個否定對第一個否定說，就是否定的否定。這個法則是矛盾統一律的演繹，可以增加他們黨徒必勝的信念。所謂否定之否定，不過是一種文字謎，使人感覺新奇而已。

㈢質量互變律。黑格爾認爲每種事物，都是由量與質來決定的，沒有無量的質，也沒有無質的量，所以事物是量與質綜合的統一體。一種事物量的變化，發展到一定程度時，就改變自己的質，轉變爲別的事物。他這種說法，將量與質混爲一談，眞是難懂。在物理學上，量與質是不同的；譬如一桶水是水，水量增加至一萬桶，一定還是水，決不能變爲油。研究由量變質的意義，似乎是指一物之量，含有正反兩種質。反的量增加至一定程度，就可以推翻正，轉變爲別種事物。反的量漸漸增加，尚不能推翻正的時候，叫做漸變。反的量大過正的量，可以將正推翻時，叫做突變。他認爲突變一定有的，沒有突變，發展就成爲不可能的事。所謂由量變質，就是突變，將一種事物改變爲另一種事物。

由量變質，在物理學上說不通，他們改爲質量互變律。事實上質與量性質不同，質量互變，在物理學上還是講不通。馬克思這種含糊不清的說法，是在暗中指示他們黨徒鬥爭的策略，而使局外人莫名其妙。因爲根據矛盾統一律，反是必然存在的。在矛盾變化中，只有正反妥協，或反推翻正，反是無論如何不能消滅的。這是指示他們的黨徒，在任何惡劣情況之下，都要保持力量，設法擴大力量。在情勢不利時，可以用漸變的策略，就是可用和平妥協的方法，表示讓步，以軟化敵人。在情勢有利時，就可不顧一切，發動突變，無情的消滅敵人。

第三節　列寧以辯證法爲鬥爭策略

一、由鬥爭理論發展爲鬥爭策略

馬克思認爲人類所以有階級鬥爭，黑格爾的矛盾律可以說明，遂採用辯證法，作爲鬥爭的理論。到了列寧，將鬥爭理論發展爲鬥爭策略。他以矛盾統一律，強調階級鬥爭的必然性。否定之否定律，強調資本主義必然要被否定。由量變質律，是指示鬥爭的策略，在他們力量小的時候，只能企圖漸變；力量大的時候，就要發動突變。他們所說的量變，就是漸變；所說的質變，就是突變。他們所謂由量變到質變，是將其詭詐的策略，加上一個神秘的外殼，以迷惑其敵人而已。

唯物辯證法是一種策略和戰術，先總統　蔣公已有指示。蔣公說：「我們當前敵人俄寇共匪，唯一的戰術，就是唯物辯證法。……各國共產黨對其敵人的策略和戰術，都以此爲金科玉律，奉爲一切行動的根據。」（註一〇）

高旭輝教授有同樣的看法。高教授說：「他們的目的，原想用此辦法來堅定共產黨徒的信心，啓示共產主義之必來而已。……所謂唯物辯證法，不是正確的理論。……然而馬克思主義者爲什麼要強調它呢？唯一的緣故，就是用這種理論，對於他們自己有其實用的價値。……因此，我們與其從理論立場去認識唯物辯證法，倒無寧從共產匪黨的策略上戰術上，去了解唯物辯證法。」（註一一）

孫子兵法第一章說：「兵者，詭道也。」凡與敵人鬥爭時，爲求取勝利，都不能不欺騙敵人，運用詭道。馬克思利用辯證法，作爲階級鬥爭理論。到了列寧，運用辯證法爲鬥爭策略，奪取了蘇俄的政權。到了史大林，更將這個鬥爭策略，訓練各國的黨徒，威脅世界的和平。他們表面上在講辯證法，實際上是掩護詭詐的行爲。自由世界在經過若干挫敗之後，才漸漸明瞭他們的詭計。

二、以辯證法爲策略的策略

黑格爾、馬克思都是法則一致論，將辯證法解釋宇宙間一切現象。到了列寧，將辯證法適用的範圍縮小，只注意人類對立鬥爭的發展。他認爲事物的本身，既有內在的矛盾，於是就有衝突、排斥和鬥爭。這樣，統一物就分裂爲互相排斥的對立物。相互排斥的對立物的鬥爭，是絕對的。所以發展就是對立物的鬥爭。

鬥爭必須要有力量，造成力量必先組黨，所以他首先組織一個有鐵的紀律的黨，作爲鬥爭的基本力量。如何鬥爭呢？他遂運用辯證法，作爲一切策略的基礎，他視辯證法爲策略的策略。

列寧根據馬克思辯證法三大定律：卽一、矛盾統一律，二、否定之否定律，三、質量互變律。第一第二定律是訓練其黨徒鬥爭的思想。他認爲矛盾統一律的「反」，是進步的，必然存在的，無論遭受任何壓迫，絕對不會消滅，必是日益壯大的。最後必然否定資本主義，獲得最後的勝利。他們在沒有取得政權之前，自居爲反，這種說法，對其黨徒有鼓勵的作用，使其黨徒努力鬥爭，加強必勝的信心。至於質量互變律，則是掩護他們鬥爭的策略。

由量變質，或是質量互變，在物理學上是說不通的，使人莫名其妙。他們用這種含混的說法，是在掩護他們詭詐的策略。作者由列寧的策略，仔細思考，才知其意義所在。一事物的量（體積）和質（組成物），是分不開的，有量必有質，有質必有量。他們認爲一切事物都有矛盾，就是一種事物之中（量），至少必有兩種質（正與反），每一種質必有若干量，可分爲正的量和反的量。在反的量很少，容易被正消滅的時候，他們只希望漸變，漸漸增加反的量。在反的量增強，可以推翻正的時候，就可進行突變。所謂漸變，是隱秘的變，不顯露的變，漸漸的變。所謂突變，是明白的變，顯露的變，突然的變。這是指示他們的黨徒，在力量小的時候，要保持實力，企圖漸變。在力量大的時候，就要打擊敵人，企圖突變。在突變成功，正完全被推翻，反完全代替正的時候，就是他們獲得成功，由量變質的時候。所以質量互變律，是在掩護他們秘密的策略。

列寧鬥爭的策略，是有彈性的，要看客觀形勢，決定漸變或突變的策略。他認爲革命有「來潮」或「退潮」的時候。來潮是革命高漲，對革命有利的時候，可以進行突變。退潮是革命低落，對革命不利的時候，就不能進行突變，只能企圖漸變。在來潮有利的條件下，鬥爭的形式是猛烈的，無情的，對敵人徹底打擊；組織形式是公開的，擴大的，必要時露出共黨的眞面目。在退潮不利的條件下，鬥爭形式是溫和的，妥協的，對敵人僞示友好；組織形式是秘密的、掩避的，常常隱形於合法的機構中。因此，列寧訓練其黨徒，要學會進攻，同時要學會退却。在有勝利把握的時候，就要不惜犧牲，將一切力量用上去，勇往直前的打擊敵人。但敵人有絕對優勢，受敵人挑戰時，就必須退却。退却不是畏縮，不是罷手；是保存力量，爭取時間，等待並製造有利機會時，再轉爲進攻。列寧這種有彈性的策略，奪取了俄國的政權，並教導各國共黨依照這種策略，在各國奪取政權。（註一二）

三、先總統　蔣公已揭示其詭詐策略

先總統　蔣公對於列寧的這種詭詐策略，已有明白的指示。在「解決共產主義思想與方法的根本問題」訓詞中，　蔣公說：「共匪之一切思想的規律和法則，全是根據唯物辯證法推演出來的。……他們的戰略思想和戰術原則，也是從唯物辯證法出發的。」「他在與敵體的鬥爭過程中，如自體居於絕對劣勢時，就要暫時和敵體妥協。而其與敵體妥協的最重要作用，在於轉變敵體注意力，化其內在矛盾爲外在矛盾，以增強其自體的力量。共黨過去於民國二十六年向我政府投降時，宣言取消其紅軍，取消其蘇維埃，服從我政府之指揮，並願爲三民主義而奮鬥。……這就是效法列寧先與克倫斯基的社會革命黨合作，而再企圖將其消滅的故智。俄帝不但對其國內同盟的友黨如此，……倘使其對內在主要的敵人無法消滅時，則更可與外敵妥協，甚至投降，亦所不惜。列寧於一九一八年三月，對德投降，簽訂其「布勒斯特」條約，卽其一例。總之，他們無論對內對外，對付任何敵人惟一的法則，就是要使他的敵人，轉變目標於另一矛盾上去，而避免與他正面衝突。這亦就是一九三九年史大林與德國希特勒妥協合作，訂立瓜分波蘭條約，讓希特勒向西歐發展，進攻英法。以及在一九四一年復與日本訂立日俄的中立條約，史大林且與日本外相松岡洋右在莫斯科車站擁吻而別，那用心是要使日本積極南進，專與中美兩國爲敵的矛盾法則的運用。」

由　蔣公訓示，可知他們在力量弱小的時候，爲維持其生存，可以高唱和平，設法妥協，甚至投降，亦所不惜。列寧於一九一八年向德國投降，共匪於一九三七年向我政府投降，都是他們在低潮不利的時候，企圖漸變的實例。但他們的力量強大，可以消滅敵人的時候，就不信無義，進行突變，無情的冷酷的消滅敵人。一九一八年列寧向德國投降之後，卽屠殺其同盟的無政府黨和社會革命黨左黨，實行一黨專政，北越與美國簽訂巴黎協定，在美國撤兵之後，卽大舉進兵南越，將南越滅亡。他們是利則進，不利則退，不羞退走的。自由國家多不知他們的詭詐策略，往往處於不利的地位。

四、鬥爭策略自然是詭道

列寧運用辯證法，作爲鬥爭策略的根據。他指示其黨徒，在退潮不利的時候，要學會退却，企圖漸變；在來潮有利的時候，要學會進攻，實行突變。他們視唯物辯證法爲眞理，掩避其詭詐的策略。

無論中外古今，在進行鬥爭，爭取勝利時，是常用詭詐策略的。所謂「出奇制勝」、「兵不厭詐」，就是這個道理，孫子兵法已明白的說明。孫子兵法計篇：「兵者，詭道也。能而示之不能，用而示之不用，近而示之遠，遠而示之近。利而誘之，亂而取之，實而備之，強而避之，怒而撓之，卑而驕之，佚而勞之，親而離之。攻其無備，出其不意。此兵家之勝，不可先傳也。」

孫子確認戰爭是一種詭詐之道。要圖戰爭勝利，欺騙敵人是必要手段，這就是「能而示之不能，用而示之不用，近而示之遠，遠而示之近。」對付敵人的策略，是變化的，要視敵人強弱的形勢，來決定進攻退守的策略。在敵人強大的時候，就是列寧所謂低潮不利的時候，就要退却，就是「強而避之，卑而驕之。」在敵人力量堅強的時候，要採取阻撓和分化的策略，以削弱其力量，就是「利而誘之，怒而撓之，佚而勞之，親而離之。」在敵人集中力量，可能發動攻擊時，就要嚴加防備，就是「實而備之。」在敵人分化，內部分裂的時候，就是列寧所謂高潮有利的時候，就要大膽的進攻，就是「亂而取之。」在準備進攻之時，要秘密進行，決不使敵人事先知道，就是「出其不意，攻其不備。」這些策略是有彈性的，要臨機應變的，是絕對秘密的，就是「兵家之勝，不可先傳也。」我們看了孫子計篇的詭道，則列寧所定的策略，亦不足爲奇。

歷史上兩國鬥爭，常是只問目的，不擇手段的。「既聯合又鬥爭」的欺詐手段，在中國歷史上實例甚多，今舉最顯著的四例於次。

㈠戰國時，商鞅說秦孝公伐魏，謂秦之與魏，有如人有腹心之疾，非魏併秦，秦卽併魏。秦孝公從之，使商鞅將兵伐魏。魏遣公子卬將兵迎敵，商鞅知魏兵善戰，進攻無必勝把握，遂遣使言和，兩國和平共存，結盟罷兵，公子卬信之，在會盟後歡飲之時，即被扣留，商鞅出其不意，攻擊魏師，魏師無備大敗，魏惠王割河西地七百里，與秦講和。秦國從此強大，公子卬羞辱而死。

㈡楚漢之際，漢高祖與楚霸王戰爭，相持不下，漢高祖遣使言和，中分天下，以鴻溝爲界。楚霸王信之，將俘獲之太公呂后送還。但楚霸王率兵東歸之時，漢高祖已命韓信、英布等截擊，並自將率兵進擊。楚霸王遭此突變，兵敗自殺。力拔山兮氣蓋世的楚霸王，被後人譏爲匹夫之勇。

㈢隋文帝統一北方時，北有突厥之侵擾，南有陳國之對峙，但爲隋心腹之患者，則爲突厥。隋文帝決心先伐突厥，但恐陳國乘虛夾擊，遂與陳國言和，使臣往來不絕。陳國將士有投降者，隋文帝均遣還陳國，以示和好誠意。但同時卽準備攻擊，命韓擒虎、賀若弼練兵江邊，又在秋收之後，遣間諜往江南，縱火燒聚屯糧食，以困擾陳國。及突厥投降，隋文帝卽扣留陳使，大舉進攻，出其不意，攻其不備，陳國卽被滅亡，隋文帝統一中國。當時被欺騙之陳國君主陳叔寶，被人譏爲毫無心肝。

㈣唐貞觀四年，唐太宗與突厥頡利可汗戰爭，頡利雖敗，尙可再戰。頡利請和緩兵，唐太宗許之，遣唐儉爲使安撫。頡利見使者至，大喜，以爲和平已成，遂不備戰。守邊大將李靖、李勣，知唐太宗對突厥的決策，乘頡利無備，進兵襲擊，生擒頡利可汗，送至長安。貞觀五年，唐太宗被尊爲天可汗。

由孫子兵法指示之詭道，及上述四件明顯史實，可知競爭之世，詭詐策略之採用，實不必驚異。我們不可欺騙人，但決不應受欺騙，自取滅亡。中國歷史上受和平共存蒙蔽失敗之人，如公子卬、楚霸王、陳叔寶、頡利可汗，常遭後人譏笑。而以和平共存騙人的商鞅、漢高祖、隋文帝、唐太宗，則常爲後人欽佩。被騙之人，可恥亦可哀矣。

第四節　史大林廢棄了辯證法

一、將三大定律改爲四大原則

列寧心目中的辯證法，是策略的策略，是對敵鬥爭策略的根據。列寧取得蘇俄政權後，在其統治範圍內，恐怕有人利用同樣策略來否定他們，已不准許反的存在，一九一八年即屠殺其革命時的盟友無政府黨及社會革命黨左黨，徹底的消滅反對黨。唯物辯證法中必然存在的「反」，絕對不能消滅的「反」，他們都將之消滅，事實上已廢棄了矛盾律。史大林執政後，不僅消滅反對黨，且消滅共產黨內的反對派。他更怕被否定，遂改變唯物辯證法的三大定律爲四大原則。所謂四大原則，是聯繫、變化、量變爲質、矛盾四項原則。他廢棄否定律，將否定律改爲聯繫、變化兩原則。

第一原則、聯繫。他認爲自然不是互相脫離，互相孤立的，而是互相聯繫的整體；對立現象是互相依存，互相範圍的。第二原則、變化。自然不是靜止停滯，不動不變，而是不斷的運動和變化，不斷的更新和發展。第三原則、由量變質。發展的過程，是從隱秘的數量變化，發展到公開的質量變化。質量變化的到來，不是逐漸的，而是迅速的突然的。第四原則、矛盾。自然現象都有固有的內部矛盾，都有自己的正反兩方面；就是自己的過去和未來，自己的衰老和發展。這些對立的鬥爭，組成了發展過程的內容，從數量到質量轉變的內容。（註一三）

所謂四大原則，形式上保留由量變質律和矛盾統一律，而將聯繫、變化兩原則，代替了否定律。但實際上，他不僅廢止否定律，而且廢止整個辯證法。辯證法的根本原則，是矛盾律；因爲有了矛盾律，才發展爲由量變質律和否定律。他將矛盾原則列爲第四原則，已不重視矛盾律。他不重視矛盾，注重聯繫變化，已改變了辯證法的根本原則。

依照否定律，一切事物都要被否定，俄共政權必然要被否定。史大林不願在理論上有被否定的危險，遂將聯繫變化兩原則，代替了否定律。胡一貫先生說：「何以不講否定之否定呢？是他怕否定之否定講多了，會否定了聯共的本身。……病人最忌諱死字，聯共取消否定之否定律，正是病人怕說死字的心理說明。」任卓宣先生說：「否定之否定律呢？史大林把它否定了。因爲他不否定它，它便要否定他們。共產黨及其代言人……是割裂辯證法。因爲他們既利用於前，就不能討厭於後，而只好採取割裂的辦法，逐漸縮小而拋棄之。」（註一四）

他所謂聯繫，是事物横的依存，是統一的整體。所謂變化，是事物縱的發展，是不斷的更新。他只講互相依存，不斷更新，這不僅廢棄否定律，而且廢棄了矛盾律。依照矛盾律，「反」是必然存在的，是進步的力量，絕對不能消滅的力量。但從列寧、史大林，至現在俄共頭目，都不准有「反」的存在，他們已將矛盾律正、反、合的公式，變爲正、正、正的公式。

由量變質律，是由矛盾律演繹而來。事物的量中，至少要有兩種質（正與反），才會有矛盾和變化。他們既不准「反」的存在，則量中僅有一種質（正），就不會再有矛盾和變化，如何能夠由量變質，或質量互變呢？所以史大林廢棄否定律，實際上是拋棄整個辯證法。

二、實行馬基維利主義

俄共當局自列寧起，已不准「反」的存在，否定了唯物辯證法。但這是對敵人的詭詐策略，他們將之爲輸出品，教導其他國家的黨徒，如何奪取政權。他們實際執行的，不是馬克思的唯物辯證法，而是馬基維利（Niccolo Machiavelli 1469-1527）主義。

馬基維利認爲：政治的目的，就是保持和增加國家的權力；假如能達到這種目的，一切的手段，無論是殘酷、背信、違法，都是對的。國王必須模仿狐狸與獅子，具有這兩種野獸的能力，才是最成功的國王。如何統治人民呢？他認爲使人民畏懼比使人民愛戴更重要。他說：「人類比較不大顧忌干犯他們所愛戴的人，而不敢干犯他們畏懼的人；……而畏懼是被懲罰的恐怖所維持的，這是絕不會失敗的。」他主張國王必須貌似仁慈、人道、忠誠、守信義、信宗教；但一到必要的時候，必須能立刻變到相反的方面；因爲貌似有這些美德，是有用的，老遵守這些美德，是危險的。如果你不能撫愛他人時，必置他們於萬刼不復的地位，使他們永遠無力報復。因此，馬基維利在歷史上是名譽很壞的人物。「馬基維利主義」，幾乎等於政治上不顧信義與道德的人們的主義。（註一五）

的確，俄共對外不顧信義與道德，只圖擴張蘇俄權力；對內則是恐怖統治，使反對他們的人陷於萬刼不復，無力報復的地位。他們用辯證法的名稱，實行馬基維利主義。俄共取得蘇俄政權後，不僅消滅反對黨，而且不准有黨內的反對派；凡是反對史大林的，或者發表反對意見的，必然被屠殺、囚禁、或放逐。吉拉斯在所著「新階級」一書中，列舉蘇俄官方發表的統計，列寧的老同志被殺的，有十分之九，共產黨員被囚禁或屠殺的，有七十萬人。被放逐的文學家索忍尼辛，親見政治犯被囚禁的，最多時有一千二百萬人。

俄共對內實行恐怖統治，不准有「反」，他們已否定了辯證法。但辯證法是對付敵人最好的策略，他們還是用這種詭詐策略，對付世界的民主國家。因爲民主國家之內，反對黨可以合法存在，反對意見可以自由發表，他們可以利用民主人士，或僞裝民主人士，以合法掩護非法，進行滲透分化的工作。他們在民主國家之內，製造矛盾，擴大矛盾，引起糾紛，造成混亂，坐收漁人之利。我們看中國大陸及南越在未淪陷前，一些自命民主人士，甘作他們的貓脚爪，反對政府，造成混亂，中國大陸及越南相繼失陷，使中國大陸及越南人民，均慘遭恐怖統治。而所謂民主人士的命運，也從此告終，不敢再談民主自由，眞是人間的悲劇。

三、根本沒有道德觀念

從古至今，凡在鬥爭的時候，爲求取勝利，多不顧信義，不講道德，這是我們應當警覺的。歷史上名譽最壞的馬基維利，只說必要時可以不擇手段，不講信義。但共黨自馬克思、列寧開始，即根本討厭道德這個名詞，認爲道德是封建思想的餘孽，小資產階級的溫情，統治階級的鴉片煙。他們認爲有資本主義思想的人，都是敵人，用不着講甚麼道德，只有無情的打擊。他們討厭道德，還不敢根本否定，以爲只有無產階級的同志，才可以講道德。但他們詭詐成性，就是同志之間，爲了權力鬥爭，還是不講道德。

蘇俄革命時，輔佐列寧的主要人物，是託羅斯基、史大林、布哈林。列寧死後，史大林放逐託羅斯基，並以國家力量，刺殺於墨西哥。又囚禁布哈林，正式予以槍殺，加以資本主義走狗的罪名。列寧老同志被殺的，有十分之九。毛澤東最親密的戰友，是劉少奇、林彪；一九六六年毛某發動所謂文化大革命，打倒劉少奇，將之虐待而死。一九七一年以林彪有奪權可能，乘其無備，予以屠殺。他們所謂同志之間，同樣的不講道德。

俄共、中共、越共，都自稱代表無產階級的，但他們之間，還是沒有階級道德。毛澤東曾公開的說，中國革命沒有俄共幫助，是不會勝利的，勝利了也不會鞏固的。中共確是俄共一手扶植長大；但現在使俄共最頭痛的，就是中共。越共在與法國美國鬥爭時期，中共予以大量援助，值美金七十億以上，中國大陸就是越共的大後方；沒有中共的援助，越共決不會勝利。但現在越共對中共的驕橫，也使中共頭痛。中共對俄共，越共對中共，都可說是以怨報德。他們同志之間，尚且如此不講道德，而望其對民主國家信守諾言，豈有絲毫可能！

他們在力量不夠，不能消滅敵人的時候，便要高唱和平，提議和談，以軟化敵人，企圖漸變。但當他們力量強大的時候，就不顧諾言，實行突變。第二次世界大戰結束以來，他們用這種詭詐策略，使十幾個國家陷入共黨的統治，眞是令人嘆息。

和談最好的結果，是雙方簽訂條約，共同遵守，但他們從不履行諾言，就是簽訂條約，有甚麼用處呢？美國總統杜魯門在韓戰時曾說：與共黨簽訂條約，其價值尚不如簽約的那一張紙。但美國的尼克森、季辛吉，忽視杜魯門的警告，欲以談判代替對抗。尼克森政府曾與蘇俄簽訂限制核子武器條約，美國信守條約，而蘇俄秘密發展核子武器，使今天的美國遭受威脅。雷根總統爲預防蘇俄的侵略，不能不增加國防武器，注重實力外交。因爲共黨恐懼的，只有堅定的決心，和強大的力量。

第五節　綜合說明

批判馬克思、列寧的辯證法，爲甚麼要先批判黑格爾呢？因爲馬克思的唯物辯證法，關於辯證法部分，是採用黑格爾的；若果誤認黑格爾的辯證法是正確方法，就不易駁斥馬克思的見解。所以應先批判黑格爾的辯證法。

㈠黑格爾的辯證法不是科學方法，而是玄學方法。蔣夢麟先生認爲是超知識論，范錡教授認爲是超經驗論，牟宗三教授認爲是玄學方法。黑格爾自稱：「我的邏輯與形而上學同爲一物。」所以他的辯證法是玄學方法，已成定論。他辯證法的道理，不能實證，不能用科學的方法，證明其爲眞理；不是信證，不能以信仰而相信爲眞理；而是心證，以他心中的道理，來分析理解心中所存的問題，只在內心辯證，而不顧外界事物的理則。

㈡黑格爾的矛盾律，認爲一切事物都有矛盾．其矛盾不是受外力的影響，而是內在於事物之中。馬克思利用這種說法，認爲社會的本身就有矛盾，階級鬥爭是必然的現象。他更利用黑格爾漸變突變的說法，認爲資本主義沒有充分發展時，只能漸變；資本主義充分發展，到勞動階級不能生活時，就要發生突變，推翻資本主義社會。他以辯證法爲鬥爭的理論，認爲只有用革命手段，才能推翻資本主義。但他寄居英國，窮困而死，又沒有組黨，作爲鬥爭的力量。所以在俄國革命前，他的主張，不過是社會主義中的激進派而已。

㈢列寧尊崇馬克思，並將辯證法作為鬥爭的策略。他知道鬥爭必先有實力，遂組織一個有鐵的紀律的黨，作為鬥爭的基本力量。辯證法的矛盾統一律、否定的否定律，是他訓練黨員的教材。他認為他們的黨，在矛盾之中是反的力量，就是進步的力量，必然存在的力量，和絕對不能消滅的力量。社會的矛盾最後必然克服，必然否定資本主義社會，而建立共產社會。至於質量互變律的漸變與突變，則用為詭詐的策略。他指示黨員要學會進攻，同時要學會退守。在敵人力量強大之時，要知道如何退守；在敵人力量動搖之時，要知道如何進攻。無論在退守或進攻之時，是只問目的，不擇手段的，就是可以採用任何詭詐策略。他就是用詭詐策略，奪取了俄國的政權。他奪取俄國政權後，就不准許「反」的存在，屠殺聯合陣線的無政府黨和社會革命黨左黨。因為他知道辯證法是鬥爭策略，不准他人再運用這種策略來對付他們。辯證法正、反、合的公式，已變成正、正、正的公式。

㈣史大林當政後，不僅不准反對黨的存在，而且不准其黨內反對派的存在。凡是有「反」的可能者，不是被放逐，就是被屠殺。因為否定律確認一切事物都要被否定，他怕被否定，遂將三大定律，改為聯繫、變化、量變為質、矛盾四大原則，取消了否定律。矛盾律是辯證法的根本，他僅列為第四原則，等於廢棄了辯證法。

㈤他們掌握政權，由「反」變為「正」後，就不准再有「反」。但辯證法是一個鬥爭策略，民主國家是確認反對黨存在的，反對意見可以自由發表的，他們遂指示各國黨徒，利用辯證法以掩護鬥爭策略。二次世界大戰後，已有十幾個國家中了詭計，變成所謂人民共和國。

㈥歷史上的鬥爭，尤其是權力鬥爭，爲爭取勝利，常是不擇手段的；離間、造謠、欺騙、暗殺、偸襲，都是常用的手段，就是所謂「出奇制勝」。孫子兵法計篇所述的詭道，與辯證法策略比較，實有近似之處。他們的詭道，不過以辯證法爲護符而已。他們取得政權後，實施恐怖統治，對人民任意壓迫屠殺。他們實行的是馬基維利的辦法，「如果你不能撫愛他人時，必置他們於萬刼不復的地位，使他們永遠無力報復。」這眞是歷史上最大浩刼，人世間最慘悲劇。主張自由民主的人士，理應特別警覺。

㈦世界文化的發展，世界文明的進步，都是由於科學與哲學的貢獻；尤其是科學的發展，科學方法的運用，使世界文明突飛猛進。試問辯證法有何貢獻？不過是他們奪取蘇俄政權，奪取十幾個國家的政權而已。黑格爾的辯證法已完全變質，在他們的手中，已將這種玄學方法，變成了詭詐策略。

附註

註一：梯利（Frank Thilly）著，陳正謨譯：西洋哲學史第三編第四章，二十七年商務印書館出版。據譯者稱：胡適之先生民國八年在北大講授西洋哲學史時，曾指定此書爲必須參考之書。

註二：羅素著，鍾建閎譯：西方哲學史第三卷第二十三章。原著一九四六年出版。中華文化事業出版委員會印行。

註三：蔣夢麟著：中西文化的比較（中西文化之演進與現代思想的形成），四十八年六月國防研究院印。

註四：牟宗三著：理則學。正中書局出版。

註五：范錡著：哲學概論三六～三七頁。六十七年十月十五版。商務印書館出版。

註六：郭本華著：黑格爾哲學。前言。正文書局印行。

註七：陽明山莊印：黑格爾與辯證法，第七頁。

註八：馬克思：資本論第一卷第二版序言。

註九：曾霄容著：論理論，九十一頁，六十三年青文出版社印行。
註一〇：先總統　蔣公演講：組織的原理與功效。
註一一：高旭輝著：馬克斯學說批判第二章唯物辯證法。
註一二：參閱李壽雍著：共產黨理論全貌、第二章列寧主義。陽明山莊印。
註一三：參閱胡一貫著：匪黨理論批判，第一章辯證唯物論批判，第二節四大法則。國防部總政治部編印。
註一四：葉青著：馬克思主義批判，第二章辯證法批判，帕米爾書店印行。
註一五：參閱國立編譯館編著：西洋政治思想史，第十四章馬開外里。

第七篇　結　論

第一章　三民主義的原則和計畫

第一節　三民主義的基本原則

一、引言

人類一部歷史，是求生存而奮鬥的歷史，也是一部善與惡鬥爭的歷史。人類求生存天天要做的兩件大事，就是保與養。無論是個人、團體或國家，爲解決這兩件大事，都要奮鬥，才能夠生存。所以人類歷史就是求生存而奮鬥的歷史。人類由動物進化而成，最初與動物無異。人類爲保障生存，漸漸長成人性，而爲萬物之靈。人類長成的人性是善的，遺留的獸性是惡的。人類爲和平相處，共謀生存，就要發揚善良的人性，抑制邪惡的獸性。無論中外歷史，都是歌頌善良，決沒有頌揚邪惡的。所以人類歷史又是善與惡鬥爭的歷史。現在的民權時代，是善人同惡人爭，公理和強權爭；一定要善人戰勝惡人，公理戰勝強權，世界才能眞正和平，有進入大同之機會。

十九世紀以來，中華民族受列強壓迫，「本可無敵於天下」的中華民族，竟有亡國滅種之憂。　中山先生奮起提倡革命，創立三民主義，其目的即在「使中國永久適存於世界」。要使中國能爲適者生存，首先要解決保的問題，其次要解決養的問題。民族主義就是保障中華民族的生存，民生主義就是維持中華人民的生活。中國如何能解決保與養兩大問題呢？就要提倡民權主義，建立民主和有能的政府，負擔這兩大任務。如何能組織民主有能的政府呢？就要結合志士仁人，組織革命團體，喚起民衆，共同努力。

三民主義的實行，以救國爲起點，以救世爲終點。但中國沒有強盛以前，救世等於空談。先生確認中國最先最要的工作，在救中國，中國民族主義實現，恢復頭一等的地位，才有力量救世。我們在沒有發達之前，要先立定濟弱扶傾的志願。中國強盛之後，才能實行濟弱扶傾，爲弱小民族打不平，促進世界各民族一律平等。要世界各民族都有平等的地位，才能互相聯合，漸進於大同之世。

先生救國救世的理想，在實現平等的社會。如何實現平等的社會呢？須發揚互助的人性。所以平等與互助，是三民主義的基本原則。

二、建立平等的社會

民族主義第一講說：「三民主義是促進中國之國際地位平等，政治地位平等，和經濟地位平等，使中國永久適存於世界。」軍人精神教育第三課說：「民族主義者，打破種族不平等之階級也。……民權主義者，打破政治上不平等之階級也。……若夫民生主義，則爲打破社會上不平等之階級也。」十三年三月十日對討賊軍演說：「這三種主義可以一貫起來。一貫的道理，都是打不平等的。」由上引遺敎，可知三民主義的目的，就是實現平等；要把一切人爲的不平等，都打成平等。

民國十年演講「三民主義是造成新世界的工具」，說明三民主義是自由平等主義。先生說：「三民主義的道理，原來是一貫的。如果要考察他們發生的次序，世界各國都是先由民族主義進到民權主義，再由民權主義進到民生主義。如果考察他們發生的原因，這三項東西，都是從不平等裡頭生出來的。換句話說，三民主義就是平等和自由的主義。」

先生以平等與自由並列，但平等比自由更重要。民權主義第三講說：「歐洲從前革命，人民爲爭平等和爭自由，都是一樣的出力，一樣的犧牲，……是看得一樣的重大。更有許多人以爲要能夠自由，必先要得到平等。如果先不得到平等，便無從實現自由。用平等和自由相比，把平等看得更是重大的。」的確，平等確比自由更重要，因爲在不平等的情況下，對自由的享受，就有極大的差別；要得到自由，應先得到平等。英國哲人斯賓塞（ Herbert Spencer 1820-1903 ）主張平等的自由（ Equal Freedom ）。他認爲在社會之中，各個人必須得到正義；所謂正義的意思，是不損害任何人平等的自由。平等的自由，是正當社會關係定律的第一原則。（註一）

人類由動物進化而成，遺留有自私自利的獸性，有些人常損人利己，造成人世間許多不平。所以古今中外歷史，被壓迫的國家或被壓迫的人民，常有反抗侵略，反抗暴政的壯烈史實。以近代歷史說，民族主義發達於十九世紀，盛行於二十世紀。第二次世界大戰以後，亞洲非洲的被壓迫國家，都爭取平等，脫離帝國主義者的壓迫。民權主義是爭取政治的平等，英國和美國過去的選舉權，有性別限制、財產限制，美國在一九二〇年，英國在一九二八年，才打破一切限制，實行男女平等的普通選舉。民生主義在爭取經濟地位的平等，十九世紀以來，各種社會主義興起，即在打破資本家的專制，保障人民的生存。現在文明國家已推行社會安全制度，使人民經濟地位趨於平等。由近兩百年來歷史觀察，平等思想確是歷史的主流，要打破不平等的一切束縛。

但要打破的不平等，是人爲的不平等，不是天生的不平等。國際地位的不平等，政治和經濟地位的不平等，都是人爲的不平等，都要使之平等。至於天生的聰明才力，各有不同，是沒有辦法使之平等的。所以先生對於人的聰明才力，主張立足點相同的眞平等，反對從頭齊的假平等。

人類促進文明的許多發明，都是先知先覺造成的。若果將聰明才力很高的人，不讓他自由發展，要壓抑他與平庸愚劣的人相同，世界便沒有進步，人類就要退化。所以我們要打破的不平等，是人爲的不平等，不是天生的不平等。

三、以互助促進平等

達爾文進化論的結論，是優勝劣敗，適者生存。他認爲最適於生存者，就是最能適應環境的人。如果環境是競爭的野蠻的，最適於生存者，就是最強壯最兇惡的人。如果環境是合作的文明的，最適於生存者，就是能合作能互助的人。他這種競爭與互助雙關的生存哲學，爲後人所忽略，將生存互助棄而不談，專講生存競爭，馬克思可以說是一個代表人物。（註二）

中山先生講的「適存」，就是適者生存，是主張團結互助，反對殘酷鬥爭。　先生發揮適者生存之義，物種與人類不同。物種優勝劣敗，弱肉強食，是一個事實。所以野生動物疾病殘廢的，只有死亡一途。人類疾病殘廢的，從古至今，都有生存的權利。這是因爲物種以競爭爲原則，人類以互助爲原則。後來有些學者如馬克思等，將物種競爭原則，推行於人類，所以　先生批評他知識不夠，不知社會進化的眞理。
先生與克魯泡特金都主張互助，但並不完全相同。第一，克氏認爲物種進化，互助也是一個重要法則；先生則認爲互助原則僅適用於人類。第二，克氏認爲國家代表權力，權力就是罪惡，不是一個互助團體，所以不要國家，不要政府。　先生則以國家爲互助之體，政府是管理衆人之事，國家的目的，在組織良好政府，爲人民謀幸福。

動物如蜜蜂、螞蟻等，有社會組織，是能互助的；但這是天生的本能，不是有意識的行爲。動物遇着危難時，多是各自奔逃，沒有幫助同類，犧牲自己，與敵對動物奮鬥的。路見不平，拔刀相助，僅可在人類中求之。

人類初生時，仍與動物無異，經幾十萬年的進化，漸漸有知識，能互助，長成了人性。人類最初的互助組織，是家庭的小組織。後來互助範圍逐漸擴大，由家族擴大爲宗族，由宗族擴大爲部落，由部落演變爲國家。現在世界互助的組織，仍以國家爲單位。

中外古今哲人，本於互助共存之義，多有天下一家、世界大同的思想。互助組織的將來，必由國家擴大爲世界國。第一次世界大戰後，一九二〇年成立的國際聯盟；第二次世界大戰後，一九四五年成立的聯合國；都是以國家爲單位，本擬以互助的精神，組織一個世界政府。可惜帝國主義者只知自私自利，爭奪鬥爭，不知互助合作，國際聯盟早已瓦解，聯合國空有其名。但互助原則，已爲人類深悉，在不遠的將來，全世界將形成一個互助的大團體。

第二節　三民主義的合理計畫

一、引言

中山先生最重視知識，確認知難行易。人類由不知而行，進步到行而後知，現在已進步到知而後行的時代。先生所講知識，是科學上的眞知特識，是可以「實證」的知識，決不是「心證」的空想。所以盧梭的天賦人權說，馬克思的階級鬥爭論，雖然發生了極大的影響，先生都批評他們沒有眞知特識。

三民主義的各種計畫，都是根據客觀事實，迎合世界潮流。因爲根據客觀事實，所以能符合人民需要，沒有不合事實的空論。因爲迎合世界潮流，所以能站在時代前面，沒有違反進化的主張。我們看十九世紀以來社會主義者所提的計畫，便可了解　先生所擬計畫的合情合理。

聖西蒙注重知識，主張廣爲宣傳，以求社會的改良；他僅有理想，沒有提出改良社會的具體計畫。傅利葉、奧文主張在資本主義社會中，建立共產主義的小團體，事實上是不可能的。傅利葉的主張沒有試行，奧文的主張曾經試行，遭遇失敗。他們三人的理想是崇高的，但沒有計畫，或是計畫不當，所以被稱爲空想的社會主義。

路易白郎主張根本解決，應由政治改革入手，這是正確的。他認爲資本主義的自由競爭，是人類進步與幸福的障礙；主張設立社會工廠，給予各人一定的職業。但他沒有改革政府的計畫，雖擔任政府職務，試行的結果，終歸失敗。拉薩爾與路易白郎一樣，主張由政治着手；他主張成立工會，用工會的力量壓迫政府，進行各種改革。他不幸早逝，他的朋友俾士麥採納他的主張，在德國實行國家社會主義，德國工人生活解決，國家日趨富強；但忽略了民權問題，人民不能控制政府，德皇威廉第二發動世界大戰，幾使德國毀滅。

普魯東、巴枯寧、克魯泡特金，他們認爲權力就是罪惡，國家與政府代表權力，所以要廢除國家，不要政府。他們認爲人類有互助的天性，可依着連帶責任的關係，組織許多勞動合作社，再由這些小組織，互相聯合，組織公社。他們不知道國家是互助之體，他們的理想，是很小的自治團體，不能經營大規模的企業，是恢復歐洲中世紀的自治制度，不符合人類進化的需要。二十世紀以後，無政府的思想，業已自然淘汰。

無政府主義者主張革命成功之後，廢除國家，馬克思認爲革命成功之後，還應利用國家權力，由無產階級專政，消滅資產階級。他認爲國家是階級壓迫階級的工具，資產階級消滅，變成無階級的社會，國家就沒有必要，就會自然萎謝。馬克思的最後理想，與無政府主義是相同的，以爲國家萎謝之後，由人民組織的自治團體代替。在他的著作中，政治方面僅主張無產階級專政，沒有政治計畫；經濟方面僅主張財產公有，沒有經濟計畫。所以一九一七年俄國革命後，列寧無所遵循，盲目的實行軍事共產主義，沒收一切財產，直至大失敗之後，才改行新經濟政策。

二、民族主義計畫

中山先生主張社會改革，應由政治改革入手，這是與許多社會主義者相同的。但他們只泛論一般政治改革，提出各種不同的主張；　先生則認爲改革應由中國改革開始。他們都注重民生問題，並有注意民族和民權問題；　先生確認民族民權民生三大問題，是十九世紀以來世界的潮流，中國必須順應潮流，同時解決。　先生對這三大問題，不僅有理想，且有具體計畫。

先生救世的宏願，與社會主義者相同的；但救世必先由救國作起。所以主張民族主義，先求中國的自由平等，在中國沒有眞正獨立之前，不必空談救世的世界主義。如何恢復民族主義呢？第一要能知，要知道中華民族是最古最大最優秀的民族，不應受列強的壓迫。第二要合羣，大家知道危險之後，就應當互助團結，結合爲一大團體，保衞國家的生存。中國人民能夠團結，如何與壓迫中國的列強抵抗呢？第一是不合作，第二是奮鬥；不合作是消極的抵抗，奮鬥是積極的抵抗。中國民族主義恢復，有抵抗壓迫的力量，中華民族可以生存，但還不能恢復頭一等的地位。要恢復中國過去的光榮地位，要先恢復中國固有的道德、知識和能力，還要迎頭趕上中國缺乏的科學。中國能恢復民族主義，恢復固有的道德知識和能力，迎頭趕上外國的科學，中國將變成世界頭一等的國家，中國的力量，將超過當時三強之一的日本，有十個日本的力量。這個時候，中國始有救世的力量，可以提倡世界主義。中國如何救世呢？我們應實行中國「己所不欲，勿施於人」的恕道，我們應想到今天所受的痛苦，決不可再走帝國主義的舊路，將這些痛苦加之於其他民族。還要進一步，實行中國固有的濟弱扶傾政策，促進世界各民族的平等。世界各民族一律平等之後，要用聯合的和平方法，建立一世界政府，使世界漸進入大同之世。由上述計畫，可知　先生認爲國家是互助之體，並將擴大這個互助之體，建立爲世界人民謀福利的世界國。這與無政府主義的國家廢棄說，馬克思的國家萎謝說，完全不同。

三、民權主義計畫

克魯泡特金認爲民主政治是庸人政治，對民主政治沒有信心。馬克思僅講勞工專政，消滅資產階級，沒有注意建立民主制度。　中山先生相信世界的潮流，已流到民權時代。　先生謀中國之革命，第一決定者爲民主，第二之決定，認爲民主專制決不可行，必立憲而後可圖治。民主政治無論經任何挫折，最後必然成功，而且是永久成功。

如何推行民主政治，建立中華民國呢？第一，結合志士仁人，組織革命團體，作爲建立民國的核心力量。第二，創立三民主義，集中革命目標，齊一革命意志。第三，將主義廣爲宣傳，使人民了解革命的意義，與革命組織共同奮鬥。

如何使久經專制束縛的人民，能夠實行民主政治呢？第一，譯著民權初步，教導人民集會常識，熟習開會規則，使有實行民主的能力。第二，在建國大綱中，規定訓政時期主要的工作，即在訓導人民行使四權，有管理衆人之事的能力。第三，實行地方自治；因爲民主政治是由下而上的政治，必須各縣人民能夠自治，才能使民主基礎鞏固。所以　先生著地方自治開始實行法，並規定訓政時期的主要工作，即在協助各縣人民，實行地方政治。

在專制時代，是人管理人，政府常限制人民的自由，所以在歐洲實行民主初期，英國的邊沁，法國的孟德斯鳩，都主張限制政府的權力。孟德斯鳩的法意，主張政府三權分立，互相制衡，即在使政府不能迅速辦事，以免妨礙人民自由。巴枯寧、馬克思都只看到十九世紀專制時代的情形，以爲政府是人管理人，人剝削人。 中山先生是在二十世紀的民主時代，確認政治不是管人，而是管理衆人之事。因爲民主政府是由人民組織，受人民控制的，已經不是政府管理人民，而是人民管理政府。所以中國實行民主政治，只能借鑑於歐美，不能完全倣效歐美； 先生特創立權能分開的理論，五權憲法的制度。

權能分開的意義，是人民有選舉權罷免權控制政府的主管人員，有創制權複決權管理政府執行的法律；政府在人民控制之下，就不怕政府違反民意，流於專制。政府管理衆人之事，一定要有能力，辦事才有效率，這就是人民要有權，政府要有能。人民決定做甚麼，至於怎樣做，則交政府去做；人民在政府辦事中途，不加以牽制或干涉。若果政府做得好，讓他繼續去做；政府做得不好，就行使罷免權，換人去做。美國流行的市經理制，是根據事實的需要，實行了權能分開的制度。英美兩國在兩次世界大戰時，迫於應變需要，兩國國會都通過戰時授權法案，任由政府便宜行事，不加牽制。所以權能分開的理論，已有事實的證明。

五權憲法的政府制度，是一個民主而有能的政府制度。代表人民行使政權的國民大會，於選舉政府主要官吏，決定國家政策之後，等於通過授權法案，由政府自由處理國家大事，中途不加干涉。但有權者常有濫用權力的傾向，五權憲法即有規定，使政府不能濫用權力。五院中權力最大，與人民直接關係最多的，是行政院。但行政院不能干涉司法。所有一切法案，須先得立法院的通過，行政院始能執行。行政院用人，須任用考試院考試合格人員，不能濫用私人。行政院官吏若有違法失職，須受監察院的彈劾。在這種限制之下，可以保證一個有能而民主的政府。中央與地方關係，採用均權制度，不偏於中央集權或地方分權。至於人民行使民權，除間接民權之外，兼行直接民權。中央及省行使間接民權，縣則直接民權間接民權並行，因為創制權複決權之行使，即承認有議會的存在。行使創制權複決權的瑞士和美國各州，都是直接民權間接民權並行。

四、民生主義計畫

中山先生主張舉政治革命社會革命畢其功於一役，是在倫敦蒙難後，考察歐洲政治經濟所得的見解。歐洲當時的社會問題，是資本家與工人衝突。為甚麼　先生不談資本問題，而主張平均地權呢？第一，因為中國當時工商業還沒有發達，還沒有資本家。第二，歐洲社會問題不能解決，是沒有先解決土地問題，大地主漸變為資本家；資本家因土地可獲暴利，又兼為大地主。第三，中國工商業發達，交通便利之處，地價一定暴漲，為解決中國民生問題，不蹈歐洲的覆轍，應先平均地權，預防地主不勞而獲。平均地權的辦法，中國歷史上沒有先例，也和英人約翰穆勒，美人亨利喬治的辦法，並不相同，確是　先生獨見而創獲的計畫。

中國工商業當時沒有發達，但將來一定發達，為預防資本主義的弊害，必須同時節制資本。民國元年演講，　先生贊成國家社會主義（集產主義）的辦法。民國十三年　先生說明民生主義，明示集產主義包括於民生主義之內。因為大家所熟知的集產主義，是俾士麥在德國實行的國家社會主義。但俾士麥當時沒有解決土地問題，沒有過問生產問題；民生主義最先解決的則是土地問題，其次是資本問題，再其次是生產問題。節制資本是採納國家社會主義的辦法，是民生主義的一部分，所以國家社會主義包含於民生主義之內。

平均地權、節制資本的目的，是在均富，使中國沒有大地主大資本家，可以操縱人民的生計。人民需要的生活，應由國家負責保障，就是要實行社會安全制度，使人人均有不虞匱乏的自由。但人民享受權利，同時應盡義務，民生主義第三講第四講，地方自治開始實行法，均明示享權利應盡義務，除老年、幼年、孕婦、疾病殘廢的人，可以享權利不盡義務外，其餘的人都應盡義務，才能享權利。

外國富，中國貧，外國生產過剩，中國生產不足。要使人人豐衣足食，除注意分配的平均外，更應努力生產。民生主義第三講對於糧食的生產，第四講對於衣服的生產，均特別提示增加生產的計畫。建國大綱第二條規定：「建設之首要在民生。故對於全國人民之食衣住行四大需要，政府當與人民協力，共謀農業之發展，以足民食；共謀織造之發展，以裕民衣；建築大計畫之各式房屋，以樂民居；修治道路運河，以利民行。」可見　先生對於生產的重視。要生產豐富，還要繼續不斷的生產，才能解決人民生活問題。馬克思沒有生產計畫，以爲資本主義發展到頂點，生產已經豐富，只要在革命後，收歸公有，一切問題均可解決。這種坐享其成的想法，不能不說是幼稚。

要充分解決人民的生活，對於資本問題，不僅是節制私人資本，還要發達國家資本。　先生所著實業計畫，就是發達國家資本的大方針。　先生確認中國實業之開發，應分國家經營和個人企業兩途進行。國家經營是計畫經濟，個人企業是自由經濟。俾士麥在德國實行的國家社會主義，英國一九四六年實行的民主社會主義，南斯拉夫一九五〇年實行的市場社會主義，法國一九四七年實行的計畫資本主義，都是計畫經濟和自由經濟並行。可知　先生的計畫，確是切實可行。

平均地權，是土地公有私有並存；節制資本，是資本公有私有並存。換句話說，除公有之外，准許私人有限度的財產權。法國革命後的人權宣言，視財產權爲天賦的權利；私有財產權的觀念，可以說是根深蒂固。蘇俄革命後，沒收私人財產，實行財產公有，結果造成大饑荒大混亂，焦頭爛額之後，不能不承認私人有限度的財產權。普魯東認爲財產就是掠奪，但承認個人勞動所得，應歸個人所有。平均地權節制資本，就是反對大資本家大地主的掠奪，至於個人勞動所得，自然應歸個人所有。人類能夠進步的一大原因，就是能夠儲蓄。有了儲蓄，生活才有保障。若果個人不能私有財產，就不能鼓勵儲蓄。蘇俄、南斯拉夫、捷克、保加尼亞等國家的憲法，都規定人民有遺產承繼權。這就是獎勵人民的儲蓄，人民有了儲蓄，不幸死亡，可將遺產贈予最親近的人，政府不予沒收。馬克思、恩格思一八四八年的共產黨宣言，提出十項主張，但取消遺產權一項，所謂共產國家都予以否定。可知　先生主張私人有限度的財產權，確是合情合理。

五、計畫可以損益

三民主義的基本原則，是人類的眞理，絕對不能變的。至於實行的計畫，可以隨客觀環境的變遷，因時制宜，因事制宜，可以損益，可以改變。　中山先生對於一切計畫，態度謙和，持論客觀。民族主義自序說：「尙望同志讀者，本此基礎，觸類引伸，匡補闕遺，更正條理。」實業計畫自序說：「此書爲實業計畫之大方針，爲國家經濟之政策而已。至於實施之細密計畫，必當再經一度專門名家之調查，科學實驗之審定，乃可從事。故所擧之計畫，當有種種之變更改良，讀者幸毋以此書爲一成不易之論，庶乎可。」民權初步結論說：「凡團體欲以此書爲津梁者，可於其規則加定一條如下：本會集議規則，以民權初步爲準。……若有團體不欲全照本書所定之規則，便可另立專條，規定其會所欲行者。如是，則關於此種事件，可不必照此書所定也。」

民族主義第一講第二講指示，中國當時受列強人口、政治、經濟三種壓迫，淪爲次殖民地。但　先生逝世後，先總統　蔣公繼續領導，經全黨同志全國人民一致奮鬥，已於一九四三年廢除一切不平等條約，一九四五年聯合國成立，中國爲四個常任理事國之一，中國一等強國的地位，已爲世界所公認。所以我們講述民族主義時，應補充說明中國由弱而強，由衰而盛的經過。

民族主義第三講中，　先生提倡民族主義，確認當時不能提倡世界主義。　先生說：「英、俄兩國現在生出了一種新思想，……是反對民族主義的思想，……就是世界主義。」　先生已明白提出俄國的世界主義，第四講中，更說：「歐洲人現在所講的世界主義，其實就是有強權無公理的主義。」但對於俄國提倡的世界主義，沒有具體說明，這是我們應當補充的。

民權主義第五講提到，一個主張人民應當改變對政府態度的瑞士學者，一個主張萬能政府的美國學者，但未提出名字。這個美國學者，顧翊羣、費海璣兩先生考證，認爲是美國政治學者白壁德（Babbitt）。（見本書第四篇第三章註一）但這位瑞士學者還沒有查出。這是我們應當研究，加以補充的。

一般人容易誤解的，是「聯俄」問題。民國十一年六月十六日陳烱明叛變，八月　先生至上海，當時已沒有革命根據地。俄國特命全權大使越飛至上海晉謁，希望與俄國合作。當時俄國正式宣言，放棄在華一切特權，國人對俄國均表示友好。但向俄國提出合作條件的，僅有　先生一人，　先生所提條件，見於十二年一月與越飛聯合聲明。俄國革命係以馬克思主義號召，十三年八月三日演講民生主義第一講，對馬克思主義痛予駁斥。舉此兩事，可見　先生對俄的態度。這是我們研究民族主義民生主義時，應特別闡述的。

先生明白希望我們「匡補闕遺，更正條理。」　先生所定計畫，係在六十年前。時代變遷，環境更易，所擬計畫，自然有應當補充之處。但三民主義的原則，是顚撲不破的眞理，我們應堅決遵行。

附註

註一：參閱張翰書編著：西洋政治思想史下冊第二十七章、斯賓塞。

註二：參閱：一、邱有珍編：國父思想一七三頁。二、唐斯著，彭歌譯：改變歷史的書、達爾文及其物種原始論，二五六～二六八頁。純文學出版社五十七年九月三版。

第二章　三民主義與中國和世界的前途

第一節　三民主義與中國前途

一、中國已進爲一等强國

中山先生倡導中國革命，一八九四年十一月在檀香山創立興中會，是在中日甲午戰爭，中國潰敗之時。甲午戰爭失敗，締結中日馬關條約，割地賠款，滿清政府弱點，完全暴露，列強遂有瓜分中國的企圖。一八九八年在中國強租港灣，畫分勢力範圍，係作瓜分中國之準備。　先生創立三民主義，號召全國志士仁人，共負救國重任。一九一一年辛亥革命，推翻滿清政府，一九一二年元月一日，創立中華民國。中華民國成立，列強已知中國之不可侮，瓜分中國之說完全平息。民國二年袁世凱叛國，二次革命失敗，革命同志多灰心消極。民國三年　先生改組國民黨爲中華革命黨，擔負革命重任。全國人民在　先生宣傳和鼓勵之下，業已漸漸覺醒。民國四年五月九日袁世凱對日本屈服，承認日本二十一條的無理要求。全國人民奮起抗議，以五月九日爲國恥紀念日。民國八年巴黎和會，決議將德國租借的膠州灣和膠濟鐵路，不交還中國，送給日本。全國人民聞訊憤怒，爆發了轟轟烈烈的五四運動，以「外抗強權，內除國賊」爲號召。　先生贊許五四運動爲愛國運動，於八年十月十日改組中華革命黨爲中國國民黨，號召愛國青年，一致參加革命。五四運動的多數青年，如段錫朋、傅斯年、羅家倫等，都參加了國民黨。民國十三年中國國民黨改組，以三民主義號召，第一目標在廢除不平等條約，建立獨立自主的中國。

民國十四年三月十二日　先生在北京逝世，先總統　蔣公繼起領導。十五年七月九日誓師北伐，十七年統一中國，中國取消了協定關稅，實現關稅自主。當時壓迫中國最兇的英國，不能不被迫退讓，十六年交還漢口、九江、鎮江三地英租界，十七年與中國締結關稅條約，承認中國關稅自主，十八年交還威海衞租借地，退還英國部分未付之庚子賠款。中國當時本可以和平手段，廢棄一切束縛中國的不平等條約。

不幸，日本不願中國強盛，民國十六年田中義一出任日本首相，決定侵略中國政策。田中雖失敗逝世，日本軍閥執行田中政策，民國二十年發動「九一八」事變，侵佔我東北。日本不斷進逼，中國忍無可忍，二十六年「七七」事變，爆發了第二次中日戰爭。當戰爭爆發之時，日本軍閥以為一個月最多三個月可以征服中國；英美兩國也以為中國僅能支持三個月，勸告中國避免戰爭。但中國在先總統　蔣公領導之下，全國一致奮起，浴血苦戰，使日本陷入中國泥淖，無法結束戰爭。民國三十年十二月八日，日本偷襲珍珠港，英美與日本宣戰，日本在三個月之內，攻陷香港、新加坡、馬來西亞、印度尼西亞、菲律賓等地，民國三十一年是英美在太平洋的慘敗年。英美兩國經此教訓，始知中國與日本苦戰不屈，確是堅苦卓絕，於三十一年十月十日自動聲明，願意放棄在中國的一切特權。三十二年一月十一日中英、中美平等新約同日簽訂。查可以妨礙中國取消不平等條約的國家，是德、俄、日、英、美、法六國。民國十年中德條約，民國十三年中俄協定，已將德俄兩國不平等條約廢除。民國三十年十二月九日，中國對日本宣戰，已將日本與中國一切條約取消。是時，法國向德國投降，已不能阻礙中國廢約。所以束縛中國一百年的不平等條約，已於三十二年一月十一日取消，恢復了中國自由平等的國際地位。

民國二十九年德國希特勒將進攻英國，邱吉爾上台，鼓勵英人對德國抗戰，曾提出效法中國（Follow China）的口號。民國三十年德國進攻蘇俄，圍攻莫斯科時，史大林鼓勵俄人抗戰，同樣提出效法中國的口號。所以在民國三十二年（一九四三年），中國不僅廢除不平等條約，且已進爲世界一等強國。一九四三年十月中英美蘇四強莫斯科宣言，十一月中英美三強開羅宣言，就是客觀事實的證明。一九四五年五月聯合國在美國舊金山成立，中國爲安全理事會四個常任理事國之一，中國一等強國的地位，已爲世界公認。

二、革命基地自力更生

中國抗戰勝利，晉爲一等強國，本可實行民權主義民生主義，建設富強康樂的中國。但在戰爭結束，人心厭亂之時，中共發動叛變，攻擊政府不民主、不自由，並以土地改革者的名義，發動對外宣傳。大陸淪陷，原因複雜，但最主要的原因，是蘇俄直接幫助中共，美國間接幫助中共。大陸各地相繼淪陷，中央政府遷至臺灣。中共竊據大陸之時，中國已廢除不平等條約，進爲一等強國，假使中共能實行叛亂時的宣傳，實行政治的民主，維護人民的自由，根據平均地權辦法，實行土地改革，未嘗不可逆取順守，鞏固其篡竊地位。無奈毛澤東等知識欠缺，詭詐成性，違反在野時的諾言，組織了中國有史以來最專制的政府。毛澤東爲討好蘇俄，無恥的宣稱「一面倒」；在中國歷史上，只有五代時向契丹投降，自稱兒皇帝的石敬塘，可與比擬。最荒謬的是提出「血洗臺灣」的口號，妄想消滅大陸同胞民主自由的希望。從民國三十八年十月，至四十七年八月，毛某曾兩次進攻，均經我忠勇將士痛擊，遭遇慘敗。

第一次是三十八年進攻金門及舟山羣島。此時我軍在大陸失敗，士氣不振。美國於三十八年八月公布對華白皮書，推諉大陸失敗責任，將中華民國一筆勾消。英美兩國均以爲臺灣不能防守。中共遂大舉進攻金門及舟山羣島，欲於奪取外島之後，進犯臺灣本島。十月二十五日我軍在金門古寧頭大捷，消滅來犯共軍二萬餘人。十一月五日我軍在舟山之登步島大捷，消滅來犯共軍五千餘人。此兩次大捷，均係我軍艱苦奮鬥，未得任何外力支援。三十九年三月一日先總統　蔣公復職，始穩定革命基地，推行各種建設。

第二次是民國四十七年八月廿三日的金馬炮戰。此時毛某已淸算異己的高崗、饒漱石，在中共領導地位，已完全確定，可以說是毛某的極盛時代。蘇俄於四十六年（一九五七）十月十一月兩次發射人造衞星Sputnik進入太空，美國發射人造衞星則屢次失敗，四十七年一月三十一日美國始發射第一枚人造衞星進入太空，衞星重量僅有三十一磅。蘇俄在太空方面的競賽，已超越美國。毛某在內外有利之時，竟要求我金馬守軍投降。此時美國態度軟弱，建議我國在金馬撤退。先總統　蔣公不顧一切威脅，堅強防衞金馬。直至九月四日美國國務卿杜勒斯始宣布協防金馬。計炮戰開始至九月四日，已有十二日，最危險時期則在前數日。在我軍能夠防衞並已反擊之後，美國始宣布協防，隨即與中共進行華沙談判。可知金馬的安如磐石，全靠自由中國本身的力量。

金馬炮戰之後，變成對峙之局。自由中國在艱苦困難中，實行一部分民權主義和民生主義，業已消滅貧窮，社會安定。大陸方面，人民慘遭淸算鬥爭，中共變成壓迫人民的新階級。毛某死亡，鄧小平奪權後，他知道武力侵犯決不可能，遂提議所謂對等和談。

三、中共提出對等和談原因

中共何以要講對等和談呢？因爲他們在內憂外患之下，已由合而分，由強而弱。我們看金馬炮戰以後中共的歷史，即可知悉。民國四十七年是毛某的極盛時代，在大陸普遍實行人民公社，沒收人民所有財產，想一步進入共產主義的天堂。四十八年年底，完全失敗，他的最得力的助手，第一野戰軍司令彭德懷，在廬山會議時建議改善，他遂清算彭德懷一派，徹底予以打擊。但人民公社的失敗，是一個事實，他不能不辭政府主席職務，由劉少奇接任。劉少奇當權後，改行「三自一包」政策，始稍穩定殘局。毛某見到劉少奇掌權，有取而代之的趨勢。五十五年遂發動文化大革命，唆使無知青年爲紅衛兵，打倒劉少奇。毛某清算劉少奇，爲甚麼不開中央全會或開代表大會呢？因爲在大陸淪陷之前，中共的一切民衆運動，都由劉某領導。大陸淪陷，所有黨部、學校、團體、報紙的負責人，都係劉某一派主持。中共中央委員劉派佔多數，開代表大會，代表仍係劉派佔多數。毛某知道在黨內不能解決劉少奇，竟利用非共黨的紅衛兵，來打倒共產黨。所以劉少奇被鬥爭後，原來爲毛某打天下的共黨，都被清算鬥爭，共黨內部自然分裂。

毛某清算劉少奇時，知道其潛勢力甚大，更利用第四野戰軍司令林彪的力量，協助紅衛兵，打倒劉少奇。劉某被打倒後，林彪變爲毛某的繼承人，親密的戰友。毛某見林彪勢力已大，恐其奪權，遂先下手，於民國六十年九月暗殺林彪。林彪死後，四野幹部多被清算。但中共四個野戰軍中，以林彪四野的力量最大，林彪被鬥垮，其部隊仍然存在。毛某爲控制四野部隊，遂起用與劉同時鬥垮的鄧小平，因爲鄧某與二野關係密切，毛某欲用一野二野三野的部隊，以控制四野。所以林彪被殺之後，雖起用鄧小平，共黨軍隊已由合而分，由強而弱。

毛某生前，共黨已由合而分，共軍已由強而弱。毛某死後，華國鋒清算江青等四人幫，鄧小平再起，又清算華國鋒。鄧某雖奪權勝利，地位仍未鞏固。加之北有蘇俄的對峙，南有越共的挑釁，更不敢開闢第三戰場。這就是列寧所謂應當退守，應當用和平策略的時候。這就是中共提出對等和談的原因。

四、以三民主義統一中國

中國在 孫中山、 蔣介石兩位先生先後領導之下，已經恢復一等強國地位。中國現在的問題，不是外患，而是內亂。中國應當統一的，在最近的將來，一定可以統一。如何統一呢？必須雙方意識型態相同，一切以人民的福利爲前提，統一始有可能。

美國林肯總統在南北戰爭時，堅持正義，宣稱決不容忍一半自由一半奴役的情況，繼續存在。中國統一之後，應當使全國同胞都能獲得自由，人民的基本自由，如人身自由、居住自由、遷徙自由、信教自由，必須有確實的保障；決不能容許一半自由一半奴役的情況，繼續存在。中共在大陸，現在自稱革新，自稱要現代化，若能使大陸同胞都有基本自由，中國統一即有希望。

近三十餘年來，中共以馬列主義及毛澤東思想號召。但馬列主義的教條，係實施專政，不斷鬥爭，大陸同胞在壓迫奴役之下，忍無可忍，平時消極反抗，一有機會，即投奔自由，可以說馬列主義已遭唾棄，完全失敗。近年中共對毛澤東的定論，是「開國有功，建國有錯，文革有罪。」以有錯有罪的毛澤東思想，如何能再堅持呢？所以中共爲國家計，爲自救計，均應徹底覺悟，拋棄馬列主義及毛澤東思想。中共若果拋棄馬列主義及毛澤東思想，又不願恢復資本主義，則只有走向三民主義之一途。

毛澤東最大錯誤，是只知奪權鬥爭，不知互助合作。六十年毛澤東暗殺林彪後，六十一年三月自述奪權經過。（註一）饒漱石、高崗、彭德懷、劉少奇、林彪等，都是他奪權的犧牲者。他相信「槍桿子出政權」，經常以衞隊自保，汪東興就是他的衞隊長，衞隊有四萬人以上，比一個軍還多；所以在奪權鬥爭中，常立於不敗之地。毛澤東死，江青不知此理，甚至不能得衞隊的支持。華國鋒與汪東興合作，輕易的拘捕了四人幫，奪取了領導地位。鄧小平復出，表面上擁護華國鋒，實際上打擊汪東興。鄧小平逼迫汪某讓出軍隊，隨即輕易的推翻華國鋒，掌握大權。中共三十餘年不斷奪權鬥爭，高級幹部時時在恐懼戒備之中。此種情況，不僅對國家有害，對中共領導幹部亦屬不利。中國統一之後，決不能容忍這種奪權的野蠻行為，繼續存在。所以為國家計，為中共領導幹部的利害計，均應放棄奪權鬥爭的野蠻行為，進入互助合作的和平途徑。換句話說，中共應當改變意識型態，進入三民主義的坦途。

民國十二年李大釗、毛澤東等參加中國國民黨，曾經宣誓信仰三民主義，服從　中山先生領導。民國二十六年九月中共發表共赴國難宣言，誓言：「三民主義為今日中國之所必需，本黨願為三民主義之徹底的實現而奮鬥。」辛亥革命七十週年，中共在大陸大規模舉行紀念，已肯定　中山先生在歷史上的崇高地位。所以中共現在崇敬　中山先生，信仰三民主義，這不是恥辱，而是光榮；不僅中國可以統一，中共也可更生。

戴季陶先生說：共信不立，互信不生；互信不生，團結不固。大家共信三民主義，中國必然可以統一。作者相信：任何黨派實行三民主義的，必然成功；違反三民主義，倒行逆施的，一定失敗。

第二節　三民主義與世界前途

世界應有一個共同政府，維持世界秩序，這是有識人士共同的思想。但如何成立世界政府呢？德國哲學家康德，英國哲學家羅素，有兩種不同的見解。我們應將這兩種見解，與　中山先生的見解，比較研究。

一、康德的見解

康德反對戰爭，主張和平。他認爲歐洲當時的均勢狀態，不能作爲持久和平的基礎；雖然訂有和平條約，只是結束一個戰爭。要維持永久的和平，使一切戰爭絕迹，國與國間須組織一個和平聯盟（Pacific Union　）根本反對戰爭，維持和平。他國際和平的見解，見於永久和平（Perpetual Peace　）論文。在這論文內，他認爲聯盟中的任何國家，不得干涉另一國家的憲法和政府，常備軍隊應逐漸消除，任何與他國交戰國家，其行爲是使將來講和時相互信任成爲不可能者，如暗殺、下毒、違犯投降條款等，不得准許。參加聯盟國家的憲法，應該是共和的。聯盟國家公認的國際法（Law　of Nations　），應以自由國家的聯邦主義（Federalism　of Free States）爲基礎。世界法（World Law　）應限於普遍善意（Universal Hospitality）的情況。

康德的和平聯盟，與美國聯邦不同；美國聯邦已形成一個國家，不能解散。和平聯盟是獨立國家的聯盟，可以隨時解散。但爲維持永久和平，獨立國家應以善意參加，根本反對戰爭，使一切戰爭絕迹；同時應防止外來的侵略與攻擊。他這個主張，是聯合愛好和平的民主國家，共同抵抗侵略。他看見當時歐洲各國界限分明，不能形成一個聯邦國家，所以建議組織一個國家間的和平聯盟，藉以防止戰爭。此後美國威爾遜總統主張的國際聯盟，羅斯福總統主張的聯合國，都是根據康德和平聯盟的構想。（註二）

二、羅素的見解

羅素認爲「爲防止戰爭計，全世界必須有一共同政府存在。但是這種協議組織的聯治政府，如以往的國際聯盟及現在的聯合國，必定脆弱無力。此蓋因爲其構成分子的各個國家，正像中古世紀的諸侯一樣，覺得保持無政府狀態，猶愈於喪失獨立。中古世紀無政府狀態之所以卒由有秩序的政府所替代者，端賴君主權力獲得勝利。循此推論，則今日國際關係中，如欲以有秩序代替無政府，則必須經由一個國家或一個國家集團之優越力量。不寧惟是，只有這種單一政府建立後，乃能開始向着一個民主方式的國際政府演進。此一觀點，本人已抱持三十年之久。……在一個單一的世界政府，擁有一個國家或一個國家集團的優越武力，而當權執政一百年光景之後，它能開始得到足夠的尊敬，使它可以法律和情緒，而不必復以強暴，爲其權力之依據。」（註三）

羅素主張世界應有一個共同政府，這是對的。但他主張由有優越武力的國家，來統治世界，這是西方霸道文化的思想。他說：「一個國家或一個國家集團的優越武力，而當權執政一百年光景之後，……它可以法律或情緒，而不必復以強暴，爲其權力之依據。」他無異主張擁有優越武力的國家，可用強暴統制世界一百年；這種主張，完全與東方的王道文化，背道而馳。

三、中山先生的見解

中山先生確認人類以互助為原則，人類互助的團體，是漸漸擴大的，將來必擴大為一世界國，實現大同之治。中華民族強大之後，應以中華民族的力量，促進世界各民族的平等。至於實現大同的方法，決不用強暴的武力，必須用和平的聯合。他的見解，與康德很接近，與羅素完全相反。

康德提出的意見，與 中山先生大致相同。第一，康德認為參加和平聯盟的國家，應是民主國家。 先生確認現在是民權時代，專制國家已不應存在，可以聯合的國家，自然是愛好和平的民主國家。第二，康德認為世界法應限於普遍善意的情況。 先生提倡東方王道文化，以仁義道德為基礎，當然是普遍的善意。第三，康德的和平聯盟，根本反對戰爭，但為防止外來侵略，應當自衛。 先生主張濟弱扶傾，但同時主張自衛，抵抗帝國主義者的侵略。

羅素武力統一世界的主張，不僅與 中山先生見解衝突，且已證明為不可能。第一次世界大戰時德國的威廉第二，第二次世界大戰時德國的希特勒，企圖以一個國家集團的優越武力，征服世界，均遭致悲慘的失敗。二次大戰後崛起的蘇俄，也想以一個國家集團的優越武力，統治世界。但不僅遭受自由國家的反抗，其集團內部亦已顯著分裂，南斯拉夫、阿爾巴尼亞已脫離蘇俄集團，就是俄共一手養大的中共，也已脫離蘇俄集團。蘇俄以暴力統治世界的企圖，終必煙消雲散。羅素提出的意見，不過助長帝國主義的凶焰，引起世界更多的混亂而已。

國際聯盟和聯合國脆弱無力，因為沒有一個強大國家主持正義，願以力量維持和平。過去的國際聯盟，雖不能維持和平，但一九三一年日本侵略滿洲，國聯曾予以譴責。一九三九年蘇俄進攻芬蘭，不聽勸阻，國聯曾開除蘇俄會籍，國聯雖因二次大戰時瓦解，不能說沒有主持正義。

現在的聯合國，比國際聯盟更差，因爲提倡聯合國的美國總統羅斯福，在開始時即有重大錯誤。羅斯福不了解康德和平聯盟，限於民主國家的意義，誤以專制著稱之蘇俄爲盟友，大量援助蘇俄，扶植蘇俄強大。一九四五年二月雅爾達會議，竟與蘇俄締結密約，出賣中國。雖然打倒德國帝國主義，却養大一個比德國更凶惡的蘇俄帝國主義。一九四五年五月聯合國成立，蘇俄已成爲美國的敵人，同時是世界和平的敵人。

中山先生的民族主義，以王道文化爲基礎，決不出賣朋友，決不買好敵人，主持正義，濟弱扶傾，聯合愛好和平國家，共維世界和平。這是三民主義的眞精神，中國統一後的大責任。

附註

註一：見一九七二年三月中共中央第十二號文件：毛某談話紀錄。臺北中央日報曾予轉載。此項談話，係毛某敍述中共奪權歷史，及其奪權經過。

註二：參閱張翰書著：西洋政治思想史下冊第二十二章康德，四一九～四二三頁。

註三：浦薛鳳編著：現代西洋政治思潮，四二四頁。國立編譯館出版，正中書局印行。六十五年十一月臺六版。

中山思想體系 ／ 傅啓學編著. -- 初版. -- 臺
北市： 臺灣商務, 1985 [民 74]
面 ； 公分

ISBN 957-05-1651-8(平裝)

1. 孫文主義

005.18　　89005065

中山思想體系

定價新臺幣 280 元

編 著 者　傅　啓　學
封面設計　吳　郁　婷
校 對 者　張樹怡　宋麗萍

出 版 者
印 刷 所　臺灣商務印書館股份有限公司
臺北市 10036 重慶南路 1 段 37 號
電話：(02)23116118 · 23115538
傳眞：(02)23710274 · 23701091
讀者服務專線：080056196
E-mail：cptw@ms12.hinet.net
郵政劃撥：0000165 － 1 號
出版事業登記證：局版北市業字第 993 號

· 1985 年 2 月初版第一次印刷
· 2000 年 5 月初版第三次印刷

ISBN 957-05-1651-8（平裝）　　52647001

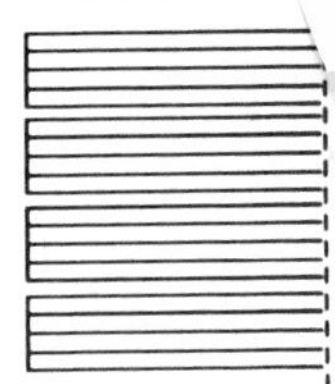

廣 告 回 信
台灣北區郵政管理局登記證
第 6 5 4 0 號

100臺北市重慶南路一段37號

臺灣商務印書館 收

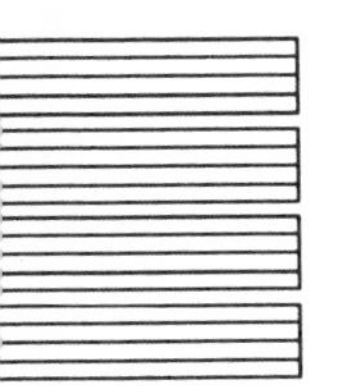

對摺寄回，謝謝！

讀者回函卡

感謝您對本館的支持，為加強對您的服務，請填妥此卡，免付郵資寄回，可隨時收到本館最新出版訊息，及享受各種優惠。

姓名：________________ 性別：□男 □女

出生日期：____年____月____日

職業：□學生 □公務（含軍警） □家管 □服務 □金融 □製造
□資訊 □大眾傳播 □自由業 □農漁牧 □退休 □其他

學歷：□高中以下（含高中） □大專 □研究所（含以上）

地址：□□□________________

____

電話：（H）________________ （O）________________

購買書名：________________

您從何處得知本書？

□書店 □報紙廣告 □報紙專欄 □雜誌廣告 □DM廣告
□傳單 □親友介紹 □電視廣播 □其他

您對本書的意見？（A/滿意 B/尚可 C/需改進）

內容____ 編輯____ 校對____ 翻譯____
封面設計____ 價格____ 其他________

您的建議：________________

____

____

臺灣商務印書館

台北市重慶南路一段三十七號 電話：（02）23116118・23115538
讀者服務專線：080056196 傳真：（02）23710274
郵撥：0000165-1號 E-mail：cptw@ms12.hinet.net